国家社科基金青年项目"17-18世纪德意志敬虔主义研究"（项目号：19CZX038）

暨南大学高水平大学建设经费资助出版

17-18世纪
德意志敬虔主义思想史

黄丁 著

中国社会科学出版社

图书在版编目（CIP）数据

17-18 世纪德意志敬虔主义思想史 / 黄丁著 . —北京：中国社会科学
出版社，2023.7

ISBN 978-7-5227-1972-6

Ⅰ.①1⋯ Ⅱ.①黄⋯ Ⅲ.①宗教史—思想史—德国—17-18 世纪
Ⅳ.①B929.516

中国国家版本馆 CIP 数据核字（2023）第 112713 号

出 版 人	赵剑英
责任编辑	刘亚楠
责任校对	张爱华
责任印制	张雪娇

出　　版	中国社会科学出版社
社　　址	北京鼓楼西大街甲 158 号
邮　　编	100720
网　　址	http://www.csspw.cn
发 行 部	010-84083685
门 市 部	010-84029450
经　　销	新华书店及其他书店

印刷装订	北京市十月印刷有限公司
版　　次	2023 年 7 月第 1 版
印　　次	2023 年 7 月第 1 次印刷

开　　本	710×1000　1/16
印　　张	19.25
插　　页	2
字　　数	305 千字
定　　价	118.00 元

序 一

古人云"他山之石可以攻玉"。

此书研究的17—18世纪德意志敬虔主义思想，对于任何想对华夏文化这块"美玉"重新琢磨，恢复其最初的惊艳光彩的国人来说，真是一方非常坚硬，因此而非常有用的磨石。

德意志敬虔主义思想继承中古神秘主义甚至上古虔修传统并加以适合时代的彻底改造，在宗教改革后新教教会逐渐保守、刻板、官僚化的整个欧洲独树一帜，强调知行合一，服务社会人群，不但对17—18世纪的德意志诸国，而且对古老的欧洲，甚至新兴的美国，都产生了精神上的深远影响。这种精神影响对于社会历史的推动作用，从它对迅速崛起、统一德国的普鲁士，以及后发现代化、惊艳全世界的德国的社会风尚发挥的影响，可见一斑。三百多年以来，也许是路德作为一介书生以其思想和精神改变历史的事迹之回响，这一股本来只是教会清流的小溪，竟然持续滋养了从康德到施莱尔马赫等诸多思想巨匠，从启蒙运动到浪漫主义等主流思想大潮，从卫斯理宗到各国弟兄会等大小教会宗派，朝着积极正面的方向，以一种潜移默化的方式改变了历史。

华夏古代圣贤本来也有敬虔思想，从作为贤君的商汤之"予畏上帝，不敢不正"，到作为先师的孔子之"获罪于天，无所祷也"，从"君子有三畏"，到"吾日三省吾身"，都是明证。但是若干世纪以来，由于周礼"不王不禘"的规定，由于宋儒"天道天理"的抽象；更由于越来越多的升斗小民谋生不易疲于奔命（如从商鞅到李斯等人所设计），由于越来越多的官场士绅知行脱节言行不一（如从吴敬梓到鲁迅等人所揭示）；再加上明清以来社会风尚日益世俗化，革命以来传统文化彻底边缘化……无数国人对于"敬虔"思想，恐怕不止是感觉陌生，也许已经是无法理解了。而这对于我们亟需的"诚信"、"敬业"、"勤俭"、"自律"、"忠贞"、"仁爱"……等等品格和风尚之丧失，也许是最值得研究的深层根源。

对这块思想上的他山之石，中国学术界较早的介绍，按我的记忆，较有分量的是 1950—1960 年代，"金陵神学院海外托事部"委托章文新（F. Jones）、谢扶雅、汤清等人主持翻译的几十卷"历代基督教名著集成"中的《亲岑道夫选集》；另有 1990 年代初，刘小枫和我主编的几卷《基督教文化评论》中张贤勇的"虔诚：栖息心头之后"。可惜，前者是在海外（在美国 Drew University 翻译，香港基督教文艺社出版），海内读者见不到；后者则只是一篇文章而已。

终于，又过了三十多年，在少数有心人努力写了寥寥几篇作品之后，现在，我国学术界总算有了这方面第一本全面、系统、深入的研究著作——读者手里这本篇幅不大、分量不轻的专著。

作者黄丁的博士论文研究的是亲岑道夫思想，后来他主持国家社科青年基金的研究课题，把研究范围扩大了几倍，在前些年研究施本纳等人的基础上作了更多、更深、更系统的研究，终于写成了这部我国宗教学和基督教研究领域的补缺之作。

此书对这一相当复杂的思潮全盘思考，澄清混淆，条分缕析，清晰地展现了它的来龙去脉和关键问题。它把该思潮按三大阶段、三大中心和三大人物归并，综合考察其理论主张和实践活动，并且论述了其对教会、社会和历史的影响，对启蒙运动、浪漫主义和德国现代化的影响。这对于广大读者认识这块他山之石，对于我国学术界的进一步研究，是一个无可替代的贡献。

古人又说："士别三日当刮目相待"。

回想作者黄丁还在读博，兼做我的助教的那些日子，我还颇为怀念——几乎每次上课前，他都准时在我家门口等候，陪我穿过校园走进教室，课后又陪同我走回家；尽管他家境贫寒，却从不倾诉个人生活的艰难，一路上只探讨学术问题，或是交换重大的社会或学术新闻，师生一起抒发感慨。

如今一别多年，他南下任教，结婚生子，尽管不时互通音讯，竟然久未相逢了！幸好生逢电子时代，不但不怕"山长水阔疑无路"，而且感觉"此时有声胜无声"！

总之，看到此书问世，我为中国学术界高兴，为读者高兴，为作者高兴！

何光沪

2023 年 5 月 29 日

序 二

敬虔派的谱系

对于宗教派别来说，似乎有一个规律，当它在诞生之初，欲要奋力求存，抵抗外部的敌意，其成员大多是信仰坚定，思想单纯者，在组织上也能团结一致，具有内部凝聚力。随着它在社会上站稳脚跟，获得官方的承认，更进而成为所谓"国教"，各种涌入教派的人便"不再单纯"，抱着各种各样的动机入教者有之，教会也便成为鱼龙混杂、稗麦共生的有形团体。征诸基督教，即是如此的一部发展史。如果我们读福音书和使徒行传，以及使徒教父和早期教父的历史，便可知早期基督教作为一个小众团体，在罗马帝国受到歧视与压迫，其时入教者非有坚定的意志不可。及至君士坦丁容教，后来的皇帝更将基督教奉为国教，基督教与权力捆绑，教会成为帝国的人才库，主教对皇帝也拥有很大的影响力，异教徒便或主动或被动地改弦易辙，变成为基督徒，从庙宇涌入教堂听讲。这时，基督教便逐渐从早期的受迫害者，变成为异教和异端的迫害者了。可见"权力"对于宗教的侵蚀能量之大。这时，常常会在基督教内部出现"纯洁派"，他们看到教会的腐化堕落，痛心疾首，认为违背了耶稣立教的初衷，于是从内部发动改革运动，试图扭转人心。

路德的宗教改革，本来是要废除罗马天主教的腐败，可是过了一百多年，随着三十年宗教战争（1618—1648）后"教随王定"的原则的确定，新教在一些国家不仅站稳了脚跟，而且被确立为官方宗教，教职人员在官方体系中占了优位，腐败的规律似乎也随之而至。有见于此，一些坚持路德改教初心的人，便发起敬虔运动，对他们认为堕落了的路德宗正统派进行改革，回归初衷，从内部加以更新，这批人被旁人和后人称为"敬虔派"，其所信奉的共同原则被视为"敬虔主义"。

十多年前，我在考察太平天国意识形态的来源时，曾追溯至十八、十九世纪大西洋两岸的"敬虔主义"和"大觉醒运动"，但是当时所能搜集到的"敬虔主义"资料有限，阅读亦较匆促，只能做到点到为止。那时，如果有今天黄丁博士所著《17－18世纪德意志敬虔主义思想史》供我参考，我对于敬虔主义当有更深入准确的了解，在叙述太平天国思想来源时也会更详细一些。

黄丁这本书对"敬虔派"及"敬虔主义"的背景和来源作了非常清楚可靠的描述，对其代表人物的思想和事功亦作了详细的考察。虽然在敬虔派的代表人选上可能还会有不同的看法，但是他所选定的三个敬虔主义代表，即从法兰克福启其端的施本纳，在哈勒大学显其功的弗兰克，自摩拉维亚传其道的亲岑道夫，却可以说是众所公认的人物，是敬虔派"谱系"中的三大坐标。黄丁还提供了他经自己研究得出的充足的理由——我主要指他将亲岑道夫视为敬虔派集大成者，在这一点上他反思并批评了国际上对亲岑道夫的忽略和偏见。这本书显然走到了国际敬虔派研究的前沿，显示了中国学者不再人云亦云，而是具备了独立地从事西学研究的能力。

敬虔派认为，官方的路德（正统路德宗）开始变质，成为一种仪文或形式主义，不再具有初代路德宗信徒的信仰激情，因此，他们要回到改革的初轨，从信仰出发，追求"信行合一"（如果不能说"知行合一"的话）。没有信仰的行为是死的，没有行为的信仰是空的，只有信行合一，以行显信，以信充行，才能成为整全的"新人"：路德宗的新人。黄丁的书里，详细介绍了施本纳注重生活实践的释经学的特点，弗兰克注重职业道德的"新教伦理"之于普鲁士军政界的渗透和深远影响，以及亲岑道夫的"心灵宗教"。其中，新教伦理如何成为普鲁士之魂，弗兰克的社会对穷人负有道德责任的思想，亲岑道夫"心灵宗教"如何具有内在的逻辑，以及敬虔派对于德国思想家比如康德和浪漫派等等的影响，尤其打开了我的眼界。敬虔主义对于普鲁士或后来的德国人性格气质以及德国社会政策的影响①，实在可以引起许多话题。

敬虔派的影响，除了德国思想家莱辛、康德、施莱尔马赫等人外，还波及更多的欧洲思想家，如克尔凯郭尔，以及一些实行者，比如下面我将要谈到的到中国冒险的郭实猎。

总之，欲要了解近代德国乃至欧美的哲学史、思想史和基督教史，不管是从新教正统的角度去了解，还是从启蒙运动的角度去了解，都是断断不能绕过敬虔主义这一环节的。以往，我们对敬虔主义的渊源、谱系、代表人物与思想特征不甚明了，而今天黄丁的这本书弥补了这个空缺，功莫大焉。

敬虔派、沃尔夫与"异教徒美德"问题

我们知道，利玛窦等耶稣会士在将西学带到中国，引起中国思想界的变化的同时②，也将中国的哲学、宗教、历史、治理思想介绍到西方，成为启蒙运动的一大催化剂。启蒙运动是一场理性主义的运动，思想家要反对被他们视为"非理性"的教权，以及受教权影响的旧政治制度，将人从旧有的意识形态中解放出来，创造一个自由、平等、博爱的新社会。他们大多主张"自然神论"（或"理神论"，指从理性出发论证一神论）。③ 他们看到中国人虽然是"自然主义"者，但竟然讲求道德且有着良好的社会治理时，不禁将中国视作了"自然神论"或无神论者的"理想国"。中国

① 后来俾斯麦为了缓和德国社会矛盾，实行了很多带有社会救济性质的制度（如养老金、退休金等），其思想根源可能跟启动于敬虔派的这种对待穷人的态度有关。十九世纪后半叶，德国来华传教士花之安在其《自西徂东》中，介绍了许多源于德国的社会治理制度，以供晚清士人参考。

② 关于天主教传教士对明清科学（天文学、数学、音乐、医学等）、宗教（死后问题）、经学（如戴震）的影响，最近较全面的研究可以参看日本东京学派的研究：《西学东渐与东亚》，凤凰出版社，2022年。

③ 关于西方哲学如何从英国自然神论一步步传至法国和德国，神学思想又如何从康德道德神学转换到施莱尔马赫自由主义神学，闻骏《不断追问中的人神关系：施莱尔马赫思想研究》（人民，2017）第一章有非常清晰的交代。

的历史之悠久也有助于他们冲破当时圣经年代表的拘束，破除圣经无谬论的定见。依据自然理性而不是启示过上良好的生活，拥有良好的社会治理（如科举制），成为启蒙主义者的梦想，中国这时成为了一个榜样。

正如天主教内的冉森派在"中国礼仪之争"中极端反对中国思想，反对同情中国思想的耶稣派那样，在新教内部，敬虔派也成为反对启蒙思想家的先锋，反对一些启蒙思想家对中国思想的同情和欣赏。虽然冉森派和敬虔派一个在天主教内，一个在新教内，但是它们都共有一个"奥古斯丁主义"的思想脉络，这导致它们在对人性的看法，对理性和道德的看法上，跟启蒙哲学格格不入，也跟中国思想主流格格不入。

作为一种信仰原则，敬虔派矛头所向，主要是针对路德宗正统派，但是对它同时代主张自然理性的启蒙运动，也是毫不留情的。哈勒大学对德国启蒙哲学家沃尔夫的驱逐，就是因为沃尔夫的学说威胁到了敬虔派的信仰原则。

哈勒大学是 1694 年由勃兰登堡选帝侯（即后来的普鲁士国王弗里德里希一世）创立的，由于敬虔派代表人物弗兰克长期在哈勒活动和讲学，其思想得到国王的赞赏和推广，哈勒大学很自然地成为了敬虔派的大本营。

在对中国持同情与赞赏态度的启蒙思想家中，沃尔夫（Christian Wolff, 1679 – 1754）是很突出的一位。他曾任哈勒大学的副校长。他在 1721 年为自己辞任并欢迎下一任副校长的演讲（称为"中国人实践哲学演讲"）中，对中国人在完全不知道福音、不认识基督或启示的情况下，凭着"自然之力"（本性的力量）就拥有道德和良好的社会治理大加赞赏，认为跟他自己对人的自然理性能力的分析是一致的。在"中国人是否具有德性"一节中，他认为以孔子为代表的中国人讲究外在的行为要与内心的善的动机一致，成为一个热爱道德、以行善为乐的人[①]，中国人无疑具备真正的德性——哲学德性，远离恶。而一些西方基督徒虽然自命为基督徒，拥有神学上所谓的"恩典"，但他们也承认自己达不到完满，仍旧有罪。沃尔夫提到当时西方神学家（当指敬虔派等新教派别）受到奥古斯丁影

---

① 我们现在尚不知道沃尔夫有无通过柏应理等人的介绍而认识到"颜回之乐"。

响，将异教徒的美德视为"灿烂的邪恶"（splendidorum vitiorum），认为并非真正的美德，而不过是出自野心（ambitione），只是徒具美德的外貌而无美德的实质。沃尔夫认为这些人这么说是虚伪的，无法令人信服。中国人虽然没有得到神的启示，不认识上帝，而只是依据其自然理性行事，但具备了真正的美德。他认为中国人依据自然法行事，而自然法是上帝赋予的，因此中国人的美德并不与上帝相违背，说中国人的美德不是真正的美德乃是不合理的。——但是，这样一来，基督教的启示还有必要吗？这正是沃尔夫向基督教神学提出的挑战，因为这会从根本上动摇上帝恩典的必要性，为以自然理性为根基的无神论者也具备美德敞开大门，从而将西方基督教传统上认为的"若无基督教信仰便无真正的美德可言"（即将道德与宗教绑定）这一观点击破了。①

沃尔夫在敬虔派大本营哈勒大学提出这种"唯独理性"（可以得救）的启蒙主义观点，而且言谈之间对中国人赞赏备至，对敬虔派来说无疑具有挑衅性和爆炸性，立刻引来他们的反弹，他们把沃尔夫驱逐出了哈勒大学。这成为当时欧洲思想界的一个轰动性的事件。沃尔夫哲学主宰了德国思想界约四十年（1720—1760），影响深远，康德《纯粹理性批判》出版后方才逐渐消退。

虽然康德对沃尔夫的哲学体系进行了深入的批判，使其影响势微，但是康德仍旧属于启蒙派阵营，虽然他仍旧重视基督教的原罪教义（他以"极恶"代称之），但他认为人有"善的禀赋"，具有实践理性，他以"理性"排除了圣灵支配人心（从而使人不能自足）的内在恩典学说，从而以理性反抗教权，将宗教建立在道德的基础上（理性范围内的宗教），而不再象传统那样将道德建立在启示的基础上。就此而论，他被尼采称为"哥

---

① 沃尔夫对奥古斯丁－路德宗的异教徒美德观的批评，以及对异教徒（中国人）美德是真美德的辩护，见沃尔夫《中国人实践哲学演讲》（华东师大出版社，2016），第27页（1721年演讲词），第128—131页（1727年注释）。奥古斯丁是在《上帝之城》中批判罗马人的美德时提出"灿烂的邪恶"一说的。奥古斯丁认为，罗马人爱荣誉胜过爱财产地位美色等，因此能够克服自身的一些毛病，显得比其他民族更有美德，但是爱荣誉是跟征程心连在一起的，容易变成虚荣，让人为荣誉而变得虚伪，最后就变成一种恶德了，这跟爱上帝者出于纯正的"在爱神中爱人"的动机是不同的。奥古斯丁以神学的"信望爱"解构了希腊罗马的哲学四美德。

尼斯堡的中国人"① 是有一定道理的。在以自然理性为基础而不是以启示
为基础这一点上，他是继承了沃尔夫。但他也继承了敬虔派的思维方式，
将"纯粹理性"和"实践理性"分开，"纯粹理性"是理性上的自明与自
知其局限，它铁面无私，不容任何幻相，而"实践理性"则带有亲岑道夫
"心灵宗教"的味道，它是意志在行动中为自己立法，若无此"法"，则人
就可以任意妄为，无法形成一定的社会准则，要形成道德规则，就需要在
实践中设定自由意志、灵魂不朽（两世说）和上帝的存在，德福一致，如
此行为才不会囿于短期的、感性的利益而彼此相害，紊乱无章。近代欧洲
人的"心脑矛盾"在康德这里暂时得到了一种解决。

　　哈勒大学的敬虔派虽然讲求信行合一，以事功证明自己受到神宠，但
是其思想的出发点是奥古斯丁－路德的原罪说与恩典说，既然全人类都堕
落在原罪里不能自拔，因此只有被神选中赋予内在恩典的人才能得救，才
能具有真信仰，及随之而来的真正的行善"动机"，也才能有"真正的美
德"，而异教徒、不信者、无神论者则因为不认识、不承认基督而得不到
恩典，也因此没有信仰和纯正的"动机"，因此虽然他们可能做出一些貌
似善行的事情，貌似有美德，但并不是"真正的美德"，而只能是"灿烂
的邪恶"。——从局外人的角度来看，这种观点显然与直觉不符。从人口
来说，新教徒只占人类的极少一部分，（路德宗和加尔宗的人数尤少），说
只有他们的善行才是真正的美德（出于神恩的动机），而绝大多数人类的
善行则只是邪恶，这是明显说不过去的，显得其神学观念太狭隘排他了。

① 谢文郁："哥尼斯堡的中国人"（序），《康德：一个哲学家的传记》，上海世纪文景，
2009年。谢文郁指出，康德"是在'善良意志'和'自我法则'语境中进入'心灵改变'困境
的。显然，善良意志作为人的生存出发点完全属于人。这就是说，人就其出发点而言并不是恶的
（反对败坏本性说）。"正如康德不提卢梭对他道德思想的影响一样，康德也不提中国思想对他的
道德思想的影响。"在尼采看来，康德的道德哲学要求人从善良意志出发，遵循自我法则，最后造
就的就是像中国人那样循规蹈矩惟命是从的奴才，阉割自己的超人品质。""尼采并无意诋毁中国
人。尼采要攻击的是基督教，认为基督教阉割了欧洲人的超人品质。当他考察了中国文化之后，
发现，中国文化和欧洲基督教文化一样，提供的是'奴隶伦理'。因此，在他看来，中国文化不应
该成为'超人'文化的样板。然而，面对影响深远的康德思想，尼采洞察到了康德道德哲学和中
国思想的相通之处，认为康德思想最终给我们带来的不过是中国人格。他担心未来的欧洲人也象
中国人那样。"十九世纪中国衰弱，尼采不再象明清之际的西方启蒙思想家那样高看中国人，同时
尼采以"超人"观来反对基督教与他认为的中国的"奴隶道德"，故此有上面一说。

对于奥古斯丁及新教的这种观点，中国的一位耶稣会神学家王昌祉（1899—1960）曾经写过一本名为《奥古斯丁与异教徒美德》（1938）[1] 的法文书，通过详细考察奥古斯丁各阶段的文本，指出虽然奥古斯丁持有严格的"教会之外无拯救"的观点，但并不是没有考虑到亚伯拉罕这一类出生于基督之前的"义人"的人物的得救问题，认为他们通过上帝亲自采取的某种方式已预先认识到基督，因此是可以得救的，因此，对于没有听闻过福音的异教徒，上帝也可能准备了另外的得救的办法。王昌祉的这种看法，实际上已跟卡尔·拉纳后来提出的"匿名基督徒"类似，只不过他作为一个中国人，从法国毕业后回到战乱的中国，长期在教会从事基础的教育工作，而在世界神学界难以产生大的影响，世界也难以认识到他的神学先驱者的位置。王昌祉在法国时，曾经与法国著名的"新神学"代表人物吕巴克（De Lubac）同学，两人也长期有通信往来。吕巴克曾经为他回中国后从事杂务而不能专心做神学感到惋惜。

郭实猎与太平天国

以往的西方思想史研究，各自为营，"哲学史"与"宗教史"此疆彼界，画地为牢，鸡犬之声相闻，老死不相往来，难见事实之"全牛"，更何谈历史之"全貌"。即使新教研究也对千禧年主义不太注重，而其实对于新教来说，千禧年主义是其基本的生活动力和传教动力。[2] 基督将要再临，末日审判在即，个人灵魂的命运将被决定，观照来世以确定今生的行为，使得皈依成为一个紧迫的事情。

我们可以看到，敬虔派的创始人也继承了这个思想。敬虔主义运动与大西洋两岸的"大觉醒运动"大约同时，都发生在新教国家和地区，不是偶然的。德国的亲岑道夫、英国的卫斯理和美国的爱德华滋大约同时，互有影响，他们积极到各地传教，掀起了新教的传教运动，其外溢效果就是

---

① J. Wang Tch'ang – tche, *Saint Augustin et les Vertus des Paiens*, Paris：Beauchesne, 1938.

② 在哲学领域（如莱辛、康德等），启蒙时代千禧年主义在英、法、德的传播及其影响，可以参看莫尔特曼《来临中的上帝：基督教的终末论》（上海三联，2006），第175—182页。

向西方以外的地区传教。他们的信仰态度和宗教思想影响到了亚非拉地区，比如，他们组织了民间传教组织（差会），在天主教之后向东方国家（印度、日本、中国）派出传教士，从而开始或促进了近代新一波的知识观念全球化。

如果说地理大发现后，16世纪以耶稣会为代表的天主教传教士开户了近代第一波知识观念的全球化，那么，十八世纪下半叶以丹麦、摩拉维亚和英美差会为代表的新教传教士则开启了近代第二波知识观念的全球化，如果我们将这两波全球化视为一个连续的过程来看，则可以说地理大发现后，随着船舰大漂移而来的就是一个知识观念加速流动的时代。不仅西方的知识观念传到了全球，非西方的知识观念也传到了西方，双方是有互动的，而在各自内部产生了新的知识观念，引发了一系列的社会变革。

在这第二波知识观念全球化中，德国敬虔派亦跟中国思想发生了关系，如果我们将德国传教士郭实猎视为敬虔派思想的一个承担者的话。洪秀全、洪仁玕曾于1847年从花县赶去今天的广州天字码头附近，学道于美南浸信会传教士罗孝全，而罗孝全跟郭实猎关系非同一般。罗孝全曾参与郭实猎创办的"汉会"的管理工作，所用教材包括郭实猎所译圣经和所撰小册。

洪秀全可能是从罗孝全处得到了郭译本圣经，1853年太平天国占领南京后，便原原本本地印刷了郭译本圣经，毫无改动。其所用《旧约》原本即郭实猎《旧遗诏圣书》（1838年版），所用《新约》原本即郭实猎《救世主耶稣新遗诏书》剑桥本（之子本）[①]。如果回溯洪秀全和洪仁玕在1847年跟随罗孝全学习时的读物，很可能除了罗孝全自己的著作如《上帝垂爱世人》《真理之教》（均于1840年刻于澳门），还包括郭实猎的《古今万国纲鉴》《正邪比较》《是非略论》等。一些著作充满了浓厚的末世

① 这个版本印刷年代有待确认，有人认为是1840年，有人认为是汉会时期。该本在剑桥大学有藏，信望爱网站上亦有，其首句为"耶稣基督之族谱，其乃亚伯拉罕之子"，可称之为"之子本"。而以往学界由于未能见到剑桥本，而只见到郭实猎1839年本《救世主耶稣新遗诏书》（该书首句为"耶稣基督之族谱，其乃亚伯拉罕及大辟之苗裔，可称之为"苗裔本"）或其他版本，因此有许多不确的猜想。这个新约版本的问题最近已由北京大学博士后李聪解决。我托正在剑桥大学访学的同事王希博士获得剑桥本全本，经过对照，确定太平天国1853年所印新约来自剑桥本即"之子本"，毫无改动。

论情绪，也不乏千禧年主义的暗示，跟梁发《劝世良言》一样反应十八、十九世纪敬虔派和"大觉醒运动"的精神主旨。

郭实猎《生命无限无疆》（1838）以小说的形式宣扬末日审判即将来临，劝众警醒。广州一位富人名叫李令，利欲熏心，生前安逸，只顾吃喝享受，不顾周济穷人。后来他生了重病，酒肉朋友无人来看顾，只有他的一个正直的基督徒穷邻居刘岱来看望他，晓以基督教义，讲述穷人拉撒路在天堂亚伯拉罕怀中，而为富不仁的富人在地狱的故事，述说末日审判，分稗于麦被焚毁的景象，劝李令及时悔改，归信耶稣，以免堕入地狱，但他终来不及信教，病重而死。出殡之时，刘岱来吊，宣扬末日审判，众人身体复活，善恶各有报应之理。"受审之日，信众升上天堂，偕主永居，遂以火焰刑罚诸不识上帝之人，不服吾主耶稣基督之福音者。主将驱此人，隔绝其荣德，而沉沦于永刑矣。当日主将临至，且被诸圣徒光显，及被诸信者赞美之。"完了，各人默思云："此事关生命紧要矣。"刘岱道："一定紧要也。盖主之日必速至，如夜间之贼。当日诸天大响必消，五行见消必镕，地及万物将焚矣。且此诸物既必镕化，则尔等为人，岂不当行善虔孝乎？①

郭实猎有这种思想，并不奇怪，他就是德国的敬虔派之子，服膺敬虔派的基本思想②，敬虔派始祖施本纳即有千禧年主义思想。而郭实猎由于第一任夫人因难产而死，末世论情结更有加重。他的这些末世论和千禧年主义思想，通过对"汉会"和太平天国而在中国人当中发生一定的影响，是完全有可能的。

郭实猎可以说是德国敬虔派跟中国近代史的第一场实际的瓜葛（马克思年轻时听过郭实猎在德国的演讲，曾经在文章中提到郭实猎），我们尚不清楚后来来华的德国传教士中多少人属于敬虔派传统，但可以肯定的是，随着马克思主义在中国的传播，中国人归本溯源，一路追溯到整个德国古典哲学的来龙去脉时，会多少涉及到敬虔派及其主义。

---

① 郭实猎：《生命无限无疆》，新嘉坡坚夏书院，1838 年，第五叶。
② 近年来李骛哲博士对郭实猎的生平与思想有较深入的研究，读者可以从知网查阅其相关论文。

不过很可惜，可能是由于中国有"子不语怪力乱神"的传统，启蒙运动刻意贬低宗教的地位，自从上世纪二十年代"非基运动""非宗教运动"之后，中国知识界便普遍对宗教不感兴趣，这导致了一个后果，就是在学习西方现代各种"主义"，以及打量自家传统时，形成了一个巨大的"知识盲区"或"理论盲点"——看不出、看不到、看不明宗教在中西历史、社会、知识和意识形态中的作用，有"哲学狂"而无"宗教通"，无法整合地理解中西历史，包括理论史和哲学史。比如西方的人性论史，如果不了解基督教神学的人性论，又怎么能理解启蒙思想家的人性论，包括康德的"极恶"与"善的禀赋"里面的种种问题呢？

所幸这种"知识盲区"和"理论盲点"，随着黄丁这一代青年学者的努力，已逐渐地被破除了。他们将西方思想作为一个综合体来看，而不分哲学宗教文学，真正打通"文史哲"，整合地、清晰地看到西方思想之演变的"全貌"。不客气地说，在某些方面甚至有可能超出西方当代学者，因为后者在学科分化的趋势下，所做的题目越来越细，越来越枝节化，直至失去意义，越来越看不到近代思想的全局与全景。

1825 年在哈勒大学读书并翻译新约的两个中国人

前面谈了 1721 年沃尔夫被哈勒大学驱逐的事，这里再谈一件跟哈勒大学和中国有关的事，这件事知道的人似乎不多，近年来开始在一些网站上有所介绍①，我在这里简略地提一下。

当马礼逊、麦都思、郭实猎这些新教传教士来到中国和南洋从事圣经翻译事业的时候，也有两个中国人在西方开始了这一工作。1828、1829 年之间，中国人冯亚星（Fung Asseng, 1792 – 1889，德文名 Friedrich Wilhelm Von Asseng）和冯亚孝（Fung Ahok, 1798 – 1877，德文名 Friedrich Wilhelm Carl Haho）将路德德译本新约译为中文，前者译福音书，后者译保罗

---

① https：//themen. crossasia. org/fung – asseng/？ lang = en, 或 https：//blog. sbb. berlin/termin/the – first – chinese – in – germany/.

书信，但是均未曾出版。冯亚星还翻译了路德的《小教理问答》。

冯亚星出生于广东香山县，1816 年 8 月 3 日，他乘坐葡萄牙商船离开中国，接着坐上一艘英国船前往印度，从那里到了大西洋上囚禁拿破仑的圣赫勒拿岛（St. Helena），给拿破仑做了三年半的厨师。后来他回中国看望中国妻儿，再于 1821 年经停圣赫勒拿岛（其时拿破仑刚死），从那里乘船前往伦敦，他在船上充当英国船长与中国海员之间的翻译。在伦敦他遇到同乡冯亚孝，1823 年他们跟一位德国人签约，到德国巡回展出（作为当时欧洲人极少看见的中国人）。[①] 其时，普鲁士国王弗里德里希三世（Wilhelm Gesenius King Friedrich Wilhelm III）正有意开拓与中国的贸易，欲在德国开设中文教育，便于 1823 年将他们送到哈勒大学学习。

其时，哈勒大学已经有所变化。原来，1817 年，哈勒大学跟符腾堡大学合并，成为新的哈勒大学（名为 Martin Luther University of Halle – Wittenberg）。符腾堡大学成立于 1502 年，是路德曾经学习过神学的地方。可见新的哈勒大学仍旧是路德宗神学的大本营。二冯在此学习，免不了会受到路德宗神学的熏陶。

二冯在新的哈勒大学学习德语，同时也教德国人中文。他们还接受了基督教教育，并于 1825 年受洗成为基督徒。1825 年，国王将他们送到波茨坦学习园艺（gardeners in Potsdam），后来供职于德国王室。冯亚星是第一位出现在德国的华人，他经普鲁士国王允许与一名德国女子结婚，生有四孩，后妻子在生最小的孩子时难产去世，他经不住打击，陷入酗酒赌博的恶习，每况愈下，最终于 1836 年独自返回中国，直到 1889 年去世都未返回德国。其在德国的后裔大多学有所成，第三代中有一位名为 Ekkehard Asseng（1937 – 1993），是一位气象学家。中国改革开放，其后裔中曾有人来中国香山寻根，认识了当地一位中国学者何海地，何海地曾有文章介绍其生平事迹与家族历史。另据德国网站介绍，冯亚孝亦娶德国女子为妻，家庭幸福，后来终老德国。冯亚星和冯亚孝两人既在德国受洗成为基督

---

① 在郭实猎的中文小说中，曾出现过一些到西方（尤其英国伦敦等地）游历、经商或发了财的中国人，其原型有可能即是冯亚星这些人。二冯在德国的活动当时德国报纸是有报道的，作为德国人的郭实猎可能知道他们的一些消息。

徒，又在哈勒大学学习过德文，国王请他们将路德版德文新约翻译成中文也算"专业对口"，不过，由于他们只是海员，年轻时所受中文教育有限，又只会广东话，故此其翻译出来的圣经中文不算十分流利。今德国网站和梵蒂冈网站可以看到他们于 1828/1829 年所译的福音书与保罗书信。据我初步比较，他们参照了马礼逊译本（而没有参照马殊曼译本），一些字句明显相同。具体关系如何，有待将来更详细的考察。

小记

黄丁书成，嘱我写文为序，本来只想章句简短，说说中国人研究敬虔派的理论意义与现实意义，但因这十几年来做中国基督教思想史，恰好在所读文献中看到涉及敬虔派与中国之瓜葛的资料，忍不住兴起，成此长文，好在多为"旧人故事"，带有"叙事性"，望能起到为黄丁正文"大餐"提酒助兴之效。总而言之，敬虔派作为在我国学界撰写西方哲学史或西方思想史时"缺失的一环"，现在终于被弥补上了，使我们得以完整地看到西方尤其德国近代思想的辩证运动，没有比这更令人愉快，而且有益心智健康的了。

周伟驰
2023 年 5 月 18 日序于北京大兴西思来斋

目　录

导 论

德意志敬虔主义论纲：
界定、论域与方法

当代著名德意志敬虔主义思想史家，天普大学教授斯托富勒（F. Er-
nest Stoeffler，1911－2003）在其著《敬虔主义的兴起》开宗明义道："在
基督教史上，敬虔主义无疑是最少人认识的运动之一。"[1] 斯托富勒的这一
论断并非武断的臆测。纵观西方学界撰写的基督教思想史，无论在当代知
名的基督教思想史家冈萨雷斯（Justo L. Gonzalez，1937－ ）的三卷本
《基督教思想史》中，还是在教会史家科尼什（Richard W. Cornish，
1846－1938）的《简明教会历史》中，以及在 20 世纪最著名的基督教神
学家之一的蒂利希（Paul Johannes Tillich，1886－1965）的《基督教思想
史》中，德意志敬虔主义在比例上微乎其微，在认知深度上几乎停留在介
绍层面，甚至出现类似"他们降低了教义的重要性，并在教义之外添加了
以人为本的主观因素"[2] 等错误论断。部分基督教思想史家撰写近现代基
督教思想史，虽尽可能地搜罗自宗教改革以来的基督教诸思想流派，但对
德意志敬虔主义却只字未提。[3] 直到 20 世纪晚期，在奥尔森（Roger Olson，

---

① F. Ernest Stoeffler, *The Rise of Evangelical Pietism*, Leiden: E. J. Brill, 1971, p. 1.

② ［英］理查德·科尼什：《简明教会历史》，杜华译，敦煌文艺出版社 2010 年版，第
195 页。

③ 如利文斯顿撰写的《现代基督教思想》（上）。详见［美］詹姆斯·C. 利文斯顿《现代基
督教思想》（上），何光沪、高师宁译，译林出版社 2014 年版。

1952— ）的《基督教神学思想史》中方才单辟一章，对德意志敬虔主义予以针对性的阐释。无独有偶，虽然汉语学界在改革开放之初，便有张贤勇等学者撰文阐释德意志敬虔主义①，以及将单列一节详细阐释敬虔派的宗教思想对世俗禁欲主义影响的《新教伦理与资本主义精神》汉译②；但至今为止，汉语学界对德意志敬虔主义的研究却始终付之阙如，诚如刘幸枝总结的："我们也鲜少听到有学者或牧者对何谓敬虔主义提出清楚的定义与溯源。毕竟，自十九世纪中叶以后，敬虔主义的传统定义已被重新解构，早就脱离古典内涵的范畴，成为一个不断被无限扩展的概念或现象，导致敬虔主义古典运动的诉求被模糊与曲解，再历经以讹传讹的复制传播后，恐怕今日华人教会无论正、反支持者所谈论的敬虔主义已非它最原始的风貌了。"③ 如此看来，无论在英语学界，还是在汉语学界，德意志敬虔主义运动虽偶有微澜，但总体而言是一场被忽视的思想运动。

若说英语学界和汉语学界是忽视了德意志敬虔主义，那么德语学界对德意志敬虔主义则是另一种态度：先曲解，而后重现发掘。首先，曲解德意志敬虔主义的代表思想家为自由主义神学大师利奇尔（Albrecht Ritschl，1822－1889）和新正统派神学家巴特（Karl Barth，1886－1968）。关于前者，其代表作为三卷本的《敬虔主义史》。在《敬虔主义史》中，利奇尔拓展了敬虔主义的范围，即"按照集会组织归类敬虔主义，而不是按属灵思潮的源流进行分类"，从而将"一些诉求属灵操练的集会运动集结起来，全数收编在敬虔主义的旗帜下"。④ 如此看来，利奇尔将德意志敬虔主义视作与詹森主义（Jansenism）和大觉醒运动（Great Awakening）等类似的灵性运动，是 13 世纪的民间神秘主义运动（Mystical Folk Movement）在路德宗教会中的更新。在此认识的基础上，利奇尔对敬虔主义予以批判，认为敬虔主义"在特点上，是非路德宗的，更准确地说，敬虔主义是一种在修

---

① 张贤勇：《虔诚：栖息心头之后》，载《基督教文化评论》（第 1 辑），贵州人民出版社1990 年版。

② ［德］马克斯·韦伯：《新教伦理与资本主义精神》，康乐、简惠美译，广西师范大学出版社 2007 年版，第 115—146 页。

③ 刘幸枝：《重新发现敬虔主义：从施本尔的敬虔运动谈其古典内涵》，《华神期刊》2009年第 2 期。

④ 刘幸枝：《重新发现敬虔主义：从施本尔的敬虔运动谈其古典内涵》，《华神期刊》2009年第 2 期。

道院之外复兴中世纪隐修主义的运动"①。也就是说，在利奇尔看来，敬虔主义在本质上是一种天主教隐修主义。因而，天主教的反智主义和个体情感主义等内容悉数被纳入敬虔主义中。对此，当代敬虔主义史学家欧伯曼（Heiko A. Obermann，1930－2001）总结道："由于利奇尔的《敬虔主义史》影响深远，除了少数团体之外，大部分的人都还是把敬虔主义视为反智主义、个体情感主义、自命清高的分裂主义，认为这些人没有被宗教改革思潮影响，还活在中世纪亢奋的神秘主义与法利赛式反社会的修道院主义中。"② 关于后者，虽然巴特并未如利奇尔一般有系统的敬虔主义研究著作，但并不影响其对敬虔主义的误解。巴特认为，敬虔主义"本质上是一种个体的皈依、个体的成圣、个体的救赎，因此敬虔主义是个体主义，且是一种有意识的、故意的个体主义"③。换言之，巴特将敬虔主义等同于一种主张个体主义和情感主义的自我称义思想，即敬虔主义之敬虔和救赎均系人为导致的。因而，德意志敬虔主义在本质上是不信派。基于上述认识，巴特略带戏谑地评价敬虔主义道："我宁愿与地上的教会下地狱，也不愿意进入敬虔主义的天堂。"④ 第二次世界大战后，德语学界，不论是支持还是反对敬虔主义的学者，均秉持打破只用系统神学的视角诠释敬虔主义的宗旨，开始重新发掘德意志敬虔主义，并于 1964 年成立了以阿兰德（Kurt Aland，1915－1994）和施密特（Martin Schmidt，1909－1982）等著名敬虔主义思想史家领衔的"敬虔主义研究史协会"。

由上可见，无论是英语学界和汉语学界对德意志敬虔主义的忽视，还是德语学界对德意志敬虔主义的曲解，抑或是随后对德意志敬虔主义的再发掘，其前提均在于界定何谓德意志敬虔主义。唯其如此，对德意志敬虔主义持忽视态度的英语、汉语学界才不再会因不理解而继续选择忽视；曲解德意志敬虔主义的德语学界亦不会因误解而继续曲解，从而错失本系改

---

① Albrecht Ritschl, *Die Geschichte des Pietismus*, Vol. 2, Bann: Adolph Marcus, 1880－1886, p. 417.

② Heiko A. Obermann, *True Christianity*, trans., Peter Erb, New York: Paulist, 1979, "Preface" xii.

③ Eberhard Busch, *Karl Barth and the Pietists: The Young Karl Barth's Critique of Pietism and Its Response*, trans., Daniel W. Bloesch, Downer Grove: Inter Varsity Press, 2004, p. 38.

④ Ibid., p. 43.

革教会之利器的敬虔主义思想。既如此，那何谓德意志敬虔主义？

一 何谓德意志敬虔主义？

在关于敬虔主义的寥寥介绍中，蒂利希说道："什么是敬虔主义？这个词在美国比在欧洲更少得到尊重。在欧洲，人们用'虔诚的'和'虔诚派成员'这些词，而在美国则不大使用。因为在美国，这些词带有虚伪和道德主义的含义。"① 如此看来，敬虔主义之内涵在传播过程中经历了明显的"理论旅行"②。既如此，何谓"敬虔主义"？

从词源来看，"敬虔主义"对应的德语词系 Pietismus，源自拉丁文 Pietas，意指"虔诚或忠诚"。除在词源上"敬虔主义"具有"虔诚或忠诚"之意外，其在《圣经》中还具有假冒伪善之意，如《提摩太后书》所载："有敬虔的外貌，却背了敬虔的实意，这等人你要躲开。"③ 因此，在德语语境中，"Pietismus"是双关语，即既可以指个体对上帝的虔诚，又可以被用来指个体的假冒伪善。至于敬虔主义或敬虔主义者的首次使用，据学者考证，系施本纳④（Philip Jakob Spener，1635－1705）于 1669 年在对法兰克福教区部分信众所诘问的"我们能做什么"时提出的。⑤ 施本纳说道：

---

① ［美］蒂利希：《基督教思想史》，尹大贻译，东方出版社 2008 年版，第 256 页。

② "理论旅行"系著名东方学家萨义德在《旅行中的理论》中首先提出，其内涵大体上是指理论在传播过程中，在新的文化土壤上以另一种形态呈现出来，就如萨义德在该文中所总结的："现在全部（或者部分）得到容纳（或者融合）的观念，就在一个新的时空里由它的新用途、新位置使之发生某种程度的改变了。"［美］萨义德：《世界·文本·批评家》，李自修译，生活·读书·新知三联书店 2009 年版，第 401 页。

③ 《提摩太后书》3：5。

④ 由于汉语学界对施本纳之研究尚处起步阶段，因而对其译名尚未统一，有译作史宾纳的［张贤勇：《虔诚：栖息心头之后》，载《基督教文化评论》（第 1 辑），贵州人民出版社 1990 年版］；有译为斯彭雷斯的［［美］冈萨雷斯：《基督教思想史》（第三卷），陈泽民等译，译林出版社 2008 年版］；有译为斯彭内尔的（［美］蒂利希：《基督教思想史》，尹大贻译，东方出版社 2008 年版）；有译作施本尔的（［美］罗杰·奥尔森：《基督教神学思想史》，吴瑞诚等译，上海人民出版社 2014 年版）；有译作施配纳的（刘新利、邢来顺：《德国通史：专制、启蒙与改革时代》，江苏人民出版社 2018 年版）。为行文方便，并契合 Spener 之发音，统一译作"施本纳"。

⑤ 除这一说法外，林德贝格和刘幸枝均认为施本纳首次提出"敬虔主义者"发生在 1680 年与友人的一次通信。在信中，施本纳说道："清教徒与敬虔主义者并未选择这些标签来称呼自身。他们被标签化，是嘲笑和虐待的社会过程之一部分，是政治进程的一部分。"Carter Lindberg，*The Pietist Theology: An Introduction to Theology in the Seventeenth and Eighteenth Centuries*，Edited by Carter Lindberg，New Jersey：Blackwell Publishing Ltd.，2005，"Introduction" p. 15.

"那些因着神圣而实践的人害怕被嘲笑为敬虔主义者。"① 此后，施本纳的对手，如在达姆斯塔特（Darmstadt）的门泽（Balthazar Menzer，1614 – 1679）迅速将"敬虔主义者"贴在以施本纳为首的团体上，但施本纳等始终予以拒斥。在此过程中，使得"敬虔主义"这一称谓名声大噪的乃是时任莱比锡大学修辞学教授费勒（Joachim Feller，1628 – 1691），其在一首诗中写道："现在到处都在谈论敬虔主义者，敬虔主义者到底是什么人呢？他们是学习上帝之道，并接受引导而活出圣洁生活的人……他们不像一些讲道者在台上耍嘴皮子，生活却与成圣脱离关系。敬虔主义者是从心做起的人。"② 且在另一首诗中，费勒公开宣称自己是一位敬虔主义者。与费勒公开宣称自己为敬虔主义者的态度相对应的是，施本纳直至去世都未将"敬虔主义者"的名号贴在自己身上，如其在晚年最为重要的著作《神学反思》（*Theological Reflections*）中写道："我们这些被使唤为敬虔主义者的基督徒，宁可让那些辱骂我们的人把这个称呼加在我们身上，也千万不要自诩该称谓。我们无法阻止别人辱骂我们，因为我们必须为此受苦，但我们绝对不可以拿这个称谓来自我荣耀。"③ 由上可知，敬虔主义或敬虔主义者虽由被视作"敬虔主义之父"的施本纳首次使用，但迅速被反对者用以对以施本纳为首的团体的蔑称，认为他们脱离了路德宗正统派而强调自我称义，是道德伪善主义者。

无论是对手的蔑称，还是自我的称谓，敬虔主义被用于以施本纳为首的团体并非空穴来风。归根结底在于，施本纳于1670年在法兰克福成立以阅读《圣经》和当时的虔诚之书（books of devotion）为内容的"敬虔小组"（Collegia Pietatis），以及1675年发表被称作敬虔主义的宗教改革白皮书的《敬虔愿望》（*Pia Desideria*）④。关于施本纳之"敬虔小组"，就时间而言，施本纳规定每周两次，分别为周日晚上和周三晚上。关于"敬虔小

---

① Quoted in Dale W. Brown, *Understanding Pietism*, Grand Rapids：William B. Eerdmans Publishing Company，1978，p. 12.

② Ibid.，p. 13.

③ Philip Jakob Spener, *Theologische Bedencken III*, Halle：Waysenhaus，1715，p. 383. 转引自刘幸枝《重新发现敬虔主义：从施本尔的敬虔运动谈其古典内涵》，《华神期刊》2009年第2期。

④ 刘新利与邢来顺所著的《德国通史：专制、启蒙与改革时代》将施本纳的该书翻译为《诚实的渴望》。显然，这无法契合施本纳之原意。详见刘新利、邢来顺《德国通史：专制、启蒙与改革时代》，第65页。

组"的具体流程，大致可归纳为如下三部分：第一，施本纳以祷告开始，起初是从某一"虔诚之书"中摘取部分段落，后来则是《圣经》，并将自己对这些段落的理解分享给参加敬虔小组的成员。然后，其他人开始提问，或者分享他们对这些被摘取出的段落的理解。最后，其他诸如此类的主题亦被置于敬虔小组各成员中讨论。由此可见，虽然整个敬虔小组的讨论都由施本纳主持，但是他并不是作为教义解释的权威，而是作为普通的成员参加相关篇章的讨论，且参加敬虔小组的成员可批评施本纳所分享的内容。因此，一开始就参加敬虔小组的胡尼乌斯将其描述为"一场在朋友间的自由交流"①。最终各成员在圣灵的引导下，达到互相启迪的目的。第二，参加敬虔小组的众成员不再相互以身份、头衔和职位称呼，而代之以"兄弟姊妹"。作为敬虔小组之初期成员的舒茨（Johann Jakob Schütz，1640 – 1690）回忆道："因为在我们之中没有性别之分，而是在耶稣基督里的统一体。"② 也就是说，施本纳之"敬虔小组"是由全然地信靠基督的信仰者构成的，并在圣灵的引导下，尽可能地通过阅读敬虔之言而实现相互启迪的团契。因此，我们对施本纳直截了当地将敬虔小组的这一模式概括为："敬虔小组是路德有关'所有信仰者之团契'观念的现实化"③ 便无足怪哉。第三，无论敬虔小组众成员所阅读的内容，还是敬虔小组的形式，都表明在施本纳之敬虔小组中主体的突出地位，即主体通过培养敬虔，而尽可能地与基督结成紧密的团契关系。

关于《敬虔愿望》，施本纳总结了当时路德宗教会的弊病，并在此基础上提出六条针对性的改革建议：第一，我们必须通过各种方法使圣经被人认识或诵读，包括私下研究、小组查经或家庭聚会。我们要认识整部圣经，而不只是把它拿来当作崇拜时的启导文。第二，信徒皆为祭司的观点不仅是提到平信徒事奉的权利，也涵盖对其他人的责任。第三，我们要教导信徒认识上帝的旨意，也要教导他们切实遵行，特别是在爱邻舍的诫命上。第四，与不信者和异端争辩是无可避免的。那既是无可避免，那我们

---

① Douglas H. Shantz, *An introduction to German Pietism: Protestant renewal at the dawn of modern Europe*, Baltimore: The Johns Hopkins University Press, 2013, p. 78.

② Ibid., p. 79.

③ Richard L. Gawthrop, *Pietism and the Making of Eighteenth Century Prussia*, Cambridge: Cambridge University Press, 1993, p. 106.

就需要以祷告和爱心向活在错谬中的人解释。第五，我们必须革新神学教育，教授们必须认识到将来的传道人不单要知识丰富，而且在灵性上也要训练有素。第六，讲道必须以培育内心的敬虔为目的。① 可见，无论是"敬虔小组"的创设，还是《敬虔愿望》对教会改革的具体规划均表明：以施本纳为首的团体在圣经诠释、神职人员职责、平信徒日常实践和神学教育等方面区别于时下路德宗主流教会。因此，当"敬虔主义"从施本纳嘴里说出时，反对施本纳主张的团体迅疾抓住这一双关称呼，用以蔑称以施本纳为首的团体。

鉴于此，当代著名敬虔主义思想史家沃尔曼（Johannes Wallmann，1930-2021）对敬虔主义总结道："敬虔主义强调个人及进入心灵的信仰生活，发展出一种新的个人敬虔与团体生活的新样态，他们在神学与教会中带来全面的改革，因而对国家社会与文化产生深刻的影响。"② 有别于沃尔曼在内涵上对敬虔主义所做的界定，另一位当代敬虔主义思想史家奥尔森界定敬虔主义道："真正的敬虔主义，乃是一种复兴运动，目标在于完成路德所开始的新教宗教改革。所以，它的主要思想家和领袖都是路德宗的神职人员，他们都服膺新教的主要原则，也就是：圣经具有至高无上的权柄、唯独借着恩典因信称义的救恩，以及信徒皆祭司。即使有的话，这些敬虔主义的领袖也很少违反路德宗世代传承的主要宣言。"③ 通过上述两位敬虔主义思想史家关于敬虔主义的界定，我们可以得出如下结论：第一，就群体的目标而言，敬虔主义是路德宗内部的派别，是以完成路德宗教改革之遗愿为目的。换言之，敬虔主义不是教会分裂主义的元凶，而是自路德以来的第二次宗教改革。第二，就个体的目标而言，敬虔主义者强调个体与基督形成紧密的团契，实现"成圣"的目的。第三，就方法而言，敬虔主义主张个体信仰生活的同时，强调恩典是唯一实现救恩的方法。也就是说，敬虔主义并非如部分攻讦者所认为的是自我称义、是情感主义，而是强调在"称义"的过程中，主体需积极参与上帝的救

① Philip Jacob Spener, *Pia Desideria*, Translated, Edited and with an Introduction by Theodore G. Tappert, Minneapolis: Fortress Press, 1964, pp. 87-122.

② 转引自刘幸枝《重新发现敬虔主义：从施本尔的敬虔运动谈其古典内涵》，《华神期刊》2009年第2期。

③ ［美］罗杰·奥尔森：《基督教神学思想史》，吴瑞诚等译，第492页。

恩活动。第四，主体的积极参与并非只意味着主体参加社会事功，从而"因行而称义"；恰恰相反，积极参与社会事功只是个体信仰的外在流溢。如此看来，敬虔主义者绝非道德伪善主义者，反而是热衷社会事功的虔信者，如在哈勒创办系列教育机构和建立社会慈善机构的奥古斯特·赫尔曼·弗兰克（August Hermann Francke，1663–1727）。因此，基督教会史家顾德（James I. Good，1850–1924）对"敬虔主义"的内涵总结道："敬虔主义不是静默主义，因为它是行动的基督教；敬虔主义不是神秘主义，因为它是实践的；敬虔主义不是分裂主义，因为大部分敬虔主义者均在教会内。因此，施本纳的敬虔主义是一种作为路德宗正统派之对手的路德宗教会的一部分。若将敬虔主义从路德宗教会剔除，那么这将摧毁路德宗的大部分历史。"①

若依照上述关于德意志敬虔主义的界定，那么其便具有如下特点：第一，敬虔主义是路德宗内的，而非天主教的、改革宗的和圣公会的。② 第二，敬虔主义强调内在的经验基督教信仰的同时，又强调救恩的客观性，即在救赎问题上既有客观的内容，如认为唯有基督才能实现救恩，又有主体的要素，如主张主体须有意识地进行悔改等。第三，敬虔主义主张和平地进行教会改革，而不是分裂教会，即在教会统一的框架下，组织成员研读圣经等虔诚之书，以实现革新教会的目的，如加夫特罗普（Richard L. Gawthrop）在总结施本纳之改革时评价道："施本纳并非提倡对教会或社会进行迅疾的革新。恰恰相反，他寻求借助大部分人的悔改、皈信和行慈善来进行一步步的改革。"③ 因而，教会分裂主义者和不主张敬虔小组者不归入敬虔主义者之列。第四，敬虔主义者秉持外显的基督教。敬虔主义思想家不是枯坐书斋的饶舌者，而是主张成为在现世生活中积极参与社会事功的奋斗者，如斯托富勒总结道："生命得到改变、教会得到更新、国家得到改革、把福音传遍天下，这些是他们终生努力想要实现的伟大目标。"④

---

① James I. Good, *The History of the Reformation Church of Germany 1620–1890*, Pennsylvania： Daniel Miller Publisher, 1894, p. 308.

② 由于受到利奇尔等的影响，韦伯在其《新教伦理与资本主义精神》中将敬虔派视作从改革派教会的基础上生长出来的。[德] 马克斯·韦伯：《新教伦理与资本主义精神》，康乐、简惠美译，第91页。

③ Richard L. Gawthrop, *Pietism and the Making of Eighteenth–Century Prussia*, Cambridge： Cambridge University Press, 1993, p. 112.

④ F. Ernest Stoeffler, *German Pietism During the Eighteenth Century*, Leiden： E. J. Brill, 1973, p. 7.

如此看来，德意志敬虔主义不包括属于改革宗的拉巴德（Jean de Labadie，1610–1674）、属于圣公会的卫斯理（John Wesley，1703–1791）和属于犹太教的哈西德神秘主义（Hasidism）大师等非路德宗思想家；不包括虽深深影响后世敬虔主义者，但并未提出或践行敬虔小组的阿恩特①（Johann Arndt，1555–1621）和柏利②（Lewis Bayly，1575–1631）；不包括被施本纳多次提及的路德宗神秘主义思想家波墨（Jakob Böhme，1575–1624）；不包括曾委身于路德宗教会，而后脱离，被敬虔主义之集大成者亲岑道夫③

①　关于阿恩特的译名，汉语学界亦有多种，如昂特［张贤勇：《虔诚：栖息心头之后》］和亚仁特（罗杰·奥尔森：《基督教神学思想史》，吴瑞诚等译）等。关于阿恩特的生平与思想可详见 Orlando H. Wiebe, *Johann Arndt：Precursor of Pietism*, University of Iowa, Th. D., 1965。关于阿恩特是否属于德意志敬虔主义者，当代著名敬虔主义思想史家沃尔曼总结道："无论是对正统派而言，还是对敬虔主义而言，阿恩特都是一个超越双方领域的存在。在反对敬虔主义终末论和反对施本纳之美好未来的盼望的辩论时，路德宗正统派运用阿恩特的权威以反对敬虔主义。"Johannes Wallmann, Johann Arndt, *The Pietist Theology：An Introduction to Theology in the Seventeenth and Eighteenth Centuries*, Edited by Carter Lindberg, Hoboken：Blackwell Publishing Ltd., 2005, p. 36. 不谋而合的是，另一位英语学界著名的敬虔主义思想史家 Peter C. Erb 在编撰《敬虔主义选集》时，同样未将阿恩特列入。详见 *Pietists：Selected Writings*, Edited with an Introduction by Peter C. Erb, New Jersey：Paulist Press, 1983。而且撰写《何谓敬虔主义》的 Dale W. Brown 将阿恩特视作敬虔主义的思想来源，而非列为敬虔主义者。详见 Dale W. Brown, *Understanding Pietism*, Grand Rapids：William B. Eerdmans Publishing Company, 1978, p. 19。当然，将阿恩特列入敬虔主义者之列，甚至将其视作"敬虔主义之父"亦不乏其人，如 Orlando H. Wiebe, *Johann Arndt：Precursor of Pietism*, University of Iowa, Th. D., 1965。

②　关于柏利的生平与思想可详见 Carl Trueman, Lewis Bayly and Richard Baxter, *The Pietist Theology：An Introduction to Theology in the Seventeenth and Eighteenth Centuries*, Edited by Carter Lindberg, Hoboken：Blackwell Publishing Ltd., 2005, pp. 52–55。

③　尼古拉斯·路德维希·冯·亲岑道夫是 18 世纪德意志著名的神学家、宗教活动家和政治家，以及对教会史和世界历史具有重大影响力的思想家。亲岑道夫出生在一个深受敬虔主义思想影响的家庭，其起初求学于德意志敬虔主义的大本营哈勒大学，随后转学至路德宗正统派的大本营维滕堡大学。自 1722 年开始，亲岑道夫在自己的封地收留来自波西米亚的胡斯追随者，并于 1727 年初步建成主护城（Herrnhut）。其后，亲岑道夫便尽其一生之力传播摩拉维亚弟兄会，其足迹遍布西欧、北欧、英国和北美等地。由于亲氏在基督教传播和基督教诸教派间对话的贡献，其在基督教会史家维尔斯顿·沃克所著的《教会史上的伟大思想家》（*Great Men of the Christian Church*, University of Chicago Press, 1908）中被称作 18 世纪最伟大的基督教思想家。关于亲岑道夫所更新的摩拉维亚弟兄会，据亲岑道夫的传记作者 John Gill 记载，亲氏所更新的摩拉维亚弟兄会的首要原则是："以爱为纽带，主护城中的成员联系在一起。每一个教派中的上帝的孩子们：他们并不需要经过审判，也不需要轻率地表达反对那些与自己不同的人，他们只需要关心福音的纯洁性和恩典的简单性。"有关亲岑道夫的详细介绍，可参阅 John Gill, *The Banished Count；or The life of Nicholas Louis Zinzendorf*, London：James Nisbet and Co. 21 Berners Street, 1865 和 August Gottlieb Spangenberg, *The Life of Nicholas Lewis Count Zinzendorf*, With an Introductory Preface by the Rev. P. Latrobe, London：Samuel Holdsworth, Amend-corner, 1838。

（Nikolaus Ludwig von Zinzendorf，1700－1760）诟病为"轻看世俗职责的属
灵派"的基要敬虔主义① （Radical Pietism），如阿诺德② （Gottfried Arnold，
1666－1714）。③ 既如此，本书将肇始于施本纳，发展于弗兰克，集大成于
亲岑道夫的路德宗内致力于第二次宗教改革的思想流派称作德意志敬虔主
义。④ 由于施本纳提出敬虔小组和发表《敬虔愿望》均在法兰克福任职期

---

① 值得注意的是，基要敬虔主义是 20 世纪中叶后学界对当时被路德宗正统派视作异端派别
的称呼，所以当时并不存在基要敬虔主义这个专有称呼。在刘幸枝看来，正是这些基要敬虔主义
将敬虔主义的古典内涵颠覆。

② 关于阿诺德的生平与思想可详见 Roger E. Olson and Christian T. Collins Winn，*Reclaiming Pi-
etism：Retrieving an Evangelical Tradition*，Wm. B. Eerdmans Publishing Co.，2015，pp. 71 － 72。

③ 如此看来，马克斯·韦伯关于德意志敬虔主义的界定——"虔信派在英国，尤其在荷兰，
首先是从加尔文宗运动中分裂出来的，初期它与正统尚存不甚紧密的联系，而后经过不易察觉的
蜕变，逐渐脱离了正统，直到 17 世纪末，在施本纳的领导下，虔信派终于融入路德宗。尽管教义
方面的调整不够理想，虔信派终于融入路德宗。尽管教义方面的调整不够理想，虔信派毕竟始终
是路德宗的一支。只有由亲岑道夫主持的中教派集团象循道宗一样，被迫组成一个特殊的派系，
这个集团处于摩拉维亚弟兄会中，曾不断受到胡斯派和加尔文宗的影响。"（［德］马克斯·韦伯：
《新教伦理与资本主义精神》，于晓、陈维纲等译，生活·读书·新知三联书店 1987 年版，第 71—
72 页）——深受利奇尔的影响。在韦伯看来，德意志敬虔主义源于英国清教徒运动，只是在施本
纳的改造下，才融入路德宗，且亲岑道夫所代表的德意志敬虔主义深受胡斯等思想家的影响。

④ 当然，由阿兰德和施密特等领衔创立的"敬虔主义研究历史协会"将"德意志敬虔主
义"分为六大部分：（1）施本纳及其著作、布道集和书信；（2）弗兰克及其著作等；（3）亲岑道
夫及其著作等；（4）基要敬虔主义者及其作品；（5）路德宗正统派内部的有敬虔主义思想的思想
家，如 John Albrecht Bengel 和 Friedrich Christoph Oetinger 等；（6）敬虔运动的次要人物、团体及
其著作。除"敬虔主义研究历史协会"所界定的"德意志敬虔主义"外，还存在以斯托富勒教
授、坎普贝尔教授和阿特伍德教授为代表的将"各式的运动和人群，从由国家支持的教职人员
（Church officials）到教会分裂主义者"（Craig D. Atwood，*Community of the Cross：Moravian Piety in
Colonial Bethlethem*，the Pennsylvania State University Press，2004，p. 27）视作敬虔主义的，以及以
布朗教授为代表的只将施本纳和弗兰克视作德意志敬虔主义。显然，无论是"敬虔主义研究历史
协会"，还是斯托富勒等教授所做的"敬虔主义"的定义均与本书做界定的"德意志敬虔主义"
不相同。但无论是何种定义，施本纳与弗兰克均被视作敬虔主义的代表，唯一存在疑问的是部分
研究者将亲岑道夫视作基要派敬虔主义者，从而将其剔除出德意志敬虔主义。关于亲岑道夫，出
生在一个深受哈勒敬虔主义思想影响的家庭，其起初求学于德意志敬虔主义的大本营哈勒大学，
随后转学至路德宗正统派的大本营维滕堡大学。值得一提的是，亲岑道夫的洗礼便是被称作敬虔
主义之父的施本纳行的。由此可见，无论是求学、成长经历，还是思想主张，亲岑道夫均契合本
书所列德意志敬虔主义的四大特点。当然，将亲岑道夫纳入德意志敬虔主义并非本书的独创，韦
伯在《新教伦理与资本主义精神》中亦如此，其说道："总的说来，虔敬派，从弗兰克到施本纳
到亲岑道夫，越来越趋于强调情感的方面。"（参见《新教伦理与资本主义精神》，第 107 页）由
于此时的德国作为一个民族国家并未建立，故不能称作德国敬虔主义。鉴于此，笔者只好选取中
世纪对德语地区的称谓"德意志"来命名。至于为何不称作路德宗敬虔主义，则依循的是学界的
惯常说法，即 German Pietism。当然，如果非要称作路德宗敬虔主义（Lutheran Pietism），（转下页）

间，弗兰克名噪于时乃是其任职哈勒大学、在哈勒创办教育、慈善等机构期间，以及亲岑道夫因其在封地接收并更新摩拉维亚教派而名于历史，故本书为写作方便，将德意志敬虔主义分为三个部分：法兰克福敬虔主义、哈勒敬虔主义和摩拉维亚敬虔主义。[①]

二 德意志敬虔主义的论域

诚如标题所揭示的，本节内容主要探讨德意志敬虔主义是围绕着哪些主要问题展开的，或者说哪些问题共同筑成了德意志敬虔主义的轮廓。既然本书认为德意志敬虔主义包括以施本纳为代表的法兰克福敬虔主义、以弗兰克为代表的哈勒敬虔主义和以亲岑道夫为代表的摩拉维亚敬虔主义，那么所谓德意志敬虔主义的论域便是指德意志敬虔主义的上述三部分围绕着哪些问题展开。关于施本纳的敬虔主义思想，当代著名敬虔主义思想史家施泰因（K. James Stein, 1929 – ）评价道："通过《敬虔愿望》可以发现，他非常小心地写作，将其建基于圣经、教父和路德上。可以这样说，施本纳继续着路德的宗教改革，反对流行的经院神学和在教会生活中

（接上页）亦无不可。若如此，笔者便将以 Friedrich Adolf Lampe（1683 – 1729）、Wilhelm Hoffmann（1676 – 1746）、Gerhard Tersteegen（1697 – 1769）等为代表的改革宗敬虔主义思想家、以卫斯理兄弟为代表的循道宗思想家和以爱德华兹为代表的大觉醒运动的思想家排除在本书论述的内容之外。至于以 Albrecht Bengel（1687 – 1752）Christoph Oetinger（1702 – 1782）为代表的维滕堡/施瓦本的虔敬主义为何未出现在本书的论述范围内，原因有二：第一，作为亲岑道夫同时代的思想家 Bengel，其对亲岑道夫的敬虔主义思想有着针锋相对的批评，如以字义解经为方法，认为亲岑道夫的作为创造者的基督违背基督教真正的教义，即混淆了圣父与圣子的位格，并指出亲氏的这一思想是异端思想。具体而言，Bengel 认为《圣经》为圣父和圣子之间的关系提供了清晰的说明，并认为四福音书中所显明的圣子与向保罗显现的耶稣是同一位。第二，另一位亲氏同时代的思想家 Oetinger，其思想被总结为 "Oetinger 的神学思想建基于路德宗正统派和敬虔；被 Bengel 影响的强化版圣经主义和千禧年主义"。Martin Weyer – Menkhoff, "Friedrich Christoph Oetinger", *The Pietist Theologians: An Introduction to Theology in the Seventeenth and Eighteenth Centuries*, Edited by Carter Lindberg, Hoboken: Blackwell Publishing Ltd., 2005, p. 251.

① 毫无疑问，德意志敬虔主义的此三部分并非完全割裂，互不统属的，而是在内在精神上继承与发展的，且各具特色，如法兰克福敬虔主义偏重教会改革，哈勒敬虔主义偏重社会事功，摩拉维亚敬虔主义偏重建立普世合一的教会。当然，无论是教会改革，还是偏重社会事功，抑或是建立普世合一的教会，都是德意志敬虔主义对正统派的回应，是继续宗教改革。

占主导位置的形式主义，他呼吁与基督建立一种至关重要的信与爱。"① 关于弗兰克的敬虔主义思想，《弗兰克传》主编马蒂亚斯（Markus Matthias）总结道："弗兰克关于圣经的外壳与内核之间的区别所做的清晰诠释已经推动了一种既有历史批判注释，又有非历史的福音宣道诠释的神学……弗兰克所领导的这场世界范围内的宗教改革促进了当代教会联合成一个更强有力的团体。"② 至于亲岑道夫的敬虔主义思想，曾出版亲岑道夫宾州会议纪要③的沃格特（Peter Vogt）说道："作为一位神学家，亲岑道夫是极具原创性和丰富性的……他发展出一套特有的传讲基督救赎的语言。他的基督中心论和体验方法揭示了其对自己信仰的痴迷：基督，为世界的罪而死在十字架上的道成肉身的创造主，是我们的救主。他的整个神学都可以被视作对这一基本主张阐明的坚持不懈的尝试。"④ 可见，上述三位德意志敬虔主义代表思想家的思想具有如下特点：第一，重视圣经。施本纳之《敬虔愿望》开篇便指出该书植根于圣经，并在六条建议之首提出"勤用圣经"以改革教会；弗兰克之《阅读和研究圣经指南》提出圣经诠释的三重维度，即文字、教义和实践；亲岑道夫认为圣经是执笔者（Human Agent）在圣灵的启示下完成的。第二，关注教会改革。面对后宗教改革时代，路德宗教会日渐形式主义，三十年战争的影响使得大量路德宗教会蜕变为国家教会（State Church）的现状，无论是施本纳还是弗兰克，抑或是亲岑道夫均在自身教会论的基础上提出各具特色的教会改革主张。第三，将个体的宗教经验纳入个体与基督的关系中予以诠释。无论是内在的人，还是心灵宗教的提出均表明敬虔主义者主张主体需积极进入上帝的救赎之工中。第四，格外重视实践，无论是进行教会改革，还是践行宗教慈善，抑或是

---

① K. James Stein, Philipp Jakob Spener, *The Pietist Theology: An Introduction to Theology in the Seventeenth and Eighteenth Centuries*, Edited by Carter Lindberg, Hoboken: Blackwell Publishing Ltd., 2005, p. 96.

② K. James Stein, Philipp Jakob Spener, *The Pietist Theology: An Introduction to Theology in the Seventeenth and Eighteenth Centuries*, Edited by Carter Lindberg, Hoboken: Blackwell Publishing Ltd., 2005, p. 110.

③ 为解决北美路德宗内部冲突，亲岑道夫于 1741 年至 1743 年间到访北美，发表系列演说，后整理为《宾州布道集》（*A Collection of Sermons from Zinzendorf's Pennsylvania Journey*）。

④ Peter Vogt, Nicholas Ludwig von Zinzendorf, *The Pietist Theology: An Introduction to Theology in the Seventeenth and Eighteenth Centuries*, Edited by Carter Lindberg, Hoboken: Blackwell Publishing Ltd., 2005, p. 220.

在世界范围内传教，三位敬虔主义的代表思想家均身体力行地进行实践，将在尘世的活动视作上帝对个体的呼唤。简言之，德意志敬虔主义围绕着如下四个主题展开：（1）何谓圣经？（2）何谓教会？（3）救赎过程中，主体何为？（4）如何看待现实世界？①

第一，何谓圣经？首先，于敬虔主义思想家而言，圣经具有至高的权威。这种权威性不仅呈现在教会内，而且贯穿于个体的所有实践过程，并引导人们悔改和走向上帝。正因为如此，布朗教授总结道："于敬虔主义者而言，与其说圣经是教义的源头，不如说其是个体敬虔的源头；与其说其只是信仰的源头，不如说其是生命的指南。"② 正是基于上述认识，无论是在施本纳的敬虔小组中，还是在弗兰克创办的教育机构内，抑或是在亲岑道夫的主护城中，众成员均以阅读圣经并分享自己关于圣经的理解为主要内容。缘何圣经具有这样的功能？这便涉及敬虔主义者所理解的圣经是什么。其次，于敬虔主义者而言，圣经是圣灵借着"成圣"之人的手完成的启示。对此，施本纳说道："我同意圣经是圣灵对着已成圣之人诉说，并启发他们讲述和记载下来，甚至于为后者提供文字，但是每一位执笔者都保持他们惯常的阅读和书写风格，即便执笔者的风格以这种方式被圣灵圣化，而真理得到最为忠实的表达。"③ 可见，在施本纳看来，虽然圣经是圣灵启示的产物，但由于执笔者具有各自的风格，从而使得圣经具有了某种历史性。不可否认的是，于施本纳而言，圣经的这种历史性依然被圣灵圣化过了。也就是说，虽然施本纳承认了圣经的历史性，但强调圣经的历史性依然是圣灵圣化的产物。

在此基础上，弗兰克在《〈圣经〉阅读与研究指津》（*A Guide to the Reading and Study of the Holy Scriptures*）中开宗明义地说道："所有阅读

① 在《何谓敬虔主义》中，布朗教授将德意志敬虔主义的论域总结为五大主题：（1）教会论；（2）圣经观；（3）成圣观；（4）实践神学；（5）现世观。详见 Dale W. Brown, *Understanding Pietism*, Grand Rapids：William B. Eerdmans Publishing Company, 1978, pp. 35–164。至于笔者为何要略去布朗教授的"成圣观"，原因在于笔者所总结的第三个主题涵盖了"成圣观"。

② Dale W. Brown, *Understanding Pietism*, Grand Rapids：William B. Eerdmans Publishing Company, 1978, p. 68.

③ Quoted in Jeffrey Dale Brown, *The Holy Scriptures as the Key Authority in Philipp Jacob Spener's Proposals of Reform for the Evangelical Church*, The Southern Baptist Theological Seminary, Th. D., 2000, p. 47.

《圣经》的方法中，要么偏重于文字（Letter），要么偏重于圣灵（Spirit）。若偏离了后者，那么前者便是空泛的和前后矛盾的；只有将二者结合起来，对神性的研究才是完整的。关于《圣经》的文字部分，阅读时当分为三部分：文法的、历史的和解析的。至于圣言的圣灵部分，则包括四个部分：注释、教义、推理和实践。"① 可见，与施本纳关于圣经的观点类似，弗兰克认为圣经是圣灵借着圣经的执笔者而将内在的见证记载下来的合集。若如此，圣经包括文字和圣灵的内在见证两部分，且此两部分不可分割，即执笔者所写就的文字实是在圣灵的内在见证下完成的。相较于施本纳与弗兰克在承认圣经历史性上的忸怩，亲岑道夫坦诚地说道："圣经包括三种知识，即第一，奥秘；第二，知识；第三，基本的真理。"② 鉴于此，于德意志敬虔主义者而言，圣经是历史与启示的承载者，且关于圣经的历史性亦是一个逐渐被敬虔主义者接纳的过程。

第二，何谓教会？首先，于敬虔主义思想家而言，教会不是宗教场所，也不是教派或宗派，而是强调人人皆为祭司（Priesthood of All Believers）。至于什么才是祭司，施本纳说是重生（Regeneration）之人，即借着耶稣基督的死与复活，将祂的义归给信靠祂的人。既如此，所谓信仰者的团契，则是指由那些真正"披戴基督"之人所组成的共融体③（Gemeine）。因此，该共融体既是可见的，又是不可见的。为实现上述目

① Augustus Hermann Francke, *A Guide to the Reading and study of the Holy Scriptures*, tran., From the Latin by William Jaques, Philadelphia: Hogan, 1823, pp. 17 – 18.

② Nikolaus Ludwig von Zinzendorf, *A Collection of Sermons from Zinzendorf's Pennsylvania Journey 1741 – 1742*, Translated by Julie Tomberlin Weber, Edited by Craig D. Atwood, Pennsylvania: Moravian Church in North America, 2001, p. 82.

③ Gemeine 系亲岑道夫认为的真正的教会。缘何将 Gemeine 译作"共融体"，原因如下：几乎所有英译者在翻译亲氏之 Gemeine 时，无不说道：由于该词无合适的英文，故保留其德文形式。在亲岑道夫看来，Gemeine 是信仰者的团契，他们亲密地结合在一起，而这区别于体制性的教会。鉴于此，张贤勇在阐释朋霍费尔的《谁是今在与昔在的耶稣基督?》时说道："Gemeine 固然不能都译成 Congregation，但是 Church 在这里所占的正当性百分比，丝毫不见得比 Congregation 高，倒是 Community 或者 Fellowship 常常更加相称，虽然德文中另有相应的 Gemeinschaft。"［德］朋霍费尔：《第一亚当与第二亚当》，朱雁冰、王彤译，华夏出版社 2004 年版，第 32 页。既然 Gemeine 更贴近 Community，加之天主教将 Communion 译作"共融"，故本书将亲氏之 Gemeine 译作"共融体"。详见 Craig D. Atwood, "Zinzendorf's 1749 Reprimand to the Brüdergemeine", *Moravian Historical Society*, Vol. 29, 1996, p. 67; Nikolaus Ludwig von Zinzendorf, *A Collection of Sermons from Zinzendorf's Pennsylvania Journey 1741 – 1742*, Translated by Julie Tomberlin Weber, Edited by Craig D. Atwood, Pennsylvania: Moravian Church in North America, 2001, Notes on Translation, p. xxvi.

标，施本纳于 1669 年在《论法利赛人的义》的布道中建议建立敬虔小组①，其说道："如果好朋友在主日聚会，以读书来取代酗酒、赌博或休闲，并从书中得到启发，或者温习一篇所听过的道。如果他们彼此讨论有关神圣之奥秘，而那从神之处获得恩典的人会试图帮助自己软弱的弟兄。如果他们不能得其门而入，他们会请求牧师予以澄清，这将是一件多么美好的事啊！如果这真发生的话，多少邪恶会终止，而蒙福的主日，也会被分别出来，使众人同得极大的造就与益处！无论如何，我们牧者不能满足信众的所有需要，除非那些人被上帝恩宠，从而具有了超凡的信仰知识，且他们愿意承担代价，领受他们普遍的祭司职分，与我们同工，且在我们之下，照着他们的天赋和纯洁，去尽可能多地劝诫和改正他们的邻舍，这事才能达成。"② 也就是说，施本纳认为现有教会并不能实现"重生"，而只能借助敬虔小组。虽然敬虔小组并不是教会，却反映出施本纳的理想教会应当具有的特点：通过阅读《圣经》培养个体的敬虔；弱化圣礼的客观作用；突出信徒的主体性；与基督的紧密团契关系。因此，面对"何谓属灵祭司"的提问时，在 1677 年出版的《属灵祭司》(the Spiritual Priesthood) 中，施本纳坦承属灵祭司的首领是基督，维系神职人员与基督的纽带是圣灵，且前者还需努力践行属灵之事，诚如其所言："属灵团契是我们的救主耶稣基督为所有人赎回的权利，为达到这一目的，祂用圣灵为信众施洗，在圣灵的大能中，他们将献上神所悦纳的祭物，为他们自己和其他人祷告，并启发他们和他们的邻人。"③

在施本纳之教会观的基础上，亲岑道夫首先比较 Religion、Sekte、Kirche 和 Gemeine 内涵之异同，最后总结认为教会是"在圣灵中的上帝之团契，就如在《希伯来书》第 12 章所描述的一样，任何一位信仰者，自其出生开始便进入上帝之团契。该团契既在高天，又在尘世，他们是一"④。可

---

① Marie E. Richard, *Philip Jacob Spener and His Work*, Philadelphia: Lutheran Publication Society, 1897, p. 27.

② Philip Jacob Spener, *Pia Desideria*, Translated, Edited and with an Introduction by Theodore G. Tappert, Minneapolis: Fortress Press, 1964, p. 13.

③ Ibid., p. 50.

④ Nikolaus Ludwig von Zinzendorf, *Theologische und dahin einschlagende Bedenken*, Budingen, 1742, p. 36. Quoted in Peter Vogt, The Church and Its Unity According to Zinzendorf, *Transatlantic Moravian Dialogue – Correspondence*, No. 4, 2001, p. 16.

见，于亲岑道夫而言，"教会是一种与教派在成员结构上互有统属，但又无法涵盖彼此的系统；是一种囊括宗派所蕴含的外在的和历史的基督教，但又完全不滞留于此的组织；是一种为共融体成员提供属灵修炼的有形教堂，以实现此在的真信仰者联合起来的类似无形的教会"①。如此看来，对敬虔主义者来说，使教会成为教会的关键性因素并不在于制度性的教义或固定的场所，而在于一群与基督建立联系的重生之人。那秉持上述教会观会否导致教会的分裂？通过历史我们可以发现，包括亲岑道夫在内的德意志敬虔主义者均系路德宗教会中的神职人员，且面对以舒茨为代表的教会分裂分子，施本纳尽力劝返。甚至于，在弗兰克的葬礼上，一位路德宗正统派神学家对前者评价道："这位神学家在整个路德宗教会内都是当之无愧的。"② 总之，于敬虔主义者而言，教会是一群重生之人，其首领为基督，以研读圣经等虔敬之书为务，并委身于教会内的超越时空的团契。

第三，救赎过程中，主体何为？于敬虔主义思想家而言，最集中彰显主体参与救赎，莫过于他们所主张的"重生"思想。关于重生在敬虔主义思想家中地位，布朗教授评价道："重生于施本纳而言，就如称义之于路德，且施本纳在柏林牧会时便以 62 篇'重生'布道开始。"③ 既如此，那重生又是如何在救赎问题上将主体与基督汇于一炉？所谓救赎，即"因信称义"，路德（Martin Luther，1483－1546）在《〈加拉太书〉注释》中解释道："他在上帝面前算为义，不是因为他的努力，而是因为他的信心……人的首要职责就是信靠上帝，并且以他的信心来尊崇上帝。信心真是智慧的高峰，是正确的义。"④ 可见，于路德而言，救赎是上帝恩赐给世人的白白的恩典，即世人不借助任何事工，而因着十字架事件，上帝判定世人为义；在此过程中，世人的首要和唯一之务乃"信靠上帝"。若如此，

---

① 黄丁：《亲岑道夫论 Gemeine：界定、内涵与实践》，《世界宗教研究》2021 年第 3 期。

② Rezeau Brown, *Memoirs of Augustus Hermann Francke*, Philadelphia：American Sunday School Union, 1831, p.98.

③ Dale W. Brown, *Understanding Pietism*, Grand Rapids：William B. Eerdmans Publishing Company, 1978, p.99. 尚茨在《德意志敬虔主义导论》中说是 66 篇. 详见 Douglas H. Shantz, *An introduction to German Pietism：Protestant renewal at the dawn of modern Europe*, Baltimore：The Johns Hopkins University Press, 2013, p.95.

④ ［德］马丁·路德：《〈加拉太书〉注释》，李漫波译，生活·新知·读书三联书店 2011 年版，第 87 页。

作为路德的思想门徒，敬虔主义者如何将主体的努力融入上帝的救赎之工中？关于施本纳之"重生观"，布朗教授总结道："罪的得赎和新人的被造紧密联结的整体。"① 所谓"罪的得赎"指的是借着耶稣基督的死与复活，而将祂的义归给信靠祂的世人。由此，世人也就"披戴基督了"。而"新人的被造"是指"成圣"（Sanctification）。但是成圣的前提是完全地信靠基督，并与基督形成属灵团契的关系，且施本纳认为只有在这样一种属灵团契关系中，人方能充分发挥主观能动作用，也即"通过有意识的悔改和信心"，从而"经历个人的归正与重生"。② 如此，施本纳便将主体的努力，如"有意识的悔改"、遵行圣礼，悉心阅读《圣经》，以及"爱邻人"等融入上帝救赎的过程。在此，值得注意的是，施本纳虽然强调主体事工的重要性，但救赎或主体的"重生"并非主体的上述事工所能独自完成。恰恰相反，施本纳始终坚信"正是借着圣经和圣礼，圣灵才使信仰者逐渐完成重生"③。也就是说，在施本纳看来，对世人而言，是重生；对上帝而言，则是救赎；且此过程，上帝的恩典是决定性的。

相较于施本纳着重于重生的阐释，弗兰克则借助对自己生命重生的记载，来呈现主体如何参与上帝的救赎过程。关于弗兰克的此次生命的重生经历，包括三位弗兰克传记作者（Heinrich Ernst Ferdinand Guericke、Rezeau Brown 和 Marie E. Richard）在内的学者均有详细记载，并被加夫特罗普认为，正是此次经历使得弗兰克意识到自身的重生，成为其创办系列教育、慈善机构的驱动力，诚如其所言："在抵达吕纳堡（Lüneburg）后不久，弗兰克便遭遇重生。这成为弗兰克生命的至关重要的经历。"④ 关于弗兰克此次生命的重生，传记作者之一的布朗（Rezeau Brown，1808 –

① Dale W. Brown, *Understanding Pietism*, Grand Rapids：William B. Eerdmans Publishing Company，1978，p. 95.

② ［美］罗杰·奥尔森：《基督教神学思想史》，吴瑞诚等译，第505页。

③ K. James Stein, Philipp Jakob Spener, *The Pietist Theology*：*An Introduction to Theology in the Seventeenth and Eighteenth Centuries*，Edited by Carter Lindberg, Hoboken：Blackwell Publishing Ltd.，2005，p. 92.

④ Richard L. Gawthrop, *Pietism and the Making of Eighteenth – Century Prussia*，Cambridge：Cambridge University Press，1993，p. 138. 也正是因为弗兰克的此次重生经历，加夫特罗普认为弗兰克与施本纳的敬虔主义思想在精神特质上并不相同。然而，一直以来，学界普遍将弗兰克视作施本纳的"属灵之子"，以致在1897年出版施本纳传记时，将弗兰克的传记附于其后。Marie E. Richard, *Philip Jacob Spener and His Work*，Philadelphia：Lutheran Publication Society，1897。

1833）援引弗兰克自述道："在我 24 岁时，我比之前更加意识到，我在属灵方面的悲惨境遇，并迫切地渴望从这种境遇中解脱出来……在莱比锡时期，我曾一度被世俗社会的诱惑萦绕着，但它们丝毫未影响到我。在它们中间，上帝，因着其怜悯，将圣灵赐下，引导我远离每一件尘世的善，使我在祂面前谦卑，祈求恩典在新生命中服侍祂……我已经从事神学研究近七年，对我们教会的教义极为熟稔，并能与反对者辩论；我已阅读圣经数遍和践行了许多工作；但，这些都只是影响了我的理解；我的心并未改变。如今，有必要让我成为一位真正的基督徒。我发现自己处境如此凄惨，被如此多的世俗之事捆绑，以至于如此热烈地去追求知识，尽管我意识到需要革新。我就像一个被扔在泥潭里的人，只能伸出手来寻求帮助。上帝，因着祂无限的同情，并未让我处于这种无助的状态。祂为我移除一个又一个在我面前的障碍，为我预备了脱离罪之捆绑的道路。我变得勤于使用恩典，不放过任何一个崇拜和事奉祂的机会。我开始在我的路上见到星星亮光，但这更像是黄昏，而非黎明。我似乎已经将我的一只脚置于生命与拯救的殿门，但始终徘徊于此，究其原因在于被尘世的诱惑大大地吸引……与此同时，我意识到我生命中一个巨大的转变，即我渴望和热爱圣洁，时常讲述它，并对我的几个朋友宣布，从今以后，我决定过一种圣洁的生活。在我身上发生一个如此大的改变，我的部分朋友认为我是一位非常热忱的基督徒；那一刻，我知道自己受外在世界影响太多，且自己对邪恶的抵制是脆弱的……借着耶稣基督，上帝对世人的爱是多么伟大啊！由于我令人发指的罪，祂并未永远抛弃我，反而容忍我，支持我的软弱，使我能够寻求祂。从我自己的经历来看，我可以证明在救赎之事上，人没有资格控诉上帝，因为祂始终对那些寻求祂恩典的灵魂敞开大门。"① 关于弗兰克的此次重生经历，马蒂亚斯将其与奥古斯丁在《忏悔录》第八章中的"花园奇遇"相比较，并总结道："于奥古斯丁和弗兰克而言，这项决定均指向上帝的干预，只不过在奥古斯丁的花园奇遇中，其通过引用圣经，而在弗兰克的重生经验中，其心智是无法详述的。二者的相似之处在于：这样的一种转向具有持久的影响，即在决定他们的意志中始终发挥着持久的

---

① Rezeau Brown, *Memoirs of Augustus Hermann Francke*, Philadelphia：American Sunday School Union, 1831, pp. 26 - 29.

效力。"① 因此，在此次重生经历后，除"渴望和热爱圣洁"外，弗兰克始终过着一种圣洁的生活，并将这种对圣洁的爱诉诸生活实践，如在哈勒创办系列教育、慈善机构。通过弗兰克自述的重生经历可以发现，人的重生是上帝之工，而作为重生的对象，只能接受或拒斥。换言之，人的重生是主体接受上帝的恩典而实现的；在此过程中，上帝的恩典是决定性的，主体若听从圣灵的指引，那么主体便参与了上帝的救赎计划；若主体拒斥圣灵的指引，那么重生将遥遥无期。如此看来，弗兰克所主张的重生，并非一种完全凭借主体的"普罗米修斯的灵性"②，而是一种上帝决定和主体积极配合的经历。至于主体如何参与上帝的救赎之工，加夫特罗普总结道："对施本纳与弗兰克而言，重生只是迈向称义之路的第一步。重生的基督徒与上帝的关系是他们关注的核心。"③

第四，如何看待现实世界？于敬虔主义思想家而言，该问题包括：（1）面对现实世界的态度；（2）"信"与"行"之间的关系。在斯特拉斯堡（Strasbourg）求学期间，施本纳过着一种禁欲的生活——"他从不参加饮酒沙龙、击剑比赛或者其他学生参加的舞会；他避免与异性接触，也没有什么朋友；他坚持每周一天不进食，可能是遵循柏利在《敬虔实践》中的建议，直到他被迫因健康原因而放弃……在主日的时候，他不做神学研究，也抑制一切尘世的享乐；在参加完主日后，他将自己的时间用在阅读和与少量的朋友讨论有关敬虔的书籍上。"④ 且在《敬虔愿望》中，施本纳将商业、经济活动、公共法令视作对基督诫命的反对。因此，施本纳被包括路德宗正统派在内的批评者诘难为"寂默主义者"（Quietist）。至于弗兰克，布朗援引弗兰克在题为"生命中的圣经原则"中道："不要说太多……当你在谈话时，避免讲述自己，或想要这样做……避免不必要的玩笑。所有的玩笑并不都是罪的，但是它应当成为平和与欢乐的标志，而不

---

① Makus Mattbias, August Hermann Francke, *The Pietist Theologians*: *An Introduction to Theology in the Seventeenth and Eighteenth Centuries*, Edited by Carter Lindberg, Hoboken: Blackwell Publishing Ltd., 2005, p. 103.

② Richard L. Gawthrop, *Pietism and the Making of Eighteenth - Century Prussia*, Cambridge: Cambridge University Press, 1993, p. 137.

③ Ibid., p. 141.

④ Philip Jacob Spener, *Pia Desideria*, Translated, Edited and with an Introduction by Theodore G. Tappert, Minneapolis: Fortress Press, 1964, pp. 10 - 11.

是轻浮心态的标记……不做无益的工作……不要为了打发时间而阅读无用的书籍。"① 由于施本纳过着禁欲的生活和弗兰克强调"不要说太多"等，因而被路德宗正统派批评为对现实世界持漠视态度。然而，仔细考究，我们便会发现：无论是施本纳主张不参加娱乐活动和禁食，还是弗兰克强调不多言语和不做无益之事都表明：敬虔主义思想家不是对现实世界持拒斥态度，只是对导致人享乐和信心紊乱的行为持否定态度。换言之，敬虔主义思想家不是批评者所诘难的"寂默主义者"；恰恰相反，他们对现实世界的态度就如布朗教授所总结的"在现实世界中，践行呼召"②。

正是基于上述理念，施本纳才大声疾呼进行宗教改革，并提出系列改革教会的建议。此外，无论是在法兰克福时期，还是在柏林时期，施本纳都大力发展社会事业，以期尽快恢复三十年战争所造成的破坏，其中最具代表性的便是支持弗兰克筹建哈勒教育机构。起初，在施本纳的支持下，弗兰克开始在哈勒地区建立教育、慈善等机构，以帮助贫乏者在内的群众尽可能地接受良好的教育和社会保障。据弗兰克的另一位传记作家居里克（Heinrich Ernst Ferdinand Guericke，1803—1878）统计："在施本纳去世的1727年，有134位孤儿被10位老师看顾；2207位孩子在哈勒的各级教育机构中接受教育，且他们中的大部分都是被免费的；在孤儿和大量适龄贫困孩子的背后，有175位老师和管理人员……有255位贫困学生受到福利院基金的资助。"③ 至于亲岑道夫的实践，主要体现在对摩拉维亚兄弟会的更新与推动摩拉维亚兄弟会在世界范围内的传播上。为了更新摩拉维亚兄弟会，亲氏始终秉持"以爱为纽带，主护城中的成员联系在一起。每一个教派中的上帝的孩子们：他们并不需要经过审判，也不需要轻率地表达反对那些与自己不同的人，他们只需要关心福音的纯洁性和恩典的简单性"④ 的原则。为了达到"将德意志的教会转变成一个更大的信仰

---

① Rezeau Brown, *Memoirs of Augustus Hermann Francke*, Philadelphia： American Sunday School Union, 1831, pp. 66 – 70.

② Dale W. Brown, *Understanding Pietism*, Grand Rapids： William B. Eerdmans Publishing Company, 1978, p. 131.

③ Heinrich Ernst Ferdinand Guericke, *The Life of Augustus Hermann Francke*, London： Henry G. Bohn, 1847, pp. 173 – 174.

④ John Gill, *The Banished Count*； *or the life of Nicholas Louis Zinzendorf*, London： James Nisbet and Co. 21 Berners Street, 1865, p. 10.

共融体"① 的目标，亲岑道夫亲赴北美。临行前，亲氏在荷任迪克（Heer-endyk）发表演说阐释此行的目的，即"我将形成一个有关合一和救主在合一上的清晰观念，并讲授我们是如何与他人联系在一起和如何看待其他人的"②。

最终，在敬虔主义思想家的上述理念和实践感召下，敬虔主义的伦理逐渐规范与整合普鲁士官僚制、军队与社会生活，进而促使普鲁士的现代转型，诚如韦伯（Max Weber, 1864 - 1920）所总结的："我们在此无法深入探讨，而且也不便详论德国虔敬派的特色是如何展现于其社会与地理的扩张上……那么我们可以说，虔敬派所培育的品德较多展现于，一方面是'职业忠诚的'官吏、雇员、劳动者与家庭内生产者。"③ 针对上述因对现实世界持"在现实世界中，践行呼召"态度而努力践行社会事功的德意志敬虔主义思想家及其门徒，加夫特罗普评价道："这些以行为为导向的敬虔，只能在为执行神圣计划而设立的机构中得到实现。"④ 可见，于敬虔主义思想家而言，"敬虔"即"信"，是"社会事功"即"行"的内在驱动力，行是信的必然结果。面对德意志敬虔主义思想家对俗世的态度和对信与行之间关系的阐释，韦伯总结道："此种禁欲封起了修道院的大门，转身步入市井红尘，着手将自己的方法论灌注到俗世的日常生活里，企图将

---

① John Gill, *The Banished Count*; *or the life of Nicholas Louis Zinzendorf*, London: James Nisbet and Co. 21 Berners Street, 1865, p. xv.

② Nikolaus Ludwig von Zinzendorf, *A Collection of Sermons from Zinzendorf's Pennsylvania Journey 1741 - 1742*, Translated by Julie Tomberlin Weber, Edited by Craig D. Atwood, Pennsylvania: Moravian Church in North America, 2001, p. 1.

③ ［德］马克斯·韦伯：《新教伦理与资本主义精神》，康乐、简惠美译，第129页。在比较陈维纲译本与康乐译本的基础上，笔者认为康乐译本更贴切韦伯的原意，故此处选取康乐译本的《新教伦理与资本主义精神》。另外，需要注意的是，虽然敬虔主义思想家所主张的伦理具有社会规范作用，但将该规范作用大规模地用于社会实践的乃是腓特烈·威廉一世。关于敬虔主义伦理的上述运用，清华大学路畅教授在《虔敬主义伦理与普鲁士官僚制精神》中总结道："1713年，腓特烈·威廉一世继位后，大力支持虔敬思想的传播，在普鲁士全境施行义务教育，并按照哈勒的模式成立两千余所学校，让各个阶层的人民都能接受虔敬思想的教育……逐渐形成了一种'国家虔敬主义'的价值伦理……'国家虔敬主义'对社会的规范作用被腓特烈·威廉一世运用到官僚群体的选拔和管理之中。"路畅、蒙克：《虔敬主义伦理与普鲁士官僚制精神》，《社会》2022年第2期。

④ Richard L. Gawthrop, *Pietism and the Making of Eighteenth - Century Prussia*, Cambridge: Cambridge University Press, 1993, p. 282.

之改造成一种在现世里却又不属于俗世也不是为了此世的理性生活。"① 统而观之，于敬虔主义思想家而言，圣经是圣灵借助执笔者，运用历史的、逻辑等此在的文化体系将启示尽可能呈现的文本②；教会是一群重生之人，以基督为首领，以研读圣经等虔敬之书来维系与"基督"的联系为务，并委身于教会内的超越时空的团契；社会事功是个体之信在现实世界的流溢。也就是说，于敬虔主义思想家而言，无论是圣经，还是教会，抑或是社会事功，其核心是信，其联结点则是"活生生的人"。

三 如何认识德意志敬虔主义：一种可能的视角

通过上文关于德意志敬虔主义之内涵与论域的阐释，我们可以发现德意志敬虔主义主张个体存在者通过阅读虔诚之书和分享各自理解，来建立与基督的联系，从而达到"披戴"基督的目的。在该动力的驱使下，包括施本纳在内的德意志敬虔主义思想家，对圣经、教会、成圣和现实世界等都有着有别于路德宗正统派的观点。在此，所谓"与基督建立联系"不是将基督置于认识理性的视域下考察，从而获得对历史上的耶稣之历史事迹和道德操守的认知，而是在运用上述认识方法的同时，个体存在者"领悟"基督于主体而言意味着什么。加之，德意志敬虔主义的这一思想不仅是对自路德的"因信称义"思想的继承与发展，而且是对自使徒约翰以来对与基督合一传统的沿袭。以及，洛思（Andrew Louth，1944 —   ）将基督教总结为涵盖着互为表里，又相互依存的内外两部分：个体对神之在场的直接体验是基督教神秘主义学说体系的核心③，而基督教学说体系是在

① ［德］马克斯·韦伯：《新教伦理与资本主义精神》，康乐、简惠美译，第146页。
② 关于该圣经观，深受德意志敬虔主义思想影响的浪漫主义思想家，被称作"现代基督教之父"的施莱尔马赫在《论宗教》中说道："每部《圣经》都只是宗教的一座陵墓，一座纪念碑，一个伟大的灵魂曾经在此，但现在不再在此了。因为只要它还活着，还在起作用，那为何还要那么重视僵死的文字呢？这种文字不就只是它的一种模糊不清的印痕吗？不是信仰一部《圣经》的人有宗教，而是那个无须《圣经》，但自己能够创造一部《圣经》的人有宗教。"施莱尔马赫：《论宗教》，邓安庆译，人民出版社2011年版，第70页。
③ ［英］安德鲁·洛思：《神学的灵泉：基督教神秘主义传统的起源》，孙毅、游冠辉译，中国致公出版社2001年版，第7页。

借助语言、逻辑和文化传统对体验本身进行描述的基础上形成的。因此，对德意志敬虔主义研究进路的探析，实则追问如何看待并阐释作为一种特殊人类文化系统的"基督教"。

据当代宗教学家史密斯（Wilfred Cantwell Smith, 1916 – 2000）的研究，在启蒙运动前的漫长时期内，并不存在一种囊括整套系统神学的基督教。教父时期的神学家奥古斯丁（Augustine of Hippo, 354 – 430）在其《论真信仰》（De Vera Religione）中将基督教描述为："并不是什么仪式或信仰的体系，也不是什么体制化的或适宜于外部观察的一种历史传统。它毋宁是与神的荣光和爱的一种生动真切的、个人性的相遇。"① 中世纪最具代表性的神学家阿奎那（Thomas Aquinas, 1225 – 1274）在《神学大全》（Summa Theologica）中将基督教概括为："信仰的外在表达，朝向崇拜神以及崇拜本身的内在动机，以及具有奥古斯丁风格的将灵魂与上帝联系在一起的纽带。"② 宗教改革时期，虽然各派改教家关于圣礼问题矛盾重重，但是对于该词的内涵却出奇得一致。在面对基督教的相关内涵时，无论是路德、梅兰希顿（Philipp Melanchthon, 1497 – 1560），还是加尔文（Jean Calvin, 1509 – 1564）均以"信仰"（Fides）代之。可见，无论是教父时期、中世纪还是宗教改革时期，基督教始终涵盖着三重内涵：第一，作为名词的基督教，也即一种外在的、人格化的"注视着人类的天上的存在物"③；第二，作为动名词的基督教，也就是某种基于个体内在之恐惧所致的敬虔行为；第三，作为一种关系的基督教，也即"与神的荣光和爱的一种生动真切的、个人性相遇"④。

与史密斯关于基督教的分析相类似的是，当代英国宗教学家洛思在《神学的灵泉》将基督教分为"神秘神学"和"教理神学"，并将二者的关系总结为："神秘神学的这段形成期同时也是教理神学的形成期，这同一时期对这两方面的神学皆为关键时期这一点决非偶然，这说明神学的这两个方面在根本上是相互联系在一起的……神秘神学提供了直接领悟上帝

---

① ［美］W. C. 史密斯：《宗教的意义与终结》，董江阳译，中国人民大学出版社 2005 年版，第 29 页。

② ［美］W. C. 史密斯：《宗教的意义与终结》，董江阳译，第 32 页。

③ ［美］W. C. 史密斯：《宗教的意义与终结》，董江阳译，第 22 页。

④ ［美］W. C. 史密斯：《宗教的意义与终结》，董江阳译，第 29 页。

的语境，这个上帝既借着基督已启示了自己又通过圣灵栖居在我们里面；而教理神学则试图把这种领会用客观准确的词语具体表达出来。"① 概言之，基督教是有限的历史存在者"领悟"有关"神性实在"之可言说和不可言说的神秘而形成的特殊人类文化系统。因此，在这一特殊的文化系统中，涵盖着两方面，进而形成双重神学以及阐释这双重神学的方法。具体而言，基督教中不可言说因素和可言说因素，对应于神学传统中的"不可言说的和神秘的"和"公开的与明显的"。以此为基础，便形成了肯定神学（cataphatic theology）和否定神学（apophatic theology），以及阐释上述神学传统的方法，即概念分析方法和神话、象征与悖论等方法。

对基督教这一特殊的人类文化系统，欧洲中世纪神秘主义巨匠狄奥尼修斯（Dionysius,? -95）在其写给提多（Titus）祭司的信中说道："神学传统有双重方面，一方面是不可言说的和神秘的，另一方面是公开的和明显的。前者诉诸于象征法，并以入教为前提；后者是哲学式的，并援用证明方法。（不过，不可表述者与能被说出者是结合在一起的）一方使用说服并使人接受所断言者的真实性；另一方行动，并且借助无法教授的神秘而使灵魂稳定地面对上帝的临在。"② 需要注意的是，狄奥尼修斯在此强调的神学是基督教神学，并进一步指出其并未有两个神学传统，而是一种神学的两个方面，而且这两方面是紧密地结合在一起而共同构成"宗教"这一特殊的人类文化系统。对于基督教中可言说的部分，狄奥尼修斯主张运用哲学的方法，也即逻辑和分析的方法自上而下地进行阐释。至于不可言说的神秘，其并非完全如语言所揭示的无法向个体存在显现，而是不为普通大众所见。故狄奥尼修斯认为只有那些拥有"单纯的心智和善于领受玄关力量"之人，借助礼仪、象征与诠释方法，"能穿越进入到那些象征物之后的单一、宏伟、超越的真理之中"。③ 如此，便形成有关基督教研究的两种向度，狄奥尼修斯在《神秘神学》中分别将它们称作肯定神学和否定神学。

---

① ［美］W. C. 史密斯：《宗教的意义与终结》，董江阳译，第1页。

② ［古罗马］狄奥尼修斯：《神秘神学》，包利民译，生活·读书·新知三联书店1998年版，第247页。

③ ［古罗马］狄奥尼修斯：《神秘神学》，包利民译，第247页。

关于肯定神学，狄奥尼修斯定义道："我的论证从最崇高的范畴向最低下的范畴进发，在这下降的道路上包容越来越多的，随着下降的每个阶段而增加的观念。"① 换言之，所谓肯定神学的进路是从阐释上帝之道开始，从与祂最接近的事物开始，因而将诸如"存在""智慧""力量"和"善"等人类理性视域下的最具智慧和最完善的观念赋予其上；而在这一种观念之赋予过程中，其遵循的乃是人类理性视域下的因果关系律和同一律。其本质在于：一方面强调世界与上帝的亲缘性关系；另一方面强调上帝超然于世界之外，也即上帝既是超越的，又是临在的。至于否定神学，狄奥尼修斯解释道："但是现在我的论证从在下者向超越者上升，它攀登得越高，语言便越力不从心；当它登顶之后，将会完全沉默，因为他将最终与那不可描状者合为一体。"② 也就是说，否定神学的进路是从下往上，通过"扔掉一切并从一切之中解放出来"的方法，最终达到与"神性实在"合一的目的。在这一过程中，越往上攀登，语言就愈感无力；当我们最终进入"无知之真正神秘的黑暗中"时，我们感到的是"无言与无知"。正因如此，在面对"神性实在"之"智慧"与"力量"时，个体除赞美外，只能借助神话、象征和悖论等方法对其进行描述。换言之，对基督教中"不可言说的和神秘的"部分的研究当选取神话、象征和悖论等诠释进路③，也即对强调"重生"、渴求维系与基督的活泼泼的联系，从而达到"披戴"基督目的的德意志敬虔主义的研究应当采取神话、象征和悖论的方式，否则个体不仅无法获得对基督的领悟，反而被星罗棋布的神话式表达和满含情感又缺乏逻辑的言说搞得愈加糊涂。

具体而言，"一个人真的想要理解宗教意义上的神秘主义，那么个体就首先必须是一个神性信仰意义上的信仰者与实践者。在个人宗教灵性体验的基础之上，作为一个具体的灵性实践者，方才谈得上对这一问题的感

---

① ［古罗马］狄奥尼修斯：《神秘神学》，包利民译，第102页。

② ［古罗马］狄奥尼修斯：《神秘神学》，包利民译，第102页。

③ 即便如此，无论是概念分析，还是神话、象征和类比等诸方法，都只是"神性实在"的"表意符号"。换言之，上述所谓对"神性实在"的研究进路亦只是表达"神性实在"的某种尝试，而绝不能对其做诸如"宗教是社会""宗教是人民精神的鸦片"等规范性说明。同样地，在诠释浪漫主义思想时，伯林强调"寓言和象征必须是我唯一的表意模式"，因为"有限性的东西成为无限性的象征符号"。［英］以赛亚·伯林：《浪漫主义的根源》，吕梁、张箭飞等译，译林出版社2019年版，第134—135页。

同身受或'理解'"①。加之,"终极问题是在不可言说的层面上涌现出来的。它不是以概念,而是以行为来表述的,抽象陈述无法将它传达。因此,为了理解终极问题意味着什么,就必须弄明白它所处情境的内在逻辑和精神氛围是什么"②。也就是说,神秘主义的研究者只有在生存论—存在论的双重视阈下对神秘主义进行考察,方才能对神秘主义的学说有所领悟,而这里所谓的体验本身并非心理学维度上的,而是信仰者在灵性意义上跨越此之鸿沟,与"神性实在"合一的象征性说法。在此意义上,就如神秘主义学说一样,对神秘主义的研究亦是一种宗教灵性意义上的神圣之旅。此外,我们还应当格外注意的是,没有纯粹的、抽象的神秘主义,且任何神秘主义都依托于某一宗教体系,就如索伦所提醒的:"我要说的是——没有抽象的神秘主义,也就是说没有与其他宗教现象无关的现象或体验。没有这样的神秘主义,只有宗教体系中的神秘主义,基督教、伊斯兰教和犹太教等的神秘主义。"③

---

① 刘精忠、黄丁:《论索伦关于布伯的哈西德研究之争》,《世界宗教研究》2015 年第 4 期。在此,不得不提及的是,我们现在所说的理性主义(rationalism)和非理性主义(irrationalism)均来源于拉丁文的 ratio 一词,这个词我们译为"理性"或"理智",而该词语又来自动词 reri,即计算,故霍布斯有"推理就是计算"之说。这样的理性的确是神秘主义者所不信任的。在这种意义上,神秘主义无疑是一种非理性主义。但拉丁文还有一个词,即 intellectus,我们也译作"理性"或"理智",这个词显然更突出了心灵的主观能动作用,故为许多神秘主义者所主张,例如"理性直观"或"理智直观"(intellectualis intuitio)。在这种意义上,神秘主义又不失为一种理性主义。实际上,倘若把 ratio、Verstand 译作"理性",把 intellectus、Vernunft 译作"悟性",可能要更加贴切。——李秋零:《中世纪神秘主义的难题与出路——兼论尼古拉·库萨对神秘主义的改造》,《道风:基督教文化评论》1994 年第 1 期。

② [美]亚伯拉罕·海舍尔:《觅人的上帝:犹太教哲学》,郭鹏等译,山东大学出版社 2003 年版,第 123 页。

③ [德]索伦:《犹太教神秘主义主流》,涂笑非译,第 6 页。针对索伦所提醒的没有抽象的神秘主义,曾担任欧洲西方神秘主义研究会第一任主席的乌特·哈内赫拉夫(Wouter J. Hanegraaff, 1961 —)说道:"神秘学的诸灵性第一次变得有可能脱离有组织的诸宗教,作为完全致力于自己的神秘学信仰体系的竞争性组织为自己开店……诸灵性变得有可能作为没有任何组织结构的完全个体的融合主义形态而存在:独立于任何宗教的诸灵性。"[荷]乌特·哈内赫拉夫:《西方神秘学指津》,张卜天译,商务印书馆 2018 年版,第 175—176 页。也就是说,在哈内赫拉夫看来,当代存在着脱离宗教组织的抽象神秘主义。但细究此种所谓抽象的神秘主义,其无非借助宗教现象学的部分概念建构出一套"临时的灵性形态"。究其实质,这种临时的灵性形态只是一套借助语言和逻辑的概念体系,如对终极存在者进行哲学诠释和对个体存在者与终极存在者间的关系进行某种心理学的比附,但是"超越者最终的不可言说性阻碍了对隐喻的任何依附,并且使得在一个丰富的形象世界中的形象变化成为可能"(《神秘主义》,李秋零译,《道风:基督教文化评论》2005 年第 22 期)。如此看来,并不存在所谓抽象的神秘主义,就如德文大型工具书《神学与教会词典》中关于"Mystik"的词条所揭示的:"神秘主义是一种生活形式,并在基督教的意义上依靠《圣经》中奠基的语言财富和形象财富,依靠在这里变得可见的基督奥秘。"当然,其他宗教的神秘主义亦如此。R. Zaehner, *Mysticism: Sacred and Profane*, London: Oxford University Press, 1957, p. X.

作为研究德意志敬虔主义的一种进路，神话如何表达"神性实在"？首先在于神话式语言的特点。据麦奎利（John Macquarrie，1919－2007）的研究，神话式语言具有戏剧性、激发性、直接性、非逻辑性、引向超自然力量的指向性和群体性特点。① 概言之，借助神话式表达，一方面"神话将彼岸赋予此岸"②，即将本是超自然的神秘世界描述为似乎是人的行为。"或许可以这样说，神话赋予超验的现实以一种内在的、世俗的客观性。"③ 另一方面，神话将此岸升华至彼岸，即在对所在群体之生活的特定理解之基础上，"把各种现象和偶然事件的产生归结于超自然的原因"④。对基督教神秘主义做神话式阐释，最早可追溯至使徒约翰，其在《启示录》中通过神话的方式描述终末的场景和最终个体灵魂获得拯救的过程。此外，早期教父不仅通过神话的方式诠释《圣经》，如奥利金（Origen，185－253）的《雅歌注释》和《约翰福音注释》，还运用神话的方式写作，如尼撒的格里高利（Gregory of Nyssa，335－384）在《摩西的生活》中写道："当灵魂进一步前行，以更大和更完美之注意力关注真理之所是，那么它越接近于这景象，神性便越显得其不可见。"⑤ 由是观之，神话式研究进路不仅将个体灵魂置于"神性实在"的视域之下，还时刻提醒研究者"人并非世界和自然生活的主宰，人生活在其间的世界充满着不解之谜和神秘之域"⑥。

作为被现代科学精神浸染的现代人又如何透过这些神话而"领悟"作为神性之表达的基督教神秘主义呢？布尔特曼（Rudolf Bultmann，1884－1976）认为只有从生存论的维度方能对其有感同身受的理解，也就是"你从自己的精神生活中获得了这些观念。解释的原因前提或对应前提是因为你和主题保持某种关联——在这里就是精神生活——就此你向给定的文本

---

① ［英］约翰·麦奎利：《谈论上帝：神学的语言与逻辑》，钟庆译，四川人民出版社1992年版，第161—168页。

② ［德］鲁道夫·布尔特曼：《生存神学与末世论》，李哲汇等译，生活·读书·新知三联书店1995年版，第8页。

③ ［德］鲁道夫·布尔特曼：《生存神学与末世论》，李哲汇等译，第8页。

④ ［德］鲁道夫·布尔特曼：《生存神学与末世论》，李哲汇等译，第7—8页。

⑤ ［英］安德鲁·洛思：《神学的灵泉：基督教神秘主义传统的起源》，孙毅、游冠辉译，第115页。

⑥ ［德］鲁道夫·布尔特曼：《生存神学与末世论》，李哲汇等译，第8页。

提出疑问"①。布尔特曼将这种从生存论维度理解神性实在之方法称作"生活关联法",又被蒂利希称为"关联法"。总之,由于神话语言及其表达方式的特点,其能更全面地阐释基督教神秘主义;而作为被理性和现代科学所武装的现代人,只有借助生活中与此相关联的主题,方能对这一活泼泼的神性实在领悟,乃至于对话。

与神话表达方式一样,"象征""使不可言说的真实恰恰作为不可说的真实获得表达,但未化解它的神秘"②。如为了将个体灵魂遭遇上帝的过程形象地描述出来,吕斯布鲁克(Jan van Ruusbroec,1293–1381)借助象征的方式,将这一过程描述为逐步递进的"七重阶梯",并最终在第七重阶梯,即"越过所有的认识和知识……越过我们用来称呼神或万物的所有名称……越过所有美德修行……越过所有有福的灵魂"③ 中实现灵魂与上帝的合一。由上可见,在这一诠释方式中,吕斯布鲁克在存留其所象征对象之神秘的前提下——未对个体灵魂遭遇上帝的过程做质的规定,将活泼泼的神性实在尽可能真实地阐释出来。

既如此,那么象征是如何实现对神性实在之阐释的呢?由于象征语言是一种临界经验,即一方面在"它们成功地指向它们所象征的实在"④ 的基础上,个体存在者借助象征所指向的对象而突破语言的界限,从而实现对"不可言说的"的"理解"⑤;另一方面,囿于个体存在者"生活在……我们日常语言的界限之内"⑥,自然他们始终无法越过这一界限。概言之,作为"基督教神秘主义"阐释方式之一的象征由于其语言特点和开放性的表达方式,在此在世界与"不可言说的"之间"架起了一座跨越无言的天堑的桥梁"⑦,与此同时又告诫那些试图尝试完成这一泅渡之人的困难——无法企及。故而,伊利亚德(Mircea Eliade,1907–1986)总结道:

① [德]鲁道夫·布尔特曼:《生存神学与末世论》,李哲汇等译,第28页。
② [瑞]H.奥特:《不可言说的言说》,林克等译,生活·新知·读书三联书店1994年版,第34页。
③ [荷]吕斯布鲁克:《七重阶梯——吕斯布鲁克文集》(卷一),陈建洪等译,华东师范大学出版社2011年版,第258—259页。
④ [英]约翰·麦奎利:《谈论上帝:神学的语言与逻辑》,钟庆译,第189页。
⑤ 与其说是个体对"神性实在"的"理解",不如说是"不可说的真实开启在我们面前"。
⑥ [瑞]H.奥特:《不可言说的言说》,林克等译,第37页。
⑦ [瑞]H.奥特:《不可言说的言说》,林克等译,第37页。

"象征揭示实在的某些最深刻的方面，其藐视任何形式的知识。形象、象征和神话并非心智的不可靠的创造；它们是对某一需求的回应和实现某一功能，并揭示存在的隐匿形式。"①

此外，由于基督教神秘主义者在诠释其所寻求的目标及其方式时"要依赖于他们对上帝的看法，而这本身又要受到他们经历的影响"②，因此基督教神秘主义理论中有看似自相矛盾的内容，甚至在同一基督教神秘主义者的所谓理论体系中都有着似乎悖论性的内容。就前者而言，纵观基督教神秘主义的传统，有奥利金为代表的光明的神秘主义，有以尼撒的格里高利为代表的神圣黑暗的神秘主义，还有以阿塔纳修（Athanasius，298 - 373）为代表的反神秘主义。从表面上看，上述基督教神秘主义的理论体系相差各异，甚至互有冲突，但这正完美地诠释了基督教神秘主义的核质，即个体灵魂遭遇，并与上帝合一过程的独一性，而非一种程式化的经历。至于后者，在任何一种基督教神秘主义的所谓理论体系中，均存在着悖论，如奥利金说道："以一种更为矛盾的方式，我还要说到黑暗，出于善意，它会趋向光明，融进光明并变成光明。"奥利金正是借助"光明"与"黑暗"这一看似悖论性的描述，在不减损神性实在之神圣性的前提下，尽可能全面地呈现出来，即"神圣实在"超越于这一光明与黑暗之此在诠释系统。

正如前文所述，德意志敬虔主义之重生观是一种个体遭遇基督，并在这一体验中，个体借助虔诚的祷告和圣经的引导等方式与基督进行交流的思想流派。于施本纳而言，其在《敬虔愿望》中开宗明义道："让我们用真挚的热情帮助他人祷告。在为祂的'道'开了一扇门后，上帝可能会处处为我们开门，那时我们便能宣告基督丰富的奥秘，能兴高采烈地行事，以恰当的形式讲述，并使我们用教导、我们的生活和遭遇，来荣耀祂的名。"③ 可见，施本纳认为作为有限存在者的个体可借助祷告和圣经与基督

---

① Mircea Eliade, *Images and Symbols*: *Studies in Religious Symbolism*, Princeton: Princeton University Press 1991, pp. 12 – 13.

② ［英］安德鲁·洛思：《神学的灵泉：基督教神秘主义传统的起源》，孙毅、游冠辉译，第7页。

③ Philip Jacob Spener, *Pia Desideria*, Translated, Edited and with an Introduction by Theodore G. Tappert, Minneapolis: Fortress Press, 1964, p. 38.

建立联系，从而宣告基督丰富的奥秘；在此基础上，有限存在者在此在的遭遇与生活乃是为了荣耀祂的名，也即存在者在此在的诸实践都浸淫着神圣之光。至于弗兰克，其多次述及自己的重生经历，其说道："我不记得是什么外在的方式导致这一结果，除了我用完全世俗的灵去追求的我的神学与圣经研究。那一刻，我被世俗社会中的诱惑包围着；它们持续出现在我面前，但我丝毫未受它们干扰。但是，在它们中间，上帝将祂的灵差下，引导我远离每一个世俗的善，使我在你面前谦卑，并祈祷恩典在'新生命'中服侍祂。"① 显然，关于自己的重生经历，弗兰克运用神话的方式，借助此在的语言和逻辑将其呈现出来。关于此过程，弗兰克认为使自己获得新生命的重生是上帝遣下圣灵与我合一，并引导我远离世俗之善而获得的。换言之，弗兰克认为重生的关键在于在圣灵的引导，与基督合一。

作为德意志敬虔主义的集大成者，亲岑道夫与弗兰克一样，运用神话和象征的方法将自己与基督合一的经验呈现出来，如其在《对孩子们的演讲》中说道："我是从我年轻时期的经历才明白与主的经验。在黑内尔斯多夫（Hennersdorf）的时期，那时候我还是个孩子，我学着去爱祂。我听到祂不住地对我说话，且我用我的信仰之眼（eyes of faith）看到了祂。我被告知我的创造主已经变成人，这给我造成深深的印象。我自言自语地说道：即便全世界的人都不关注祂，我也始终爱祂。我渴望与祂生死与共。借着这种方式，我已经知晓主好多年了；我已经与祂形成了朋友关系，是一种极为小孩子式的方式，有时候我能与祂聊天数小时，就好像我们是朋友之间的聊天，进出这一空间使得我迷失在我的冥思之中。在我与主的交谈中，我感到极为欢乐，并感恩祂化身为人的善。但是，我还不能完全理解祂的受难与死亡。由于人性中的软弱，祂不能完全向我揭示。我想做一些有助于自身救赎的事。但是，最终有一天我深深地被我的创造主所感动，即祂为我们受难，因此我站在那不住地流泪。如此，我感觉到自己与主的关系比之前更为亲密。当我独处时，我与祂交谈，我强烈地相信祂就在我身边，且经常对我说：祂就是上帝，能够完全理解我，即便我不能很好地表达自己的时候。祂知道我想告诉祂什么。在五十年时间里，我很享

---

① Rezeau Brown, *Memoirs of Augustus Hermann Francke*, Philadelphia: American Sunday School Union, 1831, p. 26.

受这种与耶稣的个体性关系。我愈加感到这种幸福。"① 在上述自述中，亲岑道夫在施本纳与弗兰克关于遭遇基督的基础上更进了一步，即未提及祷告与圣经的引导，而直接论及自己运用"信仰之眼""直观"基督，以及亲岑道夫提醒我们此在的语言和逻辑并不能完全揭示自己遭遇上帝的经历。由此看来，德意志敬虔主义思想家虽借助了语言和逻辑，但本质上是超越语言与逻辑的，因而运用神话、象征和悖论的方式诠释德意志敬虔主义是贴切的。

还需注意的是，德意志敬虔主义不仅是一场属灵运动，而且流溢至其他诸领域，如政治、社会和家庭等被视作所谓的"世俗领域"。那德意志敬虔主义与其他诸领域是何关系？关于"神圣"与"世俗"之间的划分，涂尔干（Emile Durkheim，1858－1917）论述道："这个世界被划分为两大领域，一个领域包括所有神圣的事物，另一个领域包括所有凡俗的事物，宗教思想的显著特征便是这种划分。信仰、神话、教义和传说，或者作为各种表现，或者作为各种表现体系，不仅表达了神圣事物的性质，也表达了赋予神圣事物的品性和力量，表达了神圣事物之间或神圣事物与世俗事物之间的关系。"② 以此为基础，当代宗教社会学家伯格（Peter Berger，1929－2017）在把宗教理解为一种神圣的诠释系统的基础上，将秩序的合理性诉诸宗教的部分视作神圣，反之则视作世俗。③ 究其实质，这样的一种划分方式是一种"空间思想"，即"把世界的——基督的、自然的——超自然的、世俗的——神圣的、理性的——启示的这几对概念理解为终极的、精致的对立，并以此说明特定的、相互排斥的事情"④。其结果是：第一，无论是将宗教视作神圣事物还是一种神圣的诠释系统，它们与世俗事物和世俗的诠释系统之间始终存在着无法跨越的鸿沟；第二，不仅人为地割裂神圣领域与世俗领域之间的联系，还使得世俗领域"可以要求有一种

---

① John Gill, *The Banished Count*; *Or The Life of Nicholas Louis Zinzendorf*, London：James Nisbet and Co. 21 Berners Street，1865，p. 16.

② ［法］涂尔干：《宗教生活的基本形式》，渠东、汲喆译，商务印书馆 2013 年版，第 46 页。

③ ［美］彼得·伯格：《神圣的帷幕：宗教社会学理论之要素》，高师宁译，上海人民出版社 1991 年版，第 128 页。

④ ［德］朋霍费尔：《伦理学》，胡其鼎译，商务印书馆 2015 年版，第 179 页。

自身固有的规律性，并使之发挥反对神圣区域的作用"①。正是基于以上划分，包括早年伯格在内的众多宗教社会学家大声疾呼：神圣的帷幕正被徐徐拉开，世界正处于逐步世俗化的进程中。

然而，若在神秘主义的视域下，基督教被理解为"个体的信仰"和"累积的传统"两个互为表里，又相互依存的整体，其中个体的、内在的信仰经验是宗教精神及其外在表现的核心或起源；"累积的传统"的那些宗教形式，不过是这一个体的、内在的信仰在外在历史或精神世界中的沉淀或外化。换言之，那些被宗教学家划为世俗领域的政治、社会和家庭等领域都只是"个体内在信仰"在外在历史实践中流溢的累积。因而，这些世俗领域都浸淫着神圣之光。若如此，那么个体在上述世俗领域中的操练，亦应当被视作荣耀上帝。

既如此，如何在社会、政治和家庭之中揭示所谓神圣领域的深度参与？关于社会与神圣领域之间的张力关系，韦伯概括道：当基督教之禁欲主义走出修道院而进入社会生活，加之由宗教改革带来的恩典"无法借由任何的巫术——圣礼手段、忏悔赦罪或个别的虔诚善功而获得保证"② 时，个体的存在者会过一种迥然于"自然人的生活方式"，也就是说，"每一个信徒心理都产生那种想要在生活样式里讲求方法地审视自己的恩典状态的动机，以及将生活禁欲化的驱动力。此种禁欲的生活方式，如上所述，就是一种以神的意志为取向，理性地建构起一己的整体存在"③。总之，正是个体对恩典的特殊理解使得自身以完全不同的姿态参与社会生活，如个体将勤恳地工作和将财富用于扩大再生产，而非穷奢极欲地挥霍，都被视作悦纳上帝的方式。若如此，于个体而言，社会不再是简单的社交和工作等场所，而是充满着神圣之光的领域。至于政治与神圣领域之间的张力关系，大体与社会和神圣领域间的关系相似。关于这一点，斯迈尔斯（Samuel Smiles，1812－1904）在《信仰的力量》的扉页中引用法国胡格诺派（Huguenot）的领袖安东尼·库尔的名言道："能够激发一颗灵魂的高贵、伟大的，只有虔诚。在最危险的情形下，是虔诚支撑着我们；在最严重的困难

---

① ［德］朋霍费尔：《伦理学》，胡其鼎译，第 177 页。
② ［德］马克斯·韦伯：《新教伦理与资本主义精神》，康乐、简惠美译，第 146 页。
③ ［德］马克斯·韦伯：《新教伦理与资本主义精神》，康乐、简惠美译，第 146 页。

面前，也是虔诚帮助我们获得胜利。"在此，所谓"虔诚"指的是个体遭遇上帝这一特殊经历。正是这一特殊经历进入胡格诺派信徒的生活，从而激发他们捍卫自身的信仰，并最终迫使当时法国政府签订《南特赦令》。

此外，神圣还进入时间和历史，形成终末论之时间观和以上帝之拯救为主线的历史哲学。概言之，这一时间观是以未来为导向，以进入永恒为目标，且整个进程均为"令人畏惧的神秘"所掌握的时间图式。因此，在这一时间观中，"未来是上帝新的创造。它不是原始时期的复归，也不是过去的延续。过去的历史和先知所应许的新的未来，不再属于同一个时间的连续体"①。而以此时间观为基础，人类的所谓客观史被转变为上帝的救赎史，即"历史是上帝的戏剧"。在这一历史哲学中，上帝既是超验的，又是内在的；上帝既是宇宙秩序的管理者，又是历史事件的经历者。正因如此，历史事件本身便不仅具有明确地目的性，还具有永恒的神圣性。②

总之，诚如伊利亚德所言的"一个彻底地世俗化的世界，一个完全地去圣化了的宇宙"③ 只不过是人类精神臆想的产物。既如此，所谓神圣与世俗之间的划分不过是人类有限视阈下的一种假象，说到底是不存在的。而作为有限的历史存在者，我们尤当谨记：学者虽然可以站在上帝的角度思考问题，却不能站在上帝的位置染指世间的一切。否则，在历史的生活世界中，这类僭越实践所致的后果大抵只能是灾难性的。④ 换言之，"承认

---

① ［德］于尔根·莫尔特曼：《创造中的上帝：生态的创造论》，苏贤贵等译，生活·读书·新知三联书店 2002 年版，第 168 页。

② 吴飞：《心灵秩序与世界历史》，生活·新知·读书三联书店 2013 年版，第 24—31 页。吴飞教授从个体在该历史哲学中的地位出发提出质疑，即"世界历史获得了目的，却被抽空了其中的人；这究竟是成就了世界历史，还是取消了世界历史呢？"（第 31 页）在此，我们不讨论这一质疑的合理性。仅从这一质疑中，我们至少可以发现吴飞教授认为该历史哲学具有目的性和神圣性。虽然在该书中，吴飞教授着力论述奥古斯丁之历史哲学的这一特质，但是从更广泛的意义上讲，这一历史哲学不仅存在于奥古斯丁之后的世界中，还存在于包括《旧约》在内的整个犹太—基督教历史世界中。

③ ［罗］米尔恰·伊利亚德：《神圣与世俗》，王建光译，华夏出版社 2002 年版，"序言"第 4 页。

④ 亚伯拉罕·凯珀说道："法国革命的《人权宣言》第一章里就宣告了对上帝的绝对不信，他们把人的自由意志置于全能上帝的宝座之上。他们声称人的意志决定一切，所有的权威，一切的权力都出于人。于是，由个人到众人，从众人到人民，就成了一切权力的最终源泉。"（［美］茜亚·凡赫尔斯玛：《加尔文传》，王兆丰译，华夏出版社 2006 年版，第 276—277 页）鉴于此，凯珀和伯克等思想家认为，正是法国大革命僭越了这一界限，将人置于上帝的位置并染指世间事物，才导致法国大革命期间持续数年的人道灾难。

自然状态中存在的有限性与对无限的追求本身并不必然相斥，问题在于：如果此在真的能够超越其作为存在者的局限性，甚至超越于存在之外，那么上帝的显现或踪迹都将变得失去意义，其结果只能是上帝的隐遁，而救赎亦将遥遥无期"①。如此看来，德意志敬虔主义者所热衷的创办学校、出版社和建立慈善机构等世俗领域的事工，闪耀着神圣的光芒；至于受德意志敬虔主义思想影响的德意志浪漫主义、启蒙运动与普鲁士的现代化转型，则大抵上可被视作此在试图超越存在者局限性的尝试。最后，本书认为整部督教思想史都应当置于基督教神秘主义的视角下予以理解，否则就是一个个思想家的诠释和关于某些教义争论的合集。若如此，整部基督教思想史将缺乏"主角"，而堕落为一部存在者勾勒的"伪"② 史。

四　关于本书：篇章及其概要

全书共分为五章，分别为：第一章、德意志敬虔主义思想探源；第二章、法兰克福敬虔主义与教会改革；第三章、哈勒敬虔主义与社会实践；第四章、摩拉维亚敬虔主义与教会合一运动；第五章、德意志敬虔主义的影响：德国式现代化、启蒙运动与浪漫主义。在第一章中，笔者摒弃传统地将德意志敬虔主义思想溯源至路德、加尔文主义、神秘主义与三十年战争的进路③，而在详细诠释路德"因信称义""自由意志""理性"和"两重国度"思想的基础上，认为德意志敬虔主义的思想框架几乎发端于路德，只不过是在后三十年战争的现实环境与路德宗正统派的理论环境下，对路德思想的"接着讲"。鉴于此，笔者将在本章重点阐释路德的唯独因信称义论，意志不自由论和理性限度论等思想，并梳理三十年战争对德意志地区的影响，尤其是对文化的影响，以及路德宗正统派如何改造路德的思想遗产，以期钩沉德意志敬虔主义兴起的思想史处境与

① 刘精忠：《宗教与犹太复国主义》，中国社会科学出版社 2010 年版，第 423 页。
② 荀子言："可学而能，可事而成之在人者，谓之伪。"即"伪"者，人为也。在此，本书言"伪"者即"人为"之意。
③ Dale W. Brown, *Understanding Pietism*, Grand Rapids：William B. Eerdmans Publishing Company，1978，pp. 17 – 21.

社会背景。

在第二章中，笔者将重点诠释以施本纳为代表的法兰克福敬虔主义。由于施本纳在法兰克福期间创立"敬虔小组"和发表《敬虔愿望》——前者成为其教会改革的具体措施，后者成为其教会改革的纲领性文件，所以本章将着重探讨：（1）施本纳的宗教认识论。（2）施本纳的"重生"观。（3）"敬虔小组"的源与流。（4）"敬虔小组"是否是导致路德宗教会分裂的肇因。若不是，什么该为路德宗教会分裂负责？最后，本章还将提纲挈领地评价施本纳教会改革的意义和提醒需要警惕的问题。

在第三章中，笔者将以德意志敬虔主义第二代领袖弗兰克的思想及其社会实践为研究重点。相较于施本纳在教会改革的理论与实践上的建树，弗兰克将重点置于：回答在一个"宁要活异端，不要死正统"的处境下个体何为的问题。在弗兰克看来，个体不仅要自身在属灵上与基督建立联系，而且要将此种"敬虔"外显，即终生履行"爱邻人"诫命。正是在此理念的感召下，弗兰克创办哈勒福利学校、出版社、药房和学校等，以及在全球范围内差遣传教士。如此，本章将着重讨论如下问题：（1）弗兰克与施本纳敬虔思想的异同。（2）阐释弗兰克如何诠释圣经。（3）勾勒弗兰克创办系列教育机构等的历史。（4）总结弗兰克的社会实践与其敬虔思想之间的关系。

在第四章中，笔者将以摩拉维亚敬虔主义的代表思想家亲岑道夫的思想及其实践为研究重点。与前两位德意志敬虔主义思想家不同，亲岑道夫并非学院派的思想家，因而其更偏重于实践，而非理论。由于亲岑道夫的实践——普世教会合一运动是建基于其"心灵宗教"上的，因而本章既要讨论亲岑道夫的"心灵宗教"，又需要梳理亲氏的普世教会合一运动，并阐释"心灵宗教"与普世教会合一运动之间的关联。鉴于此，本章将重点阐释如下问题：（1）亲岑道夫"心灵宗教"的内涵。（2）摩拉维亚敬虔主义的教会观。（3）亲氏"心灵宗教"与其传教活动间的关系。

在思想史上，由于德意志启蒙主义思想家莱布尼茨（Gottfried Wilhelm Leibniz，1646–1716）和沃尔夫（Christian Wolff，1697–1754）与弗兰克等敬虔主义思想家过从甚密，诚如蒂特（Allen C. Deeter，1931– ）所言："甚至敬虔主义的影响经常能在与新理性主义的联盟中发现，如哲学家沃尔夫、康德和神学家塞姆勒（Semler）。"① 除上述启蒙思想家外，主张"理性的基督教"的莱辛（Gotthold Ephraim Lessing，1729 – 1781）在解经方法上沿袭哈勒敬虔主义的代表思想家弗兰克。作为浪漫主义思想家代表的施莱尔马赫（Friedrich Daniel Ernst Schleiermacher，1768 – 1834）在圣经诠释方法与宗教情感论等领域深受德意志敬虔主义思想家的影响。也就是说，后敬虔主义时期的德意志思想界，无论是高举"情感"旗帜的浪漫主义，还是以"理性"为普遍方法的理性主义，都深受德意志敬虔主义思想的影响。因此，我们有必要重点探讨德意志敬虔主义如何影响之后的德意志启蒙运动和浪漫主义运动。另外，在普鲁士的现代性转型方面，由于普鲁士国王腓特烈·威廉一世（Friedrich Wilhelm I，1699 – 1740，在位时间：1713 – 1740）仿照哈勒敬虔主义的模式，在全国范围内建立教育机构和社会慈善机构，将哈勒敬虔主义伦理改造为一种"国家敬虔主义"（State Pietism）的价值伦理，并将其推行至全国各领域。最终，上述"国家敬虔主义"的伦理成为规范与整合普鲁士军队、官僚制度和经济生活等方面的重要精神力量，并最终促使普鲁士的现代性转型。为此，本章将分别梳理德意志敬虔主义在思想史上和社会政治层面的影响。

除上述五个部分外，本书将围绕着如下三条主线展开：第一，德意志敬虔主义思想家是如何继承与发展的？简言之，偏重教会改革的法兰克福敬虔主义是如何经过强调社会实践的哈勒敬虔主义，发展至主张教会合一运动的摩拉维亚敬虔主义？第二，德意志敬虔主义思想家的思想与实践之间的关系。无论是施本纳的教会改革，还是弗兰克的社会实践，抑或是亲岑道夫的传教活动，均被视作实践。既如此，那么敬虔主义思想家的敬虔思想与其实践究竟是何关系？第三，德意志敬虔主义运动如何整合普鲁士社会？德意志敬虔主义既是一场思想运动，又是一场社会改造运动。既如此，那德意志敬虔主义是如何形塑普鲁士的政治与社会？又对德意志地区的启蒙运动与浪漫主义产生了何种影响？

---

① Allen C. Deeter, *An History and Theological Introduction to Spener*, Princeton University, Th. D., 1962, p. 17.

第 一 章

德意志敬虔主义的思想渊源
与时代处境

被称作"敬虔主义之父"的施本纳，其《敬虔愿望》的首印是作为具有神秘主义倾向的阿恩特所撰《论真信仰》①的"导言"。在教会改革的六条建议中，施本纳格外强调："要求信仰活生生地体现在社会生活中，并培养一种趋向完美主义的个体神圣，提高平信徒的地位，推荐培育敬虔的私人聚会，发展信徒间的灵性团契以及为神秘主义背书等。"②在《敬虔愿望》中，施本纳数次提及要勤于阅读陶勒（Johannes Tauler，1300 – 1361）和肯培斯（Kempis a Thomas，1380 – 1447）等中世纪神秘主义大师的作品。③因此，德意志敬虔主义的多数研究者，如利奇尔等均认为德意志敬虔主义在思想上源于天主教内的"敬虔"思想、路德和加尔文主义。然而，关于德意志敬虔主义的神秘主义来源，尤其是认为施本纳深受中世纪神秘主义大师陶勒的熏染，在详细甄别《敬虔愿望》后，我们便能发现施本纳并未直接推荐陶勒的作品，而是前者援引路德在写给史帕拉丁

①　阿恩特的《论真信仰》，原书系以德文写就，其对应的德文为 Vier Bücher vom wahren Christentum，后被翻译成英文 True Christianity。在此，Christentum 并不具有作为宗教之"基督教"的内涵，而是指"一种建立在耶稣教导的基础上的信仰"。故本书将阿恩特的代表作 Vier Bücher vom wahren Christentum 译作《论真信仰》。

②　Philip Jacob Spener，*Pia Desideria*，Translated，Edited and with an Introduction by Theodore G. Tappert，Minneapolis：Fortress Press，1964，p. 19.

③　Ibid.，pp. 110 – 111.

（George Spalatin，1484—1545）信中的教导。施本纳援引路德道："这些建议是路德在写给史帕拉丁的信中以神子的口吻说的（就如他在其他地方称呼陶勒一样），即'如果你渴望阅读传统、纯正的德语神学的话，那么你可以学习多明我会修道士，如约翰·陶勒的布道。无论是在拉丁语，还是德语中，我找不到一种比这更为纯粹、更为全面，或更为契合福音本质的神学'。路德再次写道：'我再次请求你，请相信我，听从我的意见，购买陶勒的书。之前，我便劝告你要想办法买到陶勒的书。于你而言，找到这样一本书是没有一点困难的。相较于其他的书，无论是希腊文的、拉丁文的、还是希伯来文的，在陶勒的作品中，你将发现其对纯粹的、健全的教义有着巧妙的论述。总之，陶勒的作品就像烙铁或黏土一般。'在其他地方，路德还说道：'相较于在所有大学里的经院学者所写的著作，我在这本书中找到了更多纯粹的、神圣的教义。'"① 由此可见，以陶勒为代表的中世纪神秘主义思想家并非直接影响德意志敬虔主义，而是经过路德的改造，然后影响了德意志敬虔主义思想家。

与陶勒对德意志敬虔主义的影响是经路德改造过一样，另一位被部分研究者认为是德意志敬虔主义思想来源的神秘主义者阿恩特，其对施本纳等敬虔主义思想家的影响，就如欧伯曼所总结的："阿恩特对中世纪晚期神秘主义思想的运用源于路德对它们的使用……然而，路德对神秘合一的大众化，塑造了阿恩特对所阅读的关于神秘合一的中世纪文本及其使用的方式。在阿恩特思想中内在张力，即对路德宗正统派教义的渴望和在自己生命中神秘主义洞见之可能性的兴趣均呈现在其对神秘主义文本的运用之中。"② 可见，几乎被所有德意志敬虔主义思想家奉若圭臬的"神秘合一"思想同样遭到路德的改造。至于路德如何改造"神秘合一"思想，欧伯曼总结道："每一位信仰者均进入基督之中，并非追寻基督徒完美的终结，而是开始。神秘主义的术语被运用于这一最初的合一；神秘主义运动是大众化的。"③ 如此看来，与其说德意志敬虔主义思想源自中世纪神秘主义，

---

① Philip Jacob Spener, *Pia Desideria*, Translated, Edited and with an Introduction by Theodore G. Tappert, Minneapolis: Fortress Press, 1964, pp. 110—111.

② Heiko A. Obermann, "Introduction", in Johann Arndt, *True Christianity*, trans., Peter Erb, New York: Paulist, 1979, p. 16.

③ Ibid., p. 7.

不如说其深深植根于路德的神学思想。至于研究者舍路德而求中世纪神秘主义的做法，多半沿袭自梅兰希顿及《协同书》作者们对路德的理解，忽略了路德唯独因信称义论的两个核心信条："in ipsa fide Christus adest（基督就在信本身之中）和 fides est creatrix divinitatis（信是神性的创造者）。"[①]

至于坚持德意志敬虔主义思想源于加尔文主义的观点，部分原因在于利奇尔等研究者将"敬虔主义"内涵扩大，从而使得德意志敬虔主义与更早的中世纪神秘主义和加尔文主义同源。更为重要的原因在于，一方面施本纳自述幼年时期阅读当时流行于欧洲的英国清教徒所撰的虔诚之书，如伊曼努尔·孙善姆（Emanuel Sontham）的《上帝儿女的珍宝》（Golden Treasure of the Children of God）、勒维斯·柏利的《敬虔操练》（The Practice of Piety）、丹尼尔·戴克（Daniel Dyke）的《自知或自欺》（Nosce te ipsum, or Self - deceit）和理查德·巴克斯特（Richard Baxter, 1615 - 1691）的《自我弃绝教义之必要》（The Necessary Teaching of the Denial of Self）；[②] 另一方面，施本纳在毕业于斯特拉斯堡大学后曾游历欧洲，据传曾在日内瓦拜访过加尔文宗的拉巴德，并汲取后者关于教会改革的建议。针对因早年阅读清教徒所撰敬虔文献而认为敬虔主义思想源自前者的观点，援引格伦伯格（Paul Grünberg, 1857 - 1919）对此的评论道："虽然施本纳幼年时期所阅读的清教徒和神秘主义文献影响甚大，但我们切莫忘记正是他的性格使得这些著作成为他的兴趣……尤其是在阿加特伯爵夫人（Countess Agathe）的指导下。"[③] 换言之，虽然这些敬虔之书对施本纳的影响甚巨，但更关键的是施本纳在祖母的教导下自幼而来的敬虔特质，而这种特质正好源自路德宗神学。

关于施本纳的宗教改革思想受到拉巴德思想影响方面，以阿兰德为代表的学者在比较施本纳《敬虔愿望》与拉巴德《牧师的教会改革》的基础上，似乎坐实了德意志敬虔主义思想源于拉巴德的结论。面对上述问题，

---

① 黄保罗：《马丁·路德研究的芬兰学派及其突出贡献》，《世界宗教文化》2015 年第 2 期。

② Philip Jacob Spener, *Pia Desideria*, Translated, Edited and with an Introduction by Theodore G. Tappert, Minneapolis: Fortress Press, 1964, p. 9.

③ Allen C. Deeter, *An History and Theological Introduction to Spener*, Princeton University, Th. D., 1962, p. 94.

蒂特援引施本纳的自述道:"施本纳坦承自己对拉巴德思想的兴趣,但是未与此人交流,且从未去聆听后者的任何布道。"① 也就是说,施本纳既未当面聆听拉巴德的布道,又未参加拉巴德组织的类似敬虔小组的组织,更未与后者有所交流;只不过前者确实对后者的思想感兴趣,以至于在日内瓦期间,施本纳在一封写给其师丹皓尔②(Dannhauer,1603-1666)侄子的信中坦承拉巴德神学具有友好、人性和敬虔三大特点。鉴于此,蒂特将施本纳的思想来源总结为:孩童阶段,受信奉路德宗的祖母影响;求学时代,深受信奉路德教义的斯特拉斯堡大学夏勒(Jakob schaller,1604—1676)、丹皓尔和施密特(Sebastian Schmidt,1617-1696)思想影响;中年以后,施本纳始终委身于路德宗教会内,建构并从事着教会改革的理论与实践。综上所述,与其说德意志敬虔主义思想部分源于中世纪神秘主义,不如说其源自经路德改造后的路德宗神学;与其说德意志敬虔主义思想部分源自加尔文主义,不如说是施本纳在长期接受路德神学熏陶下,自觉地进行以敬虔小组的方式阅读虔诚之书来达到培养个体敬虔的宗教改革。若如此,我们有必要对路德的神学思想予以系统阐释,尤其是对德意志敬虔主义至关重要的思想,如路德的唯独因信称义论、意志不自由论和理性限度论等。加之,三十年战争后,路德宗教会日渐陷入专事辩论,疏忽于培养个体敬虔的困局。因此,德意志敬虔主义的研究者们将时代背景归因于三十年战争导致政府对教会的主导所形成的国家教会模式,以及反对专于神学辩论的路德宗正统派,就如奥尔森所概括的:"由三十年战争所致的社会紊乱和剧变在17世纪后半叶的'敬虔危机'(crisis of piety)中扮演一个关键性的角色,对此敬虔主义不得不予以回应。"③ 这就意味着,我们还需详细介绍三十年战争对德意志地区的经济、文化和政治等方面的影响。

---

① Allen C. Deeter, *An History and Theological Introduction to Spener*, Princeton University, Th. D., 1962, p. 126.

② 潘德荣在其著《西方诠释学史》中译作"丹豪尔",并对丹豪尔在诠释学上的贡献予以精炼评述。潘德荣:《西方诠释学史》,北京大学出版社2013年版,第193—196页。

③ Roger E. Olson and Christian T. Collins Winn, *Reclaiming Pietism: Retrieving an Evangelical Tradition*, Wm. B. Eerdmans Publishing Co., 2015, p. 25.

一　唯独因信称义论：属性交融

关于路德之"称义"观，可简单地将其概括为"因信称义"，即"Justification by faith"。因信称义并非路德的原创，而是源自保罗书信。路德"唯独因信称义"思想并非一蹴而就的，而是其在使焦灼的内心得到慰藉的驱使下，借着对《圣经》的注释，在长达20余年内完成的。具体而言，借助对《罗马书》（1515）的注释，路德开始挖掘"基督的外来的义"的内涵。随后，路德在《两种义》（*Two Kinds of Righteousness*，1519）的布道中系统阐释"上帝的义"，即"外来的义，是自外部输入的另一种义"①，且这种"外来的义"只需"凭着对基督的信仰，基督的义便成为我们的义，祂的一切均为我们所有"②，和"藉着第一种外来的义所做的功"③的义，从而为治愈精神困苦找到了良方。除了对外在的义做深入诠释外，路德还在《基督徒的自由》（*The Freedom of A Christian*，1520）中阐释"信"之内涵，即着重阐释信与律法，信与诫命和信与基督之间的关系。也就是说，在《〈罗马书〉注释》和《两种义》中，路德集中阐释外在的义；在《基督徒的自由》中，路德深入挖掘信之内涵。最终，路德在《〈加拉太书〉注释》（*A Commentary on St. Paul's Epistle to the Galatians*，1535）中系统地阐释因信称义的内涵，即何谓信，何谓义，何谓称义。通过一系列有关因信称义的论著，在理论上，路德完成了对中世纪称义观的颠覆；在实践上，路德不仅慰藉了那颗因无法称义的沮丧心灵，还拉开了影响世界历史发展进程的宗教改革运动的序幕。

关于因信称义的内涵，路德在《〈加拉太书〉注释》写道："他在上帝面前算为义，不是因为他的努力，而是因为他的信心……人的首要职责就是信靠上帝，并且以他的信心来尊崇上帝。信心真是智慧的高峰，是正

---

① ［德］马丁·路德：《路德文集》（第一卷），路德文集中文版编辑委员会，生活·读书·新知三联书店 2005 年版，第 253 页。
② ［德］马丁·路德：《路德文集》（第一卷），路德文集中文版编辑委员会，第 254 页。
③ ［德］马丁·路德：《路德文集》（第一卷），路德文集中文版编辑委员会，第 255 页。

确的义。"① 由此看来，路德之因信称义包括紧密联系的两个部分：其一，信；其二，称义。从逻辑上看，二者并非因果关系，即信不是称义的原因；从内涵上看，二者实则一种等同关系，即信便意味着称义。具体而言，所谓信，在《论基督徒的自由》中，路德便开宗明义地指出信是一种神圣经历②；并在《〈加拉太书〉注释》中进一步对信解释道："信心渗透在相信者的所有作为中，就如同基督的神性渗透在他的人性中。亚伯拉罕被算为义，是因为他的信心弥漫于他的整个性格和每一个行动中。"③ 这便意味着路德之因信称义中的"信"不是概念意义上的，而是一种"信靠"基督，并"真正与基督合一的神圣经历。而且，因为在基督里罗格斯与上帝天父的本性是相同的，所以，信徒也就真正分享了上帝的本性"④。由此看来，信不是一则历史知识，更不是一套教义体系，而是一种个体遭遇基督的真切体验。换言之，信既是个体性的，又是体验式的。更由于信意味着个体对"上帝的本性"的完全分享，因而从个体角度而言，信便意味着称义。⑤ 至于称义，实则意味着救赎，即作为罪人的个体在上帝面前被称作"义人"，也即个体最终获得了上帝的拯救。值得注意的是，路德之称义并不意味着彻底完成了上帝拯救的工作，而只是被上帝判定为义人。然而，被上帝判定为义人的罪人依然会继续犯罪，直至死亡降临。故而，称义于路德而言是一个面向终末的过程，即只有在尘世的生命结束时，上帝才最终做出义人与否的判决。鉴于此，我们对路德的称义观的阐释将集中于称义的前提——信上。

在《基督徒的自由》中，路德对信之内涵做了细致的分析，即将信具体化为信的对象、信的内容和信的实践。首先，信的对象。相较于"诸般的善行"，路德认为信就是信"上帝的圣道，基督的福音"⑥。那后者又是

---

① ［德］马丁·路德：《〈加拉太书〉注释》，李漫波译，第 87 页。

② ［德］马丁·路德：《路德文集》（第一卷），路德文集中文版编辑委员会，第 400 页。

③ ［德］马丁·路德：《〈加拉太书〉注释》，李漫波译，第 99 页。

④ ［芬］曼多玛：《曼多玛著作集：芬兰学派马丁·路德新诠释》，黄保罗译，生活·读书·新知三联书店 2018 年版，第 37 页。

⑤ 路德在《论基督徒的自由》中疾呼："对基督的真信是无可比拟的宝藏，它带来完全的救赎，救人脱离一切罪恶。"马丁·路德：《路德文集》（第一卷），路德文集中文版编辑委员会，第 404 页。

⑥ ［德］马丁·路德：《路德文集》（第一卷），路德文集中文版编辑委员会，第 402 页。

什么? 路德进一步诠释道:"这道就是上帝的福音,论到祂儿子,成为肉身,受苦,从死里复活,借着使人成圣的圣灵受荣耀。"① 也就是说,路德之信的对象就是"道成肉身的基督""十字架上的基督"和"复活的基督"。可见,路德所信之对象是一个完整的、活泼泼的基督,因而"是个人的一个参照点,而不是纯粹历史性的"②。换言之,路德所信之对象不是一则已成往事的史料,而是一个于个体而言时变时新的"参照点"。

其次,信的内容。既然路德认为信就是"信""道成肉身的基督""十字架上的基督"和"复活的基督",那么究竟"信"基督的什么呢? 大体而言,路德认为所信之内容就是信基督的"诫命"与"应许"。所谓"诫命",路德认为是指"要教训人认识自己,叫他借着诫命可以承认他不能行善,可以在他自己的能力上绝望"③;所谓"应许",就是"答复了上帝诫命的要求,成全了律法所规定的"④。值得注意的是,在路德看来,作为信之内容的诫命与应许并不矛盾,而是诫命使人意识到自身的无能,从而呈现为绝望;而应许"答复了上帝诫命的要求,成全了律法所规定的"。⑤

最后,"信"的实践。路德在《〈加拉太书〉注释》中诠释道:"信心是行为的'神性'。信心渗透在相信者的所有作为中,就如同基督的神性渗透在他的人性中。亚伯拉罕被算为义,是因为他的信心弥漫于他的整个性格和每一个行动中。"⑥ 由此看来,"信"是一种使得作为罪人的个体与上帝实现联合的体验,是一种人与基督"相互委身和联合"⑦ 的实践。换言之,作为联合的双方,一方为身具原罪的个体;另一方为道成肉身的基督,而信是使得二者就如"烧红了的铁如火一般"⑧,"如同新娘与新郎连合"⑨ 一样将灵魂与基督联合起来的神圣经历。作为结果,借着信形成的

---

① [德]马丁·路德:《路德文集》(第一卷),路德文集中文版编辑委员会,第403页。
② [英]阿利斯特·麦格拉斯:《宗教改革运动思潮》,蔡锦图、陈佐人译,中国社会科学出版社2009年版,第106页。
③ [德]马丁·路德:《路德文集》(第一卷),路德文集中文版编辑委员会,第404页。
④ [德]马丁·路德:《路德文集》(第一卷),路德文集中文版编辑委员会,第405页。
⑤ [德]马丁·路德:《路德文集》(第一卷),路德文集中文版编辑委员会,第405页。
⑥ [德]马丁·路德:《〈加拉太书〉注释》,李漫波译,第99页。
⑦ [英]阿利斯特·麦格拉斯:《宗教改革运动思潮》,蔡锦图、陈佐人译,第108页。
⑧ [德]马丁·路德:《路德文集》(第一卷),路德文集中文版编辑委员会,第405页。
⑨ [德]马丁·路德:《路德文集》(第一卷),路德文集中文版编辑委员会,第407页。

基督与灵魂的联合体，使得人之罪被基督承担了，基督之义白白地恩赐给罪人。这一过程，又被路德称作"基督和义的归算"①。但这一过程不是静态的，而是动态的，就如在诠释"义的归算"后，路德紧接着说道："这一教义能够给我们的良心带来安慰。当一个人成为基督徒，他就在律法和罪之上。当律法控告他，当罪要使他心智失丧，基督徒就当仰望基督。"②因此，在这一联合体中，只要基督徒以"基督作为它的目标"，那么基督之义的"归算"便是一个面向终末的过程。同样地，信的实践不是一个已完成的动作，而是一个在基督徒心里的动态品质。也就是说，只要基督徒"仰望基督"，那么个体与基督所形成的联合体便始终存在。由此看来，从信的角度看，信将基督与个体黏合成一个不可分割的联合体；从称义的角度看，基督之义被归算给罪人，即罪人披戴着"基督之义"。因此，这就如前文所总结的，从内涵上看，二者实则一种等同关系，即信便意味着称义。

在这一借着信而形成的基督与个体的联合体中，由于"住在我里面的基督驱逐了各样的罪恶。与主的联合把我从律法的控告下释放出来，并且把我和有罪的自我分开。只要我住在基督里面，便没有任何事能害我"③，因此，"这样你可以大胆地说：'我现在与基督联合，这样，基督的义、得胜与生命就是我的。'另一方面，基督也可以说：'我就是那个大罪人。他的罪和他的死成为我的，因为他与我联合，我与他联合了'"。④ 在此，值得注意的是，路德认为与基督联合的是我，而不是我们，被基督承担的罪是他的，而不是他们的。因此，这样的一个联合体是个体逐一借着信与基督完成的，而不是人类作为整体与基督实现的。如此看来，借着信而形成的个体与基督的联合体是个体性的，而不是群体性的。

在这一联合体中，个体的罪恶是如何被基督承担？基督又是如何将自身的"义、得胜与生命"分享给个体？关于这一点，包括麦格拉斯（Alister E. McGrath，1953 – ）和张仕颖等在内的学者均运用"基督的外来的义""披戴基督"和"义的转归"等系列概念将个体对基督义的分享以及基督

---

① ［德］马丁·路德：《〈加拉太书〉注释》，李漫波译，第 55 页。
② ［德］马丁·路德：《〈加拉太书〉注释》，李漫波译，第 55—56 页。
③ ［德］马丁·路德：《〈加拉太书〉注释》，李漫波译，第 66 页。
④ ［德］马丁·路德：《〈加拉太书〉注释》，李漫波译，第 67 页。

对个体罪的承担的过程进行诠释，也即路德所言的"特点的交换"（Com-municatio Idiomatum）①。虽然这一诠释本身在某种程度上契合路德部分著作的说法，如在《〈罗马书〉注释》中写道："我们是外在的义人——当我们唯独因着上帝的归算（Imputation）而成为义人，而不是因着我们本身或我们的行为。"在《论基督徒的自由》中写道："如果让信心参与其间，那么罪孽、死亡和诅咒便归了基督，恩典、生命与救恩便为灵魂所有"②等，但是这一诠释从某种意义上来说却是一种对上帝救恩的合理化呈现，说到底依然是"经院神学家的思路"③，即借助逻辑将救恩合理化，其结果则是"神就变成了一种纯理性的、可想象的东西"④，而这并未契合路德因信称义的初衷，就如奥托所感慨的："此种'经院哲学的残余'会在路德自己的精神生活中起如此明显的有力作用，岂非咄咄怪事。"⑤

对于这一被保罗称作"奥秘"的联合体，路德还说道："信心能够使我们称义，因为它抓住了基督，我们的救赎主……真正的信心抓住基督，并且单单地依靠他。"⑥ 路德之言虽然简单，但其内涵极为丰富。具体而言，当信抓住基督时，基督便临在于个体，从而使得"我们完全被上帝充满"，即"祂用丰沛的恩典和圣灵的恩赐来浇灌我们，从而使我们变得勇敢。祂用自己的光来照亮我们，祂的生命活在我们里面，祂的福祉使我们成为蒙福者，祂的爱在我们里面唤醒爱"⑦。由此看来，这一由个体与基督借着信所形成的联合体，"导致了另一个重大的结果，即'基督的同在'"⑧。也就是说，在因信称义中，路德认为基督之义被转归至有罪的个

---

① ［芬］曼多玛：《曼多玛著作集：芬兰学派马丁·路德新诠释》，黄保罗译，第40页。基于对路德思想的整体性把握，本书将"Communicatio Idiomatum"译作"属性交融"，并认为是路德唯独因信称义思想的核心。从表面上看，"交融"会造成基督之人性和神性相互混杂的印象，但路德此时已摒弃古典基督教关于基督二性二位的争论，而坚持一个完全的基督。故，交融于路德而言是个奥秘，无须像古典基督教神学家一样解释清楚，而只需完全地接纳。

② ［德］马丁·路德：《路德文集》（第一卷），路德文集中文版编辑委员会，第407页。

③ ［芬］曼多玛：《曼多玛著作集：芬兰学派马丁·路德新诠释》，黄保罗译，第35页。

④ ［德］鲁道夫·奥托：《论"神圣"》，成穷、周邦宪译，四川人民出版社1995年版，第113页。

⑤ ［德］鲁道夫·奥托：《论"神圣"》，成穷、周邦宪译，第115—116页。

⑥ ［德］马丁·路德：《〈加拉太书〉注释》，李漫波译，第40页。

⑦ WA 17，1，438，14–28，转引自［芬］曼多玛《曼多玛著作集：芬兰学派马丁·路德新诠释》，黄保罗译，第40页。

⑧ ［芬］曼多玛：《曼多玛著作集：芬兰学派马丁·路德新诠释》，黄保罗译，第40页。

体，并不是借助系列的概念和逻辑推演实现的，而是借着个体遭遇基督的体验完成的。正是在此意义上，曼多玛才评价道："'使人称义的信'是无法与'基督住在信之中'的思想分开的。"① 故，路德之信又是体验式的。

由于路德称义观的信是个体性的和体验式的，即路德认为信便意味着个体对基督始终保持"仰望"②，因此个体便可直接遭遇基督，实现其与基督的联合。一旦个体与基督成为一个密不可分的联合体，那么于个体而言便意味着"成圣"，而于基督而言便是判定罪人为义，也即路德之称义。概言之，只要个体达到了路德所言的信，那么其便被上帝判定为"义"，即称义。可见，在路德看来，信与称义只不过是其称义观从两种角度分别进行的言说，即于个体而言，则是信；而于基督而言，乃是称义。然而，作为有限的存在者，其对基督的仰望由于是在尘世中的，因而"信入"基督必然是阶段性的。③ 作为结果，个体完全地被上帝称义只有在生命结束后才能实现。也就是说，路德之称义观并不意味着个体瞬时的"飞升"，而是一个面向终末的过程。因此，当在面向终末的过程中，个体仍需不懈地仰望基督和道德实践。这也就意味着，路德的称义观并不会割裂信与行之间的关系，故而不会出现李秋零教授所忧虑的该称义学说所致的结果——"使人成为得救道路上的完全消极物，使得人自身的尘世努力和能动性完全失去意义"④。

无疑，在基督教发展史上，路德的称义观具有开创性的价值。那究竟是什么因素造就了路德这样一种称义观？诚如前文所总结的，既然路德之称义观具有体验式的和个体性的特征，那么其必然与路德自身的信仰体验息息相关。加之，个体的信仰体验并不是在真空中形成的，而是被具体的历史处境所规范与整合的。也就是说，正是具体的时代处境和路德独具特色的信仰体验，塑造了其具有体验式和个体性特征的称义观。

---

① ［芬］曼多玛：《曼多玛著作集：芬兰学派马丁·路德新诠释》，黄保罗译，第40页。

② ［德］马丁·路德：《〈加拉太书〉注释》，李漫波译，第55—56页。

③ 关于这种状态，马丁·布伯在《我与你》中亦写道："人不能生存于纯粹现时，因为，一旦现时奔腾而出，一泻千里，人生将即刻消耗殆尽。但人却能生存于纯粹过去，因为仅在此间他可构筑生命。只要人用经验，利用来填塞每一瞬间，它便会停止燃烧。"马丁·布伯：《我与你》，陈维纲译，生活·读书·新知三联书店1986年版，第51页。

④ 李秋零：《"因行称义"、"因信称义"与"因德称义"》，《宗教与哲学》2014年第3辑。

若做进一步的探究，即究竟是什么样的时代处境和路德何种类型的宗教体验塑造了其称义观？具体而言，宗教体验是指长时间在奥古斯丁修会中苦修而始终无法找到拯救之方的路德，逐渐向与埃克哈特（Meister Eckhart，1260－1328）和吕斯布鲁克所秉持的拯救之道靠拢——如埃克哈特曾言："上帝用仁爱浇灌灵魂，使灵魂充溢，并在仁爱中把自己交付给灵魂，从而携灵魂超升，直观到上帝。"① 以及吕斯布鲁克直接将与基督的相遇描述为一种新娘迎接新郎的精神婚恋。具体的时代处境是指在称义问题上，中世纪晚期主流天主教"拒不接受唯独因信称义的真理"②，并大搞圣物崇拜，如即便在路德发表《九十五条论纲》后，当时美因茨大主教阿尔布雷希特（Albrecht von Brandenburg，1490－1545）在其正式的公告中宣称：凡是来参观圣物的信众皆可获得特赦，以及在是否称义问题上，"罗马天主教的神学家们教导说，没有人能确知他是否得到了上帝悦纳"③，且前者，即路德遭遇基督的信仰经验必然受到历史处境的影响，从而使得前者具有了鲜明的时代性，也即路德借助反对罗马天主教称义观的方式呈现自身对称义的理解。基于上述分析，若套用史密斯有关宗教当理解为"累积的传统"和"个体的信仰"两个互为表里，又相互依存的整体④来分析，路德之称义观的核质是路德的宗教经验，其具体呈现形式，即诉诸逻辑和文字的系统称义理论是路德的宗教经验在具体的历史处境中的外化或沉淀；上述二者互为表里，缺一不可。

既然路德的称义观是基于其在奥古斯丁修道院时期的宗教体验，那么这究竟是一种什么样的宗教体验？据麦格拉斯的研究，1508 年至 1514 年间，路德完全接受中世纪基督教正统的称义理论⑤——"经院派人士是这样诠释救恩的：当一个人刚好做了一件善行，上帝就接纳了它，并且作为对此善行的奖赏，上帝将恩惠倾倒在这个人里面。"⑥ 然而，这一称义观并

① ［德］埃克哈特：《论自我认识》，载《德国哲学》第 2 辑，第 185—190 页。

② ［德］马丁·路德：《〈加拉太书〉注释》，李漫波译，第 41 页。

③ ［德］马丁·路德：《〈加拉太书〉注释》，李漫波译，第 140 页。

④ ［美］W. C. 史密斯：《宗教的意义与终结》，董江阳译，第 331—383 页。

⑤ Alister E. McGrath, *Iustitia Dei: A History of the Christian Doctrine of Justification*, London: Cambridge University Press, 1986, p. 218.

⑥ ［德］马丁·路德：《〈加拉太书〉注释》，李漫波译，第 54 页。

不能平息路德内心的焦虑，反而使路德意识到自己能否被拯救始终是个疑问。是故，路德写道："我自己曾一度陷在这个错谬之中。我把基督想成一个法官，而我必须通过严格执行我所在修会的规条来取悦他。"① 为此，路德不断地通过自己的"行"来契合教义的标准，以期获得上帝的拯救，正如其所言："当我还是一名修道士的时候，我竭尽全力要达到修道院设立的严格标准。我曾把我的罪列成一个清单，时时刻刻都在忏悔，若命令我遵守什么苦修，我都虔诚地履行。尽管如此，我的良心总在疑惑中翻腾不安。当我越想帮助我那可怜的良心，它就变得越糟糕。当我越专心于各样的规条，我就越是触犯它们。"② 也就是说，在奥古斯丁修道院隐修期间的路德由于完全接受中世纪基督教正统的称义理论③，其愈是极尽所能地以"行"去"蒙上帝悦纳"，愈是察觉到这样的行不仅无法获得上帝的拯救，反而会加重自己的罪，进而使路德愈加意识到自己远离上帝救恩的正道而无法获得拯救。

为了使自己焦灼的内心得到慰藉，路德以自身的信仰经验为基础，转向了一种遭遇基督，并与基督联合来确保自我称义的进路。具体而言，路德认为"首先，一个人必须意识到他是一个罪人，是那种生下来就不能行出任何好事的罪人"④。也就是说，在路德看来，个体与基督联合的前提在于人承认自己的罪，且意识到自己所行无法赢得上帝的恩典，从而"认罪悔改"。其次，"抓住耶稣基督"。所谓"抓住耶稣基督"只是一个形象的譬喻，即个体与基督借着信形成一个联合体。在此，路德所用的"抓住"（Apprehend），从词源上来看，源于拉丁文 Apprehendere，其除了有"Seize"的意思外，还具有"Fear"的内涵。也就是说，路德所言的"抓住基督"是兼具畏惧和神往的行为，并借着这一信的行为，实现与基督的合一。然后，"操练你的良心，使它确知上帝接纳了你"⑤。由于路德认为，

① ［德］马丁·路德：《〈加拉太书〉注释》，李漫波译，第61页。
② ［德］马丁·路德：《〈加拉太书〉注释》，李漫波译，第178页。
③ 然而，天主教神学家 Heinrich Denifle 在 *Luther und Luthertum in der ersten Entwickelung* 中辩称："路德要么是对天主教神学传统感到无知，要么是刻意地曲解了天主教的称义理论。"Alister E. McGrath, *Iustitia Dei: A History of the Christian Doctrine of Justification*, London: Cambridge University Press, 1986, p. 219. 在此，本书坚持学界一贯的说法。
④ ［德］马丁·路德：《〈加拉太书〉注释》，李漫波译，第53页。
⑤ ［德］马丁·路德：《〈加拉太书〉注释》，李漫波译，第141页。

"我"与"基督"联合的过程是一个渐进的，而非瞬间完成的行为，因而需在与基督联合的过程中，不断操练自己的良心，即如路德所提醒的："我心中的小小信心之光不是一下子就能充满我的全身心的。这是一个逐渐充满的过程。"① 最后，"借着信心，基督属于我们，我们属于基督"②。总之，关于路德所言的个体借着与基督合为一体来确保自身获得拯救的过程，奥托进一步补充道："信仰是灵魂的一种独特力量即'接近神'的力量，这种力量把人和上帝联结起来。'联结'正是对于神秘的称号。所以，当路德说，信仰使人与上帝或者基督成为'一块糕'，或说信仰'像戒指嵌有一颗宝石'那样占有人时，他并不比陶勒尔关于爱所说的同样的话更具象征性……在路德看来，'信仰'乃是灵魂——神秘主义者的'灵魂的基础'——的核心，人与上帝的结合就是在此核心中得到完成的。"③

诚如前文所揭示的，虽然路德遭遇基督的信仰体验是其称义观的核质，但其遭遇基督，并与基督合为一体的信仰体验并非空泛和抽象的，而是借着对中世纪晚期主导的称义观的批判完成的。也就是说，路德的称义观是一个将个体直面基督的直接经验借助逻辑的方式，诉诸语言和文字从而形成的概念系统。一方面，就前提而言，路德的"称义"观以批判天主教之称义观为前提，即"教皇党人士也是如此。他们承认信心是称义的基础。但是他们又加上条件说，只有当加上善工的时候，信心才能救人。这是错误的"④。另一方面，路德亦借助与其德意志前辈埃克哈特和吕斯布鲁克所秉持的与基督合一的神学进路，正如其所言："当基督徒借助信高升到万有之上时，他就在属灵上成为万有的主，没有任何东西可以阻挡他所蒙的祝福……"⑤ 就有了"基督的形式和样式"而"变得像上帝一样"。如此看来，路德的称义观亦是历史性的。只不过路德称义观的历史性是其遭遇基督这一体验的外化或沉淀。总之，路德的称义观涵盖着互为表里，又相互依存的内外两部分：路德遭遇基督，并借着信与基督合二为一的直

---

① ［德］马丁·路德：《〈加拉太书〉注释》，李漫波译，第129页。
② ［德］马丁·路德：《〈加拉太书〉注释》，李漫波译，第132页。
③ ［德］鲁道夫·奥托：《论"神圣"》，成穷、周邦宪译，第124页。
④ ［德］马丁·路德：《〈加拉太书〉注释》，李漫波译，第40页。
⑤ *Von der Freiheit eines Christenmenschen*, Clemen – Ausgabe 2, 17. 转引自曼多玛《曼多玛著作集：芬兰学派马丁·路德新诠释》，黄保罗译，第40页。

接体验是路德称义观的核质①，而诉诸语言、逻辑和文化传统而形成的系统化的称义理论则是该体验在此在世界的外化或沉淀。

综上所述，路德之称义观不再是一个法庭术语，而是一种路德将自身的信仰实践借助逻辑，并诉诸文字而形成的以直面基督的体验为核质，以该体验在此在世界的外化或沉淀为外在表现形式的神圣经历。具体而言，"因"不是因果律意义上的"原因"，而是"借着恩典"之意，也即从一种超因果律意义上而言的；"信"不再是仅仅依照戒律而进行的行动，而是"信入"基督，即个体与基督联合为一体的实践；"义"不再是中世纪晚期天主教所主张的"分配正义"，而是希伯来意义上的"救赎之义"，也即"慰藉的公义"（Justitia Salutifera）。若如此，路德之称义观必然始终强调称义是一个面向终末的过程，而非瞬时的飞升。这便意味着，人在整个面向终末的过程中，仍需不懈地进行道德实践。还需赘言的是，由于路德的称义观既有对中世纪晚期天主教称义理论的批判，又有对基督教神秘主义传统的继承，因此路德的称义观并非一种超越时代的理论创新，而只是一种以自身的信仰实践为基础，从而更改传统称义学说的立足点，并诉诸有限的语言和逻辑而形成的系统。

二　意志不自由论

或许一提及路德论自由意志，我们便会想到其撰写的《论意志的捆绑》。其实，早在1518年，路德在《海德堡辩论》中就有系列关于意志的不自由的论述。以及，路德关于自由意志的系列论述实则是与伊拉斯谟关于自由意志的一场争论。因此，我们引入伊拉斯谟关于自由意志的相关论述，通过对宗教改革时期的这场关于自由意志的争论的透视，从而更好地呈现路德的自由意志思想。

第一场关于意志是否自由的辩论发生在公元5世纪初的罗马帝国，辩论双方分别是主张意志自由的伯拉纠（Pelagius，354–418）和主张意志不

---

① ［英］安德鲁·洛思：《神学的灵泉：基督教神秘主义传统的起源》，孙毅、游冠辉译，第7页。

自由的奥古斯丁，前者在以弗所大公会议上被判为异端。然而，伯拉纠主义并未因被教会判为异端而彻底消失，而是以半伯拉纠主义（Semipelagianism）的形式潜存于中世纪的西方社会，如卡西安主义（Cassianism）等。随着主张神的绝对权威和"神无法被人的理性所理解，而只能通过《圣经》的启示或神秘体验来理解"①的唯名论在中世纪晚期的西方社会逐渐兴起，意志是否自由的问题再次成为当时西方社会知识分子讨论的重要主题之一。率先加入这场讨论的乃人文主义的代表思想家费希诺（Marsilio Ficino，1433－1499）和瓦拉（Lorenzo Valla，1407－1457），二者均主张人具有自由意志。正是在这样的思想史背景下，主张"唯独恩典、唯独圣经和唯独信仰"的路德挑起了与以伊拉斯谟为代表的人文主义者的这场有关自由意志的辩论。需要注意的是，伊拉斯谟与路德的这场关于自由意志的辩论不只包括 1524 年伊拉斯谟发表的《论自由意志》和 1525 年路德的回应作品《论意志的捆绑》，还涵盖着 1518 年路德在《海德堡辩论》中指出意志的不自由的系列论述和 1527 年伊拉斯谟回应路德之《论意志的捆绑》而作的《执盾手：关于自由意志的讨论，驳马丁·路德的被奴役的意志》（*Hyperaspistes*：*A Discussion of Free Will Against the Enslaved Will by Martin Luther*）。因此，这场辩论是路德挑起的，共两个回合，而非如部分研究者所认为的由伊拉斯谟挑起的，单回合的。

为了论证意志是不自由的，路德在此次辩论一开始便严格区分"自由意志"（Libero Volutas）和"自由意志抉择"（Libero arbitrio voluntas）②，

---

① ［美］迈克尔·艾伦·吉莱斯皮：《现代性的神学起源》，张卜天译，湖南科学技术出版社 2019 年版，第 22 页。

② 当然对"自由意志"和"自由意志抉择"做出区分并非路德的原创，而是沿袭自奥古斯丁。据 John M. Rist 在其《奥古斯丁传》中的考察，他认为奥古斯丁的 *De Libero Arbitrio* 应当译作"论我们作为道德人所具有的外在不受约束的能力去选择"。也就是说，在奥古斯丁看来，自由意志与自由意志抉择是两个不同的概念。为便于理解路德关于"自由意志"与"自由意志抉择"的区别，笔者在此简单梳理奥古斯丁关于"自由意志"与"自由意志抉择"之异同。关于"自由意志"，奥古斯丁定义道："简单地说，对于任何行动而言，我都是自由到这个程度（或者说这个行动在我的能力之内），即我执行这个行动的愿望和决定，强烈到足够让我去执行它。"也就是说，"自由意志"于奥古斯丁而言，意味着照着自己所想要做的去做。如此看来，在奥古斯丁的理论视野中，唯有上帝才有这种能力，即自由意志。至于"自由意志抉择"，则是指人具有选择执行或者不执行的自由。但是，这在奥古斯丁看来，这种抉择的自由是不存在的。关于上述两个概念的异同，亦可详见刘友古《伊拉斯谟与路德的宗教改革思想比较研究》，上海人民出版社 2009 年版，第 363—373 页。

即如其所言："我们所讲的意志的自由，是关乎有没有功德的问题；在这层次之下的，即无论是对立或矛盾的行为，我也不否认意志是自由的，或意志自以为是自由的。"① 由于中文翻译的缘故，表面上看，路德在此只是笼统地指出"意志"在不关乎功德问题上是自由的。那何谓关乎功德的问题？他认为乃是有关救赎之事。也就是说，在他看来，在救赎问题上，意志是不自由的，即意志无助于人的拯救。然而，在救赎以外的事上，意志是自由的，即意志具有自由抉择的能力，也即路德所总结的"意愿必然是自由的，也必然有自由去定意愿"②。如此看来，路德所言"功德问题之下"的内涵并非赖辉亮所认为的"日常生活行为"，而是意愿自由的领地。③ 在此认识的基础上，路德才对意志的不自由予以诠释："自堕落以后，自由意志便徒负虚名；何时它发挥其作用产生行为，何时便会犯下致死的罪。自堕落后，自由意志仅仅能够被动地行善，然而却能够经常主动地去行恶。自由意志也不可能存留于纯真无邪的状态，更不会主动地行善，只可能被动地行善。"④

针对路德在《海德堡辩论》中关于意志不自由的观点，伊拉斯谟在《论意志的自由》中总结道："他们认为自由意志是一个空洞的概念，既不在天使中，也不在亚当和我们中，且在领受恩典之前或之后都无法完成任何事情；上帝在我们身上既造善也造恶，以及一切事情的发生都是出于纯粹的必然性。"⑤ 如此看来，伊拉斯谟认为路德"意志是不自由"的内涵包括：第一，自由意志既不是罪人的特性，也不是天使的禀赋，乃是上帝独有的特质；第二，于世人的救赎而言，意志不能发挥丝毫作用。面对这样的观点，伊拉斯谟认为这是比托马斯主义者、卡尔施塔特（Carlstadt）关

---

① ［德］马丁·路德：《海德堡辩论》，载《路德文集》（第一卷），路德文集中文版编辑委员会，第47页。

② ［德］马丁·路德：《海德堡辩论》，载《路德文集》（第一卷），路德文集中文版编辑委员会，第47页。

③ 赖辉亮：《关于自由意志的争论——从古希腊到文艺复兴》，《中国青年政治学院学报》2008年第1期。

④ ［德］马丁·路德：《海德堡辩论》，载《路德文集》（第一卷），路德文集中文版编辑委员会，第27页。

⑤ Erasmus – Luther, *Discourse on Free Will*, Translated and Edited by Ernst F. Winter, Frederick Ungar Publishing Co., Inc., 1961, p. 31.

于意志的看法"更糟糕"的观点。为此，伊拉斯谟在界定自由意志内涵的基础上，孜孜不倦地从《旧约》《新约》和教父论著中搜寻捍卫自由意志的论据，并对意志是不自由的论点提出质疑。

关于自由意志，伊拉斯谟定义道："通过意志的自由，我们在如下方面理解了人意志的力量，即通过人类意志的力量，人或可以用其导致永恒救赎之事，或用其行背离永恒救赎之事。"① 由上可知，伊拉斯谟认为的"自由意志"是人类意志的一种能力，其既可以行导致永恒救赎的事，又可以行背离永恒救赎的事。换言之，伊拉斯谟的自由意志不是如部分研究者所认为的可以直接通往救赎或悖逆，而是行"事"的能力，即一种"自由意志抉择"。以此认识为基础，伊拉斯谟对路德关于意志是不自由的观点质疑道："如果人的意志也不能自由地选择善或恶，那么你常常听到的预备、拣选和预防都是无意义的话。这就好比对一个手被绑住只能往左伸的人说话：'你的右手边是一杯美酒，而左手边则是毒药。选择你所喜欢的。'"② 也就是说，伊拉斯谟对路德意志不自由的驳斥是基于其对基督教神学基本教义的理解，即若人无自由选择的能力，那么人便只是上帝的工具；若如此，则救赎、拣选和预备都将变得无意义，就如其所总结的："如果人类无论是行善事，还是做恶事都只是上帝的一个工具，就如木匠手中的斧头一样，那顺服、无处不在的赞美有什么意义呢？"③ 还需注意的是，为形象地说明意志的不自由，伊拉斯谟以一个手只能往左伸的人只能选择左手边的毒药，而对右手边的美酒无能为力为例表明：自由意志指的是"自由意志抉择"，即选择毒药或美酒的实践。因此，在辩论之初，路德与伊拉斯谟在对"自由意志"的理解出现了分歧。

---

① Erasmus – Luther, *Discourse on Free Will*, Translated and Edited by Ernst F. Winter, Frederick Ungar Publishing Co., Inc., 1961, p. 20. 伊拉斯谟有关"自由意志"定义对应的英文为："By freedom of the will we understand in this connection the power of the human will whereby man can apply to or turn away from that which leads unto eternal salvation." 关于伊拉斯谟的这一有关"自由意志"的定义之汉译，学界有不同版本，如廖元威便将其译作："我们此处所谈的自由意志，指的是人类意志上的能力，藉着这种能力，人能专心致力以致得救，或者对此事不屑一顾。"伊拉斯谟：《论自由意志》，载《路德文集》（第二卷），路德文集中文版编辑委员会，第581页。显然，在此翻译中，很容易得出伊拉斯谟认为自由意志能直接导向或背离永恒救赎。但比较对应的英文，我们便会发现，伊拉斯谟的"意志自由"只能导致通往或背离永恒救赎的事，而不是直接导致或背离永恒救赎。

② Erasmus – Luther, *Discourse on Free Will*, Translated and Edited by Ernst F. Winter, Frederick Ungar Publishing Co., Inc., 1961, p. 33.

③ Ibid., p. 44.

虽然于伊拉斯谟而言，自由意志是指意志独立地自由抉择，但其并非如路德所攻讦地认为自由意志能够完全脱离恩典而实现人的救赎，而是认为在救赎过程中"起主要作用的是恩典，次要作用的是我们的意志"①。既如此，那起主要作用的恩典和起次要作用的意志又是如何在人之救赎过程中发挥各自的效用？为此，首先，伊拉斯谟将每件事情分成开始、过程和结局三个阶段。其次，伊拉斯谟认为开始和结局两个阶段由恩典统辖，只有在过程之中，自由意志方才参与，就如其所言的："开始和结局由恩典统辖，只有在过程中，自由意志才发挥作用。上帝的恩典和人类的意志在同一件事中相遇，恩典是首要因，意志是次要因。"② 也就是说，即便是自由意志参与的过程阶段，自由意志本身也不占主导地位。因此，在过程阶段，伊拉斯谟所认为的恩典与自由意志的关系，并非如格雷利什（B. A. Gerrish）所认为的"在中间阶段，伊拉斯谟明显地尽可能少地归功于恩典"③，而是认为人的意志都是上帝恩典的产物。最后，伊拉斯谟总结道："人必须把他的救赎归功于神的恩典，因为自由意志所能起的作用是微乎其微的，甚至神的恩典最初创造了自由意志，然后救赎和治愈了它。"④ 如此看来，伊拉斯谟并非路德所攻讦的主张可借助自由意志便能实现自我救赎的伯拉纠主义者，而是强调在整个救赎过程中的"上帝持续有效的恩典"的决定性地位，否则"一切都是徒劳无益的"。至于为何坚持在"过程"这一阶段必须有个体意志的参与，其原因在于伊拉斯谟必须将罪（恶）的根源归于人，而非上帝，不然便会颠覆伊拉斯谟神义论的大厦。

为驳斥伊拉斯谟有关自由意志的观点，路德在《论意志的捆绑》中遍寻《圣经》，从而得出"那么何处有自由选择的存身之地呢"⑤ 的结论。具体而言，路德一开始便考证意志有没有这样的能力，对伊拉斯谟所坚持

---

① Erasmus – Luther, *Discourse on Free Will*, Translated and Edited by Ernst F. Winter, Frederick Ungar Publishing Co., Inc., 1961, p. 71.

② Ibid., p. 85.

③ B. A. Gerrish, "De Libero Arbitrio: Erasmus on Piety, Theology, and the Lutheran Dogma", *Essays on the Works of Erasmus*, Edited by Richard L. DeMolen, Yale University Press, 1978, p. 197.

④ Erasmus – Luther, *Discourse on Free Will*, Translated and Edited by Ernst F. Winter, Frederick Ungar Publishing Co., Inc., 1961, p. 86.

⑤ ［德］马丁·路德：《论意志的捆绑》，载《路德文集》（第二卷），路德文集中文版编辑委员会，第340页。

的意志是自由的观点调侃道："他不考虑自己有什么天赋，或扪心自问自己是做什么的、自己有没有能力做，以及他所选择的主题需要什么……却只是一股脑儿地冲着去做。"① 可知，路德认为在讨论意志是否可选择善事或恶事前，应当检查意志的能力，即辨识清楚意志"能做什么，不能做什么"，否则不仅是极端的鲁莽，而且是做无用功。既如此，那路德认为意志具有这样的能力吗？针对这一问题，路德提出世界的发展都是基于上帝的预知的观点，并对该观点阐释道："上帝从不偶然地预知任何事，祂是藉着祂不变的、永恒的和绝无谬误的旨意（意志）来预知、计划和执行所有的事。"② 可见，世界的发展只遵循上帝的自由意志，那个体的被拯救与否不是个体的意志"抉择"善或从恶之事能决定的。也就是说，唯有上帝才有自由意志，而人的意志抉择早在被造之初便已被上帝预知。故，路德认为意志不具有如伊拉斯谟所理解的一种既可行善，又可行恶的"抉择"能力，而是一种因原罪而堕落使得其只能被"撒旦骑着"之"必然"。那这是否就意味着意志行善没有可能？

对此，路德将人的意志比作"一匹驮兽"（a beast of burden）："如果上帝骑着它，它就会顺着上帝的意志而行；就如《诗篇》中讲道：'我在你面前犹如负重的牲口'（《诗篇》72：22）。如果撒旦骑着它，那么它就会顺着撒旦的意志而行。它不能选择跑到哪边，找到哪边。但是，骑手们要争着去掌握它。"③ 如此看来，路德认为人的意志无法独力行善，其行善的原因在于这是上帝意志驾驭人之意志的结果，即于个体存在者而言乃上帝恩典的注入，而于上帝而言便是"称义"。还需注意的是，路德认为人之意志并无自主性，而只能被上帝或撒旦掌控；如果将上帝掌握人之意志视作个体存在的被拯救，那么撒旦"骑着"人之意志便是背离救赎。也就是说，路德认为自由意志能直接通往或背离救赎，而不是如伊拉斯谟所认为的需借助善功或恶行。

---

① ［德］马丁·路德：《论意志的捆绑》，载《路德文集》（第二卷），路德文集中文版编辑委员会，第316页。

② ［德］马丁·路德：《论意志的捆绑》，载《路德文集》（第二卷），路德文集中文版编辑委员会，第320页。

③ Erasmus – Luther, *Discourse on Free Will*, Translated and Edited by Ernst F. Winter, Frederick Ungar Publishing Co., Inc., 1961, p. 112.

　　既然路德强调唯有恩典才能救赎，而自由意志只能导致败坏，那路德是否如伊拉斯谟所攻讦的那样是一位只强调恩典，而彻底摒弃人的尘世之行的唯信主义者？对此，路德道："所有这些事全都是来自上帝无所不能的能力与美善的唯一意志所完成的，祂创造并且保全我们，完全不需要我们帮忙。可是，祂却不可以没有我们，而在我们里面运行，因为祂创造，并且保全我们就是为了这个……祂都可以在我们里面运行，同时我们也可以与祂同工。"①可见，路德认为虽然人的自由意志在救赎问题上是无能的，但并不意味着就当被取消，而是主张恩典与人的意志"同工"。在此，同工并非如某些研究者所认为的"神人协作"，而是恩典驾驭人的意志，即恩典贯穿于人尘世实践之始终以统领意志。由是观之，路德的救赎观并不意味着基督白白地将恩典恩赐给个体，从而使得个体瞬时飞升，而是一个面向终末的过程。因此，当在面向终末的过程中，个体仍需不懈地"仰望"基督并进行道德实践。这就意味着，路德并非伊拉斯谟笔下所攻讦的唯信主义者，而只是借助对"意志的不自由"的阐释来突出强调恩典对救赎的决定性作用。

　　通过前文的比较，笔者可以清晰地发现：第一，关于自由意志的理解，伊拉斯谟与路德存在着较大差异。关于自由意志，伊拉斯谟认为其既可能指引人行有助于救恩的事，又可能促使人行背离救赎的事，即自由意志具有抉择的自由，以及自由意志不会直接导致或背离救赎，而是借着行导致或背离救恩之事来实现救恩。与此相对应的是，路德认为自由意志因人的堕落而使得意志本身丧失了"抉择"的自由——只能行恶，无法独力行善，故"意志是被捆绑的"——自由意志是一个虚构的概念。在意志与救赎的关系问题上，路德认为，"自由意志"就如一头没有自我意识的驼兽，或被上帝驾驭，或被撒旦驾驭。如此看来，路德认为"意志"直接通往或背离救赎，而无需伊拉斯谟所言的中介之物。正是因为二位思想家对自由意志理解的差异，才使得即便路德清醒地认识到伊拉斯谟的自由意志是一种介乎意愿和行动之间的存在，依然将其直接与救赎与否相联系。具体而言，路德清醒地认识到伊拉斯谟的自由意志是指一种意志抉择，就如

---

① ［德］马丁·路德：《论意志的捆绑》，载《路德文集》（第二卷），路德文集中文版编辑委员会，第518页。

其在《论意志的捆绑》中所总结的"我认为,伊拉斯谟所谓的'人类意志的一种能力'所指的就是关乎愿意、不愿意、选择、忽视、赞成、拒绝,以及意志所表现出的任何一种才能、本能、能力或资质"①,并认为这种能力除非被理解成一种"意志的行动",不然看不出这种能力"所指的是什么"。因此,路德认为,伊拉斯谟的自由意志是一种"介乎意志本身及行动之间的某种东西"②。即便如此,路德依然将伊拉斯谟的自由意志的内涵总结为"人能够藉此使他自己专心一意地致力于通往永恒救赎之事,或是完全远离这些事情"③。也就是说,路德将伊拉斯谟的自由意志界定为一种或可引导或可背离永恒救赎的存在。

第二,除在"自由意志"的内涵上出现理解差异外,二位思想家的神学结构存在着质的差异性。具体而言,由于伊拉斯谟认为自由意志是存在的,因而作为禀赋自由意志的存在者便具有效仿基督完成伦理上的善行的现实性。既然个体存在者具有行善的禀赋,那么其便能完成自我的救赎,即便伊拉斯谟强调自由意志参与个体的救赎只是在"过程"阶段,且不居主导位置,但对意志自由的认可,使得其被路德批评为伯拉纠主义者。就神人关系而言,伊拉斯谟的神学"维护神的善并提升人的负责"④,从而使伊拉斯谟在其基督哲学中极为强调道德与敬虔的重要性。与此相对的是,由于路德认为意志是被捆绑的,因而只依靠个体存在者无法实现救赎,且只能带来无穷的罪。既如此,那么完成个体存在者之救赎的重任只能单独由上帝承担,即路德所主张的"唯独恩典"。那在路德的神学框架中,恩典如何获得呢?路德认为只能借助信,即个体存在者"信入"基督,从而实现个体存在者与基督成为一个联合体,完成人与基督"相互委身和联合"⑤方能实现。但是作为有限的存在者,其对基督的仰望由于是在尘世中的,因而"信入"基督必然是阶段性的。作为结果,个体完全地被救赎

① [德] 马丁·路德:《论意志的捆绑》,载《路德文集》(第二卷),路德文集中文版编辑委员会,第382页。
② [德] 马丁·路德:《论意志的捆绑》,载《路德文集》(第二卷),路德文集中文版编辑委员会,第383页。
③ [德] 马丁·路德:《论意志的捆绑》,载《路德文集》(第二卷),路德文集中文版编辑委员会,第381页。
④ [美] 迈克尔·艾伦·吉莱斯皮:《现代性的神学起源》,张卜天译,第194页。
⑤ [英] 阿利斯特·麦格拉斯:《宗教改革运动思潮》,蔡锦图、陈佐人译,第108页。

只有在生命结束后才能实现。也就是说，路德之救赎论并不意味着个体瞬时的飞升，而是一个面向终末的过程。因此，当在面向终末的过程中，个体仍需不懈地仰望基督和道德实践。由是观之，从神人关系来看，路德的神学以上帝的公义开始，以人与神形成联合体完成救赎结束，从而使路德强调十字架神学的同时，极为重视借着信而实现的人与基督的联合体。总之，正是伊拉斯谟与路德在自由意志之内涵的理解上出现偏差，才使得二位思想家在阐释意志、恩典与救赎的关系上出现结构性差异。正是这样的理解偏差和结构性差异，才使得路德摆脱了沿袭自天主教的基督教人文主义之神学框架，开出了宗教改革之花。

综上所述，关于路德的自由意志思想，笔者可以得出如下结论：第一，路德所言意志的不自由是在现实之人是完全罪人的前提下说的。由于堕落后的人之自由意志只能做恶，无法主动行善，因此在本质上是不自由的，即人的自由意志因堕落而丧失独力行善的自由。第二，自由于路德而言并非如部分研究者所认为的"是善的趋向及其爱的成就"①，而是无约束的选择，其目的是救赎。换言之，路德所言"意志的不自由"乃是告诉我们，人的意志无法实现救赎，即救赎是基督之工、客观的，而非主体之功、主观的。鉴于此，我们可以将路德的"意志是不自由"的命题总结为：人的救赎只与上帝的恩典相关，与人的善功无关；人的意志因在拯救之事上无法自由抉择行善，故意志是不自由的。虽然路德强调救赎与人的意志无关，但并不意味着路德不支持主体积极参与社会事功。恰恰相反，路德呼吁世人积极投身于社会事功，以让渗透着神圣之光的世俗之城更加美好。这样一种对世俗生活的态度也为德意志敬虔主义的现世观奠定了基础，尤其影响了以弗兰克为代表的哈勒敬虔主义。

三　理性限度论

在进入本节内容前，不得不提醒的是，路德并未有针对理性的专门论述，而是借着对亚里士多德哲学的评价来呈现其对理性的观点。关于路德

① 刘友古：《伊拉斯谟与路德的宗教改革思想比较研究》，第404页。否则，只能趋向于善的意志，同样不能被称作自由意志。因此，对善的趋向不是意志自由的本质。

对亚里士多德哲学的评价，一方面在《驳经院神学论纲》（1517）中，路德宣称："实际上，亚里士多德的全部伦理学是恩典最大的敌人"，"诚然，除非放下亚里士多德哲学，否则人无法成为神学家"，"与神学相比，亚里士多德的哲学就如光明与黑暗相比一般"。① 另一方面，在《诗篇注释》（1513-1515）中，他说道："亚里士多德将上述主题哲学化，且阐释得非常好，但是人们并未很好地理解他。人始终是无，是未完成状态，处于一种潜在性，是在罪中的。换言之，人始终是罪人，是忏悔者和义人。"② 甚至于在《创世记 1—5 章讲稿》（1535-1536）中，他大量运用亚里士多德的"形质论"来诠释上帝如何创世。③ 从表面上看，他一方面认为基督教神学需完全摒弃亚里士多德哲学，认为亚里士多德哲学所代表的理性是"无耻的娼妓"，并强调亚氏所主张的伦理学会导致因善功称义的结果；另一方面却借助亚里士多德的"形质论"来建构上帝创世学说。既如此，那么路德对亚里士多德哲学的真实态度如何？

据越南学者陈氏香（Huong Thi Tran）考察，在由帕利坎（Jaroslav Pelikan，1923-2006）主编的路德著作集英文本中，他提及亚里士多德哲学超过 970 次④，所涉主题跨度较大，且内容庞杂。就创作时间而言，他对亚里士多德哲学持肯定态度的著述，既有其早期作品《诗篇注释》和《罗马书注释》，又有其晚年的著作《创世记 1—5 章讲稿》。可见，他对亚里士多德哲学的肯定并非恣意评述，而是其毕生一以贯之的立场。通过详细梳理，他对亚里士多德哲学的肯定大体可分为三类：第一，高度赞誉自然理性（Natural Reason）；第二，借助"形质论"建构上帝创世学说；第三，援引亚里士多德的伦理学。

高度赞誉自然理性。针对自然理性，路德诠释道："与生活中的其他事物相比，自然理性毫无疑问是最重要的、层级最高的、最好的，有时候还是神圣的。它是所有艺术、医学、法律的创造者，和此生拥有智慧、权力、美德和荣耀之人的指导者。因此，应当将其作为区分人与其他事物的

① ［德］马丁·路德：《驳经院神学论纲》，刘行仕译，第6—7页。译文略有改动，下同。

② Martin Luther, *Luther's Works: First Lectures on the Psalms 1-75*, Saint Louis, Missouri: Concordia Publishing House, 1958, p. 434.

③ Ibid., pp. 5-50.

④ Huong Thi Tran, "Martin Luther's Views on and Use of Aristotle: A Theological-Philosophical Assessment," *Konstantinove Listy*, Vol. 13, No. 2, 2020, p. 125.

根本性标志……即便亚当堕落之后，上帝也未剥夺理性的尊严，反而坚定了它。"① 可见，就地位而言，他认为自然理性是最重要的，是包括艺术、医学和法律在内的一切人类文化的创造者，且有时是神圣的。就能力而言，他认为自然理性可以指导作为上帝形象之人的实践，是人区别于其他事物的根本性标志。就自然理性与上帝的关系而言，他认为即便人因始祖亚当堕落而沾染原罪，但上帝并未剥夺自然理性的能力，反而认为自然理性有助于发现上帝不是什么（what God is not）和理解包括圣经在内的圣言。因此，他总结道："理性是一件伟大的礼物，其光芒甚至比太阳都壮丽。"②

　　借助"形质论"建构上帝创世学说。关于上帝的创世，基督教历代神学家往往抽象地总结为"上帝从无中创世"。但是至于上帝如何从无中创世，却莫衷一是。对此，路德借助亚里士多德的"形质论"将上帝如何从无中创世具体化。首先，由于《创世记》中"起初"上帝创造的天并未有日月星辰，地未有山川草木，因而他认为这样的天地乃"未被赋形"（was unformed）的状态，即其所总结的："上帝从无中创造天地，是把它们视作一团未被赋形的事物，即未被赋形的大地被未被赋形的天包围。"③ 其次，他详述了上帝为天赋形的过程，即将没有形式的天转变为具有形式的天，"上帝运用圣言将在第一天从无中创造的未赋形之天扩展到整个范围。……天就是以这样的方式被造的，即未被赋形的天，就如猪的膀胱被充气时以一个特定的形式向外延展"④。至于诸如苍穹等其他事物的被造过程，他说道："我们只需这样说：这些事物都是以这样的方式被造的，且均被圣言所保守。"⑤ 最后，关于《创世记》第二个造人叙事⑥，他说道："因此，亚当在被上帝赋形之前是一个僵死的土块。上帝拿着这个土块，

---

　　① Martin Luther, *Luther's Works*, Vol. 34, Saint Louis, Missouri: Concordia Publishing House, 1958, p. 137.

　　② Jerry. K. Robbins, "Luther on Reason: A Reappraisal", *Word & World*, Vol. 13, No. 2, 1993, p. 195.

　　③ Martin Luther, *Luther's Works: Lectures on Genesis Chapters 1 – 5*, Saint Louis, Missouri: Concordia Publishing House, 1958, p. 9.

　　④ Ibid., p. 18.

　　⑤ Ibid., p. 22.

　　⑥ 在此，需要说明的是，路德并不认为《创世记》中有两个造人故事。详见 Ibid., pp. 41 – 57。

为其赋形，使之成为一个拥有部分不朽的最曼妙的生物。"① 也就是说，他认为始祖亚当的质料是"僵死的土块"，而使之拥有不朽特质的乃上帝赋予其的"形式"。为了表明自己是在运用亚里士多德的"形质说"来诠释上帝造人叙事，他特意强调道："如果亚里士多德听到上述内容，那么他将会放声大笑出来，并总结道：尽管这不是一个可爱的故事，却是一个荒谬的故事。"② 可见，无论是创造天地万物，还是造人，路德均充分运用亚里士多德的形质论，即上帝从无中创造的乃是一个未被赋形的质料世界，真正让世界成为秩序井然的世界则是上帝借着基督为前者赋形。③

援引亚里士多德的伦理学。为探寻人之道德实践的理论基础，路德一开始便强调人不是匍匐在上帝脚下的爬虫，而是拥有理性和良知的存在物，正如其在《诗篇注释》中所言"没有人是如此的邪恶，以至于他不能感受到理性的低语和良知的声音。"④ 既如此，那人的理性和良知从何而来？面对这一问题，他回答道：灵魂具有理智德性和道德德性。也就是说，他认为人的理性和良知源于人的灵魂。从上不难发现，路德所持的灵魂拥有理智德性和道德德性的观点，源于其对亚里士多德《尼各马可伦理学》中有关德性之道德德性和理智德性之划分的运用。虽然亚里士多德只是对人之德性进行初步划分，但路德在亚氏的基础上进行了具体化：第一，将亚氏的人之德性具体化为灵魂的两种特质；第二，理智德性和道德德性对应的两种能力——理性和道德为人之道德实践提供理论基础。

通过前文论述，很容易给我们造成路德是一位亚里士多德哲学支持者

---

① Martin Luther, *Luther's Works: Lectures on Genesis Chapters 1 - 5*, Saint Louis, Missouri: Concordia Publishing House, 1958, p. 57.

② Ibid..

③ 虽然在《驳经院神学论纲》中，路德更倾向于柏拉图的理念论，而非亚里士多德的形质论，但进一步的研究表明：路德对亚里士多德形质论的批判并非完全地否定，而是反对亚里士多德将形式作为一种客观存在物，而非将其置于上帝的心中。作为结果，路德将亚氏形质论中赋形的能力委托给基督。因此，这遭到部分学者的批判，认为经路德此番改造后，实体将变得没有本质规定性。详见孙帅《没有本质的实体：路德思想的形而上学基础》，《世界哲学》2020 年第 2 期。

④ Martin Luther, *Luther's Works: First Lectures of the Psalms 1 - 75*, Saint Louis, Missouri: Concordia Publishing House, 1958, p. 99.

的错觉——在方法上，他高度赞誉经中世纪哲学家改造的亚氏之自然理性；在思想建构上，他不仅借助亚氏之形质论建构上帝创世学说，而且援引亚氏之伦理学为人的道德实践提供基础。因此，潘能伯格（Wolfhart Pannenberg，1928－2014）关于路德与亚里士多德哲学之关系的总结——"尽管路德拒斥亚里士多德哲学，在17世纪也还有新教神学再次返回到根据亚里士多德哲学、特别是根据他的形而上学的取向"① ——是粗暴的。与上述路德对亚里士多德哲学的态度相对应的是：关于自然理性，他在《论意志的捆绑》中将其称作"魔鬼的娼妓""上帝的敌人"和"虔诚教义的破坏者"；关于亚里士多德的"形质论"，他认为柏拉图的理念论优于亚里士多德的形质论，原因在于"他就摧毁了所有理念，用他那与质料结合在一起的形式与是其所是取而代之，并嘲笑和否定与质料分离的理念……由此可见，亚里士多德的哲学在物质性的可感事物中爬行，而柏拉图则在可分离的精神事物中旋转"②；关于亚里士多德的伦理学，他在《驳经院神学论纲》中评论道："实际上，亚里士多德的全部伦理学是恩典最大的敌人"③，"如果认为亚里士多德的幸福观与公教教义并无矛盾，这是错误的"④。

纵览路德的所有论著，要论批判亚里士多德哲学最为集中的，莫过于《驳经院神学论纲》和《海德堡论纲》。概言之，他对亚里士多德哲学的否定包括三点：第一，对亚里士多德伦理学的批判；第二，对亚里士多德逻辑学的批判；第三，对亚里士多德形而上学的批判。若详细梳理《驳经院神学论纲》，我们便会发现，论纲第41条实则包括两个部分：他对亚里士多德伦理学的批判和自己所主张的神学与经院神学之区别。在前半部分，他对亚里士多德伦理学的否定跃然纸上；在后半部分，他立马指出对亚里士多德伦理学的否定目的并不针对亚里士多德哲学，而是驳斥经院神学，如其所言"这与经院哲学派有别"。为表明自己批判的目标是经院神学而

---

① ［德］潘能伯格：《神学与哲学：从他们的共同历史看他们的关系》，李秋零译，商务印书馆2013年版，第98页。

② Martin Luther, *Luther's Works*, Vol. 59, Saint Louis, Missouri: Concordia Publishing House, 1958, pp. 424－425.

③ ［德］马丁·路德：《驳经院神学论纲》，刘行仕译，第6页。

④ ［德］马丁·路德：《驳经院神学论纲》，刘行仕译，第7页。

非亚里士多德哲学，他在论纲第 42 条进一步指出借助亚里士多德哲学建构起来的经院神学实际上"与有关道德的教义相左"①。与对伦理学的批判类似，他在论纲第 45 条至第 49 条中始终强调亚里士多德的三段论形式逻辑不能"应用于上帝的事情"②，否则则是"虚妄"。也就是说，他并不反对亚里士多德的逻辑学，而是反对将亚氏的逻辑学"推至无边无界，建构信心的逻辑，取代信仰"③ 的经院神学。在上述批判的基础上，他在论纲第 51 条进一步指出经院神学家错误使用亚里士多德哲学的原因，即他们曲解了亚里士多德哲学——"拉丁学者是否正确地表达了亚里士多德哲学的内涵，这倒是颇为令人怀疑的"④。

如此看来，路德对亚里士多德哲学的批判并非针对亚里士多德哲学，而是为了驳斥经院神学，即假借对亚里士多德哲学的批判来达到"改革"经院神学的目的。只不过经院神学在建构自身的思想体系时借助了亚里士多德哲学的部分思想资源，故而表面上遭到他的批判。正因如此，在解释路德在评价亚里士多德哲学上呈现出前后矛盾的状况之原因时，陈氏香主张将路德对亚里士多德及其哲学的批评"严格地置于这一神学背景的视域下进行理解"⑤。可见，他对亚里士多德哲学的诘难有着强烈的时代动因，即他诘难的对象不是"亚里士多德哲学"，而是以其老师加百利·贝尔为代表的经院神学。除上述借批判亚里士多德哲学达到驳斥经院神学的目的外，据乔丹·库帕（Jordan Cooper）等学者对路德"两重国度"思想的研究发现："两重国度⑥是理解路德这一问题的关键"⑦。也就是说，若要理

---

① ［德］马丁·路德：《驳经院神学论纲》，刘行仕译，第 7 页。

② ［德］马丁·路德：《驳经院神学论纲》，刘行仕译，第 7 页。

③ ［德］马丁·路德：《驳经院神学论纲》，刘行仕译，第 7 页。

④ ［德］马丁·路德：《驳经院神学论纲》，刘行仕译，第 7 页。

⑤ Huong Thi Tran, "Martin Luther's Views on and Use of Aristotle: A Theological – Philosophical Assessment", *Konstantinove Listy*, Vol. 13, No. 2, 2020, p. 129.

⑥ 需要注意的是，路德关于两重国度辩证统一于上帝的思想并非一蹴而就的，其有一个历史发展的过程：在《关于世俗权力：对它的顺服应到什么程度》中，路德强调属世国度和属灵国度分属上帝和魔鬼，是永恒对立的；在《论基督徒的自由》中，路德认为在属世国度和属灵国度中运用不同的措施是合乎使徒教导的；在《〈加拉太书〉注释》中，路德主张属世国度和属灵国度分别为上帝的左手治理和右手治理，并统一于上帝。

⑦ Jordan Cooper and Dan Lioy, "The Use of Classical Greek Philosophy in Early Lutheranism", *Conspectus*, Vol. 26, 2018, p. 5.

解路德缘何对亚里士多德哲学持吊诡的态度，必须将该吊诡置于他的"两重国度"思想视域下予以考察。

所谓两重国度，即路德认为世界包括属灵国度和属世国度，且此两重国度并非水火不容地矛盾对立，而是上帝的左右手，并对应着上帝的两种不同的治理维度，且此二者统归于上帝。既如此，那在属世国度中，他认为应当遵循什么样的准则，才能满足上帝的治理要求？他认为个体应当"必须管束他的身体，并且要与人交往……他不能坐享闲暇了：留心凭借禁食、儆醒、勤劳以及别的那些合乎理性的训练来锻炼他的身体"①。换言之，他认为在属世的国度中，个体应当以属世的方式提升自己，其中便包括合乎理性的训练和亚里士多德伦理学所强调的德性：勤劳、勇敢与正义等。具体而言，在属世的国度中，为了使自我获得认知上的提升和"顺服在他那内在之人和信心之下"，路德强调个体应当在认识工具上选择自然理性；在处理人与共同体之间的关系上，他要求个体应当"顺服他们的官府和法律"② 和"不能懒惰，不能不为他的邻舍做工"③。因此，他高度赞誉亚里士多德哲学，认为亚氏的哲学不仅不是绊脚石，而且是有助于引导个体来认识上帝和荣耀上帝的催化剂。这一论断的前提在于：亚氏哲学的运用被限定在属世国度。

既然路德认为在属世国度中运用亚里士多德哲学是必要的，那么在属灵国度中，又应当遵循何种准则？对此，他开宗明义："自堕落以后，自由意志便徒负虚名；何时它发挥其作用产生行为，何时便会犯下致死的罪。自堕落后，自由意志仅仅能够被动地行善，然而却能够经常主动地去行恶。自由意志也不可能存留于纯真无邪的状态，更不会主动地行善，只可能被动地行善。"④ 在他看来，堕落后的自由意志就如"一匹驮兽"（a beast of burden），其只能被动地做恶，而无法主动地行善。如此，他将人

---

① ［德］马丁·路德：《路德三檄文和宗教改革》，李勇译，上海人民出版社2010年版，第231页。参看《论基督徒的自由》英译本后，笔者认为相较于上海三联书店出版的《路德文集》中的《论基督徒的自由》，李勇博士翻译的《论基督徒的自由》更贴近路德原意。故笔者在此援引李勇博士的译本，特此说明。

② ［德］马丁·路德：《马丁·路德文选》，路德翻译小组译，中国社会科学出版社2003年版，第59页。

③ ［德］马丁·路德：《路德三檄文和宗教改革》，李勇译，第236页。

④ ［德］马丁·路德：《海德堡辩论》，刘行仕译，第27页。

之救赎与善功之间的关联撕裂的同时，将批判的矛头指向为善功提供理论基础的亚里士多德哲学。那个体的救赎何以可能，也即称义如何才能实现？他认为人的意志无法独力行善，其行善的原因在于这是上帝意志驾驭人之意志的结果，即于个体存在者而言，乃借着信使上帝恩典注入；而于上帝而言，便是称义。换言之，他认为属灵的国度应当遵循的准则乃信。

由上可见，路德并非一位只强调恩典，而彻底摒弃人的尘世善功的唯信主义者，而是一位认为在救赎问题上亚里士多德哲学是无能的，但对诸如自然理性、形质论和伦理学等亚里士多德哲学被限定在属世国度持高扬态度的理性主义者。换言之，他认为亚里士多德哲学的运用应当被限定在属世国度。若一旦将上述本属世的思想工具用于属灵国度，即"在认识上用三段论的形式逻辑来推论神圣的奥秘，在实践上则用道德主义的善功来向上帝讨价还价"①，那么便僭越了其自身所处的位置。② 至于诸如上帝存在、信和称义等属灵国度的奥秘，他认为只能借着信才能理解。

由于路德在评述亚里士多德哲学时呈现吊诡的现象，在后路德时代，无论是在路德宗内部，还是在德国思想界内，均呈现出或偏重路德诘难亚里士多德哲学，或强调路德肯定亚里士多德哲学的局面。在上述误解的基础上，部分德意志敬虔派思想家，如施本纳将路德宗正统派神学援引亚里士多德哲学进行正统化神学的建构的做法视作马丁·切姆尼茨（Martin Chemnitz，1522－1586）和约翰·格哈特（Johann Gerhard，1582－1637）的"原创"，从而将路德宗正统派诟病为路德宗的"异端"，进而喊出"不要死正统，宁要活异端"的口号。另外，部分思想家根据路德肯定亚里士多德哲学的立场，悄悄地抹去路德非理性的一面，从而将其非理性的一面称作"非真正的路德""唯名论者经院冥思的残余"③。概言之，路德关于亚里士多德哲学吊诡式的评述产生如下影响：第一，将他视作一位彻底的非理性主义者。第二，将笃定非理性的路德宗敬虔派视作路德神学的主脉，将援引亚里士多德哲学进行正统化的路德宗正统派视为路德宗的

---

① 赵林：《十字架神学的吊诡》，《道风：基督教文化评论》2006 年秋第 25 期。

② 如此看来，确定纯粹理性的适用范围，为信仰提供空间并非康德哲学的原创，而是一种在西方思想界源远流长的思想传统。只不过以自然神论（Deism）为代表的思想运动的兴起，使得理性在蜕变为认识理性的同时，逐渐僭越其适用范围。鉴于此，部分思想家重拾这一思想传统。

③ ［德］鲁道夫·奥托：《论"神圣"》，成穷等译，第 115 页。

异端。

第一，作为超理性主义者的路德。由于新教思想家对作为宗教改革家之路德的强调，新教内部的思想家往往将路德与中世纪经院神学传统完全割裂①，进而将他打扮成一位非理性主义者和反对道德实践的急先锋②。因此，路德文本中批判亚里士多德哲学的相关论述受到思想界格外重视，而高扬亚氏哲学的内容遭到悬置。久而久之，在部分新教背景的思想家笔下，路德俨然成为一位非理性主义思想家和反亚里士多德哲学主义者，如约翰·卫斯理在第一次阅读《〈加拉太书〉注释》时便认为路德是理性的大敌③，潘能伯格在总结路德与亚里士多德哲学之关系时无疑义地评论道："尽管路德拒斥亚里士多德哲学。"④ 甚至于以彼得·美因霍德（Peter Meinhold，1907－1981）为代表的学者根据《创世记1—5章讲稿》涵盖上帝存在论证、对人类灵魂不朽的理性主义论据和为占星术辩护⑤等内容，得出该书"并非出自路德的笔下……而只是一部由编者再创作的作品"⑥的结论。以此认识为基础，路德宗敬虔派将利用亚里士多德的形而上学和逻辑学进行神学建构的路德宗正统派诟病为"头脑的宗教"（Religion of Brain）和"死正统"，进而将后者视为路德宗的异端。另外，面对将路德视作理性主义者的观点，奥托驳斥道："倘若果真如此，那么此种'经院哲学的残余'会在路德自己的精神生活中起到如此明显的有力作用，岂非咄咄怪事！事实上，这一方面根本就不是什么'残余'，而正是路德宗教生活的那个模糊而不可思议的神秘背景。"⑦ 也就是说，不能因路德在部分

---

① 无疑，中世纪哲学、宗教改革思想和新教正统派思想之间并非割裂的，而是在思想上有着延续性，可参见 Willem van Asselt, "Scholasticism Protestant and Catholic: Medieval Sources and Methods in Seventeenth Reformed Thought", *Religious Identity and the Problem of Historical Foundation*, South Holland, Leiden: Brill, 2004, pp. 457–470。

② 李秋零：《"因行称义"、"因信称义"与"因德称义"》，《宗教与哲学》2014年第3辑。

③ Stephen Westerholm, *Perspectives Old and New on Paul: The Lutheran' Paul and His Critics*, Grand Rapids, Michigan: Wm. B. Eerdmans Publishing Co., 2004, p. 64.

④ ［德］潘能伯格：《神学与哲学：从他们的共同历史看他们的关系》，李秋零译，第98页。

⑤ Martin Luther, *Luther's Works: Lectures on Genesis Chapters 1–5*, Saint Louis, Missouri: Concordia Publishing House, 1958, p. 4.

⑥ Ibid., p. 3. 但是，路德著作集英文本的主编帕利坎认为虽然《创世记1—5章讲稿》部分段落出自编撰者之手，但发出的都是路德的心声。因此，帕利坎认为《创世记1—5章讲稿》系马丁·路德的著作，并将其收入在《路德著作集》英文版第一卷。

⑦ ［德］鲁道夫·奥托：《论"神圣"》，成穷等译，第115—116页。

论著中对亚里士多德哲学持肯定态度，就判定路德为一位理性主义者。恰恰相反，他的精神生活有着非理性主义的"根"。

基于前文的分析，将路德视作非理性主义者的论断虽然有文本依据，但并不全面，因而该论断是靠不住的。与此同时，将路德打扮成理性主义者的结论同样是经不起推敲的。既如此，那在属世国度中主张对亚里士多德哲学持肯定态度，以及在属灵国度中强调亚里士多德哲学无助于信，且会使个体信仰者偏离基督之道的路德超越于理性与非理性的界限。① 因而，路德当被视作一位超理性主义者②，即不将理性或非理性作为普遍的认识尺度，而是以属灵国度和属世国度之划分为基础，差异化选择认识方法。

第二，路德宗正统派是路德思想契理契机的发展，而非异端。③ 将援引亚里士多德哲学进行正统化改造的路德宗正统派视作路德宗异端的观点是片面的，既然路德已在自己的神学建构中大量运用亚里士多德哲学，那么以切姆尼茨和格哈特为代表的路德宗正统派便不是路德宗敬虔派笔下的路德宗异端，其做法也不是部分基督教史家所认为的"背离严格路德派神学的另一重要做法"④ 和"没有真正的属灵生命"⑤，而是对路德神学契理契机的继承与发展。如此看来，后路德时代的路德宗正统派与路德宗敬虔派有关路德神学正统地位的争论，无关乎路德神学，只关乎教派之争⑥。最后，借助亚里士多德自然哲学、逻辑学和伦理学用于路德宗神学建构是否会导致路德宗神学"概念的、教条的成份——正统的理想——便开始超过不可表达的成份，而此种不可表达的成份则只存活于虔敬心灵的有意识

---

① 理性与非理性的划分，只不过是人类有限视域下的一种假象，说到底是不存在的。至于认为思想史上存在一种以理性为方法的哲学流派，只是研究者一厢情愿的臆想。

② 赵林教授又将路德的这种理性称作"辩证理性"。为形象说明路德对理性的态度，笔者将赵林教授所总结的"辩证理性"称作"超理性"。详见赵林《十字架神学的吊诡》，《道风：基督教文化评论》2006 年秋第 25 期。

③ Willem J. van Asselt, "Scholasticism Protestant and Catholic: Medieval Sources and Methods in Seventeenth - Century Reformed Thought", *Religious Identity and the Problem of Historical Foundation*, Leiden: Brill, 2004, pp. 459 – 463.

④ ［美］冈萨雷斯：《基督教思想史》（第三卷），陈泽民等译，译林出版社 2008 年版，第 267 页。

⑤ ［美］罗杰·奥尔森：《基督教神学思想史》，吴瑞诚等译，第 495 页。

⑥ 关于敬虔主义与路德宗正统派之间的教派斗争，详见 Richard L. Gawthrop, *Pietism and The Making of Eighteenth Century Prussia*, Cambridge: Cambridge University Press, 1993, pp. 219 – 220。

的精神态度之中"①？无疑，我们从路德如何运用亚里士多德哲学得到了答案：不会。因此，使路德宗神学概念化、目的论化和伦理化真正的原因并不在于是否援引亚里士多德哲学用于神学建构，而在于将亚里士多德哲学作为普遍尺度。如此看来，属灵国度的奥秘不当臣服于"伦理"和"目的论"的目的，否则属灵国度的全部奥秘将成为主体的认识对象，从而遭到格式化理解。

总之，路德关于亚里士多德哲学论述吊诡的背后既有时代的动因——驳斥经院神学，又有路德思想框架的因素——属灵国度与属世国度的划分。因此，路德关于亚里士多德哲学的论述只是看似吊诡，实则一以贯之：亚里士多德哲学应当被限定在属世国度中使用，而在属灵国度中，只能借着信。如此看来，路德对亚里士多德哲学的态度取决于其是否被运用在相对应的领域。换言之，路德关于亚里士多德哲学的否定性论述并非针对亚里士多德哲学，而是针对亚里士多德哲学被滥用的现象，如经院神学。以此认识为基础，路德不再是一个刻板的非理性主义者或理性主义者，而是一个超越上述认知局限的超理性主义者。另外，将是否援引亚里士多德哲学用于神学建构视作辨识是否继承路德神学真谛的标志是荒谬的，即德意志敬虔主义将路德宗正统派斥为路德神学异端的做法是只关乎教派冲突，而无关乎正统与否。

四　三十年战争的影响与路德宗正统派的形成

如果说路德的唯独因信称义论、意志不自由论和理性限度论是德意志敬虔主义产生的内在动因，那么三十年战争对包括路德宗教会在内的影响和路德宗正统派成为后路德时代的主流，便是德意志敬虔主义产生的导火索。既如此，笔者有必要思考：三十年战争究竟对德意志地区，尤其是对路德宗教会造成了哪些影响？以及在后三十年战争时期，路德宗正统派如何激发以施本纳为代表的德意志敬虔主义思想家革新教会？

关于三十年战争对路德宗教会的影响，施本纳传记作者之一的理查德

---

① ［德］鲁道夫·奥托：《论"神圣"》，成穷等译，第131页。

在《施本纳及其作品》中开宗明义道:"《威斯特伐利亚和约》(the Peace of Westphalia) 使得德意志地区的宗教群体获得了自身的权利;但是,宗教改革却停滞了,在长时间争取宗教自由的斗争中,贯穿于实践和牺牲的炽热的灵遭到了扑灭。教会已经蜕变为战士的遗产,后者护卫着教会,且发展着那些摧毁教会内在生命的激情。"[1] 可见,虽然《威斯特伐利亚和约》的签署标志着三十年战争的结束,但是因战争所致的破坏并未终结。恰恰相反,三十年战争所造成的破坏逐渐在交战地区显现:不仅在经济、社会等方面造成极大的破坏,而且使得包括路德宗教会在内的新教的宗教改革被打断,教会也日渐成为军事强人的附庸。

既如此,那三十年战争对德意志地区的经济、社会和文化等方面造成了哪些影响?据尚茨(Douglas H. Shantz)记载:"除了看似试图掩盖死人和伤者的浓烟和灰尘,你什么都看不到。在浓烟中,你能听到垂死者可怜的哭泣和那些仍然兴致勃勃的人发出的激动的欢呼……本来是掩埋死者的大地,却遍地都是残肢断臂的死尸;这里是没有躯体的头颅,那里是缺少四肢的躯体;有些尸体的内脏以令人作呕的方式挂在外面,有些尸体的头骨被砸碎,脑浆溅在地上;你会看到流尽鲜血的尸体和被鲜血浸透的尸体;还有被子弹射飞的手臂,手指仍在动,就好像它们想继续战斗;还有些人,没流一滴血就跑了……"[2] 可见,三十年战争不仅战况残酷,而且对德意志地区造成严重的人口损失。据学者统计,此次战争导致整个德意志地区,人口损失近三分之一,甚至在上黑森(Upper Hesse)地区,人口损失 40%。大量人口从事着与战争相关的工作,使得大量田地荒芜,所以三十年战争使得德意志地区饥荒加剧;由于人口大量死亡,且尸体无法及时掩埋,因此德意志地区在后战争时期瘟疫流行。另外,三十年战争后,德意志地区在政治上继续维持着"万邦林立"的现状,而作为邻国的法国此时已实现了统一,且巴黎成为彼时欧洲文化的中心。作为结果,在文化上德意志地区受到外国的影响,如蒂特所言的"德国社会破产的一大证据便是对外国的模仿,尤其是对法国仪式、装饰、演

---

① Marie E. Richard, *Philip Jacob Spener and His Work*, Philadelphia: Lutheran Publication Society, 1897, p. 5.

② Douglas H. Shantz, *An introduction to German Pietism: Protestant Renewal at The Dawn of Modern Europe*, Baltimore: the Johns Hopkins University Press, 2013, pp. 44 – 45.

讲和文艺的模仿"①。总之，人口锐减、饥荒加剧和瘟疫流行，使得部分路德宗神职人员感受到一副末日即将来临的景象；文化上，法国文化对德意志地区的"入侵"，使得这一时期的德意志知识分子无论是抵制还是模仿，都无法实现后三十年战争的德意志文化之重生。② 正是在这样的一种社会氛围下，部分路德宗内部的神职人员承担起将路德开创的宗教改革事业进行到底的历史重任。

由于《威斯特伐利亚和约》继承了《奥格斯堡和约》（Peace of Augsburg）"教随国定"的原则，以及在三十年战争期间，军人势力在德意志各邦国中占据主导地位，所以那些曾经捍卫着教会的统治者成为教会的首领。换言之，后三十年战争时期的路德宗教会，俨然蜕变成国教。对此时的路德宗教会的现状，《敬虔愿望》的英译者塔普雷特（Theodore G. Tappert，1904－1973）总结道："普遍而言，统治者控制教会是通过宗教议会，后者是一个由对统治者任命并对他负责的神职人员和律师组成的常务委员会。在 17 世纪，这样的宗教议会开始被官僚律师控制，而这些人仅仅因为宗教议会是一个法律机构才对教会感兴趣。在宗教议会下面，设有许多监督（superintendents），以监管该地区的所有教会和牧师。在某些方面，他们扮演着主教的职能……在帝国的自治城市，这种教会管理形式与自治领和王国相类似。镇议会或者参议会任命一个宗教议会或其他委员会，从而导致神职人员被一位上级指挥。牧师们除了对宗教议会或参议会有建议权外别无权力。无论是在自治的城市还是在诸侯国，会众除了隶属于被指派来服务于他们的牧师外，没有任何自主的权力。由于地区教会属于统治者管辖，通过宗教会议和监督来实施，会众屈从于那些更像是警察而非牧师的人。"③ 且，这些被德意志地区各邦统治者任命的牧师成为宗教议会的领导者。加之，这些被任命的神职人员"如出一辙地像其他伺臣一样顺服于他们的统治者"。作为结果，德意志地区的统治者们通过任命部分神职人员来领导宗教议会，从而实现对路德宗教会的控制；各地的神职人员俨

---

① Allen C. Deeter, *An History and theological introduction to Spener*, Princeton University, Th. D., 1962, p. 5.

② Ibid., p. 7.

③ Philip Jacob Spener, *Pia Desideria*, Translated, Edited and with an Introduction by Theodore G. Tappert, Minneapolis: Fortress Press, 1964, p. 4.

然成为统治当局派出的官员。既如此，教会内不允许存在任何有违统治者想法的思想；否则，便会被路德宗教会判定为异端。正是面对路德宗教会中的上述状况，施本纳才批评道："对伟大仁慈的上帝，他们是多么忘恩负义，上帝将他们从教宗制的枷锁中释放出来，并向他们显明数百年来人们（包括君王在内）所饱受的教权主义（clericalism）是怎样的。尽管上帝赋予他们权力，是为了促进而非抑制教会，但是他们滥用这不负责任的政教合一（caesaropapism）的权力，且无论何时，教会中的一些被上帝感动的牧者，计划做一些好事时，他们便专横地加以阻拦。"①

总之，三十年战争不仅使德意志地区遭受严重的经济和人口损失，使得德意志地区的知识分子意识到文化的落后，还导致路德宗教会逐渐被统治者控制。经济上的大倒退、饥荒加剧和瘟疫流行，使得末世观念在德意志地区颇为流行；至于文化上的落后和路德宗教会被统治者钳制，则使得路德宗教改革的真精神遭到阉割，进而唤醒路德宗内部的有识之士通过革新的方式抵御外来文化的意识。鉴于此，以施本纳为代表的敬虔主义思想家借助路德的思想资源，在路德宗内部掀起了第二次宗教改革运动。

促使德意志敬虔主义进行改革的第二个时代背景乃路德宗正统派。关于路德宗正统派的神学，奥尔森总结道："在路德去世后一两个世代，路德宗的主要神学家，开始从事一个把教义合理和系统化的工程，常常包括自然神学和亚里士多德的逻辑，并且对于教义教条极尽吹毛求疵之能事……因为路德宗正统教义除了经院哲学与理性主义的倾向，又有争辩式的讲道和教导与之并肩发展。"② 如此看来，路德宗正统派具有如下两个特点：第一，将亚里士多德哲学用于建构路德宗神学，从而将后者合理化；第二，热衷于神学的论辩，却对信徒道德和虔诚的培育充耳不闻。至于路德宗正统派的发展史，欧伯曼总结道："普遍而言，路德宗正统派被分为三大阶段。第一，黄金时代，即从切姆尼茨开始；第二，整个三十年战争

---

① Philip Jacob Spener, *Pia Desideria*, Translated, Edited and with an Introduction by Theodore G. Tappert, Minneapolis: Fortress Press, 1964, pp. 43 – 44.

② ［美］罗杰·奥尔森：《基督教神学思想史》，吴瑞诚等译，第494页。

阶段；第三，白银时代，直到 18 世纪。"① 在此，关于欧伯曼所总结的路德宗正统派发展史，笔者可以得出如下结论：第一，欧伯曼忽略了梅兰希顿和《协同书》作者们对路德神学的体系化建构上的努力，尤其是《教义要点》（*Loci communes*），被认为是路德宗正统派方法论根基的。第二，将从切姆尼斯到三十年战争这一时期称作路德宗正统派的黄金时期，可见该时期对路德宗正统派思想框架、内容和方法的形成具有奠基性作用。

通过前文的论述，既然在方法上路德宗正统派借助亚里士多德哲学来建构路德宗的神学体系，那么首位将亚里士多德哲学用以建构路德宗神学的神学家是谁？据欧伯曼的研究，此人是梅兰希顿，其"受到 16 世纪西班牙耶稣会士学者的影响"②，即"无论讲授什么东西，必然要有意识地或无意识地使用哲学范畴。路德由于这个理由，并不阻止梅兰希顿重新介绍亚里士多德的哲学，并在介绍亚里士多德哲学的同时，介绍了许多人文主义因素"③。至于为何要将亚里士多德哲学引入路德宗神学，蒂利希指出："大多数人不能完全了解教会的教义的完整含义。在这个问题上有两种兴趣在相互斗争着。一方面，系统神学家的兴趣是尽可能增加基本要道，任何事物都是重要的，不仅因为他正在写这方面的问题，而是因为它是《圣经》中讲到的。另一方面，教育者的兴趣则与系统神学家的兴趣相反。教育者认为这种基本要道应越少越好，这样，他所讲的内容才可以被理解。他喜欢把次要的教义放在一边。最后是教育者的见解占了上峰。"④ 也就是说，由于路德的著作多为因论辩需要而创作的，故而路德神学并无体系，且随着路德宗信徒的增加，亟须将路德的教导固定下来。换言之，为了使信仰的真理能够以可接受的方式得到传播，进而避免路德宗内部产生异端，因而引入亚里士多德哲学用以建构路德宗神学显得极为必要。此外，路德宗正统派神学家为避免走向另一极端，即当时盛行的索西尼主义（Socinianism）而"继续坚持被启示的教条的基础，以及接受每一个教条的必

① Heiko A. Obermann, "Introduction", in Johann Arndt, *True Christianity*, trans., Peter Erb, New York：Paulist, 1979, p. 3.

② Ibid..

③ ［美］蒂利希：《基督教思想史》，尹大贻译，第 251 页。

④ ［美］蒂利希：《基督教思想史》，尹大贻译，第 255 页。

要性，以便避免犯傲慢之罪"①。据冈萨雷斯介绍，索西尼主义者运用理性主义的方法和个人主义的措辞诠释宗教事务，以理性主义的批判法为基础否认传统基督教的三位一体教义。② 可见，路德宗正统派神学家为避免将路德神学化约为一套教义的合集，而对部分不可言说的真理，如三位一体等采取信仰的态度。如此看来，路德宗正统派神学家一方面援引亚里士多德哲学以使路德宗神学体系更加系统化，从而使得路德的教义以更为明晰的方式得到传播；另一方面继续坚持启示的权威性，从而保持路德宗神学的奥秘特质。概言之，早期的路德宗正统派神学呈现为一种对路德神学和亚里士多德哲学的"折中调和论"。

在路德宗正统派的众神学家中，最具代表性的乃约翰·格哈特。据《大英百科全书》的"格哈特"词条介绍，格哈特一生著作颇丰，有系统神学的巨著《神学要义》（*Theological Commonplaces*）、《论福音书的和谐》（*The Harmony of the Gospels*）和《天主教忏悔录》（*Confessio Catholica*）等。除系统性的神学论著外，格哈特著有灵修作品《神圣的沉思》（*Sacred Meditations*），并撰写了大量赞美诗。关于格哈特的思想正如《神学要义》的副标题所揭示的，该书不仅对基督宗教的重要教义做注释，还对神学和圣经的本质予以阐释。具体而言。第一卷阐释《圣经》、上帝的本质和三一论的奥秘，以及基督的位格；第二卷围绕着创造、天使、预定、拣选、上帝的形象、原罪与自由意志等主题展开；第三卷集中阐释律法、福音与因信称义；第四卷以善功与圣礼为主题；第五、第六卷讨论教会的牧者和管理；第七、第八、第九卷分别讨论婚姻与独身、死亡与重生以及最后的审判与永恒的生活。③ 在讨论洗礼时，格哈特运用亚里士多德哲学中的"四因说"加以诠释。他认为，在洗礼中，"动力因"是圣三一（The Holy Trinity），"形式因"是洗礼的形式（Baptismal Formula），"质料因"是洗礼所用的水，而"目的因"是重生与永恒的拯救。可见，格哈特将亚里士多德哲学用以诠释包括三位一体在内的整个路德神学体系。对于此种利用亚里士多德哲学来建构路德神学的做法，虽然曾在历史上发挥了积极效

---

① ［美］冈萨雷斯：《基督教思想史》（第三卷），陈泽民等译，第283—284页。

② ［美］冈萨雷斯：《基督教思想史》（第三卷），陈泽民等译，第283页。

③ E. R. Fischer, *The Life of Johann Gerard*, Translated by the Rev. Dr. Richard J. Dinda, Texas: Repristination Press, 2000, pp. 319–320.

用，但是正如冈萨雷斯所评价的"是路德会感到痛惜的做法"①。换言之，援引亚里士多德哲学来建构路德宗正统派神学的做法，需要有所甄别，而不能一以贯之；否则，诸如三位一体等教义便将失去"奥秘"，而沦为一般性的知识。

至于《圣经》作为启示的权威地位和唯独因信称义方面，格哈特完全承袭路德的诠释。关于《圣经》的构成，施梅林（Gaylin R. Schmeling）将格哈特关于圣经内容的论述总结道："格哈特完全接受路德宗教会的形式原则和质料的原则（the formal and material principles）。路德宗教会的形式原则是《圣经》系受圣灵感动而作，且无误，是信仰、教义和生活的唯一来源……路德宗教会的质料原则是称义唯独借着信，而非善功。"② 关于《圣经》作为启示的权威地位，格哈特说道："就本质而言，上帝是三位一体的上帝，即圣父、圣子和圣灵。首先，我们从《圣经》的质料加以证明。《圣经》从上帝的圣言获取质料。但是，上帝也是其圣言（Word of God）的伟大作者。因此，就此意义上而言，《圣经》又可称作圣言。"③ 可见，在格哈特看来，《圣经》的词句（质料）完全源自上帝，是启示的重要组成部分，因而具有绝对的权威性。也就是说，在早期路德宗正统派神学家看来，包括圣经词句在内的整部圣经都是神圣的，哪怕他们将词句比作亚里士多德哲学的"质料"。关于"唯独因信称义"的内涵，格哈特诠释道："虔诚信仰者的信仰是建立在与基督对话的基础上，这是生活中所有困难的解药，这是通往天堂的钥匙。这表明我们是多么的信靠上帝。这是一个向上帝攀登的梯子……只要借着信，即在每一天的祷告中，对着天父怀着孩子般的信（with Childlike Trust），那么他就是上帝之子（Child of God）。"④ 可以推知，格哈特认为"唯独因信称义"包括如下两重内涵：第一，信是一种个体遭遇基督，并维持着一种与基督的亲密关系。第二，

---

① ［美］冈萨雷斯：《基督教思想史》（第三卷），陈泽民等译，第284页。

② Gaylin R. Schmeling, "Gerhard: Theologian and Pastor", *Lutheran Synod Quarterly Index*, 2004, p. 298.

③ Johann Gerhard, *Theological Commonplaces: On the Nature of Theology and Scripture I*, St. Louis: Melanchthon, 2006, p. 49.

④ Johann Gerhard, *Meditations on Divine Mercy: A Classic Treasury of Devotional Prayers*, St. Louis: Concordia Publishing House, 2003, pp. 21 – 22.

信是个体获得救赎的前提和关键。简言之，格哈特之信既是个体性的，又是体验式的；个体获得救赎是客观的，是基督白白的恩典，但这并不意味着主体在救赎过程中可以成为一位懒汉。恰恰相反，主体必须积极主动地与基督合一，并通过在现世的努力来彰显基督在主体身上得救的见证。也就是说，早期的路德宗正统派，并未因亚里士多德哲学的引入而使得其专事于辩论，并丧失对主体敬虔的培养，即此时的路德宗正统派的神学呈现为"理性的下层结构和启示的上层结构"① 的局面。

然而，随着亚里士多德哲学在路德宗神学内被广泛运用，加之战争使政治权力进入神学诠释中，即"他们是教会的官方的主人，即最高主教"②，其结果之一就如路德宗教会史家理查德（James W. Richard，1843 - 1909）所总结的："在所有阶层中，无视上帝存在的思潮已占上风：浮华、奢侈、纵欲、不义和虚伪都达到了无以复加的地步。弥天大罪不再被视为罪恶；有时基督徒的生活，甚至连异教徒的所作所为都不如，因为我们找不到什么真正无伪的基督教的痕迹……当世人用灵性的眼睛来审视时，也就不得不说，我们教会中的基督徒之日常生活，已处在一种极其糟糕的境遇。"③ 也就是说，此时的路德宗教会虽暂时未出现"理性神学把启示的上层结构吸收到自己中间"④ 的现象，却出现道德败坏和疏于培养主体敬虔的状况，如施本纳在《敬虔愿望》中写道：此时的教会内外出现了酗酒等违背基督诫命的行为，甚至还拥有一批为这些违背基督诫命的行为而辩护的拥趸。

除上述结果外，这一时期的路德宗教会再次回到中世纪晚期天主教诡辩盛行的现状，诚如施本纳所总结的："神学在驱逐天主教诡辩的黑暗后，又重新回到一种无用的、不恰当的问题的新诡辩中，这令我痛心。"⑤ 在此，所谓"神学驱逐天主教诡辩的黑暗"是指路德的宗教改革。但是，后

---

① ［美］蒂利希：《基督教思想史》，尹大贻译，第 252 页。

② ［美］蒂利希：《基督教思想史》，尹大贻译，第 250 页。

③ James W. Richard, *The Confessional History of the Lutheran Church*, Philadelphia: Lutheran Publication Society, 1909, p. 546.

④ ［美］蒂利希：《基督教思想史》，尹大贻译，第 252 页。

⑤ Philip Jacob Spener, *Pia Desideria*, Translated, Edited and with an Introduction by Theodore G. Tappert, Minneapolis: Fortress Press, 1964, p. 52.

路德宗教改革时代，尤其是"白银时代"的路德宗正统派，路德的神学再次因亚里士多德哲学的引入而沦为诡辩的战场。因此，"人们不断地发现一本又一本充满着争论、诡辩、责骂、斥责的作品，且这些论辩作品除了学究式的争吵外，别无其他目的"①，却买不到一本真正诠释上帝之道的敬虔之书。针对上述现象，施本纳痛心疾首地批评道："当人类的心灵被这样的一种神学充满时，虽然有《圣经》中的信心为根基，却用大量的草木和人类好奇心来建造，使得金子不再被看见，它变得异常难被掌握，也很难在基督和他的教义的真正纯粹性中找到愉悦。"② 如此看来，正是因为"白银时代"的路德宗正统派过于强调神学辩论的重要性，以至于神学论辩成为此时路德宗正统派的主题，因而遭到施本纳的激烈批评：论辩所借助的亚里士多德哲学是草木，而上帝之道是金子；路德宗正统派偏执于草木，因而将作为上帝之道的金子遮蔽。这也从结果反映出，精于辩论、疏于敬虔培育的路德宗正统派，对德意志敬虔主义的兴起具有极大的促进作用。

综上所述，三十年战争导致德意志地区经济凋敝、人口锐减、饥荒加剧和瘟疫流行等社会问题；路德宗教会因政治权力的干涉使得教会日渐丧失"属灵"特质，而蜕变为统治者派出的机构；因后宗教改革时代的路德宗神学家，通过援引亚里士多德哲学来建构路德宗神学而使得德意志地区普遍呈现为道德败坏的局面，以及路德宗正统派精于辩论而疏于敬虔培养的现实。作为结果，日渐恶劣的社会现状使得千禧年主义思想（Chiliasm）在此时的德意志地区异常盛行，即民众迫切渴望基督的降临以改变社会；德意志地区普遍的道德败坏和路德宗正统派将重点置于辩论之上等社会现实，进一步加剧路德宗内的有识之士燃起再次举起路德宗教改革旗帜的念头。如果说路德的思想是德意志敬虔主义革新教会的思想动力，那么三十年战争所致的系列社会与教会问题则是敬虔主义思想家再次进行宗教改革的现实背景。总之，正是在上述思想史与现实处境的双重影响下，以施本纳为代表的法兰克福敬虔主义掀起了更新路德宗神学和涤除社会弊病的思

① Philip Jacob Spener, *Pia Desideria*, Translated, Edited and with an Introduction by Theodore G. Tappert, Minneapolis: Fortress Press, 1964, p. 53.

② Ibid., p. 56.

想运动，以弗兰克为代表的哈勒敬虔主义专注于社会实践，创办了系列教育机构、慈善机构和差遣传教士前往世界各地，以及以亲岑道夫为代表的摩拉维亚敬虔主义致力于推动建立一个世界范围内跨宗派的基督教。这也就意味着，德意志敬虔主义运动具有双重面相：第一，在宗教理论层面，重新发现路德的真精神，并身体力行地回到路德开创的宗教改革事业上来；第二，在社会实践层面，"改造"社会：建立系列社会、慈善机构，推动普鲁士的现代化转型。

第 二 章

法兰克福敬虔主义与教会改革

　　由于施本纳提出和实践教会改革的措施——敬虔小组以及出版被称作敬虔主义的宗教改革白皮书的《敬虔愿望》均是其任职法兰克福首席牧师期间，故笔者将以施本纳为主要代表的敬虔主义称作法兰克福敬虔主义。关于施本纳，其于 1635 年 1 月出生在靠近莱茵谷地的拉茨韦勒（Rappolts-weiler）一个虔诚的路德宗家庭。关于自己早年的生活，施本纳回忆道："在我孩童时期，在虔诚的培养方面，他们不允许有任何的缺陷。他们在我出生前便在心里将我奉献给耶和华，这在我出生后一个恰当的时间告诉了我。"可见，孩童阶段的施本纳所接受的便是严格的基督敬虔的教育。由于施本纳的父亲为拉波尔斯坦伯爵（Court of Rappottenstein）担任教师和旅伴长达四十年，因此幼年时期的施本纳深受公爵周边环境的影响，尤其是阿加特伯爵夫人和伯爵牧师斯陶勒（Joachim Stoll，1615－1678）的影响，后者甚至在施本纳 12 岁至 15 岁期间担任其家庭教师。据蒂特研究，斯陶勒是一位路德宗神学家，只不过与此时正统派不一样的是，其极为强调在日常生活中践行基督教。[1] 受斯陶勒的影响，年轻时的施本纳意识到需在现实生活中遵照基督的诫命，诚如他回忆道："确实，我是坏人，因为我记得当我 12 岁那年，我看到一些人跳舞，并在他们的怂恿下而加入他们。但是，我还没有开始，便被恐惧完全充满，因此我逃离了舞会，且从

---

　　[1]　Allen C. Deeter, *An History and Theological Introduction to Spener*, Princeton University, Th. D., 1962, p. 88.

此之后再未跳过。"① 16 岁那年，施本纳被安排进入斯特拉斯堡大学学习，并在两年内获得硕士学位，其硕士论文以英国政治哲学家霍布斯（Thomas Hobbes，1588－1679）为研究对象。在 1654 年至 1659 年间，施本纳继续在斯特拉斯堡大学神学系学习。在博士学习期间，施本纳深受三位秉持路德宗教义的斯特拉斯堡大学教授——夏勒、丹皓尔和施密特影响。虽然三位教授思想侧重不一，但均强调抽象的神学比不上将自己的生命完全地献给基督重要。学业结束后，与那个时代的年轻人一样，施本纳花费近 3 年时间在欧洲游历，其足迹遍布德意志、法国和瑞士等。

施本纳于 1664 年获得博士学位，其博士论文以《启示录》9：13—21 为研究对象。在博士论文中，施本纳有 50 条评论，其中便包括对末世论的再诠释，怀疑正统派所教导的《启示录》之预言已完成的思想，进而认为最终的审判并不遥远。② 此后，施本纳在斯特拉斯堡短暂做过一段时间牧师，其人生的转机发生在 1666 年夏季，其被缅因州选侯任命为法兰克福首席牧师。对此，施本纳传记作者理查德评价道："正是这件事情彻底改变了施本纳的未来，并将他越来越多地带至信仰的世界前。"③ 在法兰克福任职期间，施本纳于 1669 年首提敬虔主义，于 1670 年开始在家中组织敬虔小组，于 1675 年出版《敬虔愿望》。虽然《敬虔愿望》出版后，施本纳遭到路德宗正统派的攻击，并被他们标签化为"反智主义者"和"情感主义者"等，但施本纳并未放弃，而是通过与他们进行现场辩论、书面论战等方式予以回应。无论是组织敬虔小组，还是撰写《敬虔愿望》，无不表明："他试图在法兰克福的路德宗教会内鼓励一种'真正的、活泼泼的信仰'，并将其运用于教会外的现实生活中。"④ 在法兰克福任职 20 年后，施本纳受萨克逊伯爵之邀，出任德累斯顿的高级宫廷牧师。这在德累斯顿的五年

---

① Philip Jacob Spener, *Pia Desideria*, Translated, Edited and with an Introduction by Theodore G. Tappert, Minneapolis: Fortress Press, 1964, p. 10.

② Douglas H. Shantz, *An Introduction to German Pietism: Protestant Renewal at The Dawn of Modern Europe*, Baltimore: The Johns Hopkins University Press, 2013, p. 77.

③ Mariel E. Richard, *Philip Jacob Spener and His Work*, Philadelphia: Lutheran Publication Society, 1897, p. 15.

④ Douglas H. Shantz, *An Introduction to German Pietism: Protestant Renewal at The Dawn of Modern Europe*, Baltimore: The Johns Hopkins University Press, 2013, p. 77.

期间，被施泰因称为施本纳最不开心的经历，其因谴责王子酗酒和在德累斯顿推行宗教改革而遭到来自莱比锡和维滕堡的路德宗正统派的攻讦。于是，在1691年，施本纳迁居柏林，出任圣尼古拉斯教堂的牧师和柏林的教务长，直至去世。在柏林期间，施本纳的主要工作是撰写其晚年最重要的著作《神学反思》。据传在施本纳去世前几天，他对身边人说道："在我的一生中，我痛惜教会的现状；如今，得胜的教会在望，我希望自己被白色棺木埋葬，以此作为一个印记，表明我在对地上教会变好的盼望中逝去。"①

纵览施本纳的一生，笔者将其称作宗教改革的一生：求学斯特拉斯堡为宗教改革预备理论基础，扬名法兰克福为宗教改革奠定理论和方法，受困德累斯顿为无法宗教改革而郁郁不得，以及终老柏林为宗教改革贡献最后的光和热。鉴于此，作为《敬虔愿望》的英译者的塔普雷特对施本纳评价道："首先强调他是位信仰生活的改革者，而不是基督教思想的改革者，以及他在基督教敬虔史上，而非基督教教义史上的位置已成共识。他绝非神学上的无能或者拙于言辞，反而他在神学上的兴趣是实用的。"② 也就是说，施本纳之所以在基督教思想史上影响深远，并不在于其原创性的思想，而在于在一个敬虔缺失的时代，施本纳将敬虔培养作为宗教改革的方法，并将其注入基督徒的生命中。既然施本纳是作为改教家名于基督教史，那施本纳宗教改革措施的核心思想是什么？对此，塔普雷特总结道："施本纳教会改革计划的突出特点——《敬虔愿望》是这一特点的最典型表达——是他对经院神学传统的拒斥，并用传统神秘主义取代它，这能够从阿恩特追溯到陶勒以及其他中世纪晚期的神秘主义者。该传统的特点是以重生（一种生物学的形象）为核心，而不是称义（一种法庭的形象）。'重生'、'新人'、'内在的人'、'照亮'、'启示'和'灵与基督合为一体'等词语，对施本纳和年老的神秘主义者来说是稀松平常的。"③ 可见，"重生"是施本纳教会改革思想的核心，其表征是"灵与基督合为一体"。关于施本纳之重生，就思想背景而言，是对传统经院哲学的拒斥，是对自

---

① Philip Jacob Spener, *Pia Desideria*, Translated, Edited and with an Introduction by Theodore G. Tappert, Minneapolis: Fortress Press, 1964, p. 24.

② Ibid., pp. 24 – 25.

③ Ibid., p. 27.

中世纪以来的神秘主义传统的承袭；就内容而言，施本纳之重生不再是一种思想观念，而是一种活泼泼的宗教体验。作为一种与基督合一的宗教体验，其既是体验式的，又是瞬时的。因此，《敬虔主义选集》的主编彼得·伊拉卜（Peter C. Erb, 1943 - ）清醒地意识到于施本纳而言，人的重生并不会在主体"披戴基督"的那一刹那完成，而是如其所指出的："施本纳的整部《敬虔愿望》都是在终末论，即一种对'美好日子的盼望'的视角下完成的。"① 也就是说，"披戴基督"的个体，不仅不能成为懒汉，还需要在对终末的盼望中继续努力，即"重生"是一个世人面向终末的过程，因而生活于其间的人当积极参与社会事功，从而尽可能大地获得上帝之悦纳。正是在此意义上，施本纳又将自己的重生观称作"持续救赎论"。② 如此看来，施本纳之教会改革也需纳入终末论的视角，即不是一蹴而就的，而是久久为功的。与同时代的其他神学思想家一样，无论是作为教会改革措施的敬虔小组，还是被纳入终末论视域予以理解的重生，均立足于施本纳对《圣经》的诠释。也就是说，施本纳如何诠释《圣经》是施本纳整个思想大厦和实践的基础。由于施本纳对《圣经》的诠释，反映出施本纳所理解的知识的"起源、范围及其客观有效性"，故笔者将施本纳的圣经观称作施本纳的认识论；又因其与《圣经》诠释相关，故笔者将其进一步称作施本纳的宗教认识论。

一 施本纳的宗教认识论

据哈里森（Peter Harrison, 1955 - ）研究，在基督教文化语境中，堕落之后的人便或多或少地失去了"上帝的形象"，如路德认为"亚当堕落"后，上帝的形象便遭到彻底的败坏。因此，路德认为在认识上，亚当的子孙已无获得确定性知识的能力，只能借助多次重复实验的方法才有些

① *Pietists*: *Selected Writings*, Edited with an Introduction by Peter C. Erb, New Jersey: Paulist Press, 1983, p. 6.

② Dale W. Brown, *Understanding Pietism*, Grand Rapids: William B. Eerdmans Publishing Company, 1978, pp. 96 – 97.

许获得确定性知识的可能性；在道德上，亚当的子孙已无行善的能力，故只能借着基督而被称义。作为结果，在后路德时代，"有些人诉诸就其本质而言似乎不会败坏的人类心灵的种种能力。理性、'自然之光'、我们的数学能力和逻辑能力，这些都是最有可能建构确定知识的能力……另一些人则认为，即使是人的理性之光也因为堕落而受损，而且在很大程度上是不值得信任的。这些人当中的一些人会更直接地诉诸神的启示，并且在神的启示话语或个人灵感中寻求知识。"① 关于前者，后路德时代的此类哲学家不可胜数，如撰写《人类理解论》的洛克（John Locke, 1632 – 1704），撰写《人类理智研究》的休谟（David Hume, 1711 – 1776），撰写《人类理解新论》的莱布尼茨，以及为确保知识的确定性、区分"知识"与"物自体"的康德。可以说，几乎在施本纳所处的时代，探寻知识的来源与确证知识的确定性始终是此时欧洲思想家思考的主题之一。关于后者，即诉诸神启，为知识的确定性提供保障的多为神学家，如洛克《政府论》所驳斥的对象罗伯特·费尔默（Robert Filmer, 1588 – 1653）。另外，施本纳的硕士论文以霍布斯为研究对象，而作为霍布斯代表作的《利维坦》开篇便阐释"感觉""想象""语言"和"推理"等认识论的议题。也就是说，施本纳不可能不清楚这一时期哲学家们正热衷于讨论有关认识论的问题。所以，施本纳并非如格伦伯格所指出的"施本纳几乎对共同时代的思想家在哲学上的贡献有任何关注"。恰恰相反，他对自己时代的几乎每一种宗教运动都十分感兴趣，并有着相当丰富的知识，以及"对新的科学进步表现出一些兴趣"②，而且对自身所处时代的哲学思想、宗教运动和新科学都持开放的态度。总之，无论是受所处时代不同领域的思想家对认识论讨论的刺激而愤起驳斥，还是沿袭路德对堕落后的亚当子孙究竟如何获得确定性知识的探索，施本纳都发展出自己的认识论。由于施本纳的认识论是站在基督教的角度，寻求知识的来源与确定性的标准，而区别于康德等哲学家的哲学认识论，故笔者将其称作宗教认识论。

---

① ［澳］彼得·哈里森：《人的堕落与科学的基础》，张卜天译，商务印书馆2021年版，第118—119页。

② Allen C. Deeter, *An History and Theological Introduction to Spener*, Princeton University, Th. D., 1962, p. 97.

就如上文所言，所谓宗教认识论（Religious Epistemology）实则是一个是与哲学认识论（Philosophical Epistemology）在内涵上相似，但侧重点不同的当代概念，是"对近代早期这一阶段中哲学（理性）和宗教（信仰）关系进展与走向的再度思考"①。套用康德关于哲学认识论的经典表述，即研究有关认识的"起源、范围及其客观有效性"的知识体系；作为宗教认识论，其同样研究上述哲学认识论的基本问题，即在宗教视域下，研究知识的来源和确定性等问题。既然是在宗教视域下探讨知识的来源和确定性问题，那么自然涉及如何看待圣经，即圣经观；理性与信仰的关系，即究竟是站在理性的视角，为信仰腾出地盘，还是站在信仰的角度，为理性在知识形成过程中的地位而辩护。于施本纳而言，虽然未界定自己的宗教认识论，但当代施本纳研究专家蒂特为其总结道："施本纳的认识论，如果我们如此形式化称呼的话，它是一种将经验作为人类判断的仲裁者。"② 在此，笔者可以得出如下结论：第一，蒂特意识到施本纳既未自己提出其宗教认识论，又与同一时期的莱布尼茨等哲学家的认识论不同，故只好委婉地说："如果我们这样如此形式化称呼的话"。第二，若我们承认第一点，那么施本纳的宗教认识论是以经验为准绳。也就是说，于施本纳而言，知识源于经验，且知识确定性的标准在于经验。既如此，那施本纳认为何谓经验？对此，蒂特诠释道："不仅包括个人的经验，而且包括每个时代的经验，尤其是教会的经验，都需要被严肃地对待。甚至圣经中上帝的意志和目的的启示也是通过人类的经验而呈现出来的，甚至只能借助圣灵的启示，才能在信众的信仰生活中赋予古代文字以现代意义。"③ 如此看来，施本纳的宗教认识论包括如下内容：（1）人的经验、时代的经验和教会的经验如何成为知识的来源和知识确定性的标准；（2）圣经观，即如何看待圣经和圣经的内容如何成为一种确定性的知识。

为了回答"人的经验、时代的经验和教会的经验如何成为知识的来源和知识确定性的标准"的问题，笔者就需回答在施本纳看来什么是"知

---

① 卢钰婷：《从宗教认识论角度探析莱布尼茨"理性主义"内涵》，《基督宗教研究》第28辑。

② Allen C. Deeter, *An History and Theological Introduction to Spener*, Princeton University, Th. D., 1962, p. 39.

③ Ibid., p. 39.

识"这一问题。首先，包括语法和修辞等在内的中世纪"七艺"能纳入施本纳"知识"的范畴吗？对此，施本纳说道："未能以恰当的方式培养自己孩子的父母在孩子很小的时候就将其送入学校。在学校中，他们花费大量的时间学习拉丁语，而不是随后他们能在讲道中所使用的语言。能够学习希腊语和希伯来语的小孩略好，因为他们能用其来阅读圣经。在学校中，宗教启迪是如此的贫乏，教师几乎不知道什么是基督徒，而那些继续求学的学生带到大学的都是他们早年所学到的邪恶。"① 也就是说，只要宗教启迪是缺位的，那么在学校中所接受到的语法学知识便是邪恶的。故施本纳认为单纯所学的语法和修辞不是知识，反而是我们获得知识的障碍之一。若对此进行总结的话便是：施本纳的知识是需要"宗教启迪"的。其次，神学理论是否是施本纳的知识？对此，施本纳从否定的角度予以阐释，即"但是，如果一个人，就像现如今大多数人一样，对神学的本质有着不同的观点……（1）若一人在学习期间从不将任何事情归于神圣的恩典，而只归于自己的理解和勤奋……（2）基于此。两个错误便接踵而来，这些人花费很少的时间在祷告和敬虔实践上，尽管他们认可路德关于神学学习时需祷告、冥想和实践……（3）如果某人将对上帝的学习与对人类学问的学习视作同等重要的话，那么他就会认为过一种神圣的生活是不必要的……（4）因此，学习的目的一般都是一个临时性的目标……（5）在这种环境下，大多数在大学里接受教育的人除了获得一种属灵事物的口头知识和缺乏神圣力量的空洞之物外，学不到任何知识。"② 也就是说，若缺乏神圣力量，在大学中所学的教义理论只是一种属灵事物的口头知识。既然只是一种属灵事物的口头知识，那么其便既无法作为真正知识的来源，又无确定性。概言之，施本纳的知识需要神圣力量的参与，否则就会沦为"口头知识"。最后，施本纳在比较神秘主义与教义学时，对知识诠释道："另一方面，神秘主义并不满足于单纯的知识。它将整个思想和灵魂的所有力量纳入神秘主义的领域，且基于此，神秘主义试图再次建立神圣的形象。"③ 从表面上看，这并不是施本纳对知识的界定，但仔细考

---

① Philip Jacob Spener, "On Hindrances to Theological Studies", *Pietists*: *Selected Writings*, Edited with an Introduction by Peter C. Erb, New Jersey: Paulist Press, 1983, p. 66.

② Ibid., pp. 66 – 67.

③ Ibid., p. 68.

察便会发现：在施本纳看来，神秘主义是与"单纯的知识""口头知识"和"教义学"等相对应的；若"单纯的知识""口头知识"和"教义学"在施本纳看来不能被视作"知识"，那么神秘主义便是其认为的真正的知识。

既如此，那在施本纳看来何谓"神秘主义"？为将神秘主义解释得更清楚，施本纳以诘难者对自己所贴的标签"狂热主义者"的诠释为切入点，说道："狂热主义者是一种想要保守自己内心的启示，以及在圣经中找不到这条或那条教义的人。"① 可见，狂热主义者的启示既不源自基督，又非来自圣经，而是源自"自己的内心"。换言之，狂热主义者既不以基督的启示为知识的源头，又不以圣经的内容为准绳，故狂热主义者的体验不能成为知识的来源。与此相对应的是，神秘主义者不是如狂热主义者一般在上述体验中，"带着极大的热情，并用一切神圣的方式在体验中去分享"，而是"这是所有神秘主义的目标，即所有的目标均需置于圣经之下"。② 那何谓将目标置于圣经之下？对此，施本纳进一步解释道："在此，如果神秘主义运用怪诞的语言和行为……就如我所关注的，人们可以将这些剥离，从而关注那些在圣经中启示的清晰之事，以及最好由敬虔之人的经验所呈现过的。"③ 如此看来，施本纳认为神秘主义者虽然会借助怪诞的言辞来表达，但言辞本身并非神秘主义的核心，因而可以被剥离；神秘主义的关键在于"圣经中所启示的"，并最好能被神秘主义者践行出来的内容。也就是说，施本纳所认为的神秘主义必须具备如下两个内容：第一，圣经；第二，神秘主义者的实践。前者是为神秘主义者提供启示的源头，后者是为神秘主义提供可供证实（伪）的依据。既然圣经是神秘主义者遭遇"启示"的来源，那么于神秘主义者而言，圣经不再是空洞的文字，而是神秘主义者实践的"准绳"，并借着这一准绳，神秘主义者遭遇启示。神秘主义者遭遇启示，于个人而言，便是人的体验；于同一时代的神秘主义者而言，则构成了时代的经验；于整个教会而言，乃是不同时代的教会

---

① Philip Jacob Spener, "On Hindrances to Theological Studies", *Pietists: Selected Writings*, Edited with an Introduction by Peter C. Erb, New Jersey: Paulist Press, 1983, p. 69.

② Ibid..

③ Ibid., p. 70.

经验的合集。① 但无论是个人体验，还是时代经验，抑或是教会经验，启示均源于圣经。是故，人的体验、时代的经验和教会的经验借着圣经为神秘主义者源源不断提供启示，遂成为知识的来源。因此，蒂特总结道："施本纳将圣经事件和教义视作人类对上帝意志和与人交往方式之理解的主要来源。"② 加之，神秘主义者遭遇启示的实践，随着时间的推移日渐增多，因而成为后续神秘主义者评判知识的准绳，即既可证实，又可证伪。总之，施本纳认为作为人的体验、时代的经验和教会的经验之根基的神秘主义是知识的来源和知识确定性的标准。③

既然圣经于施本纳而言是启示的来源，那是否意味着施本纳认为圣经是绝对无谬的？若不是无谬的，那施本纳如何看待圣经？关于施本纳认为圣经是否无谬，学界始终存在争议。鉴于此，笔者立足施本纳的相关论述，探究施本纳对圣经的态度。在《论上帝一般的教义》（*Die Allgemeine Gottesgelehrtheit*）中，施本纳说道："我们认为众使徒、先知和新旧约中的福音布道者的信仰和教导都是由圣灵启示的，他们的作品和教导的内容都是没有任何错误的。除了圣言，他们从未以自己的语言来教导、宣讲和写作。"④ 众所周知，无论是众使徒所撰福音书和系列书信，还是先知所撰历史书和先知书等，抑或是圣经中的福音布道者所撰律法书和智慧书，均为圣经的内容。也就是说，在施本纳看来，圣经的内容是圣灵启示而来的，

---

① Allen C. Deeter, *An History and Theological Introduction to Spener*, Princeton University, Th. D., 1962, pp. 41 - 43. 据蒂特的研究，施本纳以神秘主义为线索，将基督教史分成四个部分：第一，从耶稣诞生至3世纪，是基督教最辉煌的时期，其时教会未堕入世俗化；第二，从米兰敕令颁布到6世纪，是基督教逐步堕落的时期，其时外部力量统治基督王国；第三，6世纪至9世纪，是可怕的黑暗时期，其时敌基督几乎完全控制整个教会；第四，9世纪至12世纪，由于教宗处于最粗俗、最腐败的阶段，这一时期被施本纳视作最黑暗的时期。由此看来，施本纳以神秘主义的实践为线索，对基督教史进行断代。值得注意的是，由于施本纳认为第一个阶段的基督教最具神秘主义特质，因而是最值得我们学习的。这就为施本纳的教会改革埋下了伏笔。

② Ibid., p. 41.

③ 虽然施本纳认为"神秘主义"是"知识"之源，但就如格伦贝格所评论的，施本纳并不赞同神秘主义的某些神秘元素，如泛神论式的主体性的提升和解构伦理要求与基督教启示的历史特征的厌世倾向。如此看来，施本纳对神秘主义的态度既不是简单的支持，也不是片面的反对，而是强调"神秘主义"不能离开圣经的语境。Ibid., pp. 48 - 49.

④ Philip Jacob Spener, *Die Allgemeine Gottesgelehrtheit*, 1680, pp. 340 - 341. Quoted in Jens Zimmermann, *English Puritans and German Pietists*, University of British Columbia, Th. D., 1992, p. 222.

且不夹杂执笔者的任何意图。既如此，那在圣经的形成过程中，圣灵如何"启示"上述作者？对此，施本纳在《自然与恩典》（*Natur und Gnade*）中解释道："因此，我同意圣灵对成圣之人（Sanctified Men）说话，引导他们去讲述和书写，甚至为他们提供文字，但是每一位被圣灵圣化的执笔者均保持他自己惯有的方式，即他的阅读和书写方式，因此真理以最信实的方式得到表达。"①

综上，施本纳认为，圣经涵盖着两部分，即圣经的核心是圣灵对执笔者的启示，圣经的呈现形式是执笔者所惯有的书写和阅读方式。也就是说，圣经是执笔者借助语言、逻辑和文化传统等将圣灵对其的启示记载而成的。因此，在《论上帝一般的教义》中，施本纳所言执笔者"从未以自己的语言来教导、宣讲和写作"是指所撰的内容不是执笔者的，而是源自圣灵的启示。但这并不意味着施本纳认为整部圣经无须借助此在的语言、逻辑和文化传统。恰恰相反，施本纳认为任何一位圣经的执笔者都有自己惯有的语言、逻辑和文化传统。为此，笔者可以将施本纳所认为的圣经之形成总结如下：已成圣的执笔者将圣灵的启示运用此在的语言、逻辑和文化传统呈现出来。在此认识的基础上，施本纳进一步说道："圣经中这些文体上的不同是很显著的，即表达从崇高转为略低的评价，从容易理解变为极难把握。在新约中，从更为认可希腊作者的纯粹希腊风格转变为缺少语言的优雅和纯粹的风格。这种区别不可能源自圣灵，因为祂在所有作者中都是一样的，因而只能源自不可能被恩典抹去而只能被其圣化，且极大地用于自身目的的自然。"② 在此，自然是指此在世界，即执笔者所运用的语言、逻辑和文化传统。虽然施本纳认为自然是此在的，却是被圣化了的此在。通过上文的阐释，我们可以总结道：施本纳所认为的圣经涵盖着互为表里又相互依存的内外两方面，圣灵对执笔者的启示是核心，执笔者所借助的此在是圣灵对执笔者之启示的流溢，二者互为表里；在具体的研究

---

① Philip Jacob Spener, *Natur und Gnade oder der wrecke, so aus Naturlichen Krafften und aus den Gnaden - Wurckungen des Heiligen Geistes herkommen*, 1705. Quoted in Jens Zimmermann, *English Puritans and German Pietists*, University of British Columbia, Th. D., 1992, p. 223.

② Ibid. .

中，二者只是在逻辑上存在先后关系，而在圣经的撰写过程中，却天衣无缝地结合在一起。

因此，面对作为圣灵启示的圣经，施本纳在承认基督是圣经之核心的基础上，不仅认为圣经文本的秩序和论点至关重要，而且认为不能将圣经碎片化理解，应当将其视作一个完整的神圣单元。面对圣经的"此在性"，施本纳并不讳言，而是积极地从事圣经文本批判的工作，就如齐默尔曼（Jens Zimmermann，1965— ）在其博士论文中所总结的："与众多在其之前的清教徒诠释者一样，施本纳积极地参与文本批判的工作，因为他相信一部启示的文本绝不排斥语法分析。通过文体的、语言的分析得来的建构性的文本批判将会澄清神圣的启示。"① 还需注意的是，虽然基督是圣经的核心，但圣经之神圣性与此在性的联结点是活泼泼的历史存在者。因此，"如果可能的话，缺失读者与神圣之间的联系，将使得诠释变得极为困难。人们必须纠正这种情况，即在对所阅读的每句圣经经文进行诠释时，都通过与神的交流和依赖圣灵的帮助"②。也就是说，施本纳认为对圣经的"理解"，既不能只借助圣灵的启示，否则理解将会变得困难；又不能只依靠人的努力，否则理解将变为"误解"。只有在读者（the Reader）"通过与神的交流和依赖圣灵的帮助"的基础上，圣经的经文才能得到正确的理解。作为结果，于读者而言，圣经不再是空洞的言辞，而是遭遇基督，获得启示的媒介，从而在读者的生活中居于根基性地位，遂成为读者改革教会的内在动力。因此，布朗（Jeffrey Dale Brown，1966—2016）针对圣经在施本纳思想中的地位点评道："他不想以任何形式削弱圣言的权威，因为正是圣经给了改革的唯一希望。就如在《敬虔愿望》中所呈现的一样，施本纳关于圣经权威性理解最重要的贡献不是在神学或哲学上的，而是活出自己的信仰，以呈现圣经权威的实践维度。"③

具体而言，面对作为圣灵启示之产物的圣经，施本纳除了将勤于使用

---

① Jens Zimmermann，*English Puritans and German Pietists*，University of British Columbia，Th. D.，1992，p. 223.

② Ibid.，p. 225.

③ Jeffrey Dale Brown，*The Holy Scriptures as the Key Authority in Philipp Jacob Spener's Proposals of Reform for the Evangelical Church*，The Southern Baptist Theological Seminary，Th. D.，2000，p. 50.

圣经视作宗教改革的首要方法外①，还提出理解圣经的具体方法。首先，施本纳通过援引路德所言"两件事是一体的，即积极的阅读圣言和祷告"，提出阅读圣经的第一种方法"衷心地祷告"②。那何谓衷心地祷告？对此，施本纳解释道："在阅读中的祷告必须发自内心，即一种完全立足于真正的忏悔，因为智慧不是出自恶灵，也不能住在犯罪的身体中。"③ 换言之，所谓衷心地祷告是指阅读之人在完全意识到自己作为罪人身份的前提下，一种源自内心的忏悔。在此认识的基础上，施本纳进一步诠释"衷心地祷告"如何能理解圣经："若在我们阅读圣经时祷告，这经常能将我们的灵魂重新带到上帝面前，而后上帝赐予我们能力去恰当地理解祂和祂的意志，以及在其他人进入圣言之后，祂向我们敞开了一扇门。我们要以祷告结束我们的读经，以便圣灵能够将我们已经阅读的奉为圣，并封印在我们内心中，我们不但要在思想中守着圣言，而且要圣灵的大能在我们的灵魂中留下印记，从而我们能将圣言贮存于内心中，在忍耐中结出果子。"④ 如此看来，施本纳认为"衷心地祷告"理解圣经具有如下步骤：第一，衷心地祷告将阅读圣经之人的灵魂带至上帝面前；与此同时，上帝赐予他能力去理解呈现祂意志的圣经；第二，以祷告结束，从而将已读经文长久留存于阅读圣经之人的内心。通过上文的阐释，我们可以发现，衷心地祷告一方面将人的灵魂带至上帝面前，从而上帝恩赐大能以便他能理解经文；另一方面，衷心地祷告将此前所理解的经文内涵封印在阅读者的心中，从而使得阅读者能够完全掌握经文的奥秘。

另外，由于意识到"根据法律和福音的上帝的所有知识和祂的意志，并不存在于单纯的知识中，而是涌现在实践中"⑤，因而施本纳提出阅读圣经的第二种方法，即"同样地，前面提及的对上帝知识的渴望必须如此引导。人必须不断有神圣的意图，依据他所拥有的恩典，将他在阅读中所认

---

① Philip Jacob Spener, *Pia Desideria*, Translated, Edited and with an Introduction by Theodore G. Tappert, Minneapolis: Fortress Press, p. 91.

② Philip Jacob Spener, "The Necessary and Useful Reading of the Holy Scriptures", *Pietists: Selected Writings*, Edited with an Introduction by Peter C. Erb, New Jersey: Paulist Press, 1983, p. 71.

③ Ibid., p. 73.

④ Ibid., p. 72.

⑤ Ibid., p. 73.

识的神意付诸实践"。① 在施本纳看来，人们通过阅读经文知晓神圣意图，但这并不意味着人们真正理解了神圣旨意；人们唯有将神圣旨意付诸实践，才能真正理解圣经。对此，笔者可以总结如下：第一，施本纳认为理解圣经具有两个阶段：（1）通过阅读经文而知晓神圣旨意的阶段；（2）借助实践而真正理解圣经的阶段。第二，对经文的实践，是实现对经文理解的不二法门。既如此，那"实践"如何理解圣经呢？关于这一问题，施本纳虽在此未做详述，但联系其关于神秘主义是知识确定性标准的论断便很容易得出如下结论：若神秘主义是历史存在者依据圣经而进行的实践，那么施本纳此处的实践自然对历史存在者理解经文大有裨益。作为结果，若人们怀着上述想法阅读圣经，那么"不仅在他的灵魂中越来越确信他所阅读的是神圣的真理，而且这些真理亦会真正点亮他的心灵"②。

然后，施本纳认为对待圣经的态度同样有助于对圣经的理解——"谨小慎微"。诚如施本纳所言，由于"圣经将最重要、最严肃的真理摆在我们面前"，因此我们在阅读圣经时应当谨小慎微。③ 那何谓施本纳对待圣经的谨小慎微的态度呢？对此，施本纳诠释道："我们知道《提摩太后书》第3章第16节说道：'《圣经》都是神所默示的，于教训、督责，使人归正，教导人学义，都是有益的。'因此，如果我们都将接受必要益处的话，就应当认识整本《圣经》，一节都不能少。如果我们将以前在同一个地方向会众宣读的《圣经》中的所有段落放在一起，这只占《圣经》的很小一部分。余下的部分几乎不能在聚会中被听及，或者只有在某句经文被引用在布道中才能听到，但是没有提供任何对整本《圣经》的理解，然而这极为重要。第二，人们极少有机会去掌握《圣经》的内涵，除了讲道时的解经外，甚至他们很少有机会得着《圣经》之启示而行动。同时，尽管独自在家阅读《圣经》，就其事件本身而言是一件极好的和值得称道的事情，但对大多数人而言，成效并不明显。"④ 第三，阅读《圣经》时不允许理性

---

① Philip Jacob Spener, "The Necessary and Useful Reading of the Holy Scriptures", *Pietists*: *Selected Writings*, Edited with an Introduction by Peter C. Erb, New Jersey: Paulist Press, 1983, p. 73.

② Ibid., p. 73.

③ Ibid., p. 74.

④ Philip Jacob Spener, *Pia Desideria*, Translated, Edited and with an Introduction by Theodore G. Tappert, Minneapolis: Fortress Press, pp. 87 – 88.

统治本属于信仰的领域。因此，施本纳建议在整个阅读过程中，应当只停留其字面意思，而不应当将所谓的寓意和语言学内涵随意添加其上。显然，此乃施本纳针对中世纪解经的四重方法而说的。后者认为《圣经》具有四重内涵，即字面意义（Literal meaning）、寓意意义（Allegorical meaning）、伦理意义（Moral meaning）和神秘意蕴（Anagogical meaning）。可见，于施本纳而言，谨小慎微并不只是小心翼翼的代名词，还意味着在阅读圣经过程中，需阅读整部，而不能阅读所摘取的部分经文；需聚集在一起阅读，而尽可能避免独自阅读。通读整部圣经，而非摘取部分片段，是为了让我们对圣经有通盘的考虑，从而获得圣经的整体性理解。因此，在《阅读圣经的必要的、有用的方法》中，施本纳告诫众人："每个人阅读圣经时，必须首先关注为何这些经文结合在一起，然后关注单独的经文。"① 阅读圣经时，若信众离群索居而非聚集在一起，"没有能够面对面地帮助你指出每一句经文意思的人在场，那么读者并不能得到自己想知道的答案。"② 可知，施本纳认为信众聚集在一起不仅可以分享彼此的阅读体验，还可以互相指出对方理解该经文的错误，从而加深众人对圣经的理解。

最后，鉴于"圣经是一部并非导向某一特定时期，而是导向所有时期，不是针对某人诉说，而是讲述给所有人听的书"③ 的特质，施本纳提出阅读圣经的第四种方法——沉浸式阅读，即"当我们阅读神圣的诫命和律法时，应当意识到它们不是专门针对某一个人，而是以同样的方式针对我们所有人……即便某条特殊的诫命是对某一特定之人说的，但如果我们仔细考究依然会发现，该诫命是以普遍的义务为基础，并引导着我们热忱地遵守这条诫命"④。在此，首先，需要注意的是施本纳并未提出所谓"沉浸式阅读"的说法。其次，施本纳的沉浸式阅读建基于圣经是一本对众人开放的书，其所涵盖的所有教导不是对某个民族、特定之人言说的，而是

① Philip Jacob Spener, "The Necessary and Useful Reading of the Holy Scriptures", *Pietists: Selected Writings*, Edited with an Introduction by Peter C. Erb, New Jersey: Paulist Press, 1983, pp. 74 – 75.

② Philip Jacob Spener, *Pia Desideria*, Translated, Edited and with an Introduction by Theodore G. Tappert, Minneapolis: Fortress Press, p. 90.

③ Ibid., p. 75.

④ Ibid., p. 75.

对超时间、跨空间的人类整体而言的。最后，施本纳的沉浸式阅读的目的并不在于获得有关诫命与律法的知识，而在于劝诫读者身临其境的去感知，从而使得他们恪守圣经的诫命与律法。换言之，在阅读《圣经》时候，施本纳建议不应将其视作客观对象，而是将经文本身置于阅读者的现实处境。如此，《圣经》便不再是一本启示已终结的书（Closed Book）。唯其如此，方能实现施本纳"将大量的圣言置于我们中间（Das Wort Gottes reichlich unter uns zu bringen）"的主张。鉴于此，布朗总结道："对于敬虔主义者而言，《圣经》成为一种培养敬虔的文本，而非教义的根基；一本引导生活，而非只是信仰之源的书。"① 统观施本纳之整个《圣经》阅读法，无论是强调以祈祷的方式阅读，还是对经文做处境化理解，抑或是主体之具体实践之源动力，均意在使主体借助《圣经》阅读实现与基督的合一。

综上所述，施本纳的宗教认识论既区别于哲学认识论，又不同于普通的宗教认识论，即在施本纳的宗教认识论中似乎没有讨论上帝理性与人类理性的同构问题，没有阐释人类理性与上帝启示之间的关系问题，也没有辨析"发乎理性"与"超乎理性"等命题，而是探寻知识的来源与寻求知识确定性的标准。在施本纳看来，由于"单纯的知识""口头知识"和"教义学"都因缺乏神圣启示，而无法被纳入知识的范围，因此施本纳认为只有在神启的前提下，历史存在者获得的有关体验方能成为知识。也就是说，施本纳的宗教认识论认为神秘主义是知识的来源。另一方面，施本纳从未自称自己为神秘主义者，而是坚称上述在神秘启示下的宗教体验必须以圣经为准绳。这也就意味着，施本纳的宗教认识论所认为的知识确定性的标准在于圣经。

通过前文的阐释，施本纳认为圣经涵盖着互为表里又相互依存的内外两方面：圣灵对执笔者的启示是核心，执笔者所借助的诸如语言、逻辑和文化传统等此在是执笔者接受圣灵启示时外在的流溢，二者互为表里。基于施本纳对圣经的上述理解，为更好地理解圣经，而不至于误解，

① Dale W. Brown, *Understanding Pietism*, Grand Rapids: William B. Eerdmans Publishing Company, 1978, p. 68.

施本纳提出四种阅读圣经的方法：第一，在"衷心地祷告"中阅读；第二，在实践体悟中阅读；第三，与友人一起完整地、系统性地阅读；第四，沉浸式阅读。施本纳认为，在"衷心地祷告"中阅读，能将历史存在者带至上帝面前，从而启示前者，这是理解圣经的前提；在实践体悟中阅读，能够为历史存在者提供丰富的体验，从而证实（伪）所理解的圣经内容；全面、系统的阅读，不至于片面地理解圣经，从而导致对圣经的误解，以及在群体中共同阅读圣经，可以相互批评与共同分享，从而更好地理解圣经；沉浸式阅读圣经，能使读者不将圣经的教导当作身外之物，而是视为内在于己的，如此便能使读者由内而外地服膺于圣经。总之，在施本纳的宗教认识论视域下，一方面"圣经成为敬虔的来源，而非教义的来源，是生命的指南，而非只是信仰的指南"①；另一方面高度评价对圣经做科学的、文献学的研究，从而推动圣经批评②。前者使得"启示""信仰"等成为施本纳宗教认识论的主题；后者提醒我们：施本纳的宗教认识论并不排斥理性。因此，就方法而言，施本纳的宗教认识论有机地将信仰与理性熔于一炉；就内容而言，施本纳的宗教认识论强调对圣经的感知；就目的而言，获得关于遭遇基督的体验的知识只是初级目的，其终极目的在于依据上述知识来实践。故，施本纳之宗教认识论又可称作实践认识论。另外，若沿袭施本纳之宗教认识论的逻辑，笔者还将推论出如下结论：理性并非认识论的唯一依据；人类建构的知识大厦其实是建立在"相信"的基础上；任何所谓彻底的怀疑主义，在逻辑上其实是自相矛盾的。

二 重生："罪的得赎"与"新人的被造"

面对民众普遍的道德堕落和信仰匮乏等现象，以及扭曲的政教关系

---

① Dale W. Brown, *Understanding Pietism*, Grand Rapids: William B. Eerdmans Publishing Company, 1978, p. 68.

② Jens Zimmermann, *English Puritans and German Pietists*, University of British Columbia, Th. D., 1992, pp. 233 –237.

和长于概念辨析，却对现实生活漠视的路德宗正统派神学，以施本纳为代表的敬虔主义思想家酝酿着继续宗教改革。① 而继续宗教改革的宗旨，就如施本纳所叩问的："我们如何能将'头脑宗教'（Religion of Brain）转变为'心灵宗教'（Religion of Heart）？"② 那何谓"心灵宗教"？对此，施本纳总结道："我们只用外面的耳朵聆听神的道还不够，还要让它渗入我们的心灵，使我们能在心里听到圣灵的话，也就是用充满着活泼泼的感情和欣慰，感受圣灵的印记和上帝的大能。而且只有受浸也不够，而是在我们受浸时，里面已经穿上基督的新人，应该持守基督，并在我们外面的生活上作为祂的见证。接受主的圣餐是远远不够的，内在的人必须完完全全地享用那蒙福的食物。用我们的嘴做外在的祷告是远远不够的，而真正的、最好的祈祷发生在内在之人中，它要么出声，要么待在灵魂中，但是上帝将会找到并叩击它。最后，在外在的圣殿中崇拜上帝是远远不够的，内在之人崇拜上帝最好在他自己的殿中，无论那时他是否身在外在的圣殿内。"③ 如此看来，施本纳之心灵宗教具有如下特点：第一，并非不强调外在的听道，而是呼吁将"道"渗入我们的内心，从而使我们由内而外的发生改变。第二，并非不强调圣礼，如洗礼和圣餐等，而是认为在从事圣礼的过程中，个体存在者应当与基督联合形成联合体，从而"披戴基督"，并在我们的外在生活中呈现出印记。也就是说，施本纳的心灵宗教不会只停留在个体与基督形成联合体的层面，还会使个体自觉地在现实世界遵行基督的诫命，即施本纳所主张的心灵宗教既是内在的，又是外显的；既是体验的，又是实践的。第三，所谓将"道"渗入内心和"披戴基督"，无非是一种象征性的说法，其实质乃是个体借着基督实现了重生，并成为个体在践行上帝呼召的实践和从事圣礼过程中源源不断的动力。对此，布朗教授一针见血地指出："重生是敬虔主义之神学的

---

① 施本纳多次宣称自己所进行的并非一场有别于马丁·路德的宗教改革，而是将第一代宗教改革家的成果进一步付诸实践的宗教改革。

② Carter Lindberg, "Introduction", *The Pietist Theologians: An Introduction to Theology in the Seventeenth and Eighteenth Centuries*, Edited by Carter Lindberg, Hoboken: Blackwell Publishing Ltd., 2005, p. 6.

③ Philip Jacob Spener, *Pia Desideria*, Translated, Edited and with an Introduction by Theodore G. Tappert, Minneapolis: Fortress Press, 1964, pp. 116 – 117.

驱动力。"①

既如此，作为施本纳"心灵宗教"之驱动力的重生观包括哪些内容？关于这一问题，布朗回答道：施本纳之重生观是"罪的得赎和新人的被造紧密联结的整体"②。也就是说，施本纳之重生观包括两个部分：第一，"罪的得赎"；第二，"新人的被造"；且上述两部分只是在逻辑上予以区隔，而非在事实上的割裂，实则乃"紧密联结的整体"。关于施本纳重生观所涵盖的两部分之关系，布朗运用形象的比喻点评道："他们就如太阳和太阳光一样紧密连接。就如不存在没有光和热的火一样，不能行善的信是不存在的。"③ 那何谓"罪的得赎"？概言之，罪的得赎指的是借着耶稣基督的死与复活，而将祂的义归给信靠祂的世人。由此，世人也就"披戴基督"了。诚如前文所总结的，路德认为"披戴基督"并非只是基督主动的义，而需要个体存在者依照圣经的教导主动与基督结合成联合体方能实现。也就是说，路德认为罪的得赎的关键在于"披戴基督"。那施本纳认为如何才能罪的得赎呢？他运用形象的、故事式的方式勾勒道："我们的救主用自己的受难赎回我们。这一行为将我们与祂结合在一起，从而我们不再是我们自己，而完全是祂的；我们不再依据我们自己的意志而生活，而是应当完全为使祂悦纳而活。"④ 可见，施本纳认为个体罪的得赎是基督主动救赎的结果，是白白的恩典，并借着这一行动，使得基督与个体形成联合体。既如此，为实现与基督形成联合体，施本纳认为应当如何实践？

首先，"发自内心地反思我们的罪"⑤。由于在施本纳看来，罪不仅使我们亏欠上帝的无限恩典，还导致我们与上帝分离，所以对罪发自内心的反思能使我们意识到自身的渺小，进而让"我们真正感知到神之公义的大

---

① Dale W. Brown, *Understanding Pietism*, Grand Rapids: William B. Eerdmans Publishing Company, 1978, p. 36.

② Ibid., p. 95.

③ Ibid., p. 94.

④ Philip Jacob Spener, "Meditation on the Suffering of Christ", *Pietists: Selected Writings*, Edited with an Introduction by Peter C. Erb, New Jersey: Paulist Press, 1983, p. 80.

⑤ Ibid., p. 78.

能和上帝对人类罪的巨大愤怒"①。其次,"我们必须意识到,正是我们的罪,是你、我的罪,导致基督受难"②。为了形象地诠释我们的罪使基督受难,施本纳运用比喻的方式道:"我们的罪是鞭子、刺、拳头和钉子,使基督受伤,并在祂受难过程中虐待祂。"如果说发自内心地反思我们的罪是让我们意识到自身的渺小,那么施本纳主张我们意识到,正是我们的罪才使得基督受难则是凸显基督的伟大,即即便我们不断用"鞭子、刺、拳头和钉子"使基督受伤,但其依然不改救赎世人之心。然后,除了对我们的罪进行反思外,施本纳还主张"我们必须意识到耶稣在十字架上所受的苦难本是我们该遭受的"③。也就是说,施本纳认为对罪的反思能使得我们真切地意识到自身的渺小和基督的伟大,那么意识到基督在十字架上所受的,苦难应该是我们该遭受的,能使得我们无论从情感意义上,还是从存在论意义上,都能更亲近基督,从而与基督形成"联合体"。第四,"我们明确自己的罪和基督的受难,并见证神圣的义如何在基督中践行的"④。最后,施本纳指出个体存在者若依照上述四种方法执行,那么"在灵魂中的真正的、活泼泼的信仰将会得到加强和继续"⑤,即借助对基督受难事件的反思,个体实现了与基督的合一。在这一合一过程中,个体存在者既要承认自己的渺小和歌颂基督的伟大,又需感知到基督救赎的真实性。如此看来,施本纳提出的以上四种方法乃是方向性的,并未指明具体的操作规程。

因此,施本纳进一步提出如何在洗礼、圣餐和祷告中实现与基督合一的目标。就圣礼的性质而言,施本纳认为若《圣经》是天父赐给我们的有恩典的神圣文字 (the divine letter of grace),那么圣礼便是这些文字隐藏之恩典 (the seal on this letter, confirming this grace)⑥。故,施本纳对《彼得

---

① Philip Jacob Spener, "Meditation on the Suffering of Christ", *Pietists: Selected Writings*, Edited with an Introduction by Peter C. Erb, New Jersey: Paulist Press, 1983, p. 78.

② Ibid., p. 78.

③ Ibid., pp. 78 – 79.

④ Ibid., p. 79.

⑤ Ibid..

⑥ K. James Stein, "Philipp Jakob Spener", *The Pietist Theologians: An Introduction to Theology in the Seventeenth and Eighteenth Centuries*, Edited by Carter Lindberg, Hoboken: Blackwell Publishing Ltd., 2005, p. 93.

后书》1：4 诠释道："神圣的本质开始于洗礼，尔后不断通过圣餐而得到加强。"① 基于上述认识，关于如何在洗礼中实现与基督的合一，施本纳援引《罗马书》4：3 "岂不知凡受洗归入耶稣基督的，都归入祂的死。"诠释道："在洗礼中沉思基督的受难，我们将发现力量。"② 这力量将注入我们的灵魂，从而实现与基督的合一。鉴于此，施本纳在回答"洗礼如何导向救赎"的问题时说道："由于借助洗礼，我们与基督合为一体，因而我们都成为属灵身体的一部分。"③ 至于在圣餐中如何实现与基督的合一，施本纳几乎沿袭路德关于圣餐的理解，即"当我们在吃圣餐时，我们也在接收基督之死所带来的大能，并在我们内心中唤起基督的受难"④。可见，施本纳认为在进行圣餐礼时，基督临在于酒和饼中。因此，个体吃圣餐便与基督融为一体，从而能接收基督的大能。正是基于上述认识，施本纳才拒斥改革宗，其说道："我逐渐欣喜地承认在圣餐上，用口吃的，而不是简单的属灵的吃喝，基督的身体和宝血是荣耀的大能。因此，当他们否认我们借助酒和饼接受救赎时，当他们弱化了这种力量时，当他们看见它只是存在于圣礼之外，而非在圣餐之中时，我毅然地拒斥了改革宗。"⑤

在施本纳看来，最后一种实现个体与基督合一的仪式是祷告。具体而言："若在我们阅读圣经时祷告，这经常能将我们的灵魂重新带到上帝面前，而后上帝赐予我们能力去恰当地理解祂和祂的意志，以及在其他人进入圣言之后，祂向我们敞开了一扇门。我们要以祷告结束我们的读经，以便圣灵能够将我们已经阅读的奉为圣，并封印在我们内心中，我们不但要在思想中坚守圣言，而且要圣灵的大能在我们的灵魂中留下印记，从而我

---

① K. James Stein, "Philipp Jakob Spener", *The Pietist Theologians: An Introduction to Theology in the Seventeenth and Eighteenth Centuries*, Edited by Carter Lindberg, Hoboken: Blackwell Publishing Ltd., 2005, p. 94.

② Philip Jacob Spener, "Meditation on the Suffering of Christ", *Pietists: Selected Writings*, Edited with an Introduction by Peter C. Erb, New Jersey: Paulist Press, 1983, p. 81.

③ Philip Jacob Spener, "the Spiritual Priesthood", *Pietists: Selected Writings*, Edited with an Introduction by Peter C. Erb, New Jersey: Paulist Press, 1983, p. 60.

④ Philip Jacob Spener, "Meditation on the Suffering of Christ", *Pietists: Selected Writings*, Edited with an Introduction by Peter C. Erb, New Jersey: Paulist Press, 1983, p. 81.

⑤ Philip Jacob Spener, *Pia Desideria*, Translated, Edited and with an Introduction by Theodore G. Tappert, Minneapolis: Fortress Press, 1964, p. 63.

们能将圣言贮存于内心中，在忍耐中结出果子。"① 也就是说，在祷告的过程中，辅之以阅读圣经；唯其如此，我们的灵魂便能飞升至上帝的面前，从而实现与基督的合一。另外，施本纳还指出在祷告的过程中，应当配合禁食。由上可以发现，施本纳不仅不反对圣礼，而且认为借助圣礼能实现个体与基督的合一。只不过施本纳认为在实施圣礼的过程中，个体应当真切地意识到自己的罪，承认基督的伟大，并真实地感知到基督救赎之工。套用施本纳在注释《马太福音》12：2 开篇所言，个体唯有对基督的绝对"顺服"，在洗礼、圣餐和祷告中方能实现与基督的合一。② 由此可见，施密特关于施本纳通过将洗礼之效用建基于个体信靠基督之上，使得洗礼的客观效用被弱化了，而使之主观化，即强化主体对基督信靠的作用，而使得洗礼在救恩中的作用变得可有可无③的结论是片面的。

就施本纳之"罪的得赎"而言，其包括三重维度，且此三重维度是瞬时发生的。第一，信是在内心中建立的，而非建立在头脑中。第二，就内容而言，信的表征是借着基督的死与复活，而将宽恕和称义赋予信靠基督的世人，并重新被上帝接纳为儿子。第三，于罪人而言，罪的得赎意味着上帝形象的彻底恢复。④ 因此，在一篇有关重生的布道中，施本纳援引《腓立比书》3：9 阐释重生道：作为全然败坏之人已无"称义"的可能性，而世人被上帝接纳为义人，"不是有自己因律法而得的义，乃是有信基督的义，就是因信神而来的义"。可见，在施本纳看来，借着基督已经为我们被钉十字架，而后复活，其将自己的义归给我们。这一过程是历史性的、瞬时性的。因此，世人只有完全地信靠祂，方能发挥主观能动性，不断向重生的目标更新（renewal）。然而，对基督的信靠并非逻辑和语言层面的，而是在实践层面而言，即个体在借着信而与基督成为一个联合体的过程中，个体需借助洗礼、圣餐和祷告等方式，实现自我与

---

① Philip Jacob Spener, "The Necessary and Useful Reading of the Holy Scriptures", *Pietists: Selected Writings*, Edited with an Introduction by Peter C. Erb, New Jersey: Paulist Press, 1983, p. 72.

② Philip Jacob Spener, "Meditation on the Suffering of Christ", *Pietists: Selected Writings*, Edited with an Introduction by Peter C. Erb, New Jersey: Paulist Press, 1983, pp. 83 – 87.

③ Martin Schmidt, *Spener und Luther*, Ahrbuch 25, 1957, p. 116.

④ K. James Stein, "Philipp Jakob Spener", *The Pietist Theologians: An Introduction to Theology in the Seventeenth and Eighteenth Centuries*, Edited by Carter Lindberg, Hoboken: Blackwell Publishing Ltd., 2005, pp. 90 – 91.

基督的合一，从而基督白白的恩典被赐给我们，而我们就"披戴基督"了。

需要注意的是，虽然施本纳认为在圣礼中可实现个体与基督的合一，但并非意味着施本纳认为圣礼可独自实现个体的救赎和主体在救赎过程中处于主动地位。在施本纳看来，实现救赎的"唯独信仰"，诚如其在《敬虔愿望》中所言："我们逐渐承认我们只能借着信而得救，且我们的作品或者虔敬的生活对我们的救赎不能有太多的助益，因为作为我们信仰的果子，我们的工作与我们归功于上帝的东西相联系，且神已经将义与救恩一并赐给我们这些信的人。我们绝不离开这一教义，即便只有一指的距离，因为我们宁愿放弃我们的生命和整个尘世的世界，也不愿有半点的妥协。"① 总之，施本纳虽然认为主体可借助圣礼和祷告等方式来到基督的面前，但实现与基督的合一并非主体之功，更非圣礼和祷告所产生的结果，而是基督主动恩典的产物，且主体借着圣礼和祷告来到基督面前，只能信靠基督，别无他途。因此，布朗评价道："在重生的奥秘过程中，有一段人是完全被动的时期，这段时期为上帝的全能之工提供了空间。"②

至于"新人的被造"，是指"成圣"（Sanctification）。成圣的前提是完全地信靠基督，并与基督构成类似路德所言的"联合体"。也即，在施本纳之成圣观中，基督是寓居于人之内，并贯穿成圣之始终。但由于主体与基督所形成的联结体是瞬时的、体验式的，因而会随着体验的消逝而消解。换言之，主体在丧失与基督的联合体后，运用自由意志所行之事必然会导致恶。故而，施本纳并未否定主体在现世行善，诚如其所言："信是神在我们里面神圣的工。它改变着我们，并使得我们在神中获得重生。它杀死第一亚当，并使得人在心灵、灵性、意志和力量方面彻底地不同，且它还带来圣灵。这信是活生生的，有力量的。因此，他必然要持续不断地行善。他并不问是否要行善，而是在这个问题出现之前，

① Philip Jacob Spener, "Meditation on the Suffering of Christ", *Pietists: Selected Writings*, Edited with an Introduction by Peter C. Erb, New Jersey: Paulist Press, 1983, p. 63.

② Dale W. Brown, *Understanding Pietism*, Grand Rapids: William B. Eerdmans Publishing Company, 1978, p. 99.

他已经将善事行了，且总是如此。"① 由上可知，施本纳认为只有在这样一种属灵团契关系中，人方能充分发挥主观能动作用，也即"透过有意识的悔改和信心"，从而"经历个人的归正与重生"。② 在此意义上，施本纳又将自己的重生观称作"持续救赎论"便不足怪哉。③ 既然施本纳之成圣需主体"有意识的悔改和信心"，那么这如何才能实现呢？对此，布朗指出第一步是"悔改"，然后是"顺服"。④

为了凸显悔改在主体成圣过程中的作用，施本纳从不悔改所致的结果入手，即"上帝与你订立了契约——从上帝而言，是一份恩约；从人而言，是一份信仰和良心的契约。这一契约必然贯穿你的整个生命。如果你不信守这份信仰之约中你的部分，或者由此离开，并不以真挚地悔改回到信约中，那么你在洗礼中、在恩典和救赎的盼望中慰藉自己可能是徒劳的"⑤。也就是说，施本纳认为主体若不悔改，不仅使得主体的其他社会事功失去效用，还将导致与基督签订的恩约遭到废弃。因此，在现实世界中，施本纳认为主体应当在践行每件事情时都怀着悔改之心。若如此，践行每件事情所导致的恶果将被赦免，否则"若不悔改他们所行的"，而只是在施行圣礼时表演一下，则无法得到赦免。⑥ 需要注意的是，虽然悔改系主体主动的行为，却是建立在基督救恩的基础上的，因而布朗将施本纳之悔改与救恩的关系总结为："施本纳相信由上帝恩赐的救恩为悔改提供了源源不断的动力。"⑦

至于信心，于上帝而言，是主体对上帝的绝对依赖；于主体而言，则是自我完全臣服于上帝，以上帝的意志代替人的意志。对于信心的上述表征，布朗认为唯有顺服可以一一呈现。关于顺服，施本纳认为这是第一诚

① Philip Jacob Spener, *Pia Desideria*, Translated, Edited and with an Introduction by Theodore G. Tappert, Minneapolis: Fortress Press, 1964, p. 65.

② [美]罗杰·奥尔森：《基督教神学思想史》，吴瑞诚等译，第505页。

③ Dale W. Brown, *Understanding Pietism*, Grand Rapids: William B. Eerdmans Publishing Company, 1978, pp. 96 - 97.

④ Ibid., pp. 90 - 92.

⑤ Philip Jacob Spener, *Pia Desideria*, Translated, Edited and with an Introduction by Theodore G. Tappert, Minneapolis: Fortress Press, 1964, p. 66.

⑥ Ibid., p. 67.

⑦ Dale W. Brown, *Understanding Pietism*, Grand Rapids: William B. Eerdmans Publishing Company, 1978, p. 90.

命的首要品质，并对其界定道："如果人想得到帮助，他就必须再次回到上帝之下，并允许上帝依据自己的喜好在他身上行任何事和支配他。"① 也就是说，由于人无法知晓上帝的意志，故只能以完全臣服于上帝的方式呈现上帝对人的支配。既如此，那如何才能达到顺服呢？对此，施本纳提出了六条建议：第一，"顺服要求弃绝一个人在世间的一切和他的心灵所依赖之物"②。换言之，人若欲达到对上帝的绝对顺服，就意味着主体对自我在尘世所行之事的否定，即认为主体在救赎之事上无任何效用，从而将完全地信靠上帝。第二，"弃绝自我的意志"③。若将第一条建议视作对主体事功的彻底否定，那么"弃绝自我的意志"便是对主体的完全拒斥。为了进一步解释，施本纳援引耶稣之肉体被钉在十字架上作比喻，即只有将与我们的肉体一样的耶稣之肉体钉死在十字架上，才能复活。在此，施本纳的言外之意在于：在人的救赎之事上，主体的自由意志无用；只有将主体的自由意志完全弃绝，人才能最终走上救赎之路。第三，"将我们置于神圣意志之下，以便我们除了悦纳上帝外，别无他想"④。在此，施本纳的重点在于提醒我们：在所有的实践活动中，执行该条建议时做到"别无他想"。第四，"意识到上帝在我们里面做悦纳祂的工，而无任何的反对"⑤。作为结果，"我们里面"不存在为撒旦和尘世提供一丁点空间的可能性，即我们不为自己的目的而做事功，而是为着实现上帝的神圣目标。如此看来，主体在尘世的事功便具有了神圣之光。第五，"耐心等待上帝将其意志注入我们中"⑥。在此，施本纳的重点并非"上帝将其意志注入我们中"，而是"耐心等待"。也就是说，于主体而言，神圣意志莅临人间并不遵循因果律，而是"突发性"的。故，主体只能在尘世中"耐心等待"。第六，"我们发现并感受到神圣运动和在我们心中激荡，而后我们顺服地追随祂，并按照祂的指使去行。"⑦ 与上述五条建议一样，施本纳在该条建议中强调

---

① Philip Jacob Spener, "Resignation", *Pietists: Selected Writings*, Edited with an Introduction by Peter C. Erb, New Jersey: Paulist Press, 1983, p. 83.

② Ibid., p. 84.

③ Ibid..

④ Ibid..

⑤ Ibid..

⑥ Ibid..

⑦ Ibid., p. 85.

如下两点：（1）体验；（2）实践。具体而言，施本纳认为主体对上帝的顺服还意味着在主体的体验中感知到上帝。唯其如此，主体才能真切地顺服上帝。另外，于施本纳而言，顺服上帝并非只意味着一种意念的转向、一种心理上的活动，而是应当表现在实践层面。简言之，顺服上帝，意味着主体遵从上帝的启示在尘世中努力实践。无论是"弃绝自我的意志"，还是"别无他想"，抑或是"耐心等待"、实践，都是施本纳认为的成圣过程中对主体的要求。总之，施本纳所言的顺服不是"律法上的顺服"（Legal Obedience），而是"福音上的顺服"（Evangelical Obedience），前者源自主体的能力；后者来自信和圣灵的大能。① 但这并不意味着，施本纳认为主体在"成圣"过程中毫无作用，而是具有积极的推动作用。

由于在施本纳看来，成圣是一个世人面向终末的过程，因而生活于其间的人当积极参与社会事功，从而尽可能大地获得上帝之悦纳。首先，就社会事功的目的而言，施本纳认为其是为了荣耀上帝。因此，施本纳在《敬虔愿望》中一方面谴责那些将自己的私心置于上帝荣耀之上的行为；另一方面谴责时下教会的现状。他认为当前的教会不仅无法达到《新约》中的使徒教会，还扔掉了古代教会中所珍视的爱。因此，施本纳无论是在法兰克福时期，还是在柏林时期，都大力发展社会事业，以期尽快恢复三十年战争所造成的创伤，其中最具影响的便是支持弗兰克在哈勒创办系列教育机构。甚至，施本纳还尤为强调，在帮助那些受资助者时，不应当减损他们的自尊。最后，施本纳认为唯有通过教会才能完成这些社会事功。因此，施本纳极为崇拜教会早期的共产主义。②

综上所述，罪的得赎与新人的被造共同构成了施本纳之重生观；罪的得赎是白白的恩典，是瞬时的和基础性的，而新人的被造则是于信靠基督的个体而言，矢志不渝地面向终末的召命；且此二者是不可分割的联合体。虽然罪的得赎是基督白白的恩典，但施本纳强调这白白的恩典被转归给个体时的情形，即个体与基督以信为纽带形成一个联合体。为此，施本纳建议在洗礼、圣餐和祷告的过程中，个体承认自己的渺小，歌颂神的伟

---

① Dale W. Brown, *Understanding Pietism*, Grand Rapids: William B. Eerdmans Publishing Company, 1978, p. 91.

② Philip Jacob Spener, *Pia Desideria*, Translated, Edited and with an Introduction by Theodore G. Tappert, Minneapolis: Fortress Press, 1964, pp. 31 –32.

大，从而实现与基督的合一。至于新人的被造，施本纳则偏重于个体在现世中的"有意识的悔改和信心"，即在从事社会事功时始终怀着悔改之心，在顺服时始终秉持"弃绝自我的意志""别无他想"和"耐心等待"的观念，且不断地从事社会实践。如此看来，斯托富勒将施本纳之重生观评价为"他想要脚踏两条船，持守两种迥然不同的救恩观。有一个救恩观是根据圣礼可以注入恩典的看法，或者至少是圣礼会使人改变他的态度，另一个救恩观则在于个人对信仰的委身"① 是有失偏颇的。换言之，施本纳的重生观既不是如部分诘难者所诟病的"神人合作论"或半伯拉纠主义，又不是因行为而称义或者将道德说教凌驾于与基督合一的见证之上，而是在坚持路德"唯独因信称义"的基础上，具体化如何与基督合一和细节化主体如何从事社会事业功。透过施本纳的重生观可以发现，确实如敬虔主义研究专家戈贝尔（Max Göbel，1811－1857）所评价的："施本纳是异端的敌人，就如其是不敬虔的敌人一样。"②

此外，由于施本纳将路德宗正统派所极力捍卫的称义观转变为重生与成圣，也即将路德宗正统派所强调的客观的"基督为我们"（Christ for us）转变为主观的"基督在我们中"（Christ in us）。在此基础上，施本纳极为突出主体在其重生观中的重要地位，即无论是在阅读《圣经》中突出主体在培养敬虔方面的作用，还是在施行圣礼过程中对主体与基督合一而成为联合体的强调，抑或是强调主体从事社会事功方面的重要性。若沿袭这一线索，那么施本纳之敬虔小组只不过是完成其重生观的具体形式和必然要求。问题的症结亦恰恰在此，一方面，对主体在培育基督徒之敬虔方面的强调，极容易导致教会的分裂；另一方面，一旦信徒与基督的联系被切断（形式化），那么便滑向了"自我称义"。当然，在施本纳的思想体系中，就重生观而言，施本纳始终未跨越救赎是基督之工的"红线"而蜕变为自我称义；就教会改革而言，施本纳同样未因进行教会改革而另立门户，走向教会分裂主义。

---

① F. Ernest Stoeffler, *The Rise of Evangelical Pietism*, Leiden: E. J. Brill, 1971, p. 242.

② Max Göbel, *Geschichte Des Christlichen Lebens in der Reinisch－Westphälischen Evangelischen Kieche*, Vol. 3, Coblenz: Karl Bädeker, 1849－1860, p. 553.

三　敬虔小组：一种教会改革的方案

为了更好地理解施本纳之敬虔小组，笔者将首先对以下三点有关敬虔小组的争议予以澄清：第一，施本纳的敬虔小组是不是对拉巴德之教会改革的抄袭？第二，敬虔小组是施本纳的原创吗？若不是，那是哪些人首创的？第三，施本纳的敬虔小组是导致路德宗教会分裂的肇因吗？笔者认为：第一，敬虔小组不是施本纳对拉巴德教会改革措施的抄袭，而是建基于其在斯特拉斯堡求学期间对路德宗教会思想的学习而创设的。第二，从敬虔小组产生的现实情况来看，与其说敬虔小组是施本纳的原创，不如说是时代产物。第三，在理论上，施本纳不仅主张路德宗教会的统一，还认为所有教会都应当是"圣"且"公"的；在实践上，施本纳不仅未从事教会分裂活动，还极力劝阻部分教会分裂主义分子重回教会。

第一，以阿兰德为代表的学者在比较施本纳《敬虔愿望》与拉巴德《牧师的教会改革》的基础上，得出施本纳的思想源于拉巴德的结论。在他们看来，由于据传施本纳曾拜访过拉巴德，并聆听过拉巴德的讲道，甚至在拜访拉巴德 6 年后，施本纳还将拉巴德的一本法文小册子《敬虔手册》（*Manuel de Prière*）译成德文，因此部分研究者认为不仅施本纳之《敬虔愿望》是模仿前者的《论牧师合理的改革》（*La reformation de Leglise par le pastor*），还认为其敬虔小组也是对拉巴德的家庭聚会"拙劣的抄袭"，甚至于如亲眼所见一般说施本纳在撰写《敬虔愿望》时，案头上摆放着拉巴德的著作。另外，韦伯亦认为施本纳的敬虔小组源于他处，只不过未如阿兰德一样，而是认为源于英国清教徒，诚如其说道："施本纳凭借著名的'敬虔愿望'而在理论上奠下基础并于实践上打造出来的集会（Collegia Pietatis），本质上完全相应于英国的'圣经集会'（Prophesying），后者始于 1547 年拉斯可的伦敦圣经研究会（London Bible Classes），自此即成为反抗教会权威而受迫害的、各种清教虔敬形态特有的一种景象（所谓秘密集会）。"① 面对上述问题，蒂特援引施本纳的自述道："施本纳坦承

---

① ［德］马克斯·韦伯：《新教伦理与资本主义精神》，康乐、简惠美译，第 119 页。

自己对拉巴德思想的兴趣，但是未与此人交流，且从未去聆听后者的任何布道。"① 也就是说，施本纳既未当面聆听拉巴德的布道，又未参加拉巴德组织的类似敬虔小组的聚会。在此基础上，蒂特从施本纳在斯特拉斯堡大学求学时的经历出发，认为施本纳的思想深受丹皓尔、施密特和多尔斯（Dorsch）的影响。如其所言："施本纳并未接受他们严格的正统派主张，专于辩论和寓言式布道，而是对他们有关改善教会和大学生活的实践措施感兴趣。"② 故，作为贯穿《敬虔愿望》的主题之一——敬虔小组是施本纳在对传统路德宗教会思想总结的基础上，对其所处时代的路德宗教会现状而做出的应对方法，而不能被视作拉巴德宗教改革思想在路德宗地区的传播，更不能被视作施本纳对拉巴德思想的剽窃。当然，也不能视为受到清教思想的影响。

第二，有关敬虔小组的首创者，起初阅读的内容和开始参加的人群。据施本纳传记作者之一理查德的研究，关于敬虔小组的蓝图，施本纳于1669 年在《论法利赛人的义》的布道中便有论述，其说道："如果好朋友在主日聚会，以读书来取代酗酒、赌博或休闲，并从书中得到启发，或者温习一篇所听过的道。如果他们彼此讨论有关神圣之奥秘，而那从神获得恩典的人会试图帮助自己软弱的弟兄。如果他们不能得其门而入，他们会请求牧师予以澄清，这将是一件多么美好的事啊！如果这真的发生的话，多少邪恶会终止，而蒙福的主日也会被分别出来，使众人同得极大的造就与益处！无论如何，我们牧者不能满足信众的所有需要，除非那些人被上帝恩宠，从而具有了超凡的信仰知识，且他们愿意承担代价，领受他们普遍的祭司职分，与我们同工，且在我们之下，照着他们的天赋和纯洁，去尽可能多地劝诫和改正他们的邻舍，这事才能达成。"③ 但囿于现实条件的制约，施本纳迟迟未将这一教会改革的蓝图付诸实践，直到听其讲道的信徒迪芬巴赫（Johannes Anton Dieffenbach）和舒茨于1670 年夏向施本纳抱怨自己从未体验过启示，并建议将那些具有敬虔、淳朴之心、内心充满爱

---

① Allen C. Deeter, *An History and Theological Introduction to Spener*, Princeton University, Th. D., 1962, p. 126.

② Ibid., p. 108.

③ Philip Jacob Spener, *Pia Desideria*, Translated, Edited and with an Introduction by Theodore G. Tappert, Minneapolis: Fortress Press, 1964, p. 13.

之人聚集起来互相启发。① 因此，施本纳采纳他们的建议，并提议将聚会的地点设在自己家中。对于这段敬虔小组从理论到现实的过程，奥尔森总结道："尽管在 1669 年秋，施本纳便有设立敬虔小组的一些迹象，但直到 1670 年夏，敬虔小组才真正落实。"② 由此看来，敬虔小组并不是施本纳的首创，而当视为时代的产物，即一群关心路德宗教会未来的普通人为革新教会所设计的教会改革主张。

至于起初阅读的内容、开始参加的人群和议程，施本纳回忆道："我要么重复上周日的布道，要么重复一段新约中的经文。在场的人讨论这些内容既不拘谨，也无不安。所有人均可以自由参加，通常是这个地方能容纳多少人就有多少人参加，尽管女性坐在男性看不到的地方。主题总是手边的文本。由于他们的目标是变得更加敬虔，而非更为博学，艰涩的段落不是借助刻苦的努力来理解的，而是在谦卑和渴望顺从中接受真理和获得新的动力。看起来对启示无价值的、更为艰深的段落则放置在一旁。"③ 由此看来，起初阅读的内容，并非后世研究者所笃定的《圣经》，而是当时的虔诚之书。据施本纳回忆，这些虔诚之书包括勒维斯·柏利的《敬虔实践》、尼古拉斯·胡纽斯（Nicolaus Hunnius，1585 - 1643）的《信仰指要》（*Epitome of Things to Be Believed*）和阿恩特的《论真信仰》等。直到 1674 年 9 月，施本纳才将阅读敬虔之书改为《圣经》，并成为"最主要的讨论材料"④。除阅读外，施本纳还建议参与者需分享各自的阅读体会，并接受大家的批评。至于敬虔小组举行的时间，施本纳规定一周两次，分别为周一和周三。周一时，"施本纳简要地重复其周末讲道的主要论点及其圣经依据，随后参与者将讨论上述内容在他们的生活、共同体和日常工作中的

---

① Douglas H. Shantz, *An Introduction to German Pietism： Protestant Renewal at The Dawn of Modern Europe*, Baltimore： The Johns Hopkins University Press, 2013, pp. 77 - 78.

② Roger E. Olson and Christian T. Collins Winn, *Reclaiming Pietism： Retrieving an Evangelical Tradition*, Wm. B. Eerdmans Publishing Co. , 2015, p. 49.

③ Allen C. Deeter, *An History and Theological Introduction to Spener*, Princeton University, Th. D. , 1962, p. 149.

④ Roger E. Olson and Christian T. Collins Winn, *Reclaiming Pietism： Retrieving an Evangelical Tradition*, Wm. B. Eerdmans Publishing Co. , 2015, p. 49.

运用"①。周三晚上时，"在一段圣经被简要阐释后，众人在祷告后花费大量时间进行讨论"②。至于参与的人数，据研究，起初参加敬虔小组的只有六人，除前面所提及的三人外，还有埃森克（Johann Baur von Eysseneck）、乌芬巴赫（Zacharias Conrad Uffenbach，1639－1691）和乌芬巴赫（Johann Christoph Uffenbach）。至 1677 年，参加敬虔小组的人数已达百余人，加之外界有关敬虔小组聚众淫乱的流言和杜绝部分敬虔小组内部成员不再前往教会的现象，施本纳于 1682 年被迫将聚会地点从自己家搬至一间名为 Barfuß 的小教会。③ 至于参加的人群，并非部分研究者想当然地认为参加者不分年龄、性别和阶层，而是起初的参加者多为普通阶层（humbler class），随着参与人数的增多，加入敬虔小组的便有公职人员、医生、律师、商人，甚至还有其他教会的牧师。至于女性被允许参加敬虔小组，则是到了 1677 年，并规定女性只能坐在男人看不到的地方，且她们只允许听，不能发言④。

总之，就敬虔小组举行的时间而言，施本纳规定每周两次，分别为周一晚上和周三晚上。关于敬虔小组的具体流程，大致可归纳如下：首先，以施本纳的祷告开始，起初是从某一虔诚之书中摘取部分段落，后来则是《圣经》，并将自己对这些段落的理解分享给参加敬虔小组的成员。然后，其他人开始提问，或者分享他们对这些被摘取出的段落的理解。最后，其他诸如此类的主题亦被置于敬虔小组各成员中间讨论。由此可见，虽然整个敬虔小组的讨论都由施本纳主持，但是他并非作为教义解释的权威，而

① Allen C. Deeter, *An History and Theological Introduction to Spener*, Princeton University, Th. D., 1962, p. 148.

② Ibid., p. 148.

③ Roger E. Olson and Christian T. Collins Winn, *Reclaiming Pietism：Retrieving an Evangelical Tradition*, Wm. B. Eerdmans Publishing Co., 2015, p. 49. 据施本纳自述，由于被迫将聚会地点搬迁至 Barfuß 教会，导致"一些时常讲述自己或其他人之事的中间阶级不再说话，以及聚会的部分信实丧失了"。Dale W. Brown, *Understanding Pietism*, Grand Rapids：William B. Eerdmans Publishing Company, 1978, p. 61.

④ 在《属灵祭司》一书中，施本纳在回答"女性不允许被教导"的诘问时回应道："从所援引的使徒例子和段落来看，女性能够在公共集会之外得到教导。"也就是说，施本纳的敬虔小组不允许女性说话是依据圣经，但主张女性可以在公共集会之余请教和分享。Philip Jacob Spener, "the Spiritual Priesthood", *Pietists：Selected Writings*, Edited with an Introduction by Peter C. Erb, New Jersey：Paulist Press, 1983, p. 62.

是作为普通的成员参与讨论，且参加敬虔小组的成员可批评施本纳所分享的内容。因此，一开始就参加敬虔小组的胡尼乌斯将其描述为"一场在朋友间的自由交流"①。最终各成员在圣灵的引导下，达到互相启迪的目的。其次，参加敬虔小组的诸成员不再相互以身份、头衔和职位称呼，而代之以"兄弟姊妹"。作为敬虔小组之初期成员的舒茨回忆道："因为在我们之中没有性别之分，而是在耶稣基督里的统一体。"② 也就是说，施本纳之敬虔小组是以全然地信靠基督为基础的信仰者构成，并在圣灵地引导下，以尽可能地通过阅读敬虔之言而实现相互启迪的团契。因此，我们便对施本纳直截了当地将敬虔小组的这一模式概括为："敬虔小组是路德有关'所有信仰者之团契'观念的现实化"③ 无足怪哉。最后，无论敬虔小组诸成员所阅读的内容，还是敬虔小组的形式，都表明在施本纳之敬虔小组中主体的突出地位，即通过培养主体的敬虔，尽可能与基督结成紧密的团契关系，从而完成其重生。由上可见，施本纳之敬虔小组所阅读的内容、参与人群并非一成不变的，而是随着时代的变化而不断变化。因此，并不存在敬虔小组的本质，而只存在着不断成长着的敬虔小组。

第三，针对施本纳是路德宗教会分裂的始作俑者和敬虔小组是导致路德宗教会分裂的肇因的诘难，笔者从施本纳的教会理论和践行敬虔小组过程中予以分析，认为施本纳不是导致路德宗教会分裂的始作俑者；相反，施本纳在教会理论上强调教会的"圣"和"公"之特质；在实践上，不仅从未从事教会分裂的活动，还极力劝返一些教会分裂分子。

具体而言，何谓施本纳所认为的教会？首先，施本纳说："属灵团契是我们的救主耶稣基督为所有人赎回的权利，为达到这一目的，祂用圣灵为信众施洗，在圣灵的大能中，他们将献上神所悦纳的祭物，为他们自己和其他人祷告，并启发他们和他们的邻人。"④ 随后，施本纳诠释为何被叫

---

① Douglas H. Shantz, *An introduction to German Pietism*: *Protestant Renewal at The Dawn of Modern Europe*, Baltimore: The Johns Hopkins University Press, 2013, p. 78.

② Ibid., p. 79.

③ Richard L. *Gawthrop*, *Pietism and the Making of Eighteenth Century Prussia*, Cambridge: Cambridge University Press, 1993, p. 106.

④ Philip Jacob Spener, "the Spiritual Priesthood", *Pietists*: *Selected Writings*, Edited with an Introduction by Peter C. Erb, New Jersey: Paulist Press, 1983, p. 50.

作"属灵团契"时说道："因为他们没有形体，只有属灵的献祭，他们只与属灵之事打交道。"① 在上述界定的基础上，施本纳进一步追问"属灵团契"源自何处，即"源自耶稣基督，根据麦基洗德的顺序，这真正至高的祭司在团契中没有继承者，而始终是唯一的至高祭司。因此，祂在圣父面前膏立神职人员；但是他们的献祭是神圣的，且只有借着祂的神圣才能使上帝悦纳"②。需要注意的是，这里所谓的"属灵团契"便是施本纳认为的教会。关于该属灵团契，其首领是基督，且是至高的和永恒的；其基础是基督借着圣灵为众人施洗，从而将众人赎回。除基督外，属灵团契的成员还包括众多已经被基督用圣灵施洗过的人，且不仅基督启示众人，属灵团契中的各成员还相互启迪。因此，施本纳说："所有的基督徒，无论是年老的，还是年幼的；无论是男人，还是女人；无论是被捆绑的，还是得自由的，都是属灵的祭司。"③ 既然施本纳认为教会源于基督，那么他如何看待现实生活中的教会牧者？"根据他们的职责……牧师是基督的仆人，上帝奥秘的管家，主教、长老和福音与道的仆人，等等。"④ 也就是说，在施本纳理解的教会中，牧师并未有凌驾于其他平信徒之上的特权，其在地位上与其他人一样，均是在基督面前平等的。需要提醒的是，虽然在施本纳看来敬虔小组发挥了制度性教会未能发挥的效用，但其禁止圣餐在敬虔小组中进行⑤。这也就意味着，敬虔小组并非施本纳所认为的教会，而只是教会革新的方法。如此看来，施本纳的理想教会因其纽带是基督，其形成是因基督用圣灵为众人施洗，故施本纳所主张的教会是神圣的；从统一与分裂的视角来看，施本纳之理想教会主张神职人员、平信徒与基督紧密地联结在一起，故施本纳所主张的教会是一个以基督为纽带的信仰共同体。

---

① Philip Jacob Spener, "the Spiritual Priesthood", *Pietists: Selected Writings*, Edited with an Introduction by Peter C. Erb, New Jersey: Paulist Press, 1983, p. 50. 如此看来，施本纳所主张的理想教会，并不只是如《德国通史：专制、启蒙与改革时代》所认为"跨地区的灵修共同体"，而是一种超时间、跨空间、超教派的灵修共同体。详见刘新利、邢来顺《德国通史：专制、启蒙与改革时代》，第 65 页。

② Ibid., pp. 50 – 51.

③ Ibid., p. 51.

④ Ibid..

⑤ Dale W. Brown, *Understanding Pietism*, Grand Rapids: William B. Eerdmans Publishing Company, 1978, p. 61.

随着敬虔小组在路德宗所在地区的风靡，使得对教会现状不满的平信徒开始批评当前的教会，并将部分路德宗教会称作"半吊子基督教"（half - way Christianity）。因此，"许多同道教会在接受更为激进的信仰生活的革新方面进展缓慢数次后，不满意的皈依者经常变成分裂主义者"①。具体而言，当这些怀着一种"没有任何污点的教会"观念的人，看到路德宗教会在革新方面进展缓慢时，他们不仅时常公开反对教会内的折衷主义，而且拒绝参加教会活动，诚如塔普雷特所总结的"小组中的一些成员开始将教会谴责为'巴比伦'，指责牧师为'不信者'，从而拒绝参加与这些'不敬神'之人的任何教会活动，并拒绝从'不配'的牧师手中领受圣餐"②。据沃尔曼的研究，由于舒茨在敬虔小组扮演教导者的角色，使得他骄傲自大、僭越职分，并在 1677 年公然声称拒绝与其他罪人领受圣餐。舒茨于 1682 年分裂教会，另建聚会点；1683 年，舒茨的助手芬德（Christian Fende，1651 - 1746）写信公开指责路德宗的圣餐礼是在拜偶像。③ 自然，作为敬虔小组倡导者的施本纳遭到路德宗正统派的批评，认为前者打开了教会分裂主义的潘多拉魔盒。面对批评，施本纳一方面自辩道："我发自内心地坦承，我对分裂主义有一种恐惧，甚至认为人们进入一个败坏的教会比不进入教会要好"④；另一方面警告教会分裂分子"不要把眼睛只放在教会一些负面的部分，不要把正确的督责曲解为分裂教会的理由，不可把教会视作巴别塔"，甚至于在即将离开法兰克福时，施本纳撰写题为"对有关堕落的基督教之挽歌的使用与误用"檄文，重申"尽管教会是堕落的，但它是真正的教会，任何人都不能背弃他"的观点，以此阐明自己反对教会分裂主义的立场。

除了表态对教会分裂主义者的反对外，施本纳还努力劝返已经离开教会的人群，诚如在一封写给受教会分裂思想影响的年轻人的信中，施本纳

① Allen C. Deeter, *An History and Theological Introduction to Spener*, Princeton University, Th. D., 1962, p. 150.

② Philip Jacob Spener, *Pia Desideria*, Translated, Edited and with an Introduction by Theodore G. Tappert, Minneapolis: Fortress Press, 1964, p. 20.

③ Johann Wallmann, *Der Pietismus*, Göttingen: Vandenhoeck & Ruprecht, 2005, pp. 97 - 99.

④ K. James Stein, "Philipp Jakob Spener", *The Pietist Theologians: An Introduction to Theology in the Seventeenth and Eighteenth Centuries*, Edited by Carter Lindberg, Hoboken: Blackwell Publishing Ltd., 2005, p. 87.

耐心地劝诫道："我听说你加入了'Privat Kollegium'，在其中甚至像阿恩特这样的人都遭到批判……因为这个原因，我希望你将不再前往Kollegium。在 Kollegium 中，你吸收了许多新奇的思想，以至于在我家中听到你说话的外行人都怀疑你属于某一派别。因此，我希望你现在前往斯特拉斯堡……如果他们只是不允许你放弃你信仰的基本观念，那么你可能是持有卡里克图斯的观点①（Calixtine Opinions）。"② 可见，当了解到一位曾参加过在自己家中举办的敬虔小组成员脱离路德宗教会时，施本纳在指出其思想并无创新之处，而只是对胡斯思想继承的基础上，极力劝他尽快回到斯特拉斯堡的教会。当然，部分教会分裂主义者在施本纳的屡次规劝下重新回到教会，也有部分成员依然我行我素，并在敬虔主义思想登陆美洲之前便开始在新大陆传播，如佩恩（Quaker William Penn，1644 – 1718）于 1677 年便在宾夕法尼亚州建立面积达 15000 英亩的德国街（Germantown）。③ 因此，在英语世界的很长一段时间内，德意志敬虔主义者是教会分裂主义者的代名词，诚如塔尼斯（James Tanis，1965 –   ）所总结的："德国敬虔主义最初是通过分离主义者与小众团体在美国殖民地拓展，而这些人多半是主张激进的敬虔主义。"④ 还需注意的是，迫于路德宗正统派的压力，施本纳被迫在 1682 年后逐渐远离敬虔小组，即便其于 1686年迁至德累斯顿亦未组织类似的聚会，直至其在柏林牧会期间，在得到官方支持的前提下，施本纳才再次倡导敬虔小组。综上所述，无论是从对教会论的理解来看，还是从敬虔小组为主要内容的教会改革来看，施本纳都不是路德宗教会分裂的始作俑者；以及造成敬虔小组是路德宗教会分裂之肇因这种印象的主要原因在于：早期参加施本纳在家中组织的

---

① 卡里克图斯系 15 世纪胡斯派的成员，其认为平信徒可以一起领受饼和酒。关于其思想，可详见 Allen C. Deeter，*An History and Theological Introduction to Spener*，Princeton University，Th. D.，1962，pp. 22 – 26。

② August Tholuck，*Das Akademische leben des 17. Jahrhunderts*，Halle：Eduard Anton，1854，p. 79.

③ Roger E. Olson and Christian T. Collins Winn，*Reclaiming Pietism：Retrieving an Evangelical Tradition*，Wm. B. Eerdmans Publishing Co.，2015，p. 71.

④ James Tanis，"Reformed Pietism in Colonial America"，in F. Ernest Stoeffler，*Continental Pietism and Early American Christianity*，Oregon：Wipf and Stock，2007，p. 59. 学界公认的首位抵达北美的哈勒敬虔主义者是穆伦伯格（Heinrich Melchior Muhlenberg，1711 – 1787），时间是 1742 年。此时距路德宗分裂主义者首次达到北美已逾六十年。

聚会中的部分成员，如舒茨和彼得森均成为著名的路德宗教会分裂主义者。

通过上文对敬虔小组相关问题的澄清，我们可以发现施本纳的敬虔小组不是与路德宗教会并立的新教教派，只是一项针对当时教会弊病而进行的教会改革措施，其目的在于使平信徒通过阅读圣经、分享感悟和聚集在一起相互启迪来培养敬虔，从而实现法兰克福教会的更新。鉴于此，中国学者评价道："虽然进一步加强了疏离邦国教会的倾向，但并未完全脱离官方教会，没有'离群索居'……到了18世纪，这种独立自主甚至远远超出了宗教范围，但大多数虔敬主义者并没有分离主义意图。他们与西欧的分离主义者不同，依然固守教会学说，在邦国教会中仍占有一席地位，只是其与邦国教会的紧张关系不曾消除，其主观灵性冲击了传统的教派化求稳定的根基。"①

至于敬虔小组涵盖的内容，尚茨将其总结为《敬虔愿望》中的第二条"改善教会现状的建议"，诚如其所言"关于该书的第二条建议，施本纳呼吁建立敬虔小组，并从路德处寻求灵感"。② 既然敬虔小组是施本纳更新教会的重要手段，那作为教会更新措施的敬虔小组涵盖哪些内容？对此，施本纳概括道："于我而言，我很有信心，如果在每一个聚会中的几个人能够投入这两件事（勤于使用上帝之道和践行祭司的职分），并加上一些其他事情，尤其是兄弟般的告诫和惩罚（这在我们中间已经消失，我们该热切施行，并且尽力保护那些因此而受苦的布道者），大量的目标将会达成。随着越来越多的目标达成，最终教会将得到明显地更新。"③ 如此看来，于施本纳而言，敬虔小组的教会改革包括如下内容：（1）勤于使用上帝之道；（2）践行祭司的职分。

第一，勤于使用上帝之道。施本纳认为其具有两重含义，即"知"与"行"。所谓"知"，是指在生活中运用各种方式加深对"上帝之道"的理解。概言之，"不仅包括听布道，还包括阅读、冥想和讨论，无论是否以

---

① 刘新利、邢来顺：《德国通史：专制、启蒙和改革时代》，第66页。

② Douglas H. Shantz, *An introduction to German Pietism*：*Protestant Renewal at The Dawn of Modern Europe*，Baltimore：The Johns Hopkins University Press，2013，p. 89.

③ Philip Jacob Spener, *Pia Desideria*，Translated，Edited and with an Introduction by Theodore G. Tappert，Minneapolis：Fortress Press，1964，p. 95.

上述方式，还是以其他适宜的方式"①。如此看来，为加深对上帝之道的理解，施本纳主张不仅应当使用传统的听布道的方式，还应当采用包括阅读圣经、冥想经文以及与友人关于经文的理解进行讨论的方式。具体而言，首先，"这可以通过阅读圣经，尤其是《新约》来完成"②。也就是说，施本纳认为若欲加深对上帝之道的理解，其前提是在拥有一本圣经的基础上详细阅读。否则，所谓对圣经的理解便是空谈。其次，"鼓励人们私下阅读圣经的可行之路，也即让人们定时定点地一卷接一卷地阅读《圣经》，而不需要释经（概要除外）"③。除了运用日常的方式阅读圣经外，施本纳还主张信众私下在固定的时间、固定的地点一卷不落地阅读圣经，且在阅读过程中不借助历史上的释经著作。可见，施本纳认为圣经阅读既要做到"全"，又要做到不受"外在"的影响，即强调主体对圣经理解的全面与独到。最后，施本纳还借助使徒时代的读经方式来加深对圣经的理解，即"重新引入古代的和使徒式的教会会议"④ 来阅读圣经。在此，为了诠释何谓"古代的和使徒式的教会会议"的方式，施本纳援引《哥林多前书》第14章第26节至第40节中所描述的内容，即聚集在一起的众人轮流分享自己关于经文的理解，妇女可参加，但"闭口不言"。也就是说，施本纳所言运用"古代的和使徒式的教会会议"阅读圣经，一方面在于践行路德的"人人皆为祭司"的教导，使得圣经的诠释不被部分神职人员垄断；另一方面在于"为着上帝的荣耀"⑤，而非为了辩论。故，在阐释完上述三种对上帝之道理解的方法后，施本纳总结道："不要小看因这种安排而带来的益处。布道者将了解自己的会众，他们在教义和敬虔上的弱点和长进，以及在布道者和对教义和虔诚都很感兴趣的人们之间建立互信。同时，人们将会有一个难得的机会去操练在上帝之道上的殷勤，以及审慎地询问他们的问题（他们并非总是有勇气私下地与他们的牧者讨论）并从他们那获得答案。只要一丁点时间，他们将经历个人的成长，并变

---

① Philip Jacob Spener, *Pia Desideria*, Translated, Edited and with an Introduction by Theodore G. Tappert, Minneapolis: Fortress Press, 1964, p. 91.

② Ibid., p. 88.

③ Ibid., p. 89.

④ Ibid..

⑤ Ibid., p. 90.

得能够给自己的孩子和家中的仆人以更好的信仰指引。若没有这些操练，那些滔滔不绝地向会众宣讲的布道总是不能被完整且恰当地理解，因为这些讲道并没有给人们思考的时间，有时一停下来思考，就错过了后面的讨论。"①

至于上帝之道中"行"之内涵，就如施本纳所总结的："每一个基督徒不仅有义务奉献自己和自己的所有，他们的祷告、感恩、善行、奉献等，还努力地学习上帝之道，用上帝赐予自己的恩典去教育其他人，尤其是与自己同一屋檐下的人，去惩罚、劝诫、皈依和启示他们，去关注他们的生活，为众人祈祷，且尽可能地关心他们的救赎。"② 也就是说，施本纳认为行上帝之道乃是将上帝之道运用于信众生活的方方面面，从而实现"爱上帝，爱邻人"的目标。既如此，那施本纳认为行上帝之道具体包括哪些实践？于行为者本身而言，行上帝之道意味着在自我身上体现上帝之道，即"祷告、感恩"等；于他者而言，行上帝之道是指主体将上帝的恩典用于教育他者、为他者做善行、为他者祷告，进而关注他者的救赎之事。若有些人屡次规劝依然不改正，施本纳建议还需对他们进行惩罚。总之，"勤于使用上帝之道"是在对上帝之道有着深刻理解的基础上，将上帝之道贯彻于自我与他者的生命中，从而践行"爱上帝，爱邻人"的诫命。

若如此，是否意味着施本纳认为在敬虔小组中行上帝之道就可以忽视世俗事物？对此，施本纳斩钉截铁地回答道："诚然，全神贯注于上帝及其圣言是他们最大的快乐，这是最为必要的事情。但是，只要他们还生活在尘世，还需为身体提供能量，那么就有必要工作，就应当为了普遍的善而被上帝置于某一职务上。当他们做事的时候，应当根据上帝赋予他们的能力而勤勉地工作，避免懒惰，以证明顺服神和爱世人。"③ 可见，行上帝之道并不意味着施本纳主张忽视世俗之事；恰恰相反，施本纳认为认真做好世俗之事是践行顺服神和爱世人的证明。因而，施本纳强烈呼吁世人践

---

① Philip Jacob Spener, *Pia Desideria*, Translated, Edited and with an Introduction by Theodore G. Tappert, Minneapolis: Fortress Press, 1964, p. 90.

② Ibid. , p. 94.

③ Philip Jacob Spener, "the Spiritual Priesthood", *Pietists: Selected Writings*, Edited with an Introduction by Peter C. Erb, New Jersey: Paulist Press, 1983, p. 59.

行世俗之事。

第二，践行祭司的职分。该建议涵盖两部分内容：（1）何谓祭司的职分？（2）该建议是针对谁而言的？关于何谓祭司的职分，施本纳解释道："人人都以为，就如他自己蒙召去工作、做生意，或者贸易一样，牧者既没有职业，也没有工作，所以牧者乃蒙召去做牧灵的工作，即忙于上帝之道、祷告、研读、教导、劝诫、慰藉和惩罚等。"[1] 可见，施本纳认为祭司的职分是牧灵，即在祷告、研读上帝之道的基础上，对基督徒进行教导；若不遵行，先对其施以劝诫，再不从，则处以惩罚。换言之，祭司的职分乃为了在平信徒中间，若有人犯错，则待之以"兄弟般地告诫"的目的；如果不听规劝，则处之以惩罚。还需注意的是，于施本纳而言，祭司的职分并非在经验中培育的，而是"先天的"，即一种蒙受呼召而自愿实践的使命。至于该建议是针对谁而言的？同样地，施本纳援引路德关于"人人皆为祭司"回答道："不仅牧师，而且所有基督徒都因着救主而成为祭司了。他们都被圣灵膏立，并尽属灵祭司的事奉。"[2] 也就是说，施本纳呼吁所有人都需践行祭司的职分，即每个人都应当意识到自己是蒙受呼召的，且应当承担起原本被视作祭司职责的祷告、研读上帝之道，对基督徒进行教导、劝诫和惩罚等权力。最后，施本纳还指出当前牧者不能履行祭司职分的原因在于"他太过孱弱，并缺少普遍祭司职分的帮助"[3]。换言之，平信徒若践行祭司的职分，将大大改观当前祭司未能有效履行职分的现象。

虽然施本纳宣称敬虔小组并非自己的原创，而是源于使徒时期的教会，但就如沃尔曼所总结的"由于施本纳对教会和基督徒的更新有不同的理解，因而被唤作'新新教之父'（Father of Neo‐Protestantism）"[4]。因而，施本纳的敬虔小组是在路德宗正统派占据主导地位时进行的宗教改革。关于敬虔小组的指导思想，笔者认为应当是路德之"人人皆为祭司"。若如此，施本纳的敬虔小组是对"人人皆为祭司"的现实化。具体而言，

---

① Philip Jacob Spener, *Pia Desideria*, Translated, Edited and with an Introduction by Theodore G. Tappert, Minneapolis: Fortress Press, 1964, p. 94.

② Ibid., p. 92.

③ Ibid., p. 94.

④ Douglas H. Shantz, *An introduction to German Pietism: Protestant Renewal at The Dawn of Modern Europe*, Baltimore: The Johns Hopkins University Press, 2013, p. 97.

由于敬虔小组秉持"人人皆为祭司",弱化了神职人员权力的同时,强化了平信徒的权力,从而既使得神职人员不能垄断关于上帝之道的解释权,又使得平信徒能够积极参与上帝之道的诠释过程。敬虔小组要求平信徒履行神职人员的职分,使得整个平信徒群体之间可以在指出对方关于圣经理解的错误的基础上,做到相互启迪;还可以指出各自违背上帝诫命的行为,并进行卓有成效的劝诫和惩罚,从而使得整个群体得到更新。无论是强化平信徒对圣经诠释的权利,还是呼吁平信徒承担神职人员的职分均表明:施本纳对主体的强调,即强调主体在救赎过程中的重要作用,主体既可以直接理解上帝之道,又可以履行祭司的职分。因此,布朗不免担心地指出:"所有的这些都涵盖着一种个体主义的倾向。"① 值得注意的是,施本纳的敬虔小组并未否定救恩过程中基督的决定性作用,而只是强调主体可以积极参与到基督救赎之工中来;施本纳并不认为敬虔小组是教会,而认为其只是一种在路德宗教会外,培育主体敬虔的教会改革的手段。由上可总结道:施本纳之敬虔小组既不会走向自我称义,又不会导致教会分裂,其在"培育主体的敬虔"和"强调基督的客观救赎"之间始终维持着某种平衡。因此,作为受施本纳敬虔小组影响的极端敬虔主义者,由于主张"以自我称义对抗外在的教会权威",因而滑向了教会分裂主义。如此看来,以舒茨为代表的极端敬虔主义者便是在"培育主体的敬虔"和"强调基督的客观救赎"之间,格外侧重了前者,从而滑向了教会分裂主义的深渊。因此,这对当下的我们的启示在于:教会改革若既想实现对主体敬虔的培养,又欲避免走向异端,则须如施本纳般在"培育主体的敬虔"和"强调基督的客观救赎"之间始终维持着某种平衡。

---

① Dale W. Brown, *Understanding Pietism*, Grand Rapids: William B. Eerdmans Publishing Company, 1978, p. 62.

第 三 章

哈勒敬虔主义与社会实践

　　与将施本纳为代表的敬虔主义称作法兰克福敬虔主义一样，由于弗兰克一生的事业绝大多数在哈勒完成①，如在哈勒创办社会慈善机构、教育机构和教会改革等，所以笔者将以弗兰克为主要代表的敬虔主义称作哈勒敬虔主义②。关于弗兰克，其出生于 1663 年③的吕纳堡（Lübeck）。弗兰克

①　Gustav Kramer 提醒道："弗兰克时期，格劳沙（Glaucha）并非如现在一样隶属于哈勒，而是一个独立的自治城市。"转引自 Peter James Yoder，*Blood*，*Spit*，*and Tears*：*Augst Hermann Francke's Theology of the Sacraments*，University of Iowa，Th. D.，2011，p. 50。因此，在弗兰克撰的《神圣预定的奇妙脚步指津》（*An Abstract of the Marvelous Footsteps of Divine Providence*）和《神圣预定的脚步与仁慈的上帝之手》（*the Footsteps of Divine Providence or the Bountiful Hand of Heaven*）的封面分别写着 "At Glaucha near Hall" 和 "Glaucha Without Hall"。可见，在弗兰克所处的时代，格劳沙并不隶属于哈勒。在此，本书沿袭学界既定说法，依然将弗兰克毕生奉献的格劳沙视作哈勒的一部分，并将其代表的敬虔主义称作哈勒敬虔主义。

②　《德国通史：专制、启蒙与改革时代》将弗兰克称作"莱比锡敬虔主义者的佼佼者"，或许因弗兰克求学于莱比锡和第一份正式工作在莱比锡大学。与此相对应的是，无论在敬虔主义史家斯托富勒笔下，还是在加夫特罗普笔下，弗兰克都因其事业主要在哈勒完成，而被称作哈勒敬虔主义。鉴于此，本书将弗兰克为代表的敬虔主义称作哈勒敬虔主义。另外，在该书介绍弗兰克的内容中，还出现如下两个错误：第一，1690 年离开莱比锡的弗兰克并非直接前往哈勒，而是在德累斯顿工作了一段时间；第二，弗兰克并非于 1687 年正式接受并践行敬虔主义，而是更早。详见刘新利、邢来顺《德国通史：专制、启蒙与改革时代》，第 65 页。

③　另一说法是弗兰克出生于 1660 年，详见 Rezeau Brown，*Memoirs of Augustus Hermann Francke*，Philadelphia：American Sunday School Union，1831，p. 15。除布朗外，包括《弗兰克传》主编马蒂亚斯、其他两位传记作家居里克和理查德，以及 1858 年出版的弗兰克专著《基督：圣经的总和与本质》（*Christ*：*the Sum and Substance of all the Holy Scriptures*）的英译本序言均考证弗兰克出生于 1663 年。故，笔者认为布朗所记载的弗兰克出生于 1660 年可能是印刷错误。

的外祖父为政治家格洛克辛（David Gloxin，1597－1671），其曾作为吕纳堡和汉堡的城市代表参加《威斯特伐利亚和约》的签署。虽然弗兰克的父亲约翰·弗兰克（Johannes Francke，1625－1670）只是一位面点师的儿子，但凭借自身的聪颖和勤勉而最终获得巴塞尔大学的法学博士，并成为萨克森—哥达公爵的法务大臣（minister of justice to Ernst the Pious）。由于父亲工作的缘故，自4岁后，弗兰克便在哥达（Gotha）接受系统的教育；直至16岁时，弗兰克前往当时路德宗正统派的大本营爱尔福特（Erfurt）学习。关于弗兰克在爱尔福特大学学习期间最值得关注的事，是其对神学和圣经研究的态度。据理查德记载，弗兰克曾言："神学于我而言仅仅是一门科学，在其中只有我的记忆和判断与之相关。我并不能使之实践化。当阅读圣经时，我只是热衷于教义，而不是将教义诉诸我们自身；尽管我撰写了大量的圣经注释，但从来没有将它们放在我的心头。"① 正因如此，约德尔才认为弗兰克有一个从正统派向敬虔派的转向。此后，弗兰克陆续在基尔（Kiel）和汉堡学习希伯来语和希腊语。在结束学习时代后，弗兰克的生涯同样可以以城市来区隔：（1）1684—1689年，莱比锡时期；（2）1690—1691年，爱尔福特时期；（3）1692—1727年，哈勒时期。

于弗兰克而言，莱比锡时期重要的事情莫过如下三件：第一，1686年，与好友安东（Paul Anton，1661－1730）在莱比锡大学哲学系教授曼肯（Otto Mencken）家中效仿施本纳敬虔小组组织学生阅读圣经。据约德尔（Peter James Yoder）考证，弗兰克此时组织的敬虔小组与施本纳的敬虔小组侧重点不同，前者更为关注"《马太福音》和《创世记》的语法问题"②；而后者偏重分享与质疑。第二，1687年，弗兰克经历生命重生的体验。当然，据居里克梳理，弗兰克在1687年经历重生并非偶然性事件，而是其自学习以来累积的产物，如其在幼年时期便祷告"让我把自己的整

---

① Rezeau Brown，*Memoirs of Augustus Hermann Francke*，Philadelphia：American Sunday School Union，1831，pp. 19－20.

② Peter James Yoder，*Blood，Spit，and Tears：Augst Hermann Francke's Theology of the Sacraments*，University of Iowa，Th. D.，2011，p. 24.

个生命完全奉献给上帝荣耀的提升"①；在基尔学习期间，其便检讨道：
"神性只是在我的头脑中，而不是在我的心中。这是一种僵死的学问，其
充斥着我的记忆和想象。"② 直到 1687 年，弗兰克运用寓言式的方法勾勒
自己的重生体验：一开始弗兰克感知到，而非意识到自己的罪性；然后，
陷于罪中无法自拔的弗兰克感受到"上帝强有力的手迅速将外在的障碍移
除，与此同时，祂更新了我的心灵，我抓住每一个热心为祂服务的机
会"③；最后，弗兰克将自己的此次重生体验所处的状态描述为一种"黎明
前的晨暮"，经此之后，"坚定的信仰深深地灌入我的内心"，从此"不再
对上帝有任何的抱怨"。④ 关于弗兰克的此次重生体验，马蒂亚斯总结道：
"它是弗兰克神学和作品的关键文本，是敬虔主义者—资产阶级自传的突
出见证。"⑤ 第三，经历此次重生后，弗兰克愈发察觉到莱比锡神学院对灵
性看护的忽视，因而着手从属灵方面更新教会。⑥ 据约德尔的总结，弗兰
克具体从两方面改革教会：其一，唤醒聚会者；其二，追问路德宗神职人
员的属灵目标。⑦ 作为结果，1689 年 8 月，以卡尔普佐夫（Johann Benedict
Carpzov，1639 - 1699）为代表的路德宗正统派开始诘难弗兰克及其教会改
革，其指责弗兰克教授非正统派的思想。面对漫天诘难，弗兰克发表《辩
护》（Apologia），尽可能地澄清对自己的多重指控。但德累斯顿当局依然
着手调查正统派对弗兰克的指控，并具体化为三项内容：（1）弗兰克的敬
虔小组是否传播了对神职人员及其属灵权威蔑视的内容？（2）弗兰克的
敬虔小组是否破坏社会秩序？（3）弗兰克是否教授非正统思想？最终，
1690 年 3 月，当局做出决定免去弗兰克莱比锡大学教授职务，并宣布与

---

① Heinrich Ernst Ferdinand Guericke, *The Life of Augustus Hermann Francke*, London：Henry G.
Bohn，1847，p. 10.

② Ibid.，p. 11.

③ Ibid.，p. 14.

④ Ibid.，pp. 14 - 16.

⑤ Makus Mattbias，"August Hermann Francke"，*The Pietist Theologians：An Introduction to Theol-
ogy in the Seventeenth and Eighteenth Centuries*，Edited by Carter Lindberg，Hoboken：Blackwell Publish-
ing Ltd.，2005，p. 110.

⑥ 弗兰克改革莱比锡的敬虔小组并非如陈企瑞所认为的遵从施本纳的建议，而是源自其重
生经历。陈企瑞：《论敬虔主义者弗兰克的信仰实践》，《基督教思想评论》第 11 辑。

⑦ Peter James Yoder，*Blood，Spit，and Tears：Augst Hermann Francke's Theology of the Sacra-
ments*，University of Iowa，Th. D.，2011，p. 29.

弗兰克领导的敬虔小组做斗争。无奈，弗兰克被迫离开莱比锡，前往爱尔福特。

虽然弗兰克在爱尔福特并未久居，但其并不改在莱比锡的教会改革的做法，继续在当时路德宗正统派的大本营从事教会改革的工作，如在奥古斯丁教堂（Augustinerkirche）举办有关圣经阅读的聚会。由于弗兰克的布道非常契合听众，就如一位第一次聆听弗兰克布道的听众弗雷林豪森（Freylinghausen）自述"于我而言，他所说的就好像是一种新的语言，完全契合我"，因而弗兰克在爱尔福特的教会同样获得极大关注，进而导致参加士足者教堂（Barfüßerkirche）的信众越来越少。这导致时任士足者教堂牧师的克罗迈耶（Augustinus Friedrich Kromayer，1644–1707）敦促爱尔福特当局对弗兰克进行调查。以克罗迈耶为代表的正统派认为弗兰克的思想中含有"人可以保守上帝的律法，人可以在上帝的恐惧中变得完美"的内容，进而指控其是危险的再洗礼派、静默主义者和狂热主义者等。面对指控，弗兰克只好被迫应战，辩称自己并无异端思想和误导信众的行为。但是，爱尔福特当局不为所动，强令弗兰克于1691年9月前必须离开奥古斯丁教堂。离开爱尔福特后，弗兰克并未直接前往格劳沙，而是来到柏林。① 借助施本纳建立的关系网，弗兰克接触到来自丹麦和瑞典的众多贵族，这些人成为弗兰克此后再遭诘难时的庇护人。恰在此时，刚成立的哈勒大学急缺教授希腊语和希伯来语的教师。因而，在施本纳的鼓励和友人的开导下，弗兰克接受哈勒大学的邀请成为这所新成立高校的希腊语和希伯来语的教授。8年后，弗兰克才从语言学专业转为神学专业，直至其去世。②

据居里克梳理，弗兰克在哈勒的生涯也非一帆风顺，其遭遇至少三次"异端"的指控，但由于勃兰登堡选侯的支持，弗兰克均化险为夷，未再

---

① 理查德描述弗兰克离开爱尔福特的遭遇颇具戏剧性，其说道："弗兰克被强令离开爱尔福特当天，收到了一封来自勃兰登堡选侯的信，邀请他前往自己的封地。"Rezeau Brown, *Memoirs of Augustus Hermann Francke*, Philadelphia: American Sunday School Union, 1831, p. 54.

② Rezeau Brown, *Memoirs of Augustus Hermann Francke*, Philadelphia: American Sunday School Union, 1831, p. 81.

出现被驱逐的经历。① 纵观弗兰克在哈勒的工作，既有理论层面的，又有实践维度的。在理论层面，弗兰克于 1694 年出版《提摩太为神学研究奠定基础》（*Timotheus zum Furbilde allen Theologiae Studios*），借提摩太之口陈述神学研究的目的，即"在此，我并不是想让你变得博学，而是敬虔"②；出版《〈圣经〉阅读与研究指津》，一方面强调圣经具有语言学、历史学和哲学维度的丰富内涵；另一方面主张圣经研究不是为了获得冷冰冰的、程式化的知识，而是"将这些真理注入学生们的心灵，并教导他们如何将这些真理同样教导给其他人"③。若将弗兰克的上述理论贡献称作弗兰克的"圣经诠释学"的话，那么其圣经诠释学便具有双重维度，即历史维度和属灵维度，且此双重维度是一个紧密联系的整体。鉴于此，马蒂亚斯运用圣经的内核与圣经的外壳予以诠释，其总结道："他关于圣经内核与圣经外壳的清晰诠释，一方面使圣经的历史批判注释成为可能，另一方面沿袭着一种非历史的布道式的诠释。"④ 另外，由于弗兰克早年有重生体验，且在其日后的生活中，不断提及此次重生体验在自己往后生活中的重大影响，就如加夫特罗普所总结的"对施本纳和弗兰克而言，重生只是通往义的第一步。重生的基督徒与上帝之间的关系着实是他们关注的核心；……这些对'上帝诫命的顺服'包括祷告、阅读圣经、放弃罪恶的消遣，和通过慈善行为为邻居服务"⑤。可见，如果说重生是弗兰克思想的核心，那么包括祷告、圣经阅读和慈善行为等均属重生在社会实践领域的"流溢"，是重生的必然要求；同理，弗兰克在社会实践领域的上述主张又称为重生思想的补充。概言之，此二者互为表里，缺一不可。若沿袭上述逻辑，就目的而言，圣礼和在社会生活中的实践都是为了重生。因此，为更清楚地

---

① Heinrich Ernst Ferdinand Guericke, *The Life of Augustus Hermann Francke*, London: Henry G. Bohn, 1847, pp. 111 – 139.

② Quoted in Peter James Yoder, *Blood*, *Spit*, *and Tears*: *Augst Hermann Francke's Theology of the Sacraments*, University of Iowa, Th. D., 2011, p. 61.

③ Rezeau Brown, *Memoirs of Augustus Hermann Francke*, Philadelphia: American Sunday School Union, 1831, p. 82.

④ Makus Mattbias, "August Hermann Francke", *The Pietist Theologians*: *An Introduction to Theology in the Seventeenth and Eighteenth Centuries*, Edited by Carter Lindberg, Hoboken: Blackwell Publishing Ltd., 2005, p. 110.

⑤ Richard L. Gawthrop, *Pietism and the Making of Eighteenth Century Prussia*, Cambridge: Cambridge University Press, 1993, p. 141.

阐释弗兰克的圣礼，笔者不得不将其圣礼纳入重生观视域下进行考察。

至于弗兰克在哈勒的实践层面之贡献，可大致总结为如下三部分：（1）改革教会；（2）创办教育机构；（3）建立社会慈善机构。关于弗兰克如何改革教会，前文已有略述。在此，想要提醒的是，弗兰克改革教会的方法除改变信众的聚会组织形式外，还主张运用洗礼和圣餐等圣礼更新教会。至于创办教育机构，由于弗兰克深切地意识道："很多贫穷的父母因没有知识而造成他们的孩子缺少教育，他们不送小孩去上学，也不在家教育他们，而是任凭孩子在鄙俗的环境与恶习中成长，等长大了，这些孩子什么都不知道，却懂得抢劫偷盗……我试图付每周的学费让他们去上学但没有收效，因为我发现，这些孩子尽管索要了钱但不去上学，也有的拿到钱去了学校，但是没有收到教育的效果……我深刻地感受到这些贫穷儿童真实的需要。"[1] 因而他于 1695 年在哈勒创办了一所针对贫困儿童的学校，以促进其所牧养地区的儿童在知识和属灵上的进步[2]。随着弗兰克所办学校声望的提高，越来越多的父母将子女送入弗兰克创办的学校中。针对不同的对象和培养目标，弗兰克创办了四类学校：（1）以贵族男子为对象的教育，主要培养他们成为未来的军队将领和政府官员；（2）以专家和商人阶层为对象的教育，培养未来的律师、医生、神学家和商人；（3）以普通男女市民为对象，提供有关经商或家务方面的教育；（4）针对贫穷人而开设的专门学校。[3] 虽然上述四类学校的侧重点和培养的具体目的各不相同，但培养的终极目的却是一致的，就如约德尔所总结的："弗兰克相信所有的事情都将导向上帝的荣耀，一个世界范围的灵性和社会改革将成为教会转向上帝的可见证明。"[4] 可见，弗兰克创办学校的终极目的在于通过教育，培养普通民众的敬虔，以实现全社会的革新。至于社会实践与弗

---

① Augustus Hermann Francke, *Faith Works Perfected*, New York: Anson D. F. Randolph, 1867, p. 24.

② Makus Mattbias, "August Hermann Francke", *The Pietist Theologians: An Introduction to Theology in the Seventeenth and Eighteenth Centuries*, Edited by Carter Lindberg, Hoboken: Blackwell Publishing Ltd., 2005, p. 102.

③ F. Ernest Stoeffler, *German Pietism during the Eighteenth Century*, Leiden: E. J. Brill, 1973, pp. 25 – 26.

④ Peter James Yoder, *Blood, Spit, and Tears: Augst Hermann Francke's Theology of the Sacraments*, University of Iowa, Th. D., 2011, p. 71.

兰克之重生观间的关系，加夫特罗普总结道："弗兰克在醒着的每时每刻都致力于为上帝服务。作为结果，他不仅如施本纳此前一样，谴责游手好闲，而且他将职业劳动纳入为上帝服务这一使命中，借此上帝的孩子们服侍他们的邻人。"① 如此看来，与圣礼的目的一样，弗兰克认为包括慈善活动在内的社会实践是上帝赋予世人的义务②，其终极目的乃重生。

除改革教会和创办教育机构外，弗兰克在哈勒地区还建立诸如福利院、医院、图书馆和印刷厂等机构。建立社会慈善机构需要大量资金，弗兰克却在没有政府等机构支持的情况下，完全凭借一个个独立的捐助者的主动奉献完成此番创举。因此，在创办福利院等机构早期，弗兰克数次遇到了资金上的困难，其说道："每一个人都向我表达最衷心的祝福。但是穷人不奉献，因为他们不'能'；而富人不奉献，因为他们不'愿意'，让我感到难过的是这些假装自己很爱上帝之国的人却拒绝帮助我。"③ 无奈，弗兰克只好发动信众主动募捐，其方法是"于是，我在自己住所的卧室内放置一个小箱子，上面写着《约翰一书》第3章第17节的经文：凡有世上财物的，看见弟兄穷乏，却塞住怜悯的心，爱神的心怎能存在他里面呢？随后加上《哥林多后书》第9章第7节的经文：各人要随本心所酌定的，不要作难，不要勉强，因为喜乐捐赠的人是神所喜爱的"④。作为结果，逐渐有来自全国各地的资金汇聚到哈勒，并最终帮助弗兰克建立起教育、慈善等机构。通过弗兰克建立的社会福利机构的过程，笔者可以总结：正是基于对福音的普遍性呼召和爱邻人诚命的恪守，弗兰克才能在哈勒地区建立起系列社会福利机构。换言之，弗兰克建立社会慈善机构的"初心"并非世俗的，而是在"呼召"的感召下进行的社会实践，其终极目的是荣耀上帝。

由上可见，弗兰克毕生从事的事业大体可归纳为：改革教会、创办教

---

① Richard L. Gawthrop, *Pietism and the Making of Eighteenth Century Prussia*, Cambridge：Cambridge University Press, 1993, pp. 143 – 144.

② Augustus Hermann Francke, "The Duty to the Poor", in Gary R. Sattler, *God's Glory, Neighbor's Good：A Brief Introduction to The Life and Writings of August Hermann Francke*, South Carolina：Covenant Press, 1982, p. 156.

③ Augustus Hermann Francke, *Faith Works Perfected*, New York：Anson D. F. Randolph, 1867, p. 21.

④ Ibid. .

育机构和建立社会慈善机构。因此，斯托富勒分别以三种身份来囊括弗兰克，即神学家、教育家和慈善家，并将弗兰克一生的目标总结为："生命得到改变、教会得到更新、国家得到改革、把福音传遍天下，这些是他终生努力想要实现的伟大目标。"① 有别于斯托富勒对弗兰克的总结，约德尔将弗兰克的贡献总结为三大支柱：圣经主义（Biblicism）、生命重生（Conversion）和社会改良（Improvement）。无论是斯托富勒的"三种身份"，还是约德尔的"三大支柱"无不表明：弗兰克不是一位枯坐书斋的宗教理论家，而是一位将自己的理念付诸社会实践的宗教改革家。既如此，弗兰克的思想与其社会实践便不是割裂的，而是一个相互联结的整体，就如约德尔所总结的："在一定程度上而言，弗兰克的圣经主义是真信仰的方式，他的重生神学是一个转变的行为，使人在属灵维度上建立与上帝的联系，他的个人的、社会进步神学应当被视作其神学计划的可见成果。"② 鉴于此，笔者将依次诠释弗兰克的圣经诠释学、重生观和社会实践，一方面探寻弗兰克的重生体验如何影响其圣经诠释、重生思想和社会实践；另一方面总结在相关主题上，弗兰克与施本纳思想的差异，从而勾勒出德意志敬虔主义思想发展史。

一　圣经诠释学

需要指出的是，弗兰克既未撰写题为"圣经诠释学"的作品，又未将自己的圣经注释称作"圣经诠释学"。因此，笔者以圣经诠释学概括弗兰克相关圣经注释著作的内容只是强名之。鉴于此，笔者需对诠释学以及圣经诠释学予以说明。众所周知，作为诸神信使的赫尔墨斯，其不是单纯的重复神的语言，而是将神的话语转换成人的语言，使之成为能够被人所理解的语言。换言之，赫尔墨斯必须既对神的话语有着清晰的把握，又对人的语言和人的理解能力有着清楚的认识。故，西方诠释学家大体将诠释学

---

① F. Ernest Stoeffler, *German Pietism during the Eighteenth Century*, Leiden: E. J. Brill, 1973, p. 7.

② Peter James Yoder, *Blood, Spit, and Tears: Augst Hermann Francke's Theology of the Sacraments*, University of Iowa, Th. D., 2011, p. 68.

的词根追溯至古希腊神话中诸神的信使"Hermes"（赫尔墨斯）。① 可见，诠释学是一门极为古老的学科，其目的是"将一种意义关联从另一个世界转换到自己的生活世界"②。然而，在施莱尔马赫创立现代诠释学前，并不存在一种普遍的诠释学，而只有语文诠释学、圣经诠释学和法学诠释学三个分支诠释学。既如此，那何谓圣经诠释学？从词源来看，圣经诠释学对应的英文有如下两个：Biblical Exegesis 和 Biblical Hermeneutics。"前者侧重于对圣经文本的注释，是一种具体方法，后者则侧重于诠释的理论，是一种指导原则。这两者很难完全区分开来，在施莱尔马赫之前更是如此。"③ 如此看来，圣经诠释学伴随着圣经的产生而产生。因此，可以说整部基督教发展史就是一部圣经诠释史：无论是因解经方法各异导致安提阿学派与亚历山大学派的对立而致使教会分裂，还是以伊拉斯谟和路德等为代表的思想家通过对圣经的不同诠释而推动的宗教改革，抑或是以巴特和莫尔特曼（Jürgen Moltmann，1926 –　）为代表的当代基督教思想家通过注释圣经而发展出当代的基督教思想。相较于基督教内部预设诠释前提的圣经诠释学，以狄尔泰（Wilhelm Dilthey，1833 – 1911）为代表的思想家指出圣经诠释应当抛弃独断论，将圣经作为历史文本，从历史的角度予以诠释。换言之，狄尔泰主张将圣经视作对象进行客观性的评断，就如何卫平对狄尔泰的诠释学总结的："理解不是进行因果说明，而是把自己移入另一异在的、远离我们自己的生活经验之内，这种经验被对象化在文本中，理解应当通过它去追溯作者内在的生活和世界观。"④

　　虽然是强名，但并不意味着弗兰克的圣经诠释学是独自建构的。据研究，弗兰克的圣经诠释学源于施本纳所讲授的丹皓尔的诠释学。⑤ 既如此，

---

　　① 这种说法遭到凯伦依（Kerényi）和哈索·耶格的质疑，认为诠释学源自赫尔墨斯只是一种虚构。但潘德荣进一步评述到，这样的质疑并不能推翻诠释学的词源源于"Hermes"的结论。详见潘德荣《西方诠释学史》，第 20 页。

　　② ［德］伽达默尔：《真理与方法》（下），洪汉鼎译，上海译文出版社 1999 年版，第714 页。

　　③ 张诏阳：《保罗·利科的圣经诠释思想研究》，博士学位论文，浙江大学，2017 年。

　　④ 何卫平：《解释学之维——问题与研究》，人民出版社 2009 年版，第 37 页。

　　⑤ Makus Mattbias, "August Hermann Francke", *The Pietist Theologians: An Introduction to Theology in the Seventeenth and Eighteenth Centuries*, Edited by Carter Lindberg, Hoboken: Blackwell Publishing Ltd., 2005, p. 105.

那丹皓尔在诠释学方面具有哪些贡献？据学者梳理，丹皓尔早在1630年便发表题为"好的诠释者观念"（"Idea Boni Interpretis"）一文和在1654年出版诠释学专著《神学诠释学或〈圣经〉解释方法》（*Hermeneutica sacra sive methodus expondarum sacraum Litterarum*）。该书被学界广泛地认为是诠释学史上第一部将"诠释学"用作标题的著作。在"勾画出来某种具有'一般'意义的诠释学"① 思想指导下，丹皓尔对圣经予以诠释。丹皓尔认为："只有通过存在于文本之后的'精神'（spirit），这正是诠释者为了真正理解文本所需要的，圣经才能充满活力。从传统路德宗的诠释学和教义来看，这是一个有问题的概念。"② 这里所言的精神是指"需将圣经的历史作者视作一个具有情感、生活、处境和使命的人"③。如此看来，丹皓尔致力于开启诠释学研究中的一个新方向——寻求一种有别于传统"神学解经学"的诠释学，即"为了获得正确的诠释，厘清晦暗不明的意义，就需要一种不受外部因素影响的判断，需要了解文本设定的目标，其类属，其前因后果，需要语言运用的知识"。④ 正是在此种圣经诠释思想的影响下，弗兰克主张需将圣经分成文字和圣言，并分别予以诠释：对圣经文字的诠释需从语法、历史和分析三重维度进行；对圣言的诠释则需从评注、教义、推论和实践四重维度推进，诚如弗兰克在《〈圣经〉阅读与研究指津》的"导论"中所总结的："所有阅读《圣经》的方法中，要么偏重于文字（Letter），要么偏重于圣灵（Spirit）。若偏离了后者，那么前者便是空泛的和前后矛盾的；只有将二者结合起来，对神性的研究才是完整的。关于《圣经》的文字部分，阅读时当分为三部分：文法、历史和分析。至于圣言的圣灵部分则包括四个部分：注释、教义、推理和实践。"⑤ 因此，奥尔森又将弗兰克对圣经的上述两部分的划分总结为：内核

---

① 潘德荣：《西方诠释学史》，第195页。

② Makus Mattbias，"August Hermann Francke"，*The Pietist Theologians：An Introduction to Theology in the Seventeenth and Eighteenth Centuries*，Edited by Carter Lindberg，Hoboken：Blackwell Publishing Ltd.，2005，p. 105.

③ Ibid..

④ 潘德荣：《西方诠释学史》，第195页。

⑤ Augustus Hermann Francke，*A Guide to the Reading and Study of The Holy Scriptures*，tran.，From the Latin by William Jaques，Philadelphia：Hogan，1823，pp. 17-18.

与表皮。① 此外，弗兰克圣经诠释的内容还包括圣经研究需要遵从相应的次第，即"从容易理解的开始，逐渐进入深奥的经卷，尤其是那些平行论点（Paralled Argument）；从新约到旧约；从简单的经卷到抽象的经卷"②。

第一，圣经的文法阅读。对此，弗兰克开宗明义道："文法阅读涉及新约的希腊语和旧约的希伯来语和迦勒底语；要求词源、意义、句法和习语都被完全理解；以免将随之而来的翻译所致的错误理解，和对这些语言的不了解全部笼统的归咎于受圣灵启示的执笔者。"③ 弗兰克此处所言"圣经的文法阅读"实则是指对圣经进行语言学的阐释，其目的是避免错误理解圣经，进而将自身理解的错误归咎于圣经的执笔者，为达到上述目标弗兰克主张圣经的文法阅读需做到如下四点：（1）对希腊文、希伯来文的经文进行语法分析；（2）对圣经中的俗语（Idiom）做准确的考察；（3）对迦勒底语有着娴熟的把握；（4）熟稔拉比著作（Rabbinical Writings）。

既如此，那如何对希腊文、希伯来文的经文进行语法分析？弗兰克指出，由于希腊文和希伯来文均不是我们的日常语言，所以欲对经文有准确的把握，就必须有着扎实的希腊文和希伯来文的基础。至于"扎实"到何种程度，弗兰克形象地说到，首先是关于《马太福音》前七章需熟悉到"能够无困难地将希腊文经文转成自己的语言"④，然后是"在三个月内掌握新约的文法"。在熟练掌握语言的基础上，弗兰克随即指出圣经文法阅读的第二个关键点，即"客观性"。对此，弗兰克解释道："让我们的任何一位读者都不要被自己的判断引导……而是听从明智的导师或者朋友的建议。"⑤ 弗兰克这里所言的"导师或朋友"并非一般意义上的，而是指"教父"，诚如其在随后解释道："至于选择那些关于希腊文圣经的评述，

① Roger E. Olson and Christian T. Collins Winn, *Reclaiming Pietism*: *Retrieving an Evangelical Tradition*, Wm. B. Eerdmans Publishing Co. , 2015, p. 63.

② Augustus Hermann Francke, *A Guide to the Reading and Study of The Holy Scriptures*, tran. , From the Latin by William Jaques, Philadelphia: Hogan, 1823, pp. 119 – 120.

③ Ibid. , p. 19.

④ Ibid. , p. 20.

⑤ Ibid. , p. 21.

还是教父的作品，我更倾向于选择后者。"① 也就是说，弗兰克认为圣经诠释不可以完全脱离基督教传统而进行某种私人化的理解，而必须置于整个基督教思想发展史的脉络中进行。在此，弗兰克还不忘提醒读者，虽然记住一些语法的基本原理非常有必要，但"应当将更多的时间用于阅读经文，而不是研究语法"②。可见，弗兰克认为对圣经的文法阅读不应当舍本逐末，将重点从经文的理解转移到语言的研究上。除此之外，弗兰克还指明对圣经进行文法阅读应当采取的模式，其说道"在进行文法阅读时，三两好友聚集在一起形成一个组织，且相互之间互帮互助，这是一种大有用处的做法"③，即弗兰克主张运用敬虔小组的方式进行圣经的文法阅读。总之，弗兰克认为对圣经进行文法阅读需在熟稔希伯来语、希腊语和教父注释的基础上，采取敬虔小组的方式偏重对经文的诠释，而非经文所假借的语言。最后，弗兰克将对希腊文、希伯来文的经文进行语法分析总结为十一条原则，用于神学院研读圣经的学生来遵循，即："（1）不要厌倦记录下经文的含义。这是一项对记忆极好的辅助手段，尽管这显得不那么必要。（2）当任何一个词汇的根源不能清楚地掌握时，将这个词汇记在书页旁边。（3）圣经学习的学生应当小心地避免没有任何原则或计划地阅读：他必须按部就班地阅读启示之书（Inspired Writings）。（4）让我们牢记，所有的事情都不能一瞬间完成。学生在一开始阅读时，不能完全掌握每一项困难。（5）经文应当时常大声地读出来；因为默念时常导致结巴和阅读缓慢，甚至于在精读之后也是如此。（6）如果导师偶尔阅读经文，那么学生将有所进步。（7）如果在周六时重复前几天的课程，那么将大有裨益。（8）《历代志》应当按照其自然顺序来阅读，并放在《列王纪》后面阅读。（9）当学习一门语言的基础知识时，不应当聘请不同的教师。（10）圣言只出现在纸面上一次，其留存于心间。（11）首次阅读时，将那些不易与称谓性词汇相区别的实词记录下来。"④

准确地考察圣经中的俗语。在进入阐释如何准确考察圣经中的俗语

---

① Augustus Hermann Francke, *A Guide to the Reading and Study of The Holy Scriptures*, tran., From the Latin by William Jaques, Philadelphia: Hogan, 1823, p. 26.

② Ibid., p. 28.

③ Ibid., p. 32.

④ Ibid., pp. 33 – 34.

前，弗兰克援引丹皓尔关于"俗语"的界定道："俗语是这样的一种表达：它通用于所属的整个语言，仅仅属于这种语言，且始终适用于这种语言。俗语通用于所属的整个语言，是因为当执笔者想要表达同样的事情时，总是把俗语运用在所属语言里；俗语仅仅属于这种语言，是因为它不但专门地而且为这种语言所特用；而俗语始终用于这种语言，也就是说，这不是出于纯粹的偶然，也不是出于随意的类比。"① 也就是说，俗语虽然与其他语言相同，但有着特定的内涵，因而在面对俗语时不可望文生义，而应当详细查考。加之，"在新约中，一些人认为俗语是希腊文化；另一些人认为'神圣的希腊风格'涵盖着由希腊文词汇表达的希伯来俗语"②。如此看来，面对圣经中的俗语，切莫以其所使用的语言作为唯一的理解标准，而应当分析俗语是在何种文化环境中出现的，进而阐释该俗语的内涵。否则，不仅无法理解俗语的内涵，而且会曲解俗语所在经文。既然弗兰克认为在《新约》中的部分俗语是希腊文写就的反映希伯来文化的，那么面对这样的俗语应当如何检视？与对希腊文、希伯来文的经文进行语法分析的做法一样，弗兰克总结为"持续地、有耐心地阅读希腊文、希伯来文圣经"③，并借评论格劳修斯（Glassius，1593 – 1656）在第三篇论文《神圣的语言学》（"Philologia Sacra"）中对俗语检视之弊来呈现其关于如何准确理解圣经中的俗语。关于格劳修斯的《神圣的语言学》，弗兰克评价道："（1）该书涵盖着一条原则，即若能恰当地理解一本书，就必须与有问题的书校对阅读。（2）该书中大量的例子取自其他作者的论著，尤其是优西比乌和德尔图良。（3）格劳修斯时常将俗语视作表达的形式，如果遭到双重检查，那么俗语显然可以在所有语言中获得……（6）他对俗语学说的处理不够深入。许多俗语都隐藏在希伯来语和其他语言背后；尤其在文字的联系中。"④ 可见，弗兰克对格劳修斯在书中对俗语的理解非常不满，其批评格劳修斯未能对俗语有深刻的理解，便将它们直接从优西比乌和德尔图良的作品中摘引过来。当然，弗兰克也赞誉了格劳修斯该书中提出的理

---

① Augustus Hermann Francke, *A Guide to the Reading and Study of The Holy Scriptures*, tran., From the Latin by William Jaques, Philadelphia: Hogan, 1823, p. 35.

② Ibid., p. 36.

③ Ibid., p. 41.

④ Ibid., pp. 38 – 39.

解俗语的方法，即取一本有问题的书籍与另一本书籍参照着阅读。如此看来，欲对经文中俗语做准确的理解，弗兰克主张需做到：熟悉俗语产生的历史处境和文化环境以及校对式阅读。最后，弗兰克还不忘提醒我们，对俗语理解的目的"不是将我们的时间和精力只浪费在圣经的文字上，而是尽快去享受那些从活生生文字背后的圣灵中流淌出的神圣快乐"①。

对迦勒底语有着娴熟的把握，是指研读圣经之人需要对古代犹太人所处地区迦勒底和他们所使用的语言有所了解，从而有助于他们能更好地掌握希伯来文的圣经，诚如弗兰克所言"若学生欲熟练掌握希伯来语，那他必须从迦勒底语开始"②。至于如何学习迦勒底语，弗兰克认为可以按照学习希腊语和希伯来语的方法来学习，即"将那些用迦勒底语写就的经文，用译本将它们读出来"。也就是说，弗兰克主张学习迦勒底语不是直面迦勒底语，而是运用比较的方法，将某段以迦勒底语写就的经文之译本读出来，从而加深对该经文的理解。如果还想对迦勒底语有更多的了解，弗兰克建议研读塔库姆译本（Targum）③。总之，弗兰克认为若要对圣经做文法阅读，就必须掌握圣经曾使用过的语言，且主张迦勒底语的学习先于希伯来语和希腊语的学习。最后，与语言、俗语的学习一样，弗兰克还主张无论是学习者还是注释者都需对拉比著作有所了解，以促进对圣经的理解。至于如何加深对拉比著作的理解，弗兰克主张"借助实践来学习比通过训诫学习更好"④。借助训诫来学习拉比著作，即将拉比著作条块化为一条条的戒律，从而使学习者在"认知"上理解和遵守；那何谓"借助实践来学习"呢？弗兰克援引塞拉里乌斯⑤和阿玛玛⑥，认为上述二位思想家均对此问题有专门论述，认为将拉比著作的思想运用到自我的日常实践中来。由

①　Augustus Hermann Francke, *A Guide to the Reading and Study of The Holy Scriptures*, tran., From the Latin by William Jaques, Philadelphia: Hogan, 1823, p. 41.

②　Ibid., p. 41.

③　关于圣经的塔库姆译本，可详见大英百科全书"塔库姆译本"词条，https://www.britannica.com/topic/Targum。

④　Augustus Hermann Francke, *A Guide to the Reading and Study of The Holy Scriptures*, tran., From the Latin by William Jaques, Philadelphia: Hogan, 1823, p. 42.

⑤　塞拉里乌斯（Andreas Cellarius, 1596 – 1665）是出生在德国诺伊豪斯的荷兰地图学家，其代表作是《和谐大宇宙》，关于塞拉里乌斯的详细介绍可参见 https://webspace.science.uu.nl/~gent0113/cellarius/cellarius.htm。

⑥　阿玛玛（Sixtinus Amama, 1593 – 1629）是荷兰改革宗神学家和东方主义者。阿玛玛是最早倡导对神学家不可或缺的圣经原始语言的透彻了解的人之一。

上可见，无论是对希腊语、希伯来语和迦勒底语的掌握，还是对圣经中俗语的理解，抑或是劝诫学习者加深对拉比著作的研读均表明：在圣经诠释过程中，弗兰克主张尽可能地客观化，即摆脱诠释过程中主体的因素，而还原圣经的原初本意。

第二，圣经的历史阅读。① 关于圣经的历史阅读，弗兰克一开始便界定道："历史阅读限定在《圣经》的外在文字上，其趋势是引导人们进入圣经文字所涵盖的历史知识中。"② 也就是说，弗兰克认为圣经的历史阅读是借助圣经的文字，引导人们进入文字所记载的历史中，即使得读者了解经文所载的历史。既如此，那弗兰克认为圣经的历史阅读应该读什么？对此，弗兰克从七个方面予以阐释：（1）"旧约与新约的总和与本质。"为了诠释何谓"旧约与新约的总和与本质"，弗兰克说"这可以从粗略地阅读中获得"，并将其定义为"借着新旧约，我们能理解什么"。可见，弗兰克所谓"旧约与新约的总和与本质"是指读者在粗略地阅读经文的过程中所理解的内容。（2）"受圣灵启示的执笔者。"（The Inspired Penmen）（3）"写作的场合与原因。"在此，弗兰克指出写作的场合与原因"绝大多数情况下都会被受启示的作者直截了当地指出"③。也就是说，圣经的历史阅读需要通过圣经文字明白经卷的写作背景，从而有助于读者更清晰地把握相关主题。（4）"尽可能地从历史事件中推测范围。"④（5）"总结各卷书的论点。"为达到这一目的，弗兰克主张除了自己"刻苦地阅读和检查经文"⑤ 外，还建议读者需借助外力的帮助，即导师的帮助和同学之间的互助。（6）"以经译经"法。弗兰克建议"不要以圣经被分成多少章来衡量我们的阅读，而需一次阅读完一个完

---

① 所谓圣经的历史阅读，是指对圣经做历史批判研究，即以理性为方法，对全部圣经所叙述的历史置于批判性的分析之下。这样的一种圣经批判方法并非弗兰克的独创，而是当时德意志思想界的共识。据利文斯顿梳理，该方法始于哈勒大学神学教授 J. S. 泽勒姆（J. S. Semler，1725－1791），随后被汉堡大学东方语言教授赫尔曼·萨缪尔·莱马卢斯（Hermann Samuel Reimarus，1694－1768）发扬光大。详见詹姆斯·C. 利文斯顿《现代基督教思想》（上），何光沪、高师宁译，第58—64页。

② Augustus Hermann Francke, *A Guide to the Reading and Study of The Holy Scriptures*, tran., From the Latin by William Jaques, Philadelphia: Hogan, 1823, p. 43.

③ Ibid., p. 44.

④ Ibid..

⑤ Ibid., p. 45.

整的主题"①，且在阅读经文的过程中，主张"以经译经"的诠释方法，从而"让圣经自己阐释自身，仔细地从文字的语法所揭示的内容中得出圣经真正的力量和原初所强调的"②。（7）"外部环境。"这里所谓的"外部环境"，其实是指圣经的外部环境，即"版本、版次、由章与节带来的分类、口音、铭文和玛索拉等"③。除上述有关圣经的外部环境外，弗兰克还认为"地名和节气、谱系、各式货币、重量单位和测量单位、古代的专用名词、仪式、法律、特权或某些特殊的人"④ 都当被视作圣经的外部环境。如此看来，弗兰克所认为的圣经的历史阅读，是指对圣经各卷的作者所产生的时代环境、撰写的历史背景和圣经中出现的具体的专用名词采取"以经译经"的方式予以诠释，从而尽可能地还原执笔者创作的初衷。

第三，圣经的分析式阅读。对此，弗兰克总结道："借助圣经的分析式阅读，我们建立一种逻辑的分析，考虑《旧约》和《新约》的整本书和特定文本的结构、联系和顺序。因此，把他们置于第一性原理的视域下予以分析，那么它们能够被更容易和更精确地理解。"⑤ 可见，在弗兰克看来，圣经的分析式阅读包括对圣经的文本结构、文本之间的联系以及相关的顺序进行逻辑的分析，从而获得对经文更为准确的理解。既如此，那对文本进行逻辑分析具有哪些益处？弗兰克解释道："（1）由于一切，如相互解释、相互帮助和互相确证均有助于解释圣经，因此分析对重点内容、俗语、字面意思、推论和实践运用都有着决定性的影响。（2）逻辑分析使得一些人和经文中的文字得到更为准确的思考。（3）逻辑分析有助于记忆。（4）使经文中相关主题的所有联系供人考察。（5）有助于沉思和在辩论中表达。（6）奠定了受圣灵启示的执笔者所提学说的基础。（7）在很大程度上，对经文做逻辑式分析有助于争议的裁决。"⑥ 如此看来，弗兰克高度赞誉运用逻辑分析的方法对圣经进行诠释，认为逻辑分析法不仅有助于

---

① Augustus Hermann Francke, *A Guide to the Reading and Study of The Holy Scriptures*, tran., From the Latin by William Jaques, Philadelphia: Hogan, 1823, p. 46.

② Ibid., p. 47.

③ Ibid., pp. 48 – 49.

④ Ibid., p. 49.

⑤ Ibid., p. 53.

⑥ Ibid., pp. 54 – 55.

理解经文的内容、结构和主要论点，还对圣经思想的传播和裁决关于经文内容的争议大有裨益。鉴于此，弗兰克建议将逻辑分析方法运用于整部圣经，但"圣经的各卷必须以不同的视角来看待"①。具体而言，面对只涵盖一个，或多个论点的经卷，弗兰克主张："如果是涵盖多种论点的经卷，不同的观点必须分开，然后单独分析"，"如果是只涵盖一个论点，就需做到频繁地阅读、将结论与范围结合起来以及将中间项（Middle Terms）与从属结论进行比较"②。在上述方法的指导下，弗兰克认为在《加拉太书》中便会发现"如果相反的观点得到考察，这将提供足够的材料来确定该卷经文的主题，从而将其与其他经卷区别开来"③。至于新约中绝大多数的书信，弗兰克认为均可分为如下四大部分：教义部分和劝诫部分或实践部分，这是两个主要部分；绪论部分和结论部分，这是两个次要部分。弗兰克还发现《新约》中存在处理同一问题的不同经卷，如共同处理称义问题的《罗马书》和《加拉太书》等。此外，弗兰克还试图建立起一套教义经卷的分析原则：首先，"阅读，再阅读，从开头到结尾阅读整个希腊文原本的书信"；其次，"精读，再精读，从而获得使徒所撰写的每卷经文的内涵"；再次，"继续研读书信，孜孜不倦地权衡其中所诠释的结论"；复次，"检视结论"；最后，"将每卷经文分成两部分：其一为教义，其二为实践，且每一部分都应当单独考察"④。通过上述弗兰克关于圣经的分析式阅读可以发现，弗兰克试图建构一套关于圣经分析的普遍性诠释方法。在该方法中，弗兰克试图尽可能地还原经文创作的原初本意，而避免将诠释者本身的想法夹杂其中，即尽可能地保持诠释的"客观性"。

鉴于此，奥尔森对上述弗兰克关于圣经之"文字"的阐释总结道："这一部分的圣经研究包括逻辑学的、语言学的和历史学的等。可以确定的是，这是对神学研究非常重要的一个因素。但是，只有'内核'或圣经的内在真理能够真正浇灌、转变以及救赎。正是由圣灵所意涵的本意，是

① Augustus Hermann Francke, *A Guide to the Reading and Study of The Holy Scriptures*, tran., From the Latin by William Jaques, Philadelphia: Hogan, 1823, p. 55.

② Ibid., pp. 55 - 56.

③ Ibid., p. 57.

④ Ibid., pp. 62 - 63.

通过圣经诠释、教义分析和实践阅读才能真正达到。"① 由上可知，弗兰克并非认为将圣经的文字置于逻辑学、语言学和历史学的视域下进行考察是错误的。恰恰相反，弗兰克认为运用上述学科的方法对经文进行考证，有利于澄清经文所叙述的历史，辨析经文的准确内涵，从而有助于个体借助圣经实现与基督的相遇。

诚如前文所总结的，弗兰克认为圣经涵盖文字和圣言两部分，并主张对圣言的诠释需从阐述、教义、推论和实践四重维度推进。既如此，何谓圣经的阐述式阅读？弗兰克总结道："圣经的阐述式阅读与圣灵所赋予的本意（the Literal Sense）有关，其目的是发展和阐述这一意义。"② 在此，弗兰克区分了"本意"与"文字的内涵"③，其认为本意不是通过文字来表达的内涵，而是"由圣灵或直接，或间接地宣布"④ 的。如此看来，对圣经做阐释式阅读需要圣灵的帮助，就如弗兰克自述道："对本意的理解，应当小心区别于那些无人能够理解的内容，除非由在圣经中讲话的圣灵启示。"⑤ 可见，弗兰克认为圣经的阐述式阅读是在圣灵的启示下揭示圣经的神圣意蕴。至于"圣灵启示之帮助"，弗兰克进一步划分为"内在的帮助"和"外在的帮助"。所谓"内在的帮助"是指"引导我们认识信心与永生有关的事情，因为如下内容必须记住和不断强调，即《圣经》本身就是自己的诠释者，因此从《圣经》的书页中可以得到解释性的帮助"⑥，即圣灵将超自然的真理以属世的语言告诉世人。

概言之，弗兰克所言"内在的帮助"包括三个方面，即"用于揭示整部圣经的普遍性准则""为了解释特定的文本或特定的经卷而由圣经研究

---

① Roger E. Olson and Christian T. Collins Winn, *Reclaiming Pietism: Retrieving an Evangelical Tradition*, Wm. B. Eerdmans Publishing Co., 2015, p. 63.

② Augustus Hermann Francke, *A Guide to the Reading and Study of The Holy Scriptures*, tran., From the Latin by William Jaques, Philadelphia: Hogan, 1823, p. 65.

③ Makus Mattbias, "August Hermann Francke", *The Pietist Theologians: An Introduction to Theology in the Seventeenth and Eighteenth Centuries*, Edited by Carter Lindberg, Hoboken: Blackwell Publishing Ltd., 2005, p. 104. 同样地，马蒂亚斯认为弗兰克在此所做的区分是源自丹皓尔的。

④ Augustus Hermann Francke, *A Guide to the Reading and Study of The Holy Scriptures*, tran., From the Latin by William Jaques, Philadelphia: Hogan, 1823, p. 65.

⑤ Ibid., p. 66.

⑥ Ibid., p. 69.

者制定的规则"①和"为了诠释特定作者和经卷的原则"②。因此，弗兰克
又将"内在的帮助"称作"普遍的、特殊的和特定的"。关于第一方面，
弗兰克进一步解释道，其涵盖七大方法，即整体性方法、过程性方法、比
较方法、信仰类比法、情感方法和历史还原法（两类：既有受圣灵启示的
作者而安排的原定顺序，又有还原当时的历史环境）。整体性方法是指
"从统一背景来看整卷书或整个章节"，从而有助于"检查文本中是否包含
任何关于书或章节写作原因的描述"③和探寻"附属于主要论点的结论"。
关于过程性方法，弗兰克主张需将文本分成"绪论、过程和结论"三部
分，并认为对上述三部分的考察是一个完整的系统，即如若对绪论和结论
不详细考察，那么关于过程的研究结论也是不可靠的；反之，同理。关于
比较方法，即"将这段与其他平行的段落进行比较"④，且包括两种比较方
式：口头上比较和书面比较。"口头上比较"针对的是处理那些"无任何
模糊、重点、不恰当或含混不清的文字"；"书面比较"则是指"在阐释性
阅读过程中，从索引中获得一些帮助"⑤。至于"信仰类比法"，弗兰克一
开始便指出"书面比较并不属于此种方法"，而是"我们认为神谕的论点
和普遍的和谐"⑥，并认为"信仰类比法"是一种有助于抵抗错误观点的信
仰实践。所谓情感方法，弗兰克认为是将经卷视作有情感之人表达出的文
字，而不是冷冰冰的表意符号。因此，弗兰克告诫圣经诠释者"若忽视情
感，那么圣经的诠释者必然会犯错误"⑦。最后，弗兰克认为"历史还原
法"包括两部分：其一为还原受圣灵启示的执笔者论述相关主题的顺序，
其二是还原所诠释经文的环境。至于"为了解释特定的文本或特定的经卷
而由圣经研究者制定的规则"，弗兰克沿袭丹皓尔的相关论述，总结为如
"圣经时常适应其语言，这与其说是适应他们存在的事实，不如说是尊重

---

① Augustus Hermann Francke, *A Guide to the Reading and Study of The Holy Scriptures*, tran., From the Latin by William Jaques, Philadelphia: Hogan, 1823, p. 76.

② Ibid. , p. 79.

③ Ibid. , p. 71.

④ Ibid. , p. 72.

⑤ Ibid. .

⑥ Ibid. , p. 73.

⑦ Ibid. , p. 75.

他们"和"在圣书中基督所言有时只能被基督所理解"① 等十二条原则。为了诠释"特定作者和经卷的原则",弗兰克援引丹皓尔的《神学诠释学或〈圣经〉解释方法》,认为后者在该书中为我们提供了一些诠释标准。因而,在面对"为了诠释特定作者和经卷的原则"时,弗兰克主张运用"寓言、归类和比喻"② 的方法。由上可见,虽然弗兰克认为"内在的帮助"是指借助圣灵的帮助以理解圣经,但弗兰克并非枯坐以等候圣灵的降临,而是依据圣灵启示在圣经中的普遍原则来理解圣经之内涵,如主张运用寓言、归类和比喻等方法予以诠释等。从表面上看,弗兰克的内在的帮助是一种由上而下的启示;实际上,这种内在的帮助乃透过圣经中普遍的原则来尽可能地揭示圣灵启示内容,即一种借助圣经来解释圣经的方法。

至于"外在的帮助"则是指"要么限定在外在情况,如仪式、文物,要么它们本身就来自圣经,或内在的帮助"③。在此,虽然弗兰克并未直言外在的帮助的具体内涵,但从其所界定的内涵来看,所谓"外在的帮助"则是指通过圣经中所载的仪式或相关的文物来推论圣灵所要表达的内涵。弗兰克认为,外在的帮助在揭示圣经内涵的过程中,其地位是从属性的,其作用是"阐明某些深奥的段落及其本意,如文物、仪式、古代的服饰、地理、编年史和自然史等"④。在此认识的基础上,弗兰克提醒世人,无论是内在的帮助,还是外在的帮助都不能单独倚靠,诚如其所言"那些只是羡慕自己的沉思而不知道如何使'外在帮助'服从于自己和他人之启示的人,必然会犯前一种错误"⑤;还叮嘱道"那些只信靠诠释者的权威,并认为是绝对可靠的,这些都是让有学问的人愉悦,是犯了后一种错误"⑥,即只认可有学问的诠释者在圣经诠释中的作用。鉴于此,弗兰克主张圣经诠释应当采取一种中间主义的进路,即"既不完全依赖于自己的智慧,又不受惑于其他人的权威,而是将'内在的帮助'和'外在的帮助'结合起

---

① Augustus Hermann Francke, *A Guide to the Reading and Study of The Holy Scriptures*, tran. , From the Latin by William Jaques, Philadelphia: Hogan, 1823, p. 78.

② Ibid. .

③ Ibid. , p. 69.

④ Ibid. , p. 80.

⑤ Ibid. .

⑥ Ibid. .

来，快乐地学习"①。

所谓从教义的维度诠释圣经是指"由于我们认为圣经中涵盖着真理，因而可以从中获得关于自然和上帝意志的认识"②。为了更好地说清楚从教义的维度诠释圣经，弗兰克以《以弗所书》为例予以说明。就主旨而言，弗兰克认为《以弗所书》乃"调和犹太基督徒和外邦皈依的基督徒，既要体现在对耶稣基督信心的洁净上，又要呈现在生命的圣洁上"③。就最主要的教义而言，弗兰克指出其表现在第二章第 11、第 12、第 13、第 19 和第 20 节，即上帝对世人的拯救是普遍的。就特殊教义而言，弗兰克认为包括六点内容："犹太人是上帝的选民，应许他们在基督中得永生；犹太人有优先盼望基督的特权；借着耶稣基督的恩典，外邦人获得拯救；我们的救赎不是借着善工而只是上帝的恩典；救赎的方式，对外邦人和犹太人是相同的；没有一个受到审判的人是能行善工的。"④ 可见，弗兰克所认为的特殊教义几乎沿袭自路德，即无论是外邦人还是犹太人，救赎的方式都是一样的，即借着耶稣基督的恩典，而非善工；犹太人优于外邦人的只不过是其可以优先盼望基督。由此看来，弗兰克所谓从教义的维度诠释圣经其实是救赎论，即一种借着耶稣基督而实现救赎的教义。因此，弗兰克总结道："由于耶稣是圣经之灵魂，只有借着祂，我们才能抵达圣父，因此若在从教义的维度诠释圣经过程中，未紧扣祂，那么阅读将是徒劳的。"⑤

至于圣经的推论阅读，也即从推论的维度诠释圣经，是指"依据文本，通过推论的演绎得出合理的结论"⑥，其理论基础是"神圣事物的永恒类比与和谐"。如此看来，从推论的维度诠释圣经，一方面揭示着万物均借着神圣事物而形成联系；另一方面表明推论者具有丰富的知识。关于推论，弗兰克以是否直接源自圣经文本为标准，将推论划分为如下两部分：（1）内在于经文中的推论；（2）从圣经的其他部分拿来的推论，即外部推

---

① Augustus Hermann Francke, *A Guide to the Reading and Study of The Holy Scriptures*, tran., From the Latin by William Jaques, Philadelphia: Hogan, 1823, pp. 80 – 81.

② Ibid., p. 87.

③ Ibid., p. 89.

④ Ibid., pp. 89 – 90.

⑤ Ibid., p. 91.

⑥ Ibid., p. 92.

论。关于前者,弗兰克解释到,若源自如下三点的便是所谓"内在于经文中的推论",即"第一,源自文字和他们所强调的;第二,源自文本中事物的结构和秩序;第三,源自受圣灵启示的执笔者的情感"①。关于后者,弗兰克认为若源自如下三点的便是所谓"外部推论",即"关于主旨;关于绪论和结论;关于平行段落"②。为了更清楚地揭示从推论的维度诠释圣经,弗兰克还借助《提摩太后书》第1章第1节予以说明。

具体而言,通过《提摩太后书》第1章第1节的内容,弗兰克首先依据"源自文字和他们所强调的"的原则逐句予以分析,并得出如下结论:第一,关于"你不要羞愧",弗兰克推论道"在迫害的时代,在我们对基督的见证中,大胆是必要的"③。从经文的"不要羞愧"到弗兰克诠释的环境是"被迫害的时代",弗兰克推论出"在迫害的时代,大胆是必要的"。第二,关于"见证",弗兰克推论道"在很大程度上,借着我们的见证,大胆的忏悔增加了"④。第三,关于"我们的主",弗兰克推论道"由于我们在天上有一位主,所以我们不需要害怕属地的领主"⑤……第七,关于"福音",弗兰克推论道"福音是在灾难中宣告永恒的欢愉"⑥。由上可以发现,根据经文的内容,弗兰克推论出该节经文的重点,即世人的得救是借着耶稣的恩典,而非善工。其次,依据"源自文本中事物的结构和秩序"的原则,弗兰克从该经文推论到:一方面,"那些对基督的见证感到羞耻的人渴望避免即将发生的情感";另一方面,"对基督及其恩典感到羞耻"。⑦ 最后,根据"源自受圣灵启示的执笔者的情感",弗兰克得出一系列的推论,如"基督必须得到发自内心的热爱;发自内心被基督的见证所证明;对基督的见证不仅在顺境中,还在逆境中;如果我们对基督的见证遭到拒斥,那么我们不应当惊慌失措……热烈的信仰是爱救主的

---

① Augustus Hermann Francke, *A Guide to the Reading and Study of The Holy Scriptures*, tran., From the Latin by William Jaques, Philadelphia: Hogan, 1823, p. 93.

② Ibid. .

③ Ibid. , p. 94.

④ Ibid. , p. 95.

⑤ Ibid. .

⑥ Ibid. .

⑦ Ibid. , p. 96.

强大力量"。① 可见，上述三重"内在于经文中的推论"从经文出发，经由主体延伸至主体热衷于基督的原因，层层递进，即推论首先涉及的是经文本身，而后引入主体予以推论，最后结合主体，推论分析主体热衷于基督的原因。

由于弗兰克认为源自如下三点的便是所谓"外部推论"，"关于主旨；关于绪论和结论；关于平行段落"，因此其分别从"范围""绪论和结论"和"平行段落"出发对《提摩太后书》第1章第1节的内容进行相关"外部推论"。具体而言，如果论及该节的主题，弗兰克认为可以总结出"灾难时常突然造访基督徒"② 等四点推论；如果论及"保罗"，那么同样可以得出"不仅在繁荣时期，而且在逆境期，牧师号召同工来帮助自己是合理的"③ 等四点推论；如果论及"提摩太"，弗兰克认为将得出"一位牧师既不迅速离开自己的教会，又不因恐惧灾难而推迟前往另一教会"等三条推论；至于经文中出现的"不要感到羞耻""见证""我们的主"和"我们的"等，弗兰克均依据该卷主旨而得出相应的外部推论。若从"绪论和结论"出发，关于该节经文，弗兰克得出如下三条"外部推论"："第一，一个重要的主题不能被中立地对待；第二，如果变节的风险威胁到已建立的教会，那么需格外地关心；第三，邀请那些为了基督的缘故而遭遇逼迫之人，必须使用智慧以抵御恐惧。"④ 最后，若从"平行段落"出发，关于这部分经文，弗兰克分别将其与第3、第4、第5、第7、第9和第10等节进行比较，得出相应的结论。在此过程中，弗兰克发现："若信仰源自祖先，当同样遇到大迫害的情形时，那么更容易防止变节"，"为了那些即将经历耶稣见证之人的利益，我们应当昼夜祷告"⑤ 等。由上可见，虽然弗兰克从推论的维度诠释圣经并将其分解成内部推论和外部推论，但他所主张的推论始终在文本与诠释之间维持着一定的张力。为了达到相关的推论，弗兰克不仅使用类比法，还使用历史处境诠释法等。如此，这从另一

---

① Augustus Hermann Francke, *A Guide to the Reading and Study of The Holy Scriptures*, tran., From the Latin by William Jaques, Philadelphia: Hogan, 1823, pp. 97 – 98.

② Ibid., p. 99.

③ Ibid., p. 100.

④ Ibid., p. 103.

⑤ Ibid., p. 107.

个侧面反映出，弗兰克的圣经诠释绝非完全依靠圣灵的启示，还主张运用理性。

最后，所谓圣经的实践阅读是指"将圣经运用于信仰和实践"①。为了更好地将圣经运用于信仰和实践，弗兰克主张在进行实践阅读前，务必做到如下三点："第一，我们并非同时运用所有事物，而是循序渐进的……第二，运用应当以更为容易阅读的书籍和段落开始……第三，运用确定后，不是为了方便我们辩论，而是为了实践。"② 可见，于弗兰克而言，将圣经运用于实践应当先从容易掌握的文本开始，然后循序渐进，最终实现将其完全诉诸实践；实践阅读的目的不是辩论，或者提供辩论的资料，而是为了践行圣经的教导。既然是践行，那么便存在两类对象，弗兰克认为践行圣经教导的对象包括自我和他者，即弗兰克所言"实践运用应当贯穿于我们的整个生命"③ 和"神谕运用于他者，无论是公开的运用，还是私下的运用，都应当有更多的信心和更少的麻烦"④。关于作为圣经教导对象的自我，若用知与行的关系予以概括的话，那便是：弗兰克认为对圣经的真知便会真行，就如其所言"我们所掌握的圣经知识越多，那么我们就越接近圣经的真谛"⑤。究其原因，弗兰克说道："在上帝对其子孙的无限怜悯中，当其子孙正研读圣言时，上帝将祂灵的内在运行灌输给他们。"⑥ 也就是说，弗兰克认为世人在阅读圣经时，上帝将圣灵恩赐给他们，即借助圣经而将人与上帝联合在一起，从而使得世人获得了真知，进而自觉地实践，也即王阳明的"真知即所以为行，不行不足谓之知"⑦ 之意。关于作为圣经教导对象的他者，弗兰克认为，将圣言运用于他者的目的，"不是徒劳的淫乱，而是对灵魂转变的神圣渴求之心"⑧。总之，弗兰克所认为的

① Augustus Hermann Francke, *A Guide to the Reading and Study of The Holy Scriptures*, tran., From the Latin by William Jaques, Philadelphia：Hogan, 1823, p. 111.

② Ibid., pp. 114 – 115.

③ Ibid., p. 115.

④ Ibid., p. 116.

⑤ Ibid., p. 115.

⑥ Ibid., p. 116.

⑦ 王阳明：《传习录》，邓艾民注，上海古籍出版社 2012 年版，第 95 页。

⑧ Augustus Hermann Francke, *A Guide to the Reading and Study of The Holy Scriptures*, tran., From the Latin by William Jaques, Philadelphia：Hogan, 1823, p. 116.

圣经之实践阅读既是圣经诠释，又是践行圣经的教导，关键在于上帝，连接点则是活生生、具体的人。

综上所述，关于弗兰克的圣经诠释学，笔者可以总结如下：第一，无论是针对圣经文字进行文法、历史和分析（逻辑）的阐释，还是针对圣灵予以阐述、教义、推论和实践的诠释，无不表明弗兰克的圣经诠释学已经大大区别于传统的注经学，即前者强调逻辑、历史与语言在圣经诠释中的重要作用，从而使得圣经诠释更具客观性；而后者在方法上是运用清晰的经文解释晦暗不明的经文，从而将启示揭示出来。因此，马蒂亚斯总结到，自弗兰克的圣经诠释学后，"诠释的问题不再是关于圣经中所论之人的变化，而是勾勒出阅读者在理解中运用文本的逻辑"[1]。当然，不得不指出的是，这只是弗兰克圣经诠释学的一个面向，即客观性。如此看来，《德国通史：专制、启蒙与改革时代》所描绘的弗兰克形象——"弗兰克相信，理性使人们怀疑除了痛苦和死亡意外的任何事物，这无疑是自欺欺人，而情感则帮助人的心灵接近真理"[2]并不确切，即弗兰克虽然确实相信唯有情感才能帮助心灵接近真理，但并不否认理性在接近真理中的重要作用，只不过其认为，在此过程中理性具有先天的局限性。

第二，针对圣经之圣灵部分的阐释，从表面上看，似乎与关于圣经之文字的阐释一样，但无论是在阐释式阅读中对"圣灵或直接，或间接地宣布"的强调，还是在教义式阅读中对"获得关于自然和上帝意志的认识"的坚持，还是在推论式阅读中对"基督之见证"的强调，抑或是在实践式阅读中关于借助圣经使人与基督实现联合的论述，都表明：弗兰克关于圣经之圣灵部分的阐释，其目的在于使人获得重生，就如马蒂亚斯所总结的"只有在圣灵感动下的重生之人才能在理论知识之余，获得活泼泼的知识"[3]。同理，只有已重生之人才能真正在上述维度上诠释圣经，从而获得

---

① Makus Mattbias, "August Hermann Francke", *The Pietist Theologians：An Introduction to Theology in the Seventeenth and Eighteenth Centuries*, Edited by Carter Lindberg, Hoboken：Blackwell Publishing Ltd. , 2005, p. 104.

② 刘新利、邢来顺：《德国通史：专制、启蒙与改革时代》，第160页。

③ Makus Mattbias, "August Hermann Francke", *The Pietist Theologians：An Introduction to Theology in the Seventeenth and Eighteenth Centuries*, Edited by Carter Lindberg, Hoboken：Blackwell Publishing Ltd. , 2005, p. 106.

对圣经内涵的真正理解。因此，居里克援引弗兰克的自述道："在《新约》《旧约》中，我们首先要论及的是基督先知般的职责。……当这样一种态度融入我们的心灵深处，那么将对先知和使徒的著作、对整部圣经高度尊重，以便个体阅读上述作品时不是表面上的，而是发自内心地去认识真理之言。"① 与上述关于弗兰克圣经诠释学所追求的客观性一样，这里所强调的是弗兰克圣经诠释学的神圣性和经验性。如此看来，在弗兰克的圣经诠释学中，对客观性的追求并不必然与神圣性、经验性相斥，反而共同构成了一个紧密连接的整体。

第三，至于弗兰克圣经诠释的目的，一方面运用理性、逻辑和语言学的方法将圣经所载的史实、所表达的内涵予以澄清；另一方面使读者获取圣灵的启示，从而实现重生。因此，套用约德尔关于弗兰克圣经诠释学之目的："其一是将圣经置于崇拜者心中的首要位置；其二是为个人的冥想、奉献和敬虔小组中的讨论提供了一个参考点。"② 若顺着约德尔的逻辑，笔者会发现，无论是将圣经置于崇拜者心中的首要位置，还是对个人的重生有所帮助，均暗含着弗兰克对自己所处时代教会的不满。换言之，"弗兰克对圣经注释和自己布道中词语之内涵的强调，反映了其对教会改革的潜在假设"③。鉴于此，斯托富勒将弗兰克在神学上的贡献总结为："通过这样做，他帮助转变了其所处整个时代的宗教重点。他将真教义转变为真正的行动，从神学推论转变为坚定的敬虔，兴趣从本体论转变为心理学，基督教信仰的方法从理性的转变为经验的，从系统神学转变为圣经诠释，从以前认为上帝已做所有转变为认为上帝在每个人身上都做其想要做的，从被动地信靠上帝转变为人的义务。"④ 在此，斯托富勒强调弗兰克转变了其所处时代的神学面貌，使其从一种强调客观性、追求系统化的神学转变为一种强调实践和经验，培养主体之敬虔的神学。具体于圣经诠释方面的贡

---

① Heinrich Ernst Ferdinand Guericke, *The Life of Augustus Hermann Francke*, London: Henry G. Bohn, 1847, p. 79.

② Peter James Yoder, *Blood, Spit, and Tears: Augst Hermann Francke's Theology of the Sacraments*, University of Iowa, Th. D. , 2011, p. 106.

③ Ibid. , p. 107.

④ F. Ernest Stoeffler, *German Pietism during the Eighteenth Century*, Leiden: E. J. Brill, 1973, p. 23.

献而言，斯托富勒认为弗兰克转变了圣经诠释的方法，即将一种诉诸基督教传统的圣经注释学转变为一种诉诸逻辑、语言、历史与圣灵的圣经诠释学。作为结果，基于逻辑、语言和历史等维度，弗兰克建立起一套圣经诠释学的方法，这为施莱尔马赫创立普遍诠释学奠定扎实的理论基础。

二　重生：主体的体验与圣经的诫命

诚如奥尔森所总结的，重生是德意志敬虔主义的主旨之一，即"他们的主要关怀变成透过悔改和信心的有意识决定，由神的恩典'再生'的经验，伴随着明显的忧伤、信靠和喜乐感觉，造成生活形态的改变，并借着圣灵的大能效法基督"①，但弗兰克与施本纳不同，如其所言："施本纳强调的个人情感之地位，不及弗兰克。"② 也就是说，虽然施本纳与弗兰克均强调重生，但在实现重生的方法上，上述二位思想家各有偏重，即弗兰克更为强调主体之情感在重生中的作用。因此，针对部分敬虔主义历史学家将弗兰克视作对施本纳思想的践行者的做法，加夫特罗普指出："在抵达吕纳堡后不久，弗兰克便经历了生命的重生，这成为其生命中最关键的宗教体验。正是在这次经历后，弗兰克开始被施本纳的圈子吸引。"③ 且弗兰克在自传中也论及此事，其回忆道："在莱比锡时，我绝大多数的时光都处于这样的状态。我始终无法忘却，直到1687年，我才真正开始关注重生。"④ 另外，弗兰克的此次重生经历发生在1689年拜访施本纳之前。对此，笔者可以得出如下结论：第一，相较于施本纳主张的重生，弗兰克之重生观更依赖经验；第二，弗兰克不是作为施本纳重生思想的践行者，而是在结识施本纳之前便已经发展出一套以自我的重生体验为基础的重生观。作为结果，弗兰克的重生不仅要求主体"祷告、阅读圣经、放弃罪恶

① ［美］罗杰·奥尔森：《基督教神学思想史》，吴瑞诚等译，第506页。

② ［美］罗杰·奥尔森：《基督教神学思想史》，吴瑞诚等译，第506页。

③ Richard L. Gawthrop, *Pietism and the Making of Eighteenth Century Prussia*, Cambridge：Cambridge University Press, 1993, p. 138.

④ Augustus Hermann Francke, "Autobiography", *Pietists：Selected Writings*, Edited with an Introduction by Peter C. Erb, New Jersey：Paulist Press, 1983, p. 100.

的消遣，和通过慈善行为为邻居服务"①，还提醒他们"每时每刻都致力于为上帝服务……谴责游手好闲，而且他将职业劳动纳入为上帝服务这一使命中，借此上帝的孩子们服侍他们的邻人"②。若如此，那何谓弗兰克之重生观？

既然弗兰克的重生观发端于自己于1687年在吕纳堡的一次经历，那么我们不得不对弗兰克的此次宗教体验有所考察。关于此次宗教体验，弗兰克不仅在1692年发表的《自传》中有具体记载，而且在居里克所撰的《弗兰克传》中大量援引了弗兰克的自述。此外，弗兰克最著名的布道词《论拯救的信仰》（*On Saving Faith*，1692）和《我们的主关于重生的教义》（*The Doctrine of our Lord Jesus Christ Concerning Rebirth*，1697）亦借助圣经诠释，来展开其关于重生的理解。可见，弗兰克之重生观既有对自我重生经历的回忆，又有依据圣经而进行系统阐释的布道词。因此，弗兰克之重生观并非如某些研究者所认为的只呈现在其吕纳堡的此次经历中③，还植根于其对圣经的诠释。鉴于此，笔者对弗兰克重生观的考察，不仅涉及其在吕纳堡的此次经历，还囊括其基于圣经诠释对重生的理解。

关于重生，弗兰克总结道："在重生的过程中，借着上帝的祝福，在我们心中唤醒了一个新的存在、一个新生、一种敬虔的生活。"④ 可见，于弗兰克而言，重生的力量来源是"上帝的祝福"，重生的表征方式是在"旧人"中创造一个过敬虔生活的新存在。因此，洗礼并不是重生的表征方式，而只是"一种重生之浴，是上帝命令人们进入恩约的一种方式"。⑤ 面对这样的重生，有过此类体验的弗兰克并未主张完全凭借体验的方式进行考察，而是主张"我们必须理性地思考，我不是徒劳地提醒你，而是因

① Richard L. Gawthrop, *Pietism and the Making of Eighteenth Century Prussia*, Cambridge：Cambridge University Press, 1993, p. 141.

② Ibid., pp. 143 – 144.

③ Peter James Yoder, *Blood, Spit, and Tears：Augst Hermann Francke's Theology of the Sacraments*, University of Iowa, Th. D., 2011, p. 68.

④ Augustus Hermann Francke, "The Doctrine of Our Lord Jesus Christ Concerning Rebirth", in Gary R. Sattler, *God's Glory, Neighbor's Good：A Brief Introduction to The Life and Writings of August Hermann Francke*, South Carolina：Covenant Press, 1982, p. 133.

⑤ Ibid., p. 135.

为此原因，即你们所有人的心灵都可能被唤醒，基于我们的福音去解释这个最为必要的教义——重生"。① 也就是说，弗兰克认为诠释重生需基于两个标准：其一，福音；其二，理性。鉴于此，弗兰克将重生划分为五个部分："（1）重生从何处而来？（2）上帝赐予我们的重生方式（途径）有哪几种？（3）重生的表征有哪些？（4）什么样的人能够重生？（5）重生的目标是什么？"②

第一，重生从何处而来？为回答该问题，弗兰克援引尼哥底母（Nicodemus）向耶稣询问何谓重生——"拉比，我们知道你是由神那里来作师傅的；因为你所行的神迹，若没有神同在，无人能行。耶稣回答到：我实实在在地告诉你，人若不重生，就不能见神的国。尼哥底母说：人已经老了，如何能重生呢？岂能再进母腹生出来吗？耶稣说：我实实在在地告诉你：人若不是从水和圣灵生的，那不能进神的国。从肉身生的，就是肉身；从灵生的，就是灵。我说，你们必须重生，你不要以为希奇。"③ 针对上述经文，弗兰克运用以经解经的方法，即借助经文"各种美善的恩赐和各样全备的赏赐，都是从上头来的，从众光之父那里降下来的"④ 予以诠释。弗兰克认为，既然赏赐是"从上头来的"，那么作为赏赐之一的重生也是"从上头来的"，并强调只有重生之人才能真正进入神的国。因此，弗兰克得出重生"从上头来"，进而得出"万物都源于上帝"⑤ 的结论。

既然重生的力量源于上帝，且人的重生不是以是否洗礼为标准，而是以圣灵的洗礼为尺度，那么人的重生如何获得确证？对此，弗兰克解释道："一旦心灵首次发生这样的改变，那么人们便能基于生活经历给予重生教义一种真诚的认可。否则，我们学习的只是重复这些话语，描述从神

---

① Augustus Hermann Francke, "The Doctrine of Our Lord Jesus Christ Concerning Rebirth", Gary R. Sattler, *God's Glory*, *Neighbor's Good*: *A Brief Introduction to The Life and Writings of August Hermann Francke*, South Carolina: Covenant Press, 1982, p. 136.

② Ibid., p. 137.

③ 《约翰福音》3：2—7。

④ 《雅各书》1：17。

⑤ Augustus Hermann Francke, "The Doctrine of Our Lord Jesus Christ Concerning Rebirth", Gary R. Sattler, *God's Glory*, *Neighbor's Good*: *A Brief Introduction to The Life and Writings of August Hermann Francke*, South Carolina: Covenant Press, 1982, p. 137.

而生是怎样的，怎样以神为父、以基督为兄弟、以圣灵为安慰。"① 也就是说，重生虽然是借着圣灵的洗礼而实现的，但于世人而言，重生必然表现为人遭遇上帝的体验，而不是重复一些有关重生的话语。无疑，弗兰克上述关于重生不是重复一些有关重生的话语，而是表现在主体上的神圣体验的判断并非空穴来风，而是建基于自己的重生体验之上。关于这种重生体验，弗兰克在《自传》中自述道："信实的上帝每次来到我身边都满是恩典，同时为我预备了一种令祂悦纳的生活。祂用强有力的大手为我剔除外在的障碍，以便我得到释放。祂同时改变了我的心灵，我抓住每一个机会，热烈地事奉祂……我的心灵如此地确信，但是旧有的传统在我极为困惑的言辞和事件中带给我如此多的惊奇……因为我被天上的一只手抓住，又被地上的一只手抓牢，渴望享受上帝和世上的友谊。"② 通过弗兰克的上述重生自述，笔者可以发现弗兰克运用象征等方法勾勒自己的重生经历。具体而言，为了形象地刻画自己从罪中超拔而出的过程，弗兰克运用象征的方式，将上帝的临在比喻成一只"强有力的大手"，将罪比喻成"外在的障碍"，将从罪中超拔而出的过程刻画成这只强有力的大手扫除外在的障碍；重生的过程并非瞬时完成的，而是如弗兰克所言始终有"天上的一只手抓住"，同时"又被地上的一只手抓牢"，最后"天上的手"战胜"地上的手"的过程。

第二，上帝恩赐我们的重生途径有哪几种？弗兰克回答道："（1）圣言；（2）神圣洗礼；（3）真信仰。"③ 关于圣言如何实现我们的重生，弗兰克继续援引尼哥底母向耶稣请教何谓重生，并最终获得重生的故事予以阐释。弗兰克说道："从这一故事中我们可以发现，我们的救主对尼哥底母运用了圣言，即不仅是律法，还包括福音。因为有关律法的圣言不再容忍我们。当然，律法可以向世人表明他身处罪中；律法击倒了他，并将其

---

① Augustus Hermann Francke, "The Doctrine of Our Lord Jesus Christ Concerning Rebirth", Gary R. Sattler, *God's Glory, Neighbor's Good: A Brief Introduction to The Life and Writings of August Hermann Francke*, South Carolina: Covenant Press, 1982, p. 139.

② Augustus Hermann Francke, "Autobiography", *Pietists: Selected Writings*, Edited with an Introduction by Peter C. Erb, New Jersey: Paulist Press, 1983, p. 101.

③ Augustus Hermann Francke, "The Doctrine of Our Lord Jesus Christ Concerning Rebirth", in Gary R. Sattler, *God's Glory, Neighbor's Good: A Brief Introduction to The Life and Writings of August Hermann Francke*, South Carolina: Covenant Press, 1982, pp. 140 – 141.

杀害，但却不能使他再获新生。……我们的救主将圣经阐释给尼哥底母了，不仅是作为外在历史来阐释的，而且是作为上帝恩赐生命的大能，即经此人的心灵将得以复活来阐释的。"① 也就是说，弗兰克认为上帝将重生的圣言当面嘱托给尼哥底母，从而后者能够借着上述圣言而获得重生。对此，约德尔评价道："关于重生，弗兰克强调圣经的力量。"② 至于借助圣言而实现重生的具体过程，弗兰克解释道："我们在尼哥底母身上也看到了这样的果实。他怀着谦逊的态度接受了耶稣的建议；起初，他是如此的恐惧，不敢走向耶稣……之后，他自信地说道：不先听本人的口供，不知道他所做的事，难道我们的律法还定他的罪吗？"③ 如此看来，面对圣言的尼哥底母，首先是谦逊地接纳圣言，即承认自己的罪；然后是恐惧，即面对圣言所规定的重生标准因无法达到而恐惧；最后是重生，其表征则是自信自己"被接纳为上帝的孩子"④。

同样地，针对神圣洗礼的内涵，弗兰克亦运用以经解经的方法，即借助《提多书》3：5 和《以弗所书》5：26 予以阐释。起初，弗兰克提醒到，在《提多书》3：5 写道："乃是照他的怜悯，借着重生的洗和圣灵的更新。"以及在《以弗所书》5：26 写道："要用水藉着道把教会洗净，成为圣洁。"在此基础上，弗兰克主张，所谓"神圣洗礼"并不是教会仪式中用水来进行的洗礼，而是用圣灵施行洗礼。至于用水进行的洗礼，约德尔称其为"外在的洗礼"；而用圣灵施行的洗礼，则被约德尔称作"内在的洗礼"。⑤ 且外在的洗礼并不导致重生，只有内在的洗礼才能重生。至于圣灵如何施行洗礼实现重生，弗兰克在一篇题为"论救赎的信仰"布道中

---

① Augustus Hermann Francke, "The Doctrine of Our Lord Jesus Christ Concerning Rebirth", in Gary R. Sattler, *God's Glory*, *Neighbor's Good*: *A Brief Introduction to The Life and Writings of August Hermann Francke*, South Carolina: Covenant Press, 1982, p. 140.

② Peter James Yoder, *Blood*, *Spit*, *and Tears*: *Augst Hermann Francke's Theology of the Sacraments*, University of Iowa, Th. D. , 2011, p. 157.

③ Augustus Hermann Francke, "The Doctrine of Our Lord Jesus Christ Concerning Rebirth", in Gary R. Sattler, *God's Glory*, *Neighbor's Good*: *A Brief Introduction to The Life and Writings of August Hermann Francke*, South Carolina: Covenant Press, 1982, p. 140.

④ Heinrich Ernst Ferdinand Guericke, *The Life of Augustus Hermann Francke*, London: Henry G. Bohn, 1847, p. 43.

⑤ Peter James Yoder, *Blood*, *Spit*, *and Tears*: *Augst Hermann Francke's Theology of the Sacraments*, University of Iowa, Th. D. , 2011, pp. 164 – 169.

解释道："一个经历真正的信仰，让圣灵在他心中发挥影响的人，是如此紧密地与神圣的、永受祝福的三位一体联合在一起。"① 可见，关于圣灵的施洗，弗兰克认为其表征是圣灵在受洗者心中发挥影响，即"经历真正的信仰"；其结果是受洗者与基督结合在一起形成"团契"，即依靠圣灵的帮助，受洗者意识到自己罪性的同时，产生出无法遏制地渴慕基督的愿望，从而实现了与基督的合一。关于此种重生方式，弗兰克还提醒道："我们必须知晓这种重生是上帝恩赐给我们的，而福音和神圣洗礼只是重生的方式，因而其不能给那些心中无信仰之人带来重生。"② 神圣洗礼虽然是上帝恩赐的一种重生方式，但只能使那些心中有信仰之人实现重生，而无法使那些根本无信仰的人重生。换言之，这种重生方式并非普适的，唯有上帝的拯救才是主体重生的源动力。

弗兰克主张上帝恩赐给我们重生的第三种方式乃"真信仰"。既然有真信仰，自然就有假信仰。所谓假信仰并非不信仰，而是针对路德宗正统派所秉持的"制度性宗教"而言的，就如作为德意志敬虔主义之思想来源之一的《论真信仰》中所揭示的："上述不敬虔的行为导致我撰写此书，以向普通读者揭示真信仰的内涵，即呈现为一种真正的、活泼泼的信仰，其在真正的敬虔和义的果子上活跃。我还想要表明我们承担着基督之名，不仅因为我们应当信基督，而且因为我们必须活在基督之中，以及基督活在我们之中。"③ 可以很清晰地看出，真信仰是一种活泼泼的信仰，是一种主体与基督合一的信仰，是一种不仅表现在主体之内，而且呈现在实践之外的具体的信仰。在阿恩特上述关于真信仰思想的基础上，弗兰克援引保罗之言进一步对真信仰予以阐释，即"真信仰必须与圣言联合……上帝之言必须在灵魂中被接纳，并作为一份宝贵的财富保存在心中；且只有这样，我们在其中才能茁壮、扎根和结果"④。至于主体如何成为上帝之子而

---

① Heinrich Ernst Ferdinand Guericke, *The Life of Augustus Hermann Francke*, London：Henry G. Bohn, 1847, p. 45.

② Augustus Hermann Francke, "The Doctrine of Our Lord Jesus Christ Concerning Rebirth", in Gary R. Sattler, *God's Glory*, *Neighbor's Good*：*A Brief Introduction to The Life and Writings of August Hermann Francke*, South Carolina：Covenant Press, 1982, p. 142.

③ Johann Arndt, *True Christianity*, trans., Peter Erb, New York：Paulist, 1979, p. 21.

④ Augustus Hermann Francke, "The Doctrine of Our Lord Jesus Christ Concerning Rebirth", in Gary R. Sattler, *God's Glory*, *Neighbor's Good*：*A Brief Introduction to The Life and Writings of August Hermann Francke*, South Carolina：Covenant Press, 1982, p. 141.

与圣言合为一体，以及上帝之言如何在灵魂中被接纳，弗兰克进一步解释道："上帝将信仰者带入其亲爱的儿子的天国，将自己的义转归于他，也就是耶稣基督的灵在他那里，使他一天比一天更圣洁，从而恢复他的形象……以便这样一位皈依之人将会愉悦地谨守上帝的诫命。"① 关于上述过程，约德尔总结道："由信仰的赋权而来的确定性，将信徒带至如下境况，他们不仅可以从自己的宽恕认识中获得确定性，还可以从对上帝的内在体验中获得确定性。"② 在此，所谓"确定性"并不是知识上的，而是救赎意义上的，即通过真信仰，主体获得救赎。由上可见，弗兰克既非空洞地理解真信仰，又非毫无理性、只依凭自身的重生体验来阐释真信仰，而是对路德"唯独因信称义"思想的"照着讲"与"接着讲"。具体来说，弗兰克主张真信仰是上帝主动地将义白白地恩赐给主体，从而使主体成为上帝之子而与基督结合；既然主体已经成为上帝之子，那么其便会自觉地持守上帝的诫命，即上帝之言在主体的灵魂中得到接纳。

第三，重生的表征有哪些？对此，弗兰克依据重生的定义回答道："如果重生是一种真正的新生，而不是空洞的言辞或人类的思想，那么更有必要考虑它是如何发生的，或者其中发生了什么。首先，在人们的心中，真信仰被点亮……当一个人承认自己的罪性，不仅是外在的，而且是内在的。"③ 在弗兰克看来，重生的表征不仅有内在的，还有外在的。所谓重生的内在的表征，弗兰克进一步解释道："我们遭遇了那创造天地，被我们称作'亲爱的父'的上帝。在此，在自身中，我们感受到一种对天父的孩子般的信；我们对祂有着整全的恩典、完全的爱和彻底的支持之期待。在此，我们真正学习到在耶稣基督中有一个救主和中保，以及被允许唤祂为我们的兄长是什么意思。在此，我们在心中感受到圣灵的抚慰，祂把新的状态封存在我们心中。"④ 如此看来，弗兰克所谓重生的内在的表

---

① Heinrich Ernst Ferdinand Guericke, *The Life of Augustus Hermann Francke*, London: Henry G. Bohn, 1847, p. 43.

② Peter James Yoder, *Blood, Spit, and Tears: Augst Hermann Francke's Theology of the Sacraments*, University of Iowa, Th. D., 2011, p. 160.

③ Augustus Hermann Francke, "The Doctrine of Our Lord Jesus Christ Concerning Rebirth", in Gary R. Sattler, *God's Glory, Neighbor's Good: A Brief Introduction to The Life and Writings of August Hermann Francke*, South Carolina: Covenant Press, 1982, p. 145.

④ Ibid., pp. 146 – 147.

征，是指重生于主体的心灵而言意味着什么，或者说经历了重生的主体，其心灵究竟发生了什么样的变化。通过弗兰克的上述论述，笔者可以发现，于主体之心灵而言，重生所致的结果既有知识维度上的，又有境界维度上的。在知识维度上，主体之心灵真正理解了耶稣基督是救主和中保，以及唤其为兄长的内涵；在境界维度上，主体之心灵不仅感受到圣灵的慰藉，而且经历了"整全的恩典、完全的爱和彻底的支持"。总之，弗兰克所言重生的内在的表征呈现为主体之心灵得到完全的更新。

至于重生的外在的表征，弗兰克运用列举的方式予以阐释，即"一旦某人在精力充沛的随从、华服、排场、财富和声誉等方面有欲望，即为了将所有东西掌握在手中。当这样的一个人经历了重生，那么这将有一个完全不同的心灵，即不再关心上述世俗之物，以及不再将日光之下，地上的和必朽坏之物视作伟大"①。可见，弗兰克并未正面解释重生的外在的表征，而是以世俗之人在重生前后的不同表征进行对比，即世俗之人在重生前对名利等有着强烈的欲望，在重生后不再关心名利，而只将关注点集中于上帝。也就是说，于重生之人而言，重生的外在的表征既呈现在思维方式上，又表现在实践行为中。这也就意味着，重生之人必然"每时每刻都致力于为上帝服务……谴责游手好闲，而且他将职业劳动纳入为上帝服务这一使命中，借此上帝的孩子们服侍他们的邻人"②。如此看来，所谓重生的外在表征，是重生的内在表征的外化，即主体因"受上帝之影响而不断地工作，无尽地牺牲"③。换言之，重生的外在表征不是一种外源性的律令，也不是一种主体被迫的行为，而是一种内生性的，且重生的内在表征与外在表征是一个互为表里，又相互依存的整体，二者共同构成了弗兰克之重生观。

第四，什么样的人能够重生？面对上述问题，弗兰克依据耶稣对尼哥底母之叮咛——"人若不是从水和圣灵生的，那不能进神的国"分析道：

---

① Augustus Hermann Francke, "The Doctrine of Our Lord Jesus Christ Concerning Rebirth", in Gary R. Sattler, *God's Glory*, *Neighbor's Good*: *A Brief Introduction to The Life and Writings of August Hermann Francke*, South Carolina: Covenant Press, 1982, p. 147.

② Richard L. Gawthrop, *Pietism and the Making of Eighteenth Century Prussia*, Cambridge: Cambridge University Press, 1993, pp. 143 – 144.

③ Ibid. , p. 149.

"这清楚地告诉我们除非通过重生，否则没有人能获得永恒的生命。因此，每个人，无一例外都必须重生，否则将永远消失。"① 通过上述分析，于弗兰克而言，所有人都必须重生，即弗兰克认为重生是普适的。由于在弗兰克看来重生是与基督联合成一个团契，使得基督的义可转归重生之人，因此弗兰克之重生就是路德的称义，即弗兰克之重生观便是其救赎论。若弗兰克之重生是面向所有人的，那么其救赎论则应当被视作普救论——即便弗兰克认为不能重生之人的结局是"永远消失"。当然，弗兰克认为所有人都能重生是从理论上而言的。既如此，那么在现实中呢？弗兰克运用否定的方法将现实中不能重生之人的特质列出，说道："一个人虚伪了一段时间，并在外在行为上表现出来，其并不是发自内心的爱上帝。"② 在弗兰克看来，不能重生之人具有如下特点：（1）对上帝的爱不是发自内心的，而是基于利害的权衡；③（2）在外在行为上表现出虚伪；（3）只对凡俗的世界依然充满着热爱。弗兰克认为，面对具有上述特点的人，"我们的上帝将他们置于罪和羞愧中"④，从而无法重生。综上，于弗兰克而言：在理论上，重生是普适的；在现实中，表现为不是发自内心地热爱上帝和在行为上表现为虚伪的人不能重生。作为结果，理论上重生的普适性使得人人均有重生的可能性；现实中重生的条件性，又使得深陷世俗社会中的个体不断持守上帝的诫命——爱上帝和爱邻人。这也就意味着，弗兰克所言世人的重生需要主体的积极参与。换言之，弗兰克之重生观鼓励主体在凡俗世界的努力，只要其心灵是朝向上帝的。

---

① Augustus Hermann Francke, "The Doctrine of Our Lord Jesus Christ Concerning Rebirth", in Gary R. Sattler, *God's Glory, Neighbor's Good: A Brief Introduction to The Life and Writings of August Hermann Francke*, South Carolina: Covenant Press, 1982, p. 149.

② Ibid., p. 151.

③ 至于如何才是弗兰克认为的发自内心的爱上帝，而不是基于利害权衡，弗兰克在一篇关于《申命记》5：29 的布道中讲道："爱上帝是这样一件事情，即人必须在自己心中感知和经历，以便准确地知道这是什么。虽然一个人可以向另一人描述什么是爱上帝，但他不能像他应该的那样恰当而有益地理解它，除非他的心真的被对上帝的爱点燃。" Heinrich Ernst Ferdinand Guericke, *The Life of Augustus Hermann Francke*, London: Henry G. Bohn, 1847, p. 189.

④ Augustus Hermann Francke, "The Doctrine of Our Lord Jesus Christ Concerning Rebirth", in Gary R. Sattler, *God's Glory, Neighbor's Good: A Brief Introduction to The Life and Writings of August Hermann Francke*, South Carolina: Covenant Press, 1982, p. 151.

第五，重生的目的是什么？对此，弗兰克认为重生的目的有直接的，也有终极的。具体而言，重生的直接目的是"一个新人诞生了，他能永远生活在义和纯洁中"①；重生的终极目的则是"永恒的生命"。由于弗兰克沿袭基督教传统的说法，认为起初人类的始祖亚当被造时是无罪的，但因偷吃禁果而"陷于罪中，因而丧失了上帝的形象"②，因此"我们重生，再次成为上帝真正的子孙，恢复我们身上耶稣基督的形象，以及分享祂的荣耀是必要的"③。由上可以推知，重生是"新人的诞生"，是上帝形象的恢复，于重生之人而言，此乃瞬时的，故而此时的主体不是"永恒的生命"。在此基础上，弗兰克又主张重生的终极目的是"永恒的生命"，即在终末论的视域下思考重生。如此看来，弗兰克之论重生的目的，既是生存论的，又是终末论的。

还需赘言的是，虽然弗兰克已详述实现重生的三种途径，即圣言、神圣的洗礼和真信仰，但我们可以发现上述三种实现重生的途径是基于上帝视角而言的，即弗兰克所言"上帝恩赐我们的重生途径"。于世人而言，重生并非一件易事，而是一扇窄门，即实现重生并非那么容易，需要主体首先"在爱的上帝面前祷告和请求"，然后"在上帝面前学会跪下，学会从心底向上帝举手，向神叹息，求祂借着圣灵的能力照亮和更新我们的心"，最后"你从心底里接受圣言，而后归家"。④ 这也就意味着，即便弗兰克认为在主体的重生过程中，上帝发挥着关键性的作用，但同样不能否认主体的事功。因此，约德尔才将洗礼和圣餐称作"作为唤醒主体之工具"⑤，即洗礼和圣餐可以作为工作唤醒主体，使后者积极参与社会事功，从而来配合上帝完成重生之事。

综上所述，关于弗兰克之重生，笔者可以总结如下：第一，弗兰克重

---

① Augustus Hermann Francke, "The Doctrine of Our Lord Jesus Christ Concerning Rebirth", in Gary R. Sattler, *God's Glory, Neighbor's Good: A Brief Introduction to The Life and Writings of August Hermann Francke*, South Carolina: Covenant Press, 1982, p. 152.

② Ibid..

③ Ibid..

④ Ibid., pp. 152 – 153.

⑤ Peter James Yoder, *Blood, Spit, and Tears: Augst Hermann Francke's Theology of the Sacraments*, University of Iowa, Th. D., 2011, p. 230.

生观的核质是体验，且是以自我的重生体验为准绳。具体而言，无论是在阐释作为上帝赐予我们的重生途径之一的真信仰时，弗兰克强调"真信仰必须与圣言联合……上帝之言必须在灵魂中被接纳，并作为一份宝贵的财富保存在心中；且只有这样，我们在其中才能茁壮、扎根和结果"①；还是在揭示重生的内在的表征时，弗兰克说道："我们遭遇了那创造天地，被我们称作'亲爱的父'的上帝。在自身中，我们感受到一种对天父的孩子般的相信；我们对祂有着整全的恩典、完全的爱和彻底的支持之期待。在此，我们真正学习到在耶稣基督中有一个救主和中保，以及被允许唤祂为我们的兄长是什么意思。在此，我们在心中感受到圣灵的抚慰，祂把新的状态封存在我们心中。"② 这些无不表明：在弗兰克看来，重生是一种主体遭遇上帝的体验，而非一套系统的神学教义；且这种体验是一个个具体的、活泼泼的人的，而非作为类的抽象的群体的。如此看来，弗兰克之重生既是体验式的，又是个体性的。当然，弗兰克还强调这种主体遭遇上帝的体验是"上帝将信仰者带入其亲爱的儿子的天国，将自己的义转归于他，也就是耶稣基督的灵在他那里，使他一天比一天更圣洁，从而恢复他的形象，……以便这样一位皈依之人将会愉悦地谨守上帝的诫命"③。既然弗兰克的重生是上帝救赎的产物，那么其便是不以主体的意志为转移的，即客观的；既然是上帝主动的产物，那么这种主体的体验又是外源性的，而非主体主动而为能够实现的。总之，于世人而言，弗兰克之重生是体验式的和个体性的；于上帝而言，弗兰克之重生则是客观性的。

第二，若说弗兰克之重生的核质是体验，且是以自我的重生体验为准绳，那么诠释其重生之内涵的方法则是理性。为诠释何谓重生，弗兰克从五个方面展开。首先，弗兰克告诉我们重生从上帝处来；揭晓重生源自上

---

① Augustus Hermann Francke, "The Doctrine of Our Lord Jesus Christ Concerning Rebirth", in Gary R. Sattler, *God's Glory, Neighbor's Good: A Brief Introduction to The Life and Writings of August Hermann Francke*, South Carolina: Covenant Press, 1982, p. 141.

② Ibid., pp. 146 – 147.

③ Heinrich Ernst Ferdinand Guericke, *The Life of Augustus Hermann Francke*, London: Henry G. Bohn, 1847, p. 43.

帝后，弗兰克随后告知上帝恩赐给我们的重生方式有三种：圣言、神圣洗礼和真信仰；既然已经获悉了重生的方式，那么就需要知晓重生的表征：内在的表征和外在的表征；在获知了重生的表征后，弗兰克便着手阐释"什么样的人能重生"；最后，弗兰克回到"重生的目的"，即主体获得永恒的生命。可见，弗兰克关于重生的相关论述运用了理性的方法，逐步递进式的阐释，使得结构极为严谨。如此看来，弗兰克之重生虽格外强调作为"超理性"的上帝和主体的体验，但并不排斥理性，而是有机地熔于一炉。某种意义上而言，弗兰克承认上帝在重生中发挥决定作用是主体对无限的追求，而强调主体积极配合上帝的救赎之工则是主体承认自身的有限性。由此看来，在弗兰克的重生观中，对无限的追求和承认自身的有限性并不必然相斥。

第三，由于重生在敬虔主义思想中扮演着核心作用，[①] 因此对作为不同敬虔主义思想家思想核心的重生的考察不仅有助于勾勒德意志敬虔主义发展史，还对敬虔主义思想家思想特点的把握大有裨益。相较于施本纳的重生观，弗兰克之重生观对主体在救赎过程中作用的阐述更进一步。具体而言，施本纳之重生观强调在阅读《圣经》中突出主体在培养敬虔方面的作用；在施行圣礼过程中对主体与基督合一而成为联合体；在从事社会事功的过程中强调主体的重要性。在施本纳上述论述的基础上，弗兰克对主体在救恩过程中的地位进一步阐释到：（1）将施本纳所言培养主体之敬虔的三种方式归纳为重生的方式；（2）为显明主体是否重生，弗兰克将其总结为外在的表征和内在的表征。如此看来，关于重生，弗兰克只是在施本纳所述的基础上进一步系统化，未对重生是基督白白的恩典，且获得恩典的方式是在主体经历基督的体验中被基督之义转归予以否定。这也就意味着，无论是施本纳之重生，还是弗兰克之重生，都是路德"唯独因信称义"的时代表述，其不变的主旨是：重生既是个体性的，又是体验式的，还是终末论的。

---

① Martin Schmidt, *Wiedergeburt und neuer Mensch：Gesammelte Studien zur Geschichte des Pietismus*, Witten：Luther - Verlag, 1969, p. 198.

三 社会实践：教育、慈善与传教

诚如奥尔森所总结的，德意志敬虔主义具有将基督教通过生活呈现出来，即"外显的基督信仰"的特点，并认为敬虔主义思想家发展出两种方法"来推行和鼓励外显的基督信仰。首先，从施本纳开始，他们都在国家教会的架构里面，建立与领导好像小组聚会的团体。这些'心灵基督徒'的小组，要组员负责使灵性成长到完美无瑕的理想。第二，他们都强调，个别私下的灵修生活，有每日祷告安静、阅读圣经和默想的时间"①。在此，虽然奥尔森提纲挈领地指出德意志敬虔主义具有将基督教信仰实践出来的特征，但只是认为其包括两条实践路径，即以敬虔小组为内容的教会改革和以阅读圣经等为内容的个体灵修，而未将对现实世界的改造视作"外显的基督教"的一部分，先将"弗兰克在哈勒建立弗兰克机构，并鼓励各地的跟从者效法他的企业精神，建立类似的教育、贫困关怀，与传扬福音的机构"② 归纳为德意志敬虔主义的第四个特征——"积极的基督教"。也就是说，在奥尔森看来，以建设教育机构和贫困关怀等为内容的社会实践并不能算作"外显的基督教"之一部分，而是独立存在的。针对奥尔森的上述观点，笔者将以弗兰克对当地的贵族、学者和捐助者所做的题为"对穷人的责任"（"The Duty to the Poor"，1697）的演说③和在哈勒地区的具体实践活动为对象，详细阐释弗兰克之信与其实践之间的关系，从而驳斥奥尔森将弗兰克的社会实践只视作积极的基督教，而不将其纳入外显的基督教之一部分的做法。在上述分析的基础上，笔者将重点梳理弗

---

① ［美］罗杰·奥尔森：《基督教神学思想史》，吴瑞诚等译，第507—508页。

② ［美］罗杰·奥尔森：《基督教神学思想史》，吴瑞诚等译，第509页。

③ 关于这篇演说，陈企瑞总结道："强调了上帝对贫困者的关怀，并要求所有信奉基督教的统治者能急公好义，关心人民的疾苦，这样，'城乡穷苦人的呻吟才会得以解除'。"陈企瑞：《论敬虔主义者弗兰克的信仰实践》，《基督教思想评论》第11辑。无疑，上述总结只是这篇演说的极小一部分内容，该篇演说的内容既包括信与行的关系，还包括谁是穷人，谁对穷人负有责任，如何践行这些责任以及践行这些责任的后果等。鉴于此，为更清晰地呈现弗兰克社会实践的思想根源，本章将重点阐释该篇演说，并将该文与弗兰克的社会实践联系起来考察，从而全面地呈现弗兰克在社会实践的思与行。

兰克在哈勒地区所进行的社会实践之内容，如教育机构、慈善机构和差遣传教士向外传教①等，并批判性分析上述机构的创设对普鲁士现代性转型的影响，以及评介一种以关爱穷人为内容的公共神学。

与当代的公共神学家或笃定地认为针对穷人的慈善活动之思想根源在于"解放神学与马克思主义的某种结合"②，或只从圣经中寻章摘句与"上帝与穷人"③相关的经文进行探寻不同，弗兰克之社会实践的思想根源，就如其传记作者居里克所总结的乃是一种"神秘主义"，即"如果我们坚称上述慈善和这一信心都只是激励他的那活泼泼的基督教信仰之结果。这种信仰在他那个时代被称为敬虔主义，而在当前则被普遍称作神秘主义"④。也就是说，在居里克看来，弗兰克之社会实践是其活泼泼的基督教信仰之必然结果和外在表征，以及活泼泼的基督教信仰是弗兰克社会实践源源不断的动力。这也就意味着，居里克认为弗兰克之社会实践与其活泼泼的基督教信仰是互为表里，又相互依存的内外两部分。

当然，居里克对弗兰克信与行之关系的上述总结并非空穴来风，而是有着扎实的文本依据。具体而言，首先，弗兰克借助《使徒行传》10：1-4中哥尼流的行为指出行令上帝悦纳的事情包括两件，即"这段经文教导我们，行令神悦纳的事乃是走向上帝和关爱邻舍"⑤。可见，弗兰克从上帝与人的关系和人与人的关系将"行令神悦纳的事"分为爱上帝和爱邻

---

① 关于德意志敬虔派未能向外派遣传教士传教的原因，国内学者认为："由于没有跨地区的教会首脑，路德教派难以成立世界性布道团。路德教教徒主要生活在地域极为有限的、各自为政的地方教会中，却少与相距遥远的其他洲的宗教和教会团体的沟通。"（刘新利、邢来顺：《德国通史：专制、启蒙和改革时代》，第67页）与上述观点相对应的是，冈萨雷斯关于德意志敬虔主义的传教活动总结道："施本纳和弗兰克都声称，基督把'伟大的使命'交给了所有的基督徒，而且所有的基督徒都有责任使非信徒皈依。"（[美]冈萨雷斯：《基督教思想史》（第三卷），陈泽民等译，第327页。）可见，前者认为未能派遣传教士的原因在于没有跨地区的教会首脑。无疑，这样的论断受到天主教海外传播经验的影响。虽然在施本纳的时代，敬虔派未向外派遣传教士，但自弗兰克后，德意志敬虔派的传教士便前往世界各地。由此可见，是否向外派遣传教士不能简单归结为"没有跨地区的教会首脑"，还需从教派的特点等予以分析。

② 杨慧林：《"穷人"何谓?》，《基督教文化学刊》2006年第16辑。

③ 详见［美］斯·戴尔《上帝与穷人》，杨慧林译，《基督教文化学刊》2006年第16辑。

④ Heinrich Ernst Ferdinand Guericke, *The Life of Augustus Hermann Francke*, London：Henry G. Bohn, 1847, p. 140.

⑤ Augustus Hermann Francke, "The Duty to the Poor", in Gary R. Sattler, *God's Glory, Neighbor's Good：A Brief Introduction to The Life and Writings of August Hermann Francke*, South Carolina：Covenant Press, 1982, p. 156.

舍。至于"爱上帝"的方式，弗兰克指出乃祷告，其认为"祷告是全心全意地将自己交给神，不是以外在的形式，而是发自心灵深处，不是根据外在的表现，而是在真理上为祂服务"①。作为结果，借助发自内心深处的祷告，个体建立起与基督的个体性的、体验式的关系，如其所言"在上述紧迫的境况中，我找到了慰藉，这是在祈祷时心灵的一种倾向，这与对上帝的信靠相结合"②。其次，弗兰克借助《罗马书》从正反两方面揭示信与行之间的关系，即从正面指出若有信，那么行便会源源不断；从反面指出若无信，那么行则是干瘪的，甚至是无用的。对此，弗兰克详细解释道："信确实是根基，但是若信没有任何实践行为则是虚无。因此，任何对基督没有这样的信，即通过向活泼泼的上帝做迈向上帝的祷告，以及对邻人有真诚和慈悲的爱之人，不能被称作路德宗信徒。这样的人没有真信仰（True Religion），以及他的教会礼拜、忏悔和圣餐都是无用的。如果一个人在上帝面前真切地祷告，对邻人践行爱，那么他就是一位真正的基督徒。否则，这都是些空泛的言辞，即便他讲述了大量的基督教教义，阅读了大量的作品，去了无数的教堂，若没有真正的力量，上述这些都是干涸的溪流。"③ 同样的，在回答"什么是爱上帝"的提问时，弗兰克回答道："在你心中对上帝的爱，是在圣灵影响下的果实，借着它，你将倾向于将上帝视作你的最高的善（Your Highest Good），并在祂里面寻求喜乐与平安；去努力使祂悦纳，去努力与祂合一，使你们如圣经所说，有与祂相同的心。"④ 可以看出，弗兰克认为，无论是路德宗信徒的标志，还是真正基督徒的标识都是如下两点：（1）就个体与上帝的关系而言，个体对上帝的真正的信仰，而非口头上的、形式化的制度性宗教；（2）就个体与邻人的

① Augustus Hermann Francke, "The Duty to the Poor", in Gary R. Sattler, *God's Glory, Neighbor's Good*: *A Brief Introduction to The Life and Writings of August Hermann Francke*, South Carolina: Covenant Press, 1982, pp. 156 – 157.

② Augustus Herman Franck, *The Footsteps of Divine Providence*; *the Bountiful Hand of Heaven Defraying the Expences of Faith*, London: Gale ECCO, 2010, pp. 37 – 38.

③ Augustus Hermann Francke, "The Duty to the Poor", in Gary R. Sattler, *God's Glory, Neighbor's Good*: *A Brief Introduction to The Life and Writings of August Hermann Francke*, South Carolina: Covenant Press, 1982, p. 158.

④ Rezeau Brown, *Memoirs of Augustus Hermann Francke*, Philadelphia: American Sunday School Union, 1831, p. 151.

关系而言，个体对邻人的爱与实践均是基于信的自然流溢。

最后，至于信如何影响行，以及行如何反映出信，弗兰克说道："圣言在我们心中显现出真正的力量，让我们在活泼泼的、神圣的和大能的上帝面前感到谦卑，把我们的心和思想结合在一起，虔诚地聆听圣言，且请求祂能够赋予我们圣灵的临在。如此，圣言便能够给我们的灵魂带来丰富的启迪，从而让我们接受。我们做这些是在我主神圣的祷告中进行的。"① 也就是说，弗兰克认为信影响行是个体将圣言内化，感受到圣言的大能，从而自觉地践行圣言所规定的诫命。在此，从信到行的关键在于个体真切地体验到上帝的临在。这也就意味着，若要跨越"知道"与"做到"的鸿沟，个体就必须将自我与上帝联合起来，其纽带是信。若如此，作为信指导下的行，无论是教会礼拜、忏悔、圣餐，还是诸如创办福利机构等世俗活动都浸淫着神圣之光。总之，在弗兰克看来，行的根基和动力是信，信的外在表征和必然结果是行，诚如其关于信与行的关系所总结的："无论谁固执地坚持不信，他都可以在自己的经验中冒这个险，直到他发现尽管所有人都反对，上帝依然做令祂悦纳的事。借着上帝行了十分精彩的工作，通过向他们注入爱、力量和有灵性的心灵，来唤醒成千上万个从不信的昏睡中的灵魂，刺激他们去赞颂祂的名，转变他们的爱好。"②

关于弗兰克，其传记作者之一的理查德评价道："于大众而言，弗兰克是极有声誉的，因为他总是与在哈勒建立的福利院联系起来。"③ 既然在哈勒建立的是福利院，那么弗兰克所进行的社会实践，其对象自然是穷人。故弗兰克在详述社会实践的思想根源后，借助对《路加福音》16：19 - 31 中吝啬的财主和讨饭的拉撒路（Lazarus）的结局的讨论，从如下四个方面阐释对穷人的责任：第一，对谁履行这样的责任？第二，谁对穷人负有这样的责任？第三，如何践行这些责任？第四，后果，即不仁慈的人

① Augustus Hermann Francke, "The Duty to the Poor", in Gary R. Sattler, *God's Glory, Neighbor's Good*: *A Brief Introduction to The Life and Writings of August Hermann Francke*, South Carolina: Covenant Press, 1982, p. 159.

② Augustus Herman Franck, *The Footsteps of Divine Providence*; *the Bountiful Hand of Heaven Defraying the Expences of Faith*, London: Gale ECCO, 2010, p. 116.

③ Rezeau Brown, *Memoirs of Augustus Hermann Francke*, Philadelphia: American Sunday School Union, 1831, p. 3.

将受到什么惩罚，以及仁慈的人将得到什么奖赏？①

　　第一，对谁履行这样的责任？在《路加福音》16：19－31的故事中，弗兰克敏锐地发现穷人是有名字的，但财主却是无名的。因此，弗兰克得出穷人是具体的，是被上帝记住的；富人因其在世上受到众人的仰视，故而不被上帝记住的结论。既如此，何谓穷人？弗兰克首先抛出流行的观点："难道是指那些没有钱，没有财物或没有任何收入的人吗？"② 随即，弗兰克否认道："由于他们中有一部分人虽然没有任何财物，但他们能够工作，且知晓从哪里获得自己的生计，因而他们不能被称作穷人。"③ 可见，在弗兰克看来，没有财物但是有获得生计能力之人不能被视作穷人。这也就是说，包括因为懒惰、经营不善而导致破产，甚至未丧失谋生能力的残疾人都不能被纳入弗兰克的"穷人"内涵中。既然没有财物之人不能被视作穷人，那穷人何谓？弗兰克回答道："只有那些在地上无任何世俗之物可以依靠，唯有从上帝那等候和领受帮助之人才能叫作穷人。"④ 至于什么才叫作"唯有从上帝那等候和领受帮助之人"，弗兰克进一步解释道："就是衣服被撕破，不知道从哪里得到；面包被吃光，不知道从哪里获得，只能唯独信靠神恩典的人。"⑤ 如此看来，弗兰克所言的穷人是指那些在世上无任何可以信靠之物，包括财物、技能甚至身体等，而只能完全地信靠基督的恩典来获得慰藉之人。这也就意味着，弗兰克所指的穷人不仅是物质意义上的，而且是属灵意义上的。因此，弗兰克主张从物质层面和属灵层面解决贫穷问题，如其所总结的"我们必须知道：我们不仅要帮助物质上的穷人（the poor in body），而且因为大多数的人都是灵性上的贫穷，他们贫穷的灵魂有着一种病态的倾向，所以我们也应当考虑帮助他们，使得

---

　　① 在此，需要提醒的是，在《对穷人的责任》中，弗兰克首先阐释的是"谁对穷人负有这样的责任"，随后解释"对谁履行这样的责任"。为了阐述得更契合逻辑，笔者调整了上述两部分的顺序。

　　② Augustus Hermann Francke，"The Duty to the Poor"，in Gary R. Sattler，*God's Glory, Neighbor's Good: A Brief Introduction to The Life and Writings of August Hermann Francke*，South Carolina：Covenant Press，1982，p. 166.

　　③ Ibid..

　　④ Ibid..

　　⑤ Ibid..

后者的灵魂处于健康的状态"①。

第二，谁对穷人负有这样的责任？通过《路加福音》16：19－31 的故事，弗兰克认为首先对穷人负有责任当属富人，诚如其所言："如果富人是被上帝赐予暂时的财产，那么他们便不认为这是他们的财产，而是应当合理的处置，因为这些财产都归属那赐予他们财产，并要求偿还的上帝，这是义不容辞的。"② 可见，弗兰克认为，富人需要对穷人负有责任的原因在于富人的财产是上帝恩赐的，因而若未对穷人负有责任，那么便枉费了上帝的恩典，将受到上帝的惩罚。因此，弗兰克建议富人一旦听到有人生病、听到有人衣衫褴褛时，就应当将其视作一种召唤，是上帝对他们的提醒，然后将上帝恩赐给他们的财物分给贫困者。其次，弗兰克认为对穷人负有责任是"在公共机关任职或服务的人"③，原因在于"他们担任公职"。那为何弗兰克认为担任公职的人就负有对穷人的责任？弗兰克解释道："他们不得不帮助自己的邻舍，不仅因为上帝给了他们恩赐，而且也是出于自身工作的需要。"④ 也就是说，在公共机关任职或服务的人对穷人的责任不仅基于自身作为自然人的缘故，而且是作为社会人的原因，即作为自然人，在公共机关任职或服务的人所掌握的财物系上帝的恩赐，故需如富人一样将它们分配给穷人；作为社会人，在公共机关任职或服务的人所承担的公职在本质上是为包括穷人在内的所有人服务的。最后，弗兰克指出第三类需对穷人负责的是"包括自己在内的，在所有岗位上的任何人"⑤。在此，弗兰克强调"所有人"时，尤为强调不将自己排除在外。这也就意味着，弗兰克认为对穷人的责任不是一种道德的绑架，更不是一种权力的胁迫，而是一种发自主体内心的自然而然的使命。总之，弗兰克认为富人对穷人负有责任在于前者的财富是上帝的恩赐，所以需依照上帝的诚命将财富分配给穷人；公职人员对穷人负有责任在于，前者所从事的工

---

① Augustus Hermann Francke, "The Duty to the Poor", in Gary R. Sattler, *God's Glory, Neighbor's Good: A Brief Introduction to The Life and Writings of August Hermann Francke*, South Carolina: Covenant Press, 1982, p. 174.

② Ibid., p. 161.

③ Ibid., p. 162.

④ Ibid..

⑤ Ibid., p. 164.

作之本质就是为包括穷人在内的所有人谋福利；所有人对穷人负有责任，从而将对穷人的责任诠释为人之为人的使命，使得对穷人的责任成为全社会的关切。

第三，如何践行这些责任？首先，不要等待，即如弗兰克所总结的"人们不应该直到穷人已经匍匐在我们门口时才开始行动"①。关于上述建议，弗兰克指出其"适用于富人"，因为居住在豪华处所内，过着快乐生活的富人或在周日往布施袋随意施舍些钱财，或为摆脱那些围在自家门前的穷人而施舍些东西，且他们认为这已经足够。然而，弗兰克认为富人这样的施舍行为"真正的爱并不在其中"②。也就是说，弗兰克认为富人的上述施舍行为或是一种程式化的操作，或是一种权宜之计，未能体现富人对穷人的爱。因此，对富人而言，若要认真践行对穷人的责任，就"不要等待"，而是在平常日用中，"基于真诚的爱来关心邻舍"③。需要注意的是，弗兰克在随后的第三点中做了看似与前文相同的强调，即弗兰克主张不要持"等我成为富人、伟大的人物后而再做"④的观点，而是要根据自己的能力自愿地、欢喜地履行对穷人的责任。相较于前面针对富人的"不要等待"的建议，弗兰克这里所提出的"不要等待"则是针对所有人而言的。其次，"善意地倾听穷人的声音，为他们的不幸感到惋惜，就像我们也遭遇他们一样的境遇，我们为自己所做的那样"⑤。在此，弗兰克非常强调践行这些责任时的"感同身受"，即设身处地地站在穷人的角度倾听穷人的声音，从而让后者感受到尊重与被爱，然后"帮助他们"⑥。弗兰克发现，在现实生活中存在着大量这样的现象，即"当穷人来到他们面前时，大多数的人只是说些空泛的词汇，如'愿上帝保佑你'，随后让穷人离开，而对后者无任何的帮助"⑦。因此，弗兰克追问道："这如何能改变穷人的现

---

① Augustus Hermann Francke, "The Duty to the Poor", in Gary R. Sattler, *God's Glory, Neighbor's Good: A Brief Introduction to The Life and Writings of August Hermann Francke*, South Carolina: Covenant Press, 1982, p. 168.

② Ibid., p. 168.

③ Ibid., p. 168.

④ Ibid., p. 173.

⑤ Ibid., p. 171.

⑥ Ibid., p. 172.

⑦ Ibid..

状呢?"也就是说,诸如"愿上帝庇佑你"等空泛的词汇无法改变穷人贫困的现状,只有"实干"才是践行对穷人的责任。此外,弗兰克还援引第一代基督徒的事迹加以论证,认为基督教内并非一开始就弥漫着空谈,而是在不断地发展过程中,教会和个体信仰者逐渐废弃了实干。因此,将对穷人的责任践行出来的人才"真正彰显了他们的基督教精神"①,否则就只能是名义上的基督徒,或外表的基督徒。最后,"即便穷人不在眼前,我们也要行对他们有利的事"②。至于对穷人行有利的事,弗兰克确定了一个标准,即"对穷人应当表现出母爱式的关怀"。

第四,后果,即不仁慈的人将受到什么惩罚,以及仁慈的人将得到什么奖赏?在《路加福音》16:19-31的故事中,不仁慈的财主最后受到了死后进入地狱的惩罚。那何谓"地狱的惩罚"?弗兰克运用以经解经的方法将地狱的惩罚具体化,即其借助《启示录》14:11和《以赛亚书》66:14的内容对地狱的惩罚解释道:"在地狱中,他们没有片刻的休息,他们的良心将深深地折磨他们,以及通过观察其他被诅咒的人,他们的痛苦将会增加。"③如此看来,地狱的惩罚不是抽象的,而是十分具体的;被惩罚进入地狱之人,不仅在身体上得不到休息,而且在良心上无法得到安宁。与不仁慈的人遭受惩罚相对应的是,仁慈的人将得到什么奖赏呢?弗兰克回答道:"如果一个人关注到自己对穷人的责任,那么我们也将知道一个如此荣耀的恩典将紧随其后。"④为了论证对穷人行仁义会得到奖赏,弗兰克还援引《哥林多后书》9:6和《诗篇》112:9中的"荣耀的恩典"。至于何谓"荣耀的恩典",弗兰克回答道:"(1)只要他一离开这个世界,那么此人将迅速获得慰藉;(2)他将变得越来越像上帝的形象。"⑤这也就意味着,荣耀的恩典于仁慈之人而言,既是今生获得越来越接近堕落之前的上帝形象,又是在终末的世界中无须遭受痛苦而直接获得

---

① Augustus Hermann Francke, "The Duty to the Poor", in Gary R. Sattler, *God's Glory, Neighbor's Good: A Brief Introduction to The Life and Writings of August Hermann Francke*, South Carolina: Covenant Press, 1982, p. 172.

② Ibid., p. 174.

③ Ibid., p. 176.

④ Ibid., p. 177.

⑤ Ibid..

上帝的慰藉。

综上所述，弗兰克建构了一套完整的针对穷人的社会实践理论：首先，弗兰克指出穷人何谓。于弗兰克而言，穷人不是因懒惰而缺乏物质之人，不是因经营不善而濒于破产之人，而是那些除了信靠基督外，别无他物之人。因而，弗兰克所认为的，穷人既是物质层面上的，又是属灵意义上的。其次，为穷人进行社会实践的动力是"信"，然穷人是那些只能信靠基督之人，那么便涉及弗兰克所建构的这套理论的第二个问题，即针对穷人的社会实践之动因是什么？对此，弗兰克回答道："信"。然后，谁对穷人负责？既然已经指出信是所有针对穷人的社会实践活动的动因，那么又有哪些人需要对穷人负责呢？弗兰克回答道：富人、公职人员和包括自己在内的所有人。这样，弗兰克便为这套针对穷人的社会实践理论指明了实践主体。最后，为了鼓励世人尽可能地参与其中和警告那些不参与的人分别制定了不同的后果，即积极参与针对穷人的社会实践将得到愈加完美的上帝形象和死后的永生，以及不仁慈的人将进入地狱，遭受永罚。概言之，弗兰克建构的这套针对穷人的社会实践理论，其实践主体是富人、公职人员和包括自己在内的所有人，其实践对象是只能信靠基督的人，使实践主体不懈地参与其中的动力是信，以及为了践行这些责任，实践主体需做到"不要等待""感同身受地倾听"和"实干"。由上可见，弗兰克建构的这套理论完成了一个完整的闭环。当然，弗兰克绝非空泛的理论家，而是一位在上述理论的指导下，不断进行社会实践的实干家。关于弗兰克所从事的社会实践，正如陈企瑞所总结的："弗兰克的慈善事业与教育是重叠的，例如贫童教育就是慈善与教育工作的结合。另外，他还建立了福利院、医院、图书馆、印刷厂等慈善机构。"① 除上述社会实践外，弗兰克还差遣传教士前往世界各地。因此，弗兰克的事业又被斯托富勒赞誉为："前无古人的创举。"② 既如此，弗兰克是如何在上述理念的指导下进行社会实践的？

首先，弗兰克创办教育机构和创建慈善组织，其内在动力均为个体信靠

① 陈企瑞：《论敬虔主义者弗兰克的信仰实践》，《基督教思想评论》第 11 辑。
② F. Ernest Stoeffler, *German Pietism during the Eighteenth Century*, Leiden: E. J. Brill, 1973, p. 31.

基督。换言之，个体对基督之信，使弗兰克数十年如一日，坚持不懈地进行社会实践。据弗兰克自述，由于在哈勒地区有一个古老的传统，即"一些有名望的人习惯于定期给穷人捐助，约定一个时间让穷人来到自己屋前接受捐赠"①，且弗兰克偶然间撞见一次这样的善举，故他告诉穷人以后每周四都来自己屋前，并叮嘱穷人们道："未来将在属灵方面和属世方面对他们进行援助。"② 这便是哈勒教育机构最早的雏形。可见，在创办哈勒教育机构之初，弗兰克便将属灵教育与属世教育并重，强调属灵教育在穷人摆脱贫困中的重要作用。至于驱动弗兰克创办教育机构的动力，弗兰克回忆道："我发现自己创办针对贫童的学校有着极大的动力，因为我发现上帝的祝福变得越来越清晰……现如今这种明显的解脱传递到我这，并命令我在分配救济时要照顾一些穷学生。"③ 可见，弗兰克创办针对贫困孩童的学校是在一种使命的感召下去做的，而这种使命感召的动力其实便是完全地信靠基督。具体于事实而言，在 1696 年复活节前，由于无钱支付未来一周的福利院的费用，弗兰克无计可施，只好向上帝祷告。待祷告结束时，弗兰克写道："上帝鼓励一位人去捐献一千克朗来帮助穷人。"换言之，渡过无钱可用的难关，弗兰克信靠的是上帝，其信靠上帝的方式则是祷告。④ 鉴于此，弗兰克总结道："由于有上帝的恩赐，我们可以向贫困学生施以援手，支付维持福利院的费用，还可以为他们提供衣物，使我们的慈善学校蓬勃发展，以及买下一套房子。"⑤ 这也就是说，弗兰克之行的根基和动力是其信，而弗兰克之信的外在表征和必然结果则是行。

其次，弗兰克不执迷于与路德宗正统派进行教义辩论，而是通过实干将真正的基督教呈现出来。由于弗兰克在哈勒创办了系列教育机构和慈善

① Augustus Herman Franck, *An Abstract of the Marvellous Footsteps of Divine Providence*, London: Gale ECCO, 2010, pp. 1 – 2.

② Augustus Herman Franck, *The Footsteps of Divine Providence*; *the Bountiful Hand of Heaven Defraying the Expences of Faith*, London: Gale ECCO, 2010, p. 10.

③ Ibid., p. 18.

④ 在弗兰克创办福利院、医院和寡妇之家的过程中，无数次遇到缺钱的窘境，但弗兰克每每都寻求上帝的帮助，并最终化解了危机。详情可见 Augustus Herman Franck, *The Footsteps of Divine Providence*; *the Bountiful Hand of Heaven Defraying the Expences of Faith*, London: Gale ECCO, 2010, pp. 35 – 107。

⑤ Augustus Herman Franck, *The Footsteps of Divine Providence*; *the Bountiful Hand of Heaven Defraying the Expences of Faith*, London: Gale ECCO, 2010, pp. 22 – 23.

机构等，所以弗兰克遭到哈勒的路德宗正统派关于"弗兰克在创办福利院的过程中，忽视了他的职责和自己在信仰上的进步"，"孤儿们面前摆放的食物，是连狗都不吃的"，"弗兰克挪用巨额款项"和"教宗、教宗派、再洗礼派和狂热派均给他送钱"等诘难①。面对上述中伤，弗兰克无疑在身心上遭受重大打击，他却从未与中伤者进行辩论，而是"仅仅劝诫自己的对手，在上帝来照各人所行的报应个人，每个人的工作都全部呈现出来前，不要论断他人"②。也就是说，弗兰克认为真正的基督教不在于辩论出某一行为是否符合教义，或者通过理性的方式阐释诸如上帝是否存在、圣餐的实质究竟是临在说还是纪念说，而是要通过实践呈现出来；至于实践是否有意义，评价者不是人，而是上帝。另外，面对那些对他行邪恶之事的人，弗兰克回应道："我可以诚实地说，这些工作越是遭受诋毁，无论是言语上的，还是文字上的，越是有好心人来支持这些工作。"③ 可见，无论是面对中伤，还是邪恶的攻击，弗兰克均不与对手进行辩论，而是继续笃定地践行自己在哈勒的工作，以将真正的基督教彰显出来，并将自己所从事的工作的最终评判者归于上帝。在上述观念的指引下，弗兰克于1694年创办福利院；于1697年创办一所专门教授拉丁语、希伯来语和希腊语的学校。经多年筹款，于1700年，在弗兰克的领导下，哈勒福利院新大楼落成。于1698年春，在一位名为康斯丁（Carl Hildebrand von Cansteins，1667－1719）的贵族基督徒的支持下，弗兰克创办了一所抚养贫困寡妇的寡妇之家。④ 1698年，在取得了与驻地在伦敦的基督教知识促进社（Society for Promoting Christian Knowledge）的联系后，弗兰克逐渐向波罗的海地区和俄罗斯等地派遣传教士。由于敬虔主义者立志使圣经阅读在世界范围内变得便利，弗兰克在康斯丁的支持下，于1710年在哈勒创办德意志地区第一个现代圣经出版机构康斯丁圣经会（The Canstein Bible Institute）。从

---

① Heinrich Ernst Ferdinand Guericke, *The Life of Augustus Hermann Francke*, London: Henry G. Bohn, 1847, p. 182.

② Ibid. , p. 183.

③ Ibid. .

④ Gary R. Sattler, *God's Glory, Neighbor's Good: A Brief Introduction to The Life and Writings of August Hermann Francke*, South Carolina: Covenant Press, 1982, pp. 64－65. 据扎特勒研究，弗兰克在1704年创办第二间寡妇之家。

此，不同语言的圣经借着传教士运往世界各地。

然后，弗兰克强调对穷人履行责任不仅限于富人，而且涵盖所有人。鉴于此，弗兰克在自己卧室门口放置一个盒子，上书"为贫困儿童支付上学费用，为他们提供书籍和其他必需品。'怜悯贫穷的，就是借给耶和华，他的善行，耶和华必偿还'"①。据弗兰克自述，通过这样的方式，"有时候，一些人会往里面扔些零钱。当我将这些钱收拢时，我怀着极大的信心喊道：这是一笔相当可观的数目，必须用它来完成一些真正有益的事情。我将为穷人创办一所学校"②。无疑，拜访弗兰克的人多为普通人，而借助普通人所捐助的款项，弗兰克获得了创办学校的第一桶金。因此，针对弗兰克创办哈勒学校的做法，居里克总结道："由于上帝仁慈的帮助，祂搅扰着不论是上层人士，还是下层人士，不论是富裕者，还是贫穷者，不论是知道的，还是不知道的，不论是德国人，还是外国人的心灵，从而支持弗兰克所从事的事业。"③ 在教学设计上，弗兰克建议家庭贫困的高年级孩子可以作为低年级班级的老师，如其所言"在大量严格遵守纪律的学生中，部分被聘来教导孩童，从而为熟练地管理全国各地的学校做好准备。如果他们已经习惯了一种好的、精确的方法，那么在某种程度上，他们可能会对学校的改革发挥作用"④，并规定"若贫困孩子每天教育低年级的孩子两小时，就能获得一周 12 便士的报酬"⑤。可见，弗兰克不仅认为所有人都需为穷人的脱贫负责，而且主张将已经接受过良好教育的贫困少年承担部分教师职能，即贫困少年不再是受资助的对象，也是施予爱心的主体。另外，在哈勒福利院内，弗兰克不允许设置任何贫穷的标志⑥，以使得家庭贫困的学生不会因家庭贫困而感到自卑，从而在学成后能更好地回

---

① Augustus Herman Franck, *The Footsteps of Divine Providence*; *the Bountiful Hand of Heaven Defraying the Expences of Faith*, London: Gale ECCO, 2010, p. 16.

② Heinrich Ernst Ferdinand Guericke, *The Life of Augustus Hermann Francke*, London: Henry G. Bohn, 1847, p. 143.

③ Ibid. , pp. 171 – 172.

④ Augustus Herman Franck, *The Footsteps of Divine Providence*; *the Bountiful Hand of Heaven Defraying the Expences of Faith*, London: Gale ECCO, 2010, p. 100.

⑤ Ibid. , p. 14.

⑥ Rezeau Brown, *Memoirs of Augustus Hermann Francke*, Philadelphia: American Sunday School Union, 1831, p. 131.

馈弗兰克创办的系列慈善组织。如此看来，弗兰克将《对穷人的责任》中所呼吁的所有人需对穷人负责的诫命用于其教育实践。

最后，弗兰克所主导的教育不仅包括知识和技能教育，还涵盖属灵教育。具体而言，创办贫童学校之初，在面对聚集在自家门口的穷人时，弗兰克就想到："于是，我立刻想到了这件事，为他们提供些许帮助和用圣言给他们指明方向将证明这是个多么难得的机会；照料他们的灵魂比只是为他们提供些许外在的食物更好。这样一群人，长期生活在被忽视的环境中；作为结果，由于没有信仰，所以他们走上了一条邪恶的、放荡的生活道路。"① 如此看来，在哈勒创办教育之初，弗兰克便意识到教育不仅是知识和技能教育，还必须运用圣言对穷人进行属灵教育。关于知识教育，弗兰克说道："他们中的每个人都由不同的老师来教导，即教授他们拉丁语、希腊语和希伯来语，以及历史、地理、几何、音乐和植物学。"② 也就是说，在弗兰克所创办的教育机构内，包括贫童在内的受教育者需要接受古典语言学的教育，还要接受"博雅教育"（Liberal Education）③ 和科学教育。在阐释哈勒教育机构设置的知识教育后，弗兰克进一步指出技能教育在孩子成长过程中的重要性。为此，弗兰克在福利院内设置商科，以培养孩子们的商业敏感度，如布朗指出："除上述两个专业外，还设置了一些其他的专业，为了让那些对诸如商科感兴趣的孩子（目前为止，人数最多的是这类）接受教育。"④ 除了在专业设置上培养受教育者的技能，在哈勒福利院内，弗兰克还创办了医院、书店、药店、印刷厂等；在上述部门从事工作的人均为高年级的孩子，以此获得相应的报酬。⑤ 这也就意味着，在哈勒教育机构内，受教育者需在实践过程中锻炼自己的技能。

关于哈勒教育机构内的属灵教育，就如弗兰克所自述的："在孩子们

① Augustus Herman Franck, *The Footsteps of Divine Providence; the Bountiful Hand of Heaven Defraying the Expences of Faith*, London: Gale ECCO, 2010, p. 9.

② Ibid., p. 27.

③ Rezeau Brown, *Memoirs of Augustus Hermann Francke*, Philadelphia: American Sunday School Union, 1831, p. 113.

④ Ibid., p. 141.

⑤ Kelly Joan Whitmer, *The Halle Orphanage As Scientific Community*, Chicago: The University of Chicago Press, 2015, pp. 56–58. 当然，弗兰克也因为这一点，遭到路德宗正统派的批评，认为在弗兰克创办的这些机构内存在剥削。

很小的时候，圣言就需教导给他们……每天都需辟出两小时，所有的穷人、残疾人，其中一部分生活在我们身边，其中一部分来自国外，以及一些因火灾、战争等而失去财产的流浪者，即所有人都需要接受宗教教育。"① 至于神学教育在课程中如何安排，加夫特罗普在弗兰克自述的基础上做如下总结："学生在老师的监督下，一天两次对着同伴大声阅读圣经。早上和下午均有一次祷告；一周学习需以祷告结束，且所有孩子都须参加，包括唱赞美诗、阅读圣经和学生组织小群体进行公开的教理问答。最后，在周日，每个人都需参加两次教会活动和教理问答。周日的布道、圣经阅读和赞美诗构成了一周内的宗教学习的不可分割的一部分。"② 可见，在弗兰克创办的哈勒教育机构内，属灵教育不仅是日常课程的一部分，而且所有人都必须参加，其形式是学习圣经，相互分享圣经学习的体会、祷告、唱赞美诗和进行教理问答等，其目的是让受教育者将所学的基督教知识转变成实践，即将"知道"变成"做到"。由于弗兰克所办教育既在教学内容上有所创新，又在毕业出路上有较为稳定的保障，故哈勒教育机构"吸引了众多聪慧的、强有力的年轻人来到己方阵营"③。经过上述教育培养的年轻人，"制止了头脑中这种恶习的猛烈激流，从而有助于改观整个国家的精神和社会"④。

通过前文的论述，弗兰克的社会实践是基督教历史上最引人注目的运动之一，其具有如下特点："第一，巨大的福利院建筑是在对当时荷兰的福利院仔细地考察和研究后才建造的……第二，这项事业是由个人发起的，而非由领主或地方政府发起，且在他手里没有多少钱。第三，弗兰克社会改革的愿景主要集中在为穷人提供学校和教育哲学，以及一项普遍的社会改革计划……第四，弗兰克的动力在于为了更好的时代的敬虔愿望和实践基督教之爱的渴望。第五，福利院及其他学校成为'敬虔主

---

① Augustus Herman Franck, *An Abstract of the Marvellous Footsteps of Divine Providence*, London: Gale ECCO, 2010, pp. 31 –33.

② Richard L. Gawthrop, *Pietism and the Making of Eighteenth – Century Prussia*, Cambridge: Cambridge University Press, 1993, p. 157.

③ Ibid. , p. 174.

④ Augustus Herman Franck, *An Abstract of the Marvellous Footsteps of Divine Providence*, London: Gale ECCO, 2010, pp. 33 –34.

义运动的动力之源……—个在世界范围内传播德意志敬虔主义独特信仰的机器'。"① 由上可知，弗兰克所从事的社会实践不是依据于某一抽象的世界改造图式，而是以改造社会为使命，以整个社会越变越好为愿景，并在这一使命与愿景的驱动下，以汲取其他地区的经验为基础，对全世界革新。概言之，弗兰克的社会实践是体验的、个体的、整体革新的、终末论的和普世的。弗兰克的社会实践并未止步于哈勒，而是在哈勒的实践较为成熟后，奏请普鲁士国王弗里德里希·威廉一世（Frederick William I of Prussia，1688－1740）"支持哈勒大学的神学计划，改善福利院的护理，通过建立济贫院来消除乞讨，以及建立类似的教育机构来培训全国孩子的信仰和技能"②。在普鲁士国王的支持下，类似哈勒贫童学校的教育机构陆续在全国建立起来，哈勒敬虔主义者担任军队的随军牧师。作为结果，由弗兰克领衔的社会实践取得了丰硕成果，但也遭到同时代的路德宗正统派的批评，即"通过公众的慈善，弗兰克积累的大量的财富，以及在持续进行的社会实践过程中，他忽视了个体的敬虔"③。当然，这样的批评全无道理，只是在未进入弗兰克理论视域下所做的道德批判，即不理解弗兰克的个体敬虔有着互为表里，又相互依存的内外两方面：弗兰克所从事的社会实践是其个体敬虔的外在表征和个体敬虔是其社会实践的内在动力。换言之，于弗兰克而言，从事社会实践是敬虔之人的本质要求和存在状态。也正因如此，在收到一位法国友人的来信，说巴黎的一位天主教修道院院长对其著作叹为观止时，晚年的弗兰克平静地回信道："在上帝的祝福下，我现在受到激励，但愿在祂面前见证基督应得荣耀，这是我孜孜以求的目标。使自己成为对他人心灵有益的人，并把他人引领到救世主的拯救智慧前，这在我看来，是自己一生中最大的幸福了。"④ 弗兰克的上述回信无非是告诉友人，无论是自己的著作，还是自己从事的社会实践，都只是信靠

①　Douglas H. Shantz, *An Introduction to German Pietism: Protestant Renewal At The Dawn of Modern Europe*, Baltimore: The Johns Hopkins University Press, 2013, p. 118.

②　Richard L. Gawthrop, *Pietism and the Making of Eighteenth - Century Prussia*, Cambridge: Cambridge University Press, 1993, p. 201.

③　Rezeau Brown, *Memoirs of Augustus Hermann Francke*, Philadelphia: American Sunday School Union, 1831, p. 148.

④　转引自张贤勇《虔诚：栖息心头之后》，载《基督教文化评论》（第1辑），第25页。

上帝的必然结果，均不是自身所要追求的目标，而是其"孜孜以求目标"的产物。

与弗兰克从事社会实践根植于个体敬虔相对应的是，当前在西方学界风靡一时的，关注贫穷问题的公共神学，其做法无非是在圣经中寻找对穷人的责任和义务的圣经依据。具体而言，首先，为何要对穷人负有责任和义务呢？以博特（John Bolt，1947－　）为代表的公共神学家认为其根据在于，穷人是上帝形象的承有者（Image Bearers）。既然穷人是上帝形象的承有者，那么无论是富人还是政府都需慷慨解囊。其次，分别列举富人、教会、政府和公民社会的职责。博特总结道：富人对穷人的责任和义务是慈善；教会肩负的责任是"呼召罪人悔改、进入基督的新生命，并在信仰中抚养他们"和"执事上的援助"；① 政府承担的责任乃"通过高税收来有助于贫穷的解决"②。最后，阐释穷人的责任，即穷人需成为"能回应的负责的人"③。如此看来，公共神学家对贫穷的解决不是如某些激进思潮所主张的通过重新分配的方式，而是强调贫穷是一个系统的社会性问题，其症结在于人类的罪；而应对方法则是在保持穷人主体性的基础上，借助全社会的力量加以解决。可见，从某种意义上来说，以博特为代表的公共神学家所主张的贫穷解决方案只是一种客观化的、对象性的路线图。换言之，公共神学家的贫穷解决方案虽然假借圣经而似乎获得了内驱力，但究其实质依然是一种由外而内的道德劝诫。反观弗兰克的上述贫穷解决方案，其将自身融入贫穷问题的解决中，并将其视作个体敬虔的外在表征，即解决贫穷问题是主体的存在属性。如此看来，当代公共神学界在反思贫穷问题的解决时，须再次回到弗兰克所开创的道路上来。

① ［美］约翰·博特：《基督徒的职责："常有穷人和你们同在"》，谢志斌译，《基督教文化学刊》2016年第16辑。

② ［美］约翰·博特：《基督徒的职责："常有穷人和你们同在"》，谢志斌译，《基督教文化学刊》2016年第16辑。

③ ［美］约翰·博特：《基督徒的职责："常有穷人和你们同在"》，谢志斌译，《基督教文化学刊》2016年第16辑。

第 四 章

摩拉维亚敬虔主义与教会合一运动

尼古拉斯·路德维希·冯·亲岑道夫是德意志著名的宗教活动家和政治家，以及对基督教教会史和世界历史具有重大影响力的思想家。[①] 同时，他是更新后的摩拉维亚兄弟会的首任主教和亲自前往世界各地传教的传教士，使摩拉维亚兄弟会名声大噪的人物。因此，笔者将以亲岑道夫为代表的敬虔主义称作摩拉维亚敬虔主义。

亲岑道夫出生在一个深受哈勒敬虔主义思想影响的家庭。在祖母的安排下，幼年的亲岑道夫的洗礼便是当时敬虔主义思想家施本纳主持的。因而，亲岑道夫又被称作施本纳"属灵的儿子"。从 10 岁至 16 岁期间，亲岑道夫都在哈勒敬虔主义的大本营哈勒求学。因此，亲岑道夫耳濡目染了哈勒敬虔主义思想的教育。16 岁后，亲岑道夫转学至路德宗正统派的大本营维滕堡大学。虽然专修法律，但是据亲岑道夫自述：在维滕堡大学期间，自己的大学时光都在学习神学中度过。因此，亲岑道夫亦接受了较为专业的路德宗正统派思想教育。大学毕业后，与施本纳、弗兰克一样，亲岑道夫开始自己长达两年的游学生活。据亲岑道夫的弟子、亲岑道夫传记作者的斯潘根伯格（August Gottlieb Spangenberg, 1704 – 1792）介绍，在游学期间，亲岑道夫交友广泛，有信奉詹森派的平民，有信奉加尔文宗的知识分子，有秉持路德宗正统派的贵族，甚至还有无神论者。这为亲岑道

---

① Williston Walker, *Great Men of the Christian Church*, Chicago: The University of Chicago Press, 1908, pp. 301 – 318.

夫成为德意志敬虔主义的集大成者提供了条件。

游学归来后，亲岑道夫在祖母的建议下，供职于德累斯顿，担任萨克逊侯选宫廷法务顾问的职务。但是，亲岑道夫从未隐藏自己对这种取悦世人职务的厌倦。他向祖母坦承道："他不是为自己而活着，而是为上帝和邻人而活着……如果上帝呼召自己去偏远之地，自己也欣然前往，向异教徒宣扬基督的福音。"① 在此期间，受腓特烈大帝推崇理性主义的影响，亲岑道夫先以"德累斯顿的苏格拉底"（The Dresden Socrates）② 为笔名，不久后以"德国的苏格拉底"（The German Socrates）为笔名，在当地的一份报纸上撰文批评日渐僵化的路德宗正统派。另外，亲岑道夫还格外关注日渐兴起的自然神论（Deism），并对其批评道："正确地使用理性能使人成为一位谦逊的信仰者，否则将变成一位傻子。对理性不合时宜的使用，将使得理性陷入一种灵性的堂吉诃德式的境地（Spiritual Don Quixote）。"③ 1726 年，亲岑道夫将在该报纸上以笔名发表的文章结集出版，题为"苏格拉底"。除上述事迹外，亲岑道夫在其封地主护城接收来自波西米亚的躲避宗教迫害的逃难者。为了全身心地投入主护城的建设，亲岑道夫辞去公职，携眷迁入主护城。经过近 6 年的建设，主护城逐步成型，于 1727 年 5 月成立主护城牧师委员会，并制定主护城章程（Brotherly Union and Agree-ment at Herrnhut）。

定居主护城后，亲岑道夫在尊重波西米亚人宗教传统的基础上，不断将宗教宽容的理念植入主护城的居民中。虽然这一过程历经波折，甚至几近导致主护城的分裂，但最终借着亲岑道夫辛勤的工作与强大的威望，逐步将主护城转变为一个聚集着跨宗派群体的地区和向外派遣传教士的基地。④ 由于

---

① John Gill, *The Banished Count*；*Or The Life of Nicholas Louis Zinzendorf*, London：James Nisbet and Co. 21 Berners Street, 1865, p. 65.

② 与亲岑道夫同时期的另一位思想家门德尔松（Moses Mendelssohn, 1729 – 1786）被时人称作"我们时代的苏格拉底"。相较于门德尔松在当时社会上的声誉，亲岑道夫无疑是不及的。因此，亲岑道夫以"德累斯顿的苏格拉底"为笔名，可能是对门德尔松观点的不满。

③ Nikolaus Ludwig von Zinzendorf, *Der Deutsche Socrates*, *Kierkegaard*, *Pietism and Holiness*, Edited by Christopher B. Barnett, Routledge, 2016, p. 98.

④ Peter Vogt, "Nicholas Ludwig von Zinzendorf", *The Pietists Theologians：An Introduction to Theology in the Seventeenth and Eighteenth Centuries*, Edited by Carter Lindberg, Blackwell Publishing Ltd., 2005, p. 208.

亲岑道夫所建立的是一个跨宗派的团契，其极好地保护了居民的良心自由，因此欧洲其他地方遭受宗教迫害的居民纷纷前往主护城，以寻求亲岑道夫的庇护。这也导致摩拉维亚兄弟会遭到路德宗正统派有关摩拉维亚兄弟会不持守《奥格斯堡信纲》的指控。作为结果，亲岑道夫遭到流放而被迫离开德累斯顿。故吉尔（John Gill，1697－1771）又将亲岑道夫称作"流放的伯爵"（The Banished Count）。这一针对亲岑道夫的流放令，使得其在此后的十余年时间内，足迹遍布北、西欧，并亲赴北美。在这一时期，亲岑道夫极为重视圣伤（Blood and Wounds of Christ），故部分研究者将亲岑道夫的这一时期称作"转变阶段"（The Sifting Time）。关于这一时期亲岑道夫的神学，其呈现出反理性的（Antirational）、情感的（Emotional）和感觉的（Sensuous）等特点，并迷恋圣伤。虽然流放令于1748年被废除，但亲岑道夫并未即刻返回主护城，而是在1749年至1755年期间，将伦敦作为摩拉维亚兄弟会发展的新中心。1749年，亲岑道夫前往英国议会控诉英属殖民地限制摩拉维亚兄弟会传教士的传教活动，并大获成功——英国议会将摩拉维亚兄弟会称作"一个古老的，主教制的新教教会"（an Ancient，Protestant and Episcopal Church）。1755年，亲岑道夫前往主护城，直至去世，并葬于主护城附近，其墓志铭如下："这里安息着上帝忠实的仆人，尼古拉斯·路德维希·冯·亲岑道夫。他是摩拉维亚兄弟会最有价值的普通人，借着上帝的恩典和自己信实的、孜孜不倦的服侍更新了18世纪。1700年5月26日，他生于德累斯顿，安享主怀于1760年5月9日。他受到呼召将初熟的果子带来，并将其始终留在世间。"①

关于亲岑道夫其人，斯托富勒总结道："多面向的天才"与"在他的时代中最富争议的人物之一"。② 具体而言，一方面亲岑道夫被现代路德宗神学家和教会史学家傅里尔（George Forell，1919－2011）誉为"在路德与施莱尔马赫之间最有影响力的德国神学家""贵族中的耶稣谜""未学过

---

①　August Gottlieb Spangenberg, *The Life of Nicholas Lewis Count Zinzendorf*, with an Introductory Preface by the Rev. P. Latrobe, London：Samuel Holdsworth, Amend－corner, 1838, p. xxxi.

②　F. Ernest Stoeffler, *German Pietism During the Eighteenth Century*, Leiden：Brill, 1973, p. 141.

神学的神学家"①；他还被 20 世纪公认的最伟大的神学家巴特盛赞为："如果外表不会欺骗的话，那么亲岑道夫创建兄弟会不是为了分裂教会，也不是以超教会的形式取代教会，而是信实的个体能够自由地聚集在某一特定的教会中……这并不意外，因为在亲岑道夫的布道、诗歌和教义学（就目前所能看到的）中可以发现，他可能是当时唯一一位真正的基督中心论者。他也被称作第一位真正的普世主义者，即一位真正在普世视域下去言说和思考的思想家。"② 另一方面，亲岑道夫被费尔巴哈（Ludwig Andreas von Feuerbach，1804 – 1872）称为"初期的基督教无神论者"（Nascent Christian Atheist）③；自由主义神学家利奇尔认为亲氏之"敬虔"具有神秘主义的倾向，从而对其大加斥责，并将亲氏称作"业余宗教学家"。此外，由于亲岑道夫更新了摩拉维亚兄弟会，并在其中居于权威地位，因而被部分对手称作日耳曼的克伦威尔（Cromwell，1599 – 1658）和罗耀拉（Ignatius Loyola，1491 – 1556）。由是观之，有关亲岑道夫之评价或极尽盛誉，或竭力贬低，且均是从各自的立足点所做的判断。

关于亲岑道夫之思想，诚如当代亲岑道夫研究专家沃格特所总结的，亲岑道夫的思想包括圣经观、三一论、教会论、罪论和成圣观。④ 在亲岑道夫的三一论中，尤其是阐释基督居于圣三一团契的核心时，具有浓厚的路德"十字架神学"的影子。关于亲岑道夫的成圣观，一方面，亲氏强调得救是白白的恩典；另一方面，亲氏着力突出主体能积极参与到基督救赎的计划中。无疑，关于亲岑道夫成圣观中的前一方面，其沿袭自《罗马书》以来的基督教传统，而后一方面则继承了哈勒敬虔主义的成圣观。至于亲岑道夫的教会论，虽然亲氏主张一种跨宗派网络结构的"共融体"，

① Nikolaus Ludwig Von Zinzendorf, *Nine Public Lectures on Important Subjects in Religion*, Translated and Edited by George W. Forell, Iowa city: University of Iowa Press, 1973, p. vii.

② Karl Barth, *Church Dogmatics*, Vol. 4, Edinburg: T. T. Clark, 1956, IV, p. 683.

③ Matthias Meyer, *FeuErbach und Zinzendorf: Lutherus redivivus und die Selbstauflosung der Religionskritik*, Hildersheim: Olms Verlag, 1992. *The Pietists Theologians: An Introduction to Theology in the Seventeenth and Eighteenth Centuries*, Edited by Carter Lindberg, New Jersey: Blackwell Publishing Ltd., 2005, p. 219.

④ Peter Vogt, "Nicholas Ludwig von Zinzendorf", *The Pietists Theologians: An Introduction to Theology in the Seventeenth and Eighteenth Centuries*, Edited by Carter Lindberg, New Jersey: Blackwell Publishing Ltd., 2005, pp. 214 – 216.

但是在这一共融体中，亲岑道夫主张个体可以以自己喜欢的方式敬拜上帝，并定期组织相应的"圣经"学习小组和筹建赞美诗吟唱小组，而这与施本纳在法兰克福时期所倡导的敬虔小组和弗兰克在哈勒所创办福利学校一脉相承。

在教会实践方面，从1736年至1753年，亲岑道夫两次前往北美弥合基督教众派别之间的分歧，甚至一度将在宾州的德意志人团结成一个跨宗派的团契；自1727年始，亲岑道夫差遣一批又一批的传教士前往世界各地，在短时间内，摩拉维亚兄弟会传教士的足迹遍及北欧、北美、非洲和亚洲。无疑，作为被更新后的摩拉维亚兄弟会首任主教的亲岑道夫，无论是其教会思想，还是传教策略均在其中发挥着举足轻重的作用。由是观之，亲岑道夫的思想具有多种面向，即既能满足作为现代基督教神学之父的施莱尔马赫，从中挖掘出契合现代社会的基督教发展模式的需要，又能达成新正统派之集大成者的巴特之基督中心论的要求，还能迎合蒂利希的催生出启蒙运动的重要思想资源的断言。可见，传统有关亲岑道夫的研究基本上沿袭传统基督教教义学的框架进行阐释，即分别从三一论、基督论、救赎论和教会论等方面诠释亲岑道夫的思想，即将亲岑道夫作为一位传统的基督教神学家。鉴于此，为了更好地勾勒亲岑道夫的思想图谱，笔者将亲岑道夫之思想置于基督教思想史和德意志敬虔主义思想发展史视域下进行分析，着重阐释亲岑道夫的"心灵宗教"、重生观和教会观。

一　心灵宗教

关于德意志敬虔主义的标志性思想，教会史家科尼什总结为"心灵的宗教"①。这也就意味着，在教会史家看来，无论是施本纳，还是弗兰克，抑或亲岑道夫，其核心思想均可归纳为"心灵宗教"。从词源来看，"心灵宗教"（Religion of the Heart）源自法国学者珀雷特（Pierre Poiret，1646 – 1719）的《论心的神学》（La theologie du Coeur）。珀雷特认为基督教神学史就是一部心灵宗教的历史，其建基于个体的体验（Individual Experience）

---

① ［英］理查德·科尼什：《简明教会历史》，杜华译，第194页。

和非理性的认知方式（Nonrational modes of Knowing）。也就是说，心灵宗教一方面与神秘主义①有着难分难解的联系，即如阿提伍德所总结的："心灵宗教和渴望与上帝合一的神秘主义紧密相连"②，另一方面心灵宗教贯穿于基督教思想之始终，并最终呈现在活泼泼的个体之上。

既然心灵宗教是一种建基于非理性的神秘主义，那么这一非理性认知方式指的是什么？笔者认为，与其说是非理性的，不如说是"超理性的"。关于这一点，无论是坚持"与神合一的神秘经验比纯粹的神学研究能更好地理解神"的明谷的伯纳德（Bernard of Clairvaux，1090 – 1153），还是持"心灵（Heart）有心智（Mind）并不知晓的理性"观点的法国哲学家帕斯卡（Blaise Pascal，1623 – 1662）均认为：在面对以个体遭遇上帝为基础的心灵宗教时，所谓"非理性的认知方式"并不排斥理性，反而是意识到理性认知方式的有限性，从而借助灵性的（Spiritual）的方式获得对神的某种理解。

至于这一宗教体验与圣礼和公共伦理等之间的关系，坎普贝尔（Ted. A. Campbell，1953 –   ）总结道："他们并不否认圣礼是恩典有价值的方式，而只是强调在未有个体内在心灵转向的前提下，圣礼是无用的。他们并不否认公共的伦理生活是宗教生活的重要组成部分，而只是强调伦理生活应当以个体的宗教体验为基础，或者至少这能引导人们经历该宗教体

---

① 究竟何谓"神秘主义"？从词源上来看，"神秘主义"（Mysticism）源于希腊语动词 My-ein，原意系"闭上眼睛和嘴"，以使神秘主义者在获取真理的过程中免受外界纷繁世界的干扰，从而使心灵之眼返回自身，返回心灵深处"静观"（Meditation），最终达到"谜狂"（ecstasy）的状态。故《牛津基督教会辞典》对神秘主义定义道："总的说来，神秘主义是一种在现世通过个人的宗教体验而获得的关于神的间接的知识。它原来是一种祈祷者的状态，从得到程度不同的各种短暂而又罕见的神圣的触及在所谓的'神秘的合一'中达到实际的与神永恒的联合。神秘主义者自己为他们的体验的真实性提出的最确定的证明是它的效果，亦即在谦卑、仁慈、甘愿受苦这类事情上的增长。神秘主义是一种广泛的体验，不仅在基督教中有，而且在其他许多非基督教的宗教中也有，例如，佛教、道教、印度教和伊斯兰教。" *The Oxford Dictionary of the Christian Church*，Edited by F. L. Cross and E. A. Livingstone，London：Oxford University Press，1974，p. 935. 这种神秘主义的最高表现形式是"与神合一"。关于与神合一，基督教神秘主义思想家安德鲁·洛思诠释道："从就字面而言，神秘主义者放弃掉他自己的所有感觉而达到入神，直到更深层的把合一体验为爱的完美，其中爱者与被爱既强烈地意识到自己同时又有对方。"［英］安德鲁·洛思：《神学的灵泉：基督教神秘主义传统的起源》，孙毅、游冠辉译，第7页。如此说，与神合一只是基督教神秘主义的最高表现形式，而只对神有所感知同样是神秘主义。

② Craig D. Atwood，"Theology of the Heart"，*The Encyclopedia of Christian Civilization*，Edited by George Thomas Kurian，New Jersey：Blackwell Publishing Ltd.，2011，p. 1.

验。他们并不否认传统神秘主义中的冥思有助于引导人们的敬虔，而只是摒弃苦修是遭遇上帝的必要建议。他们是神秘主义（如果能这样称呼的话），但他们不是修道院中的修士和修女式的神秘主义，而是在欧洲北部城市中兴起的神秘主义阶层。宗教体验成为宗教生活的核心，以便圣礼、伦理规范和冥思都是个体经历上帝的方式。"① 也就是说，伯纳德和帕斯卡等思想家均认为圣礼是否具有价值的前提在于心灵是否转向上帝；以及坚持世俗的伦理生活是宗教生活的重要组成部分的前提在于个体是否拥有宗教体验。在此，若将圣礼和公共伦理视作宗教之外在表现形式的话，那么心灵宗教涵盖着宗教体验和圣礼与公共伦理等宗教之外在表现形式两个相互依存的部分，其中宗教体验是宗教生活的核心，而圣礼和公共伦理则是宗教生活之外在表现形式。因此，若没有个体的这一宗教体验，那么圣礼和公共伦理便将丧失其神圣性的根基，即圣礼堕落为某种仪式性的表演和公共伦理因缺乏根基而丧失内在约束力。另一方面，个体参与圣礼和公共伦理生活不再仅仅局限于礼仪和公共生活本身，而有其神圣性的旨归。因此，于神秘主义者而言，遭遇上帝不仅是"躲进小楼"的冥思，还是在日常生活中活出上帝的形象。概言之，心灵宗教是一种以个体遭遇神的体验为核质，以个体与神合一（Union with God）为目标，并坚持圣礼和公共伦理等需以个体的宗教体验为基础的神秘主义。那么，"这股情感的神秘主义（Affective Mysticism）之流经帕斯卡，过福克斯（Fox），且后者的'内在之光（the Inner Light）'对 17、18 世纪的德国敬虔主义有着极为深刻的影响。之后，亲岑道夫伯爵便是持'心灵宗教'观点的代表性神学家。于亲岑道夫而言，心灵是一种比喻式的说法，其是生命的根基，动力之源。如果属灵的心死了，那么此人便死亡和未能感知了，尽管其肉体依然活着"②。

既如此，何谓亲岑道夫的心灵宗教？若仅从文本上考察，心灵宗教并未出现在亲岑道夫之布道、赞美诗和书信等作品中，但是其神学"始终围绕着'感情（Empfindung）'或'心灵（Gemüt）'"，"是一种有关情感之

① Ted A. Campbell, *The Religion of the Heart: A Study of European Religious Life in the Seventeenth and Eighteenth Centuries*, Columbia: University of South Carolina Press, 1991, p. 3.

② Craig D. Atwood, "Theology of the Heart", *The Encyclopedia of Christian Civilization*, Edited by George Thomas Kurian, New Jersey: Blackwell Publishing Ltd., 2011, p. 2.

事，而非理性之务。亲氏神学的立足点不是头脑，而是心灵。这一神学虽
无助于理论上的判断，但对人的宗教情感有所裨益。……因此，亲氏之神
学并不是辨析上帝（thinking about God），而是遭遇上帝（experiencing
God）"。① 也就是说，虽然亲氏未将其神学思想命名为心灵宗教，但是其思
想却是以"心灵"为核心，以遭遇上帝为内容，而非以"理性"为核心，
以辨析神学概念为内容。如此看来，亲氏之心灵宗教既有别于经院神学，
又区别于只强调个体宗教体验的静默主义，还不同于将宗教置于认识理性
视域下考察的启蒙主义的宗教观。

关于心灵宗教，亲岑道夫在《对孩子们的演讲》（"Discourses to Chil-
dren"）中坦言："我是从我年轻时期的经历才明白与主的体验。正是在黑
内尔斯多夫的时候，那时候我还是个孩子，我学着去爱祂。我听到祂不住
地对我说话，且我用信仰之眼（eyes of faith）看到了祂。我被告知我的创
造主已经变成人，这给我造成深深的印象。我自言自语地说道：即便全世
界的人都不关注祂，我也始终爱祂。我渴望与祂生死与共。借着这种方
式，我已经知晓救主好多年了；我已经与祂形成了朋友关系，是一种极为
小孩子式的方式，有时候我能与祂聊天数小时，就好像我们是朋友之间
的聊天，进出这一空间使得我迷失在我的冥思之中。在我与主的交谈中，
我感到极为欢乐，并感恩祂造成自身的善。但是，我还不能完全理解祂
的受难与死亡。由于人性中的软弱，祂不能完全向我揭示。我想做一些
有助于自身救赎的事。但是，最终有一天我深深地被我的创造主所感动，
即祂为我们受难，因此我站在那不住地流泪。如此，我感觉到自己与主
的关系比之前更为亲密。当我独处时，我与祂交谈，我强烈地相信祂就
在我身边，且经常对我说：祂就是上帝，能够完全理解我，即便我不能
很好地表达自己的时候。祂知道我想告诉祂什么。在五十年时间里，我
很享受这种与耶稣的个体性关系。我愈加感觉到这种幸福。"② 由上可
见，亲岑道夫认为心灵宗教是一种以主体遭遇基督为核心的基督教。在这
种主体遭遇基督的体验中，亲岑道夫认为主体与基督间是"我与你"的关

---

① F. Ernest Stoeffler, *German Pietism During the Eighteenth Century*, Leiden: E. J. Brill, 1973,
p. 144.

② John Gill, *The Banished Count*; *Or The Life of Nicholas Louis Zinzendorf*, London: James Nisbet
and Co. 21 Berners Street, 1865, p. 16.

系，而非"我与它"的关系①，即主体将基督视作朋友，而非认识的对象。正因如此，对于那些遭遇过基督的人，即亲岑道夫所言将上帝体验为朋友的人是"真正的基督徒"；至于"那些只是支持基督的宗教和教义之人，那些只是在外在行为上对祂效忠，并宣布他们是为了基督之人"②，即那些被亲岑道夫所言只将上帝视作言说对象的人都"只能被称作'所谓的基督徒'（Christianer）"。

针对亲岑道夫上述关于心灵宗教的阐明，《牛津基督教会辞典》总结道："为了反对不信仰的理性主义和亲岑道夫时代的空洞的新教正统神学，亲岑道夫倡导'心灵宗教'。这一思想以个体与基督的亲密关系为基础。救主的位格被感受为这个世界的创造者（Creator）、维护者（Sustainer）和救赎者（Redeemer）。该'心灵宗教'完全主导着其神学。这一与救主建立亲密关系的追求不能总是免于一种过渡的情感主义（Excessive Emotionalism），而这一情感主义在亲岑道夫的众多赞美诗和主护城的崇拜中得到完全体现……他强调将宗教中的情感注入新教正统派中。"③ 通过《牛津基督教会辞典》的上述论述，关于亲氏心灵宗教可以总结如下：第一，亲氏之心灵宗教是一种个体与基督合一的神秘主义。这意味着，亲氏之心灵宗教不仅是一种理论神学，而且是一种神学实践。故亲氏之心灵宗教又被学者称作"内在经验主义"（Inner Empiricism）④。换言之，亲氏的心灵宗教不仅要求主体掌握有关上帝的知识，还要求主体在日常生活中不断地践行。第二，救主的位格不再是传统"三一论"的某一位格，而是兼具创造者、维护者和救赎者的三重位格。这也就意味着，在亲岑道夫的重生观中，耶稣不只是救赎者的身份，而是兼具创造者、维护者和救赎者的三重身份。第三，

---

① "我与你"和"我与它"是马丁·布伯在《我与你》中阐释的两种主体与上帝的关系，前者是一种"我实现'我'而接近'你'；在实现'我'的过程中我讲出了'你'"；后者是一种"当人沉浸于他所经验所利用的物之时，他其实生活在过去里。在他的时间中没有现时。除了对象，他一无所有，而对象滞留于已逝时光"。［以］马丁·布伯：《我与你》，陈维纲译，第 28 页。

② Nikolaus Ludwig von Zinzendorf, *Christian Life and Witness Zinzendorf's* 1738 *Berlin Speeches*, Edited, Translated and with an Introduction and notes by Gary S. Kinkel, Eugene: Pickwick Publications, 2010, p. 21.

③ *The Oxford Dictionary of the Christian Church*, Edited by F. L. Cross and E. A. Livingstone, London: Oxford University Press, 1974, p. 1512.

④ Arthur James Freeman, *The Hermeneutics of Count Nicholaus Ludwig Von Zinzendorf*, Princeton Theological Seminary, Th. D., 1962, p. 243.

虽然亲氏之心灵宗教对反对日渐崛起的自然神论有重要作用，但是对情感主义的过度强调，尤其是其"转变时期"所力主的"圣伤神学"，使得以亲民为代表的摩拉维亚敬虔主义带有浓厚的异端色彩。因而，亲岑道夫遭到以本杰尔为代表的正统派的尖锐批评。总之，亲岑道夫之心灵宗教严格区分"概念知识"（Conceptual Knowledge）和经验，并指出信仰"只有借助体验方能被攫取，而非任何的概念"①。是故，谷裕评价道："亲岑道夫通过情感和体验去接近和达到真理的思想，是神秘神学的一个核心。"②

总之究亲氏心灵宗教的实质，乃个体在遭遇耶稣基督时，感同身受地将基督理解为创造者、维护者与救赎者，并最终与基督合一，从而实现个体之救赎的神秘主义。这也就意味着，在这一遭遇基督的体验中，个体当感同身受地理解基督的道成肉身、被钉十字架与复活。因此，亲氏之心灵宗教不是一种囊括系统神学的知识，而是一种个体感官式的与神合一的体验；心灵宗教中的上帝不是一种借助个体的理性，并诉诸语言而表达的"完全相异者"，而是一种借助个体心灵之真切体验方能有所领悟的实在。换言之，亲氏之心灵宗教是一种个体与基督之间的亲密关系：于个体而言，这是基督的恩典；而于基督而言，这是基督的拯救。

如此，那个体如何才能遭遇基督呢？首先，亲岑道夫将个体遭遇基督的过程生动地描绘成似乎是两位好友的见面，即"主盯着人类的灵魂，人类的灵魂亦注视并感受着主，就好像主活生生地呈现在人类的灵魂前"③。其次，亲岑道夫认为唯有将基督的圣伤形象地刻画在信仰者面前，个体的灵魂方能真正实现与基督的相遇。而这一场景，亲岑道夫认为唯有在福音布道中，牧师将十字架上的基督绘声绘色地呈现在个体的心灵中方能实现。正是因为这一点，亲岑道夫极为强调在教会崇拜中唱赞美诗和冥想的作用。为了进一步说明心灵宗教的特质——个体与基督之间关系，在不同

---

① Nikolaus Ludwig von Zinzendorf, "Thoughts for the Learned and Yet Goddd - willed Students of Truth", *Pietists: Selected Writings*, Edited with an Introduction by Peter C. Erb, New Jersey: Paulist Press, 1983, p. 293.

② 谷裕：《隐匿的神学——启蒙前后的德语文学》，华东师范大学出版社 2008 年版，第 119 页。

③ Peter Vogt, "Nicholas Ludwig von Zinzendorf", *The Pietists Theologians: An Introduction to Theology in the Seventeenth and Eighteenth Centuries*, Edited by Carter Lindberg, Blackwell Publishing Ltd., 2005, p. 213.

的关系中亲岑道夫运用不同的术语。关于耶稣与政府和教会之间的关系，亲岑道夫将耶稣称作"赐予者"（Chief Elder）。在耶稣与个体之间的关系中，亲岑道夫将耶稣称作"主"或者"家中的父亲"（Father of the House-hold）。而三位一体中其他两位格，即圣灵和圣父，亲岑道夫将前者称作"母亲"，将后者称作"父亲"。①

由于亲氏之心灵宗教是一种神圣体验，因而一方面无法借助语言准确地表达；另一方面即便诉诸语言或文字对这一体验加以描述，又会因这一体验的稍纵即逝而导致诉诸文字的描述极不准确。② 加之，这一遭遇基督的体验具有浓厚的个体性特点，即众人遭遇上帝的神圣体验均呈现为各自的特点。那么，亲氏之心灵宗教如何确保个体遭遇基督的体验之客观性与普遍性？对此，亲氏说道："神圣存在是一个深不可测的存在。所有聪慧之人均绞尽脑汁地试图去理解该神圣存在。但是，他们却从来不能准确地言说上帝到底是什么。上帝是一个如此深不可测的存在。神秘主义者将其称作深渊。确实，正如神秘主义者所言，上帝就是一个无底的深渊。因此，我们只知道那些上帝向我们启示的内容，并将启示归于我们的救主。"③ 也就是说，只有借助上帝所启示的内容才能确保体验之客观性与普遍性。然而在基督教神学体系中，上帝的启示除耶稣基督外，便只有《圣经》，前者是上帝直接且集中的启示，而《圣经》则混杂着诸如语言、文字和文化系统等此在的内容。且《圣经》是"每一位圣经的作者写作时都根据他自己的时代和处境，以及思维模式进行，因此诠释者阅读圣经时应当在历史的处境中去考察。但是，有关拯救的神圣之真理依然贯穿于整部圣经。正是基督的这一内在的消息直接说给听者的内心，且总是正确的。"④ 这也就意味着，亲岑道夫并不认为整部《圣经》都是上帝的启示，

---

① Arthur James Freeman, *Zinzendorf's Theology: A Gift to Enable Life*, *Moravian History Magazine* No. 18, p. 8.

② 关于主体与上帝之间的这种关系，布伯用诗意的语言总结道："人啊，伫立在真理之一切庄严中且聆听这样的昭示；人无'它'不可生存，但仅靠'它'则生存者不复为人。"［以］马丁·布伯：《我与你》，陈维纲译，第 51 页。

③ Nikolaus Ludwig von Zinzendorf, *A Collection of Sermons from Zinzendorf's Pennsylvania Journey 1741 – 1742*, Translated by Julie Tomberlin Weber, Edited by Craig D. Atwood, Pennsylvania: Pennsylvania: Moravian Church in North America, 2001, p. 24.

④ Ibid., p. xviii.

而认为其夹杂着部分事实的错误①，并将《圣经》的内容划分为三部分：基本的真理（Grund - Wahrheiten）、知识（Erkentnisse）② 和奥秘（Geheimnisse）③，而保证体验之客观性与普遍性的是"有关拯救的神圣之真理"。概言之，在亲氏看来，虽然整部《圣经》不全是上帝的启示，但是《圣经》一方面将活泼泼的"有关拯救的神圣之真理"呈现给信仰者；另一方面还告诉个体，《圣经》不仅是教义的源头，而且是教会所坚持的信仰之真理的活生生的见证。④

　　既然亲氏之心灵宗教是一种个体遭遇基督，以实现个体与基督合一为目标的神秘主义，那么在亲氏看来，由个体信仰者组成的团契是什么呢？以及该团契与现实中的基督教众教派之间处于何种关系？首先，为了更好地理解这一由个体信仰者构成的团契，亲岑道夫详细甄别了四个与教会相关的概念，即 Kirche、Religion、Sekte 和 Gemeine。在亲岑道夫看来，Kirche 是由真信仰者构成的无形的教会（Invisible Church），其首领是基督。Religion 是现实世界中可见的教会，如路德宗教会和改革宗教会等。Sekte 指的是从外在的和历史的角度来看基督教，如教堂和历史上诸如君士坦丁堡教会。Gemeine 是亲岑道夫最常用来指代教会的词语，是指一种跨宗派的真信仰者的集合。虽然表面上共融体是不可见的，但是不同的真信仰者结合成一个现实的团契，那么共融体就显现出来。正因如此，弗里曼

---

　　① 对于《圣经》中的错误，阿提伍德解释道："《圣经》包括一些事实的错误，尤其是有关科学方面。但是，这并不意味着圣经并非受未受圣灵的感动而写作的。……有趣的是，于亲岑道夫而言，《圣经》中的这些错误是神圣启示的重要标志，因为人类的作品都会编辑和修改，直到文本在表面上完美。正是《圣经》缺少人工修饰方才使得《圣经》对心灵和灵魂有着独一无二的作用。" Nikolaus Ludwig von Zinzendorf, *A Collection of Sermons From Zinzendorf's Pennsylvania Journey 1741 - 1742*, Translated by Julie Tomberlin Weber, Edited by Craig D. Atwood, Pennsylvania: Pennsylvania: Moravian Church in North America, 2001, p. xviii.

　　② 与"知识"相对应的德语单词是"Erkentnisse"。关于该词的使用，亲岑道夫总是使用其复数形式。然而，在现代德语中，该词的复数形式却是指一种为了裁定而使用的法律术语。在此，亲岑道夫是指一种知识。

　　③ Nikolaus Ludwig von Zinzendorf, *A Collection of Sermons from Zinzendorf's Pennsylvania Journey 1741 - 1742*, Translated by Julie Tomberlin Weber, Edited by Craig D. Atwood, Pennsylvania: Pennsylvania: Moravian Church in North America, 2001, p. 82.

　　④ Arthur James Freeman, *The Hermeneutics of Count Nicholaus Ludwig Von Zinzendorf*, Princeton Theological Seminary, Th. D., 1962, pp. 162 - 165.

说道："共融体并不是一个抽象的概念，其亦能在现实世界中呈现出来。"①
此外，"就其普遍的意义而言，Gemeine 是由所有的 Gemeinen 构成的，无
论是已成立的教派，还是未成立的教派，其还包括天上的共融体（Heaven-
ly Gemeine）"②。这里所谓"天上的共融体"指的是由圣父、圣子和圣灵
构成的"三位一体"，即"原初的、真正的共融体"。其他的共融体都是对
这一共融体的分有，且所有共融体的首领均为基督。③

正如前文所言，亲岑道夫之共融体并非一个抽象概念，而是一个能显
现在现实世界中的实存。于亲氏而言，这一能够显现在现实层面的共融体
便是其"更新"的摩拉维亚兄弟会。关于亲氏之"共融体"，当代亲岑道
夫思想研究专家沃格特评论道："在他看来，摩拉维亚兄弟会并不只是一
个'现实中可见的教会（Religion）'而是一个既超越于体制性教会（Insti-
tutional Churches），又在体制性教会中的超教派的网络（Trans-denomina-
tional Network）。"④ 甚至于，他的共融体思想还深深影响着摩拉维亚兄弟
会，诚如亲氏的格言"在根本的事上合一；在非根本的事上自由；在所有
事上有爱"（In Essence，Unity；In Nonessential，Liberty；and in all things，
Love）所揭示的：在坚持耶稣是救主的前提下，亲岑道夫主张摩拉维亚兄
弟会各成员当坚持宗教宽容的原则，以维护任何一位摩拉维亚兄弟会信徒
之宗教自由。若如此，摩拉维亚兄弟会内部的任何一位信仰者均借着基督
而实现联结，也即共融体在现实世界中的呈现。至于在漫长的基督教教会
史上，缘何会出现数不胜数的基督教教派呢？亲岑道夫解释道："世上只
有一个神圣的教会，却有很多的教派。这些教派通过知识、对奥秘的误解
和某些特定的仪式而区别彼此，某些教派发现施行某种仪式，而另一些教

---

① Arthur James Freeman, *The Hermeneutics of Count Nicholaus Ludwig Von Zinzendorf*, Princeton Theological Seminary, Th. D., 1962, p. 329.

② Ibid., p. 329.

③ 在此，我们可以窥探出亲岑道夫思想中柏拉图的"分有"与"模仿"思想的影子。正如洛思所描述的，柏拉图之思想和普罗提诺之思想是建构基督教神秘主义思想的重要思想资源。详见安德鲁·洛思《神学的灵泉：基督教神秘主义传统的起源》，孙毅、游冠辉译。

④ Peter Vogt, "Nicholas Ludwig von Zinzendorf", *The Pietists Theologians: An Introduction to Theology in the Seventeenth and Eighteenth Centuries*, Edited by Carter Lindberg, New Jersey: Blackwell Publishing Ltd., 2005, p. 216.

派却施行其他的仪式。"① 也就是说，导致教会史上的教派层出不穷的原因在于个体信仰者对"神圣的教会"的误解，再加上共融体"一时间只能接纳一部分人的原因在于人们的灵魂只能在某一特定时间敞开，而其他人的灵魂只能在另一特定时间敞开"②。

据吉莱斯皮的研究，由于唯名论破坏了神人关系本处于稳定状态中的经院哲学，加之个体对上帝拥有不可消解的渴望，从而导致作为一种特殊救赎进路的心灵宗教的再次兴起。虽然亲氏之心灵宗教带有浓厚的 17、18 世纪的时代特征，但依然处于后奥卡姆时代神学的神人关系紧绷的张力中。因此，亲氏之心灵宗教强调一种以基督为中保，以个体在遭遇基督时将其体验为创造者、维护者与救赎者，并借助基督的圣伤，而最终实现个体与基督合一的目的。为了突出其心灵宗教，亲氏将以理性为方法，以神学命题和宗教仪轨为内容，以将所谓的伦理教化为目标的传统神学称作"头脑宗教"，并评价"路德宗神学、路德的作品、崇拜仪式、论述上帝乃至于教会的存在，若离开了在基督中活泼泼的信仰，便是虚无，或者至少是一锅瘦削的伦理粥（Ethical Porridge）和一些形而上学的碎屑"③，以及"谁想用智慧领悟上帝，谁便成为了无神论者"④。因此，"信仰必须是一种只能借着体验（feeling）而非任何的概念所能理解的，否则那些生下来就是耳聋眼瞎之人，尤其是那些孩子都无法获得庇佑"⑤。

二　重生：基督之工

纵观整个基督教神学史，基督始终被视作救赎者，无论是奥利金神学

---

① Nikolaus Ludwig von Zinzendorf, *A Collection of Sermons from Zinzendorf's Pennsylvania Journey 1741 - 1742*, Translated by Julie Tomberlin Weber, Edited by Craig D. Atwood, Pennsylvania: Pennsylvania: Moravian Church in North America, 2001, p. 95.

② Ibid., p. 14.

③ Nikolaus Ludwig von Zinzendorf, *Christian Life and Witness Zinzendorf's* 1738 *Berlin Speeches*, Edited, Translated and with an Introduction and notes by Gary S. Kinkel, Eugene: Pickwick Publications, 2010, p. vi.

④ ［英］以赛亚·伯林：《浪漫主义的根源》，吕梁、张箭飞等译，第49页。

⑤ Craig D. Atwood, *Community of the Cross: Moravian Piety in Colonial Bethlethem*, Pennsylvania: the Pennsylvania State University Press, 2004, p. 56.

体系中作为赎价的基督，还是安瑟伦神学体系中作为补偿的基督，抑或是在阿伯拉尔（Pierre Abélard，1079 – 1142）思想框架中作为道德楷模的基督。然而，在亲岑道夫的思想体系中，基督不仅是传统基督教神学体系的救赎者[1]，还是作为"世界的第一因和创造者"。既如此，那么在亲氏的思想体系中，基督是如何作为世界的创造者？正如前文所言，无论是将基督视作创造者还是救赎者，亲岑道夫都是以圣经诠释和个体的体验为基础。那么，为了将基督阐释为创造者，亲岑道夫着重诠释了《创世记》的部分章节、《约翰福音》1：1 – 5、《使徒行传》3：16 和《希伯来书》1：3 等。就具体进路而言，大体可分为如下两种：第一，通过梳理《旧约》和《新约》中出现的有关"上帝"的名称，以论证基督既是《旧约》中的上帝又是《新约》中的主。第二，借助古希腊哲学中的"Logos"概念对"太初有道，道与神同在，道就是神。这道太初与神同在。万物是借着他造的；凡被造的，没有一样不是借着他造的"再诠释，以证明万物被造的第一因是基督，从而得出基督是创造者的结论。[2] 第三，借助安瑟伦的本体论证明，来论证基督是世界的创造者。

为了论证基督就是《旧约》中的上帝，亲岑道夫以上帝的名为线索，简要梳理了新旧约中的上帝之名。在《论羔羊的神性》布道集中，亲岑道夫首先指明在《创世记》中上帝的名为"主上帝"（Lord God），且"主上帝创造了诸天（Heavens）和大地"[3]。随后，亲岑道夫发现无论是造人、建造花园，还是为亚当造妻子，《创世记》中都将"主上帝"一同使用。那么，主上帝有何内涵？亲岑道夫认为："主上帝意味着主在神性之中；换言之，在此没有天使，也没有大天使（Archangel），只有祂在高天之上，

---

① 在亲氏的基督论中，虽然基督是救赎者，但是其有别于历史上的其他救赎论。

② 在此，值得注意的是：虽然在亲氏的基督论中，基督是创造者。换言之，基督取代了传统基督教神学中作为创造者天父的角色。即便如此，亲岑道夫并未拒斥三位一体，而是三位一体神学的坚定支持者。诚如亲氏在《论羔羊的神性》中所言："就本质而言，上帝是圣父、圣子和圣灵。除此之外，我们并不能知道得更多。"（Nicolaus Ludwig Zinzendorf, *Seven Sermons on The Godhead of the Lamb*；*Or the Divinity of Jesus Christ*, By the Right Reverend and most Illustrious, London：James Hutton Bookseller, p. 4）如此看来，那些因为亲氏将基督理解为创造者，从而将其视作反对三位一体的观点是站不住脚的。详见 Arthur James Freeman, *The Hermeneutics of Count Nicholaus Ludwig Von Zinzendorf*, Princeton Theological Seminary, Th. D., 1962, pp. 83 – 86。

③ Nicolaus Ludwig Zinzendorf, *Seven Sermons on The Godhead of the Lamb*；*Or the Divinity of Jesus Christ*, By the Right Reverend and most Illustrious, London：James Hutton Bookseller, p. 23.

在神性之中。祂就是我们的耶和华。"① 可见，在亲岑道夫看来，主上帝就是耶和华，是祂创造了世界。

接着，亲岑道夫论述到，无论在以挪士时期（Enos's Time），还是在随后的整个旧约时期，"上帝都只是以独一的神圣位格被讲述"②。也就是说，在圣子道成肉身之前，圣经中的上帝始终是一种位格。因此，无论就经文而言，还是从《旧约》中上帝向世人显现的位格而言均表明：耶和华是世界的创造者。那为何亲岑道夫认为基督是创造者呢？在《宾州布道集》中，亲岑道夫指出："在《旧约》中人们不知道除主耶稣之外的其他位格神，而主耶稣在旧约时期又被称作耶和华。"③ 此外，亲氏在《论羔羊的神性》中亦说道："祂是整部《旧约》的预定的基础；在《旧约》中，祂总是不被知晓。"由上可以总结道：在亲岑道夫看来，无论是《创世记》中造天造地造人的耶和华，还是晓谕众先知的神，其实都是"圣子"，即"基督"，只不过《旧约》中的众人由于知识的局限，而误将基督称作"耶和华"。若如此，亲岑道夫所言作为创造者的基督，是那与亚伯拉罕订立契约的神，是赐给摩西律法的神，是借着众先知说话的神。

如果说上述由于世人知识的局限误将"基督"称作"耶和华"，从而"基督是创造者"的论证带有明晰的亲岑道夫释经的特色而略显突兀，那么借助古希腊哲学概念"Logos"和"第一因"，对《约翰福音》1：1－3再诠释则更契合传统释经法而显得较为传统。由于《约翰福音》1：1－3讲道："太初有道，道与神同在，道就是神。这道太初与神同在。万物是藉着他造的；凡被造的，没有一样不是借着他造的"，因此亲岑道夫以"道"为切入点，将道与基督联系起来，从而论证万物是借着基督造的，即"基督是创造者"。首先，亲岑道夫说道："在《圣经》中，由于'道'不仅仅包含着理性，或只是源自一种原则；所以，在此'道'并不意味着言说，而是一种使得万物存在的原因，即第一因。"接着，亲氏又说道：

① Nicolaus Ludwig Zinzendorf, *Seven Sermons on The Godhead of the Lamb*；*Or the Divinity of Jesus Christ*, By the Right Reverend and most Illustrious, London：James Hutton Bookseller, p. 24.

② Ibid. .

③ Nikolaus Ludwig von Zinzendorf, *A Collection of Sermons from Zinzendorf's Pennsylvania Journey 1741－1742*, Translated by Julie Tomberlin Weber, Edited by Craig D. Atwood, Pennsylvania：Pennsylvania：Moravian Church in North America, 2001, p. 24.

"随后，耶稣基督在《希伯来书》5：9中自称自己就是万物之因，是为了我们的救赎。"① 既然耶稣自称是万物之因，且在《约翰福音》1：1-3中表明道是万物之因，那么亲氏便推知道就是耶稣。这是亲岑道夫这一进路证明的第一步。通过亲氏的第一步论证，笔者可以总结道：亲岑道夫将道与耶稣等同，是以圣经诠释为基础，以形式逻辑为方法的论证。

既然耶稣就是《约翰福音》1：1-3中所言的道，那么万物便是借着耶稣而造的。万物又是如何借着耶稣被造的？首先，亲岑道夫指出对于万物借着耶稣而被造极容易引发误解。虽然亲氏并未指明误解的原因何在，但是从上下文可以推知：避免将"借着耶稣而造"的耶稣理解成《创世记》中造天地等万物的耶和华，即后者是从无中创世，而前者是借着道。在此前提下，亲岑道夫进一步诠释万物是如何借着耶稣而造的？亲岑道夫说道："由于这上帝确实创造了诸世界，诸灵和万物；因此，祂确实是所有被造物的原因。祂既是树叶的原因，又是人类的原因。祂既是诸天上星星的原因，又是大海中众水的原因。祂是万物得以存在的原因（As he has caused all Things to Be）。同样的祂，祂支撑着万有。……总之，从最低的蠕虫到最高的天使，万有都是因祂的缘故而存在。"② 可见，在亲氏看来，万物是借着耶稣而被造，其原因在于耶稣是作为存在之为存在的原因。这里的"存在"并不是具体某物在时间和空间中的样态，而是从本体论上所做的说明，即万物之为万物的根据。也就是说，耶稣是万物之为万物的根据是从本体论意义上而言的。如此看来，在亲氏"基督是创造者"的这一论证中，耶稣是创造者则是从抽象意义上而言的。

除上述两条"基督是创造者"的论证进路外，亲岑道夫还借助安瑟伦的上帝存在的本体论证明，以论证"耶稣是创造者"。安瑟伦的上帝存在的本体论证明，即"然而可以肯定的是，那无法设想有比之更大的存在者不能仅仅存在于理性中。因为，假如它仅仅存在于理性中，那么就还可以设想一种比他更伟大的东西，它既存在于理性中，还实际地存在着。所以，如果那无法设想比之更大的存在者仅仅存在于理性中，那么，那无法

① Nicolaus Ludwig Zinzendorf, *Seven Sermons on The Godhead of the Lamb*; *Or the Divinity of Jesus Christ*, By the Right Reverend and most Illustrious, London：James Hutton Bookseller, p. 5.

② Ibid., pp. 5 - 6.

设想有比之更大的存在者自身就成了那可以设想有比之更大的存在者了，但这显然是不可能的。因此，那无法设想有比之更大的存在者无疑既存在于理性中，也存在于现实中"①。概言之，安瑟伦的上帝存在的本体论证明可归纳如下：大前提：上帝是无法设想有比之更大的存在者；小前提：既存在于现实中又存在于思想中存在者，比只存在于思想中的存在者更大；结论：上帝必然存在于现实中。就方法而言，安瑟伦的上帝存在的本体论证明运用形式逻辑的方法；就内容而言，这一本体论证明的结论早已囊括在前提之中，即某种意义上的同义反复。

鉴于此，亲岑道夫借鉴安瑟伦的上帝存在的本体论证明，以论证圣子有着与圣父同样的本质，即子拥有圣父相同的创造之属性。亲岑道夫说道："与人类的父是人类，而其子亦是人类一样，耶稣的父是上帝，那么耶稣就是上帝。"② 亲氏的具体论证如下："（1）子与父有着相同的本质。（2）更确切地说，耶稣被称作上帝的独生子，为了祂的父，祂道成肉身来到人间。（3）因此，耶稣分享着其父相同的本性，即上帝的存在。（4）因此，耶稣是上帝。"③ 在亲氏的上述论证中，步骤三和步骤四实为同一内容，可总结为：耶稣与父一样，均为上帝。如此，亲氏的这一论证便成为传统形式逻辑的三段论，即大前提：作为创造者的父是上帝，且子与圣父有着相同的本质；小前提：子道成肉身降世为人；结论：子与圣父有着相同的本质，是作为创造者的上帝。通过上述分析，我们可以发现：在亲氏的这一论证中，其运用的是形式逻辑的方法，且论证的结论被囊括在前提中，而这与安瑟伦的上帝本体论证明有着异曲同工之妙。就该论证的实质而言，此乃基督中心论，即无论是大前提中的与圣父具有相同本质的"圣子"，还是小前提中道成肉身的"圣子"，均表明基督在亲氏思想体系中的中心地位。

若单从《旧约》经文来看，基督作为创造者的形象几乎未出现。然

---

① ［英］安瑟伦：《信仰寻求理解——安瑟伦著作选集》，溥林译，中国人民大学出版社2005年版，第206页。

② Nikolaus Ludwig von Zinzendorf, *Christian Life and Witness Zinzendorf's 1738 Berlin Speeches*, Edited, Translated and with an Introduction and notes by Gary S. Kinkel, Eugene: Pickwick Publications, 2010, p. 29.

③ Ibid..

而，亲岑道夫却将本系"天父"之职的创造之功归于基督，即因为知识的缘故而误将基督称作耶和华的进路；借助"Logos"而将耶稣描绘成万物存在之根据的进路；套用上帝存在的本体论证明的方法以论证圣子拥有创造的能力的进路。亲氏的上述三种进路有何深层次的思考？具体来说，这包括如下两个方面：第一，亲岑道夫的《圣经》诠释原则。第二，亲岑道夫神学的现实关切及其神学特质。

在亲岑道夫的时代，《圣经》要么在一种当时盛行的神学体系视域下进行诠释，如路德宗正统派；要么在理性主义的视域下进行诠释，如自然神论；要么在敬虔主义的视域下被阐释，如弗兰克等。作为结果，无论是路德宗正统派的圣经诠释，还是自然神论的圣经诠释，二者所追求的目标无外乎"不偏不倚的客观性"（Impartial Objectivity）①。针对这种不偏不倚的客观性，评价道："不偏不倚的客观性并非完全不偏不倚，因为其方法也被某种或对或错的事实所主导，因此该方法又怎么能宣称只有运用自己的方法所获得的知识是真理呢？"② 换言之，任何圣经诠释的方法都是以某一前提假设为基础，因而并不存在绝对的"不偏不倚的客观性"。很明显，上述认识与施本纳之宗教认识论和弗兰克的圣经诠释学在内涵上一脉相承。既如此，那么亲岑道夫的圣经诠释方法的前提是什么呢？他回答道："如果人们意识到这一点，然后他便会知晓，并永恒地去寻求和保护源自耶稣的受难、死亡、圣伤和罪之赦免的耶稣之爱。这是所有宗教和一切神学的基础。"③ 也就是说，他认为圣经诠释不是运用理性对经文做文字上的推理，从而辨明上帝维系世界的方式，而是以耶稣为前提，即以耶稣的道成肉身、受难、死亡与复活为前提，并在内心中与主相遇。故亲岑道夫总结道：任何否认基督是创造者的人都未读懂圣经。为了进一步说明圣经诠释的原则，亲岑道夫将圣经划分为三个部分：奥秘、知识和基本的真理，且"奥秘"是圣经的核心，而这里的奥秘就是耶稣的道成肉身、受难、死亡与复活。既然在亲岑道夫的视域中，耶稣的道成肉身、受难、死亡和复活是圣经的前提，那么便无怪乎亲氏将基督诠释为《旧约》中的耶和华，

① Arthur James Freeman, *The Hermeneutics of Count Nicholaus Ludwig Von Zinzendorf*, Princeton Theological Seminary, Th. D., 1962, p. 93.

② Ibid., p. 94.

③ Ibid., p. 93.

即作为创造者的基督。

此外，亲岑道夫将基督诠释为创造者不仅契合亲氏心灵宗教的体验式的特质，还有着强烈的现实关照，即普世宗教合一运动。在传统基督教神学框架中，圣父因其远离世人而无法被世人所体知。加之，亲氏的心灵宗教是一种体验式的思想。故亲氏将基督诠释为创造者，从而作为创造者的基督成为"三位一体的上帝与世界之间的唯一桥梁"①。若如此，世人便可直接与基督建立关联，从而对基督有所感知，即世人既可以体认到"创造者的忿怒"，又可以对着基督祷告，感受基督之爱。也就是说，在亲氏心灵宗教的思想框架中，世人既可以因基督是创造者而感知"世界的创造者"，又可以直接与世界的救赎者建立关联。因此，阿提伍德总结说："若没有将基督体验为创造者，那么此人便是一位彻彻底底的无神论者。"②

正如前文所提醒的，亲岑道夫将基督诠释为创造者，即基督是《旧约》中创造诸天地、人和万物的创造者的背后有着极强的现实关照。具体而言，亲氏的心灵宗教是一种普世教会合一的思想，即在亲岑道夫看来，若基督既是《旧约》中的创造者，又是《新约》中的神，那么不仅能弥合犹太教与基督教之间的裂缝，还能促使基督教诸教派之间的对话。在亲岑道夫的时代，不仅存在天主教与基督教新教之间的冲突，而且在基督新教内部诸教派之间亦存在着尖锐的矛盾。因此，亲岑道夫在启程前往美洲前的一次布道中说道："历史上始终存在着上帝之家，其是不可见的。在《旧约》中，人们被称作上帝的孩子。在《新约》中，他们又被称为主的见证者和门徒。因为这些人在他们的心中经历了活生生的上帝。"③ 此外，亲岑道夫在费城的一间路德宗的教会布道中又说道："不，我并不想去死。我想继续活着。我想继续与主同在。我不想让主的宝血为我白白地抛洒。我想在我的内心中真切地体验祂。"④ 可见，亲岑道夫并未止步于将基督诠释为创造者，而是以建构个体与基督的亲密关系，即个体对基督的体验为基础，从而最终实现诸教派之间的和解为目标。在亲岑道夫看来，以此为

---

① Arthur James Freeman, *The Hermeneutics of Count Nicholaus Ludwig Von Zinzendorf*, Princeton Theological Seminary, Th. D., 1962, pp. 82 – 83.

② Ibid., p. 83.

③ Ibid., p. 4.

④ Ibid., p. 116.

基础，不同的民族都被基督接纳进亲氏所称的"共融体"中，从而形成"大家共享救主的心灵，并被救主所拥抱，以便他不能被地上的东西所分裂"① 的局面。因此，无怪乎阿提伍德感慨道："故，作为创造者的基督是亲氏传教使命的基础。"②

概言之，亲岑道夫之作为创造者的基督是以耶稣的道成肉身、受难、死亡与复活为前提，以建立个体对作为创造者的基督之体验为基础，并以整合基督宗教诸教派为目标的思想。如此，基督在亲岑道夫神学框架中便兼具圣父和圣子双重位格，这遭到持正统三位一体思想的神学家的攻讦，其中对亲岑道夫批评最多的便是其同时代的神学家本杰尔（Johann Albrecht Bengel，1687－1752）③。具体而言，本杰尔以字义解经为方法，认为亲岑道夫的作为创造者的基督违背基督教真正的教义，即混淆了圣父与圣子的位格，并指出亲氏的这一思想是异端思想。④ 例如，本杰尔认为《圣经》为圣父和圣子之间的关系提供了清晰的说明，并认为四福音书中所显明的圣子与向保罗显现的耶稣是同一位。针对本杰尔的批评，亲岑道夫回应道："我们所想的圣子与向保罗显现的圣子是不同的，但是以最为简单和普通的形式呈现的圣灵借着福音而启示了他。"⑤ 由上可见，本杰尔与亲岑道夫有关圣子与圣父位格之间的争论，与其说是教义诠释的冲突，不如说是因不同的释经方法所致的不同结果。

与作为创造者的基督相对应的是，亲岑道夫在《论羔羊的神性》中说道："在此，耶稣基督的父在我们面前呈现为我们的父，圣灵是我们的辅导、我们的朋友，作为我们的布道者和教师。……上帝是我们的父，圣灵是我们的母，并在圣灵之中我们获得了重生，而圣子是我们的王、兄弟和

---

① Arthur James Freeman, *The Hermeneutics of Count Nicholaus Ludwig Von Zinzendorf*, Princeton Theological Seminary, Th. D. , 1962, p. 13.

② Craig D. Atwood, *Community of the Cross*: *Moravian Piety in Colonial Bethlethem*, Pennsylvania: the Pennsylvania State University Press, 2004, p. 82.

③ 有关本杰尔的思想，可参见 Peter Vogt, "Nicholas Ludwig von Zinzendorf", *The Pietist Theologians*: *An Introduction to Theology in the Seventeenth and Eighteenth Centuries*, Edited by Carter Linderg, New Jersey: Blackwell Publishing Ltd. , 2005, pp. 224 –238。

④ Nikolaus Ludwig von Zinzendorf, "Gnomon of the New Testament", *Pietists*: *Selected Writings*, Edited with an Introduction by Peter C. Erb, New Jersey: Paulist Press, 1983, pp. 255 –271.

⑤ Arthur James Freeman, *The Hermeneutics of Count Nicholaus Ludwig Von Zinzendorf*, Princeton Theological Seminary, Th. D. , 1962, p. 85.

新郎；以上这些都是我们能够想象得到的。"① 此外，亲氏在《宾州布道集》中再次重申："我们的主，耶稣基督的父亲是我们真正的父亲，耶稣基督的灵是我们真正的母亲、活生生上帝之子，上帝的独生子是我们真正的兄弟和丈夫。因此，我们便以一种更为敬虔的方式与这一拯救的信仰联系，救主则是你的兄弟、你的血肉之亲。除此之外，别无其他方法，即祂的父亲便是我们的父亲，祂的母亲也是我们的母亲。"② 从上笔者可以发现，无论是在《论羔羊的神性》中，还是在《宾州布道集》中，圣父作为父的形象、圣灵作为母的形象和圣子作为丈夫的形象都是针对个体信仰者而言的；无论是圣父、圣灵还是圣子都各司其职，互不冒犯。在此，亲氏严格地区分了圣父、圣子和圣灵，并对上帝之三位格的司职做了严格划分，即圣父之为圣父在于其创造，圣子之为圣子在于其救赎，圣灵之为圣灵在于其慰藉。

通过前文的论述，亲氏有关基督的阐释存在着明显的悖论：一方面，亲氏认为基督是创造者，并从三条不同的进路论证作为创造者的基督；另一方面，在亲氏的神学框架中，上帝的三位格各司其职、互不融摄。当然，此类悖论并非如部分诠释者所认为的是亲氏神学的前后矛盾，而是亲氏神学真正的意义所在。面对这种现象，阿尔托依兹（Paul Althaus，1888-1966）表达了相同的看法："许多基督教真理的神学表述需要以自相矛盾的方式去表达。"③ 鉴于此，亲岑道夫在《论羔羊的神性》中揭示基督论研究的方法，即"本质的上帝，圣父、圣子和生灵不是争论的主题，而是一种深度，如此得深厚、如此得深不可测，以至于我们迟早损伤我们的头脑，我们的感知和理解失去其边际，除了我们能带来有关它的只言片语。"④ 正是因为基督论的这一特质，亲岑道夫才运用悖论的方法对其进行

---

① Nicolaus Ludwig Zinzendorf, *Seven Sermons on The Godhead of the Lamb*; *Or the Divinity of Jesus Christ*, By the Right Reverend and most Illustrious, London: James Hutton Bookseller, p. 4.

② Nikolaus Ludwig von Zinzendorf, *A Collection of Sermons from Zinzendorf's Pennsylvania Journey 1741-1742*, Translated by Julie Tomberlin Weber, Edited by Craig D. Atwood, Pennsylvania: Moravian Church in North America, 2001, p. 21.

③ ［德］保罗·阿尔托依兹：《马丁·路德的神学》，段琦、孙善玲译，译林出版社1998年版，第28页。

④ Nicolaus Ludwig Zinzendorf, *Seven Sermons on The Godhead of the Lamb*; *Or the Divinity of Jesus Christ*, By the Right Reverend and most Illustrious, London: James Hutton Bookseller, p. 3.

阐释。这亦表明亲氏已意识到基督论超越于以理性为方法的此在的语言系统，是奥秘。

另外，在亲岑道夫看来，基督不仅被诠释为创造者，还如传统基督教神学一样将基督视作救赎者。在亲氏之作为救赎者的基督中，根据所侧重点的不同又可分为两类：第一，以道成肉身的基督被钉死在十字架上，作为赎价的救赎者基督；第二，从肋旁"喷涌"出圣灵，使万物获得救赎的基督。从表面上看，前者借鉴安瑟伦的补赎论和基督得胜论，即由于亚当的堕落而使得上帝减损了荣耀，从而使得人与上帝之间的关系不再和睦。出于使上帝与人类重归于好的目的，圣子（基督）甘愿化身为人。那么作为具有完全的人性，且充当着人类大脑的圣子，最终为人类之罪背负十字架。作为结果，人类悖逆上帝之罪被完全神性和完全人性的圣子代赎，因而上帝与人类重归于好。因此，整个救赎过程的核心乃十字架事件，即基督作为人类罪得赎而被献祭。故而，在整个救赎过程中，基督是救赎者。在亲氏的这一作为救赎者的思想中，十字架事件并非一种简单的交易，即将基督作为赎价作为上帝荣耀损失的补偿，而是借助十字架事件，个体信仰者与十字架上的基督建立关联，这便是亲岑道夫所言的"以便无论谁只要瞥见自己的救赎者被钉在十字架上，以便意识到救赎就在此"[1] 的内在意蕴。

自亲岑道夫于 1736 年被驱逐出德累斯顿后，亲氏开始重新思考基督论。境遇的突变使得亲岑道夫的思想发生较多变化，其中作为救赎者的基督的思想亦有所革新。故众多的亲岑道夫研究者们将 1736 年至 1748 年称作"转变期"。在转变期，亲氏发展出一套以基督的"圣伤"[2] 为核心的救赎观，即

---

[1] Nikolaus Ludwig von Zinzendorf, *Christian Life and Witness Zinzendorf's 1738 Berlin Speeches*, Edited, Translated and with an Introduction and notes by Gary S. Kinkel, Eugene: Pickwick Publications, 2010, p. 52.

[2] 关于亲氏的"圣伤神学"，学界有多重诠释。如奥斯卡·皮菲斯特从其师弗洛伊德的性心理学的维度将其诠释为升华了的性亢奋（Sublimated Eroticism）；部分亲氏思想的现代诠释者将圣伤神学追溯至奥古斯丁或路德，从而将其视作某一基督教神秘主义思想。Peter Vogt, "Nicholas Ludwig von Zinzendorf", *The Pietist Theologians: An Introduction to Theology in the Seventeenth and Eighteenth Centuries*, Edited by Carter Linderg, New Jersey: Blackwell Publishing Ltd., 2005, pp. 219 – 220. 无疑，就亲氏的思想特质而言，将圣伤神学化约为一种性亢奋是心理分析学派的思想家先入为主的臆想。加之，除亲岑道夫外，中世纪神秘主义大师，如陶勒和肯培斯等都曾关注耶稣的圣伤。可见，将亲氏的圣伤神学视作一种基督教神秘主义既是契合亲氏思想的特质，又符合基督教神秘主义的发展趋势。

他认为被钉在十字架上的耶稣被"一个士兵拿枪扎他的肋旁"①，从耶稣的肋旁流出的血和水是圣灵。亲岑道夫认为，这从圣伤处流出的圣灵与世人结合，从而世人获得更新。这一从圣伤处流出了圣灵，圣灵再与世人结合，从而使世人获得救赎的过程被阿提伍德称作"宝血神秘主义"（Blood Mysticism）②。由于在这一救赎过程中，亲岑道夫认为"没有一个在基督之外，没有一个灵魂会迷失"③，即世人无分别地获得拯救，故亲氏的救赎论又被视作"普救论"。概言之，早期的亲岑道夫坚持将以完全的人和完全的神作为赎价，从而使上帝与世人重新和睦的救赎者基督，而中后期的亲岑道夫则以耶稣的"圣伤"为核心而使世人获得更新的救赎者基督。因此，若将这一救赎过程视作一幅思想图谱的话，那么前者描绘这幅图景的梗概；后者则进一步将这一救赎过程细节化。

关于亲岑道夫的以基督为赎价的救赎论，当代亲岑道夫研究专家沃格特总结道："亲岑道夫有关基督受难的语言包括古典救赎论的某些部分：基督的宝血成为有罪之人从黑暗的权势中解放出来的赎金，祂的无辜受难意味着对人类罪的胜利，这符合神圣正义的要求，并最终使得人与上帝重获和睦……亲岑道夫所关心的是基督的受难和死亡，唯有这一点才能弥合人与上帝之间的裂缝。"④ 可见，无论是"基督的宝血成为有罪之人从黑暗的权势中解放出来的赎金"，还是"弥合人与上帝之间的裂缝"都可窥见安瑟伦之补赎论的影子。关于安瑟伦的补赎论，其大致可分为如下四个部分：第一，前提是人与上帝本处于永恒的团契关系中。第二，人的堕落导致上帝尊荣的丧失，且人类必须偿还，这是"神圣正义的要求"。第三，堕落后的人无法偿还上帝丧失的尊荣，但人渴望获得救赎。第四，上帝道

① 《约翰福音》19：34。

② Craig D. Atwood, *Community of the Cross：Moravian Piety in Colonial Bethlethem*, Pennsylvania：the Pennsylvania State University Press, 2004, p. 100.

③ Nikolaus Ludwig von Zinzendorf, *A Collection of Sermons from Zinzendorf's Pennsylvania Journey 1741 - 1742*, Translated by Julie Tomberlin Weber, Edited by Craig D. Atwood, Pennsylvania：Pennsylvania：Moravian Church in North America, 2001, p. 109.

④ Peter Vogt, "Nicholas Ludwig von Zinzendorf", *The Pietist Theologians：An Introduction to Theology in the Seventeenth and Eighteenth Centuries*, Edited by Carter Linderg, New Jersey：Blackwell Publishing Ltd. , 2005, p. 212.

成肉身，化身为人。① 概言之，由于始祖亚当的堕落使得上帝的尊荣受到
减损，加之堕落后的人类无法偿还上帝被减损的尊荣，上帝出于爱世人的
缘故而道成肉身、降世为人，以代替世人被钉死在十字架上，从而实现世
人与上帝之间的和解。可见，安瑟伦的补赎论涉及原罪、基督的神性与人
性、道成肉身和十字架事件。与安瑟伦的补赎论相类似，亲岑道夫的以基
督为赎价的救赎论中同样涵盖上述内容。诚如亲岑道夫所言："祂受难的
真正原因在于将人类从罪和魔鬼的捆绑中救赎出来，祂在十字架上为我们
卓有成效地完成了补赎……当我们力图参与到耶稣的死亡和十字架中时，
我们切勿以变得敬虔和神圣为开端；作为罪人，我们借着祂的受难，而非
我们的善功被称义。"②

　　在亲氏以基督为赎价的救赎论中，"原罪"是指先祖亚当所犯的罪，
并借着遗传而波及世人，正如亲氏所言："因为我们在亚当中犯了罪，如
果罪在今天依然没终结的话，那么我们依然在罪中。"③ 可见，在原罪的起
因和如何影响所有人的问题上，亲岑道夫沿袭了奥古斯丁的原罪思想。奥
古斯丁在对《诗篇》51：5 解释道："亚当的性情通过性交、怀孕而传给
下一代。"那么，当初亚当所犯何罪？据《创世记》记载，亚当违背上帝
的禁令偷吃智慧树上的果子。也就是说，在奥古斯丁看来，世人的原罪因
亚当而起，并借着性交和怀孕不断地遗传给后代。这代代相传的原罪是亚
当运用自由意志而做出违背上帝诫命的行为。简言之，在奥古斯丁看来，
所谓原罪就是对上帝不顺服，并借着性交而世代相传。虽然亲氏继承了奥
古斯丁的原罪说，但是在原罪的内涵方面，亲氏的原罪观却有别于奥古斯
丁的原罪观。关于原罪，亲岑道夫定义道："无疑，在上帝面前我们与亚
当的行为是一样的，即亚当的不顺服同样会在我们身上发生。因此，作为
上帝的敌人，我们不是继承一种外在于我们的行为，而是自我实存的倾向

---

① ［英］安瑟伦：《信仰寻求理解——安瑟伦著作选集》，溥林译，第300—378 页。

② Peter Vogt，"Nicholas Ludwig von Zinzendorf"，*The Pietist Theologians：An Introduction to The-ology in the Seventeenth and Eighteenth Centuries*，Edited by Carter Linderg，New Jersey：Blackwell Pub-lishing Ltd.，2005，p. 212.

③ Nikolaus Ludwig von Zinzendorf，*Christian Life and Witness Zinzendorf's 1738 Berlin Speeches*，Edited，Translated and with an Introduction and notes by Gary S. Kinkel，Eugene：Pickwick Publications，2010，p. 24.

（the orientation of our own existence）；因为我们想要崇拜和事奉那不是真神的上帝。其实，现实中的罪只是这一自我的根本倾向的表达。"① 由此可见，亲氏认为始祖亚当所犯违背上帝的诚命去偷吃智慧果的行为是外在于世人的，因而世人不可能继承这样一种原罪。我们所真正继承的乃是"一种与亚当一样的倾向"，即一种与亚当一样的"自我实存的倾向"。通俗地说，自我实存的倾向是有限的个体获得实体地位的倾向，套用《圣经》中的话便是"与神一样"的倾向。由此可见，亲岑道夫将原罪从一种世人继承的不顺服行为转变为一种倾向性，从而使得原罪具有了一种实存论的维度。既如此，这种世人的倾向性若脱离了基督，便在任何事情中发展出亲氏所称的"现实的罪"（Actual Sins）。以上便是亲氏的作为救赎者基督的前提："第一，我们是迷失的；第二，我们是被诅咒的。"②

也就是说，在亲岑道夫看来，世人都具有这样一种犯"罪"的倾向性。一旦这一倾向性被置于具体的处境中，便成为"现实的罪"。既如此，那世人如何摆脱这样一种犯"罪"的倾向性呢？与传统基督教神学相类似，亲岑道夫首先明确地指出基督道成肉身、降世为人的目的就是对世人施行拯救。因而，从这一维度上来看，亲氏的救赎论是一种客观性的救赎。究亲氏的上述救赎论，其实质上是基督得胜论与补赎论的一种混合救赎论，即一方面亲氏强调基督既是童贞女感孕而生的真正的人（Truly Human），又是永恒之父授生的真正的上帝（True God）；另一方面亲氏强调基督施行拯救的过程是一场对撒旦的征战，并最终将世人从撒旦的捆绑中解放出来。换言之，突出基督是完全的人和完全的神是为了表明基督代替世人的补赎之可行性与现实性，因而在亲氏的《基督教信仰与见证》中极为强调"赎买"（Purchased）。这具有安瑟伦之补赎论的特质。此外，亲氏还将基督救赎的这一过程形象地描述成一场基督对撒旦的战争，最终借着基督在十字架上的受难和死而复活，从而将被撒旦捆绑的灵魂解救出来，因而在《基督教信仰与见证》中亲氏又强调"胜利"（Won）和"从罪中得胜"（Won from all Sin），而这又具有基督得胜论（Christus Victor）的

---

① Nikolaus Ludwig von Zinzendorf, *Christian Life and Witness Zinzendorf's 1738 Berlin Speeches*, Edited, Translated and with an Introduction and notes by Gary S. Kinkel, Eugene: Pickwick Publications, 2010, p. 25.

② Ibid., p. 58.

因子。

首先，亲岑道夫指出耶稣是"由永恒之父授生（Begotten）的真正的上帝"①。为了论证耶稣是完全的上帝，亲氏分别从六个方面加以阐释。第一，亲氏从"最朴实的真理必然以一种极为清晰的方式向我们呈现"②的预设出发，认为世人在思考耶稣是"由永恒之父授生（Begotten）的真正的上帝"时亦会符合这一预设，即"正如经上记着说，耶稣是由永恒之父授生的独生子，祂源自天父的心灵"。③关于这一进路的论证，亲氏毫不避讳地表明自己的这一论证进路是针对历史上有关"耶稣是类上帝"的阿里乌派而提出的。由此可见，关于耶稣与上帝之间的关系，亲氏认为这不是理性讨论的领域，即亲氏认为圣父与圣子之间的关系不能被置于认识理性的视域中来思考，而只能是信仰的对象，即"奥秘"。第二，亲氏从"除了圣经对我们讲述的外，我们对耶稣的神性一无所知"④出发，认为此在的语言与耶稣的神性之间存在无法逾越的鸿沟，因而只能求助于圣经。由于在《马可福音》中，当面对着从约旦河里出来的耶稣时，父从天上发出声音"你是我的爱子，我喜悦你"⑤，因而亲岑道夫凭此认为耶稣是上帝的独生子。后面四个论证，亲氏均从耶稣与圣父之间的关系展开论述。第三，亲氏说道："上帝爱这个世界，因此祂将自己的独生爱子赐给世人，以使得那些信靠祂的人不致迷失，而得永生。"⑥第四，亲氏说道："圣父并未强迫子去受难，而这是至高无上的神圣位格神的自由选择。"⑦第

---

① Nikolaus Ludwig von Zinzendorf, *Christian Life and Witness Zinzendorf's 1738 Berlin Speeches*, Edited, Translated and with an Introduction and notes by Gary S. Kinkel, Eugene: Pickwick Publications, 2010, p. 29.

② Ibid., p. 30.

③ Ibid..

④ Ibid..

⑤ 在此，需要提及的是，由于《基督教生活与见证》是亲岑道夫于1738年在柏林的演讲集，因而在《圣经》的引用方面不甚精确。如在此，亲岑道夫认为这是《约翰福音》中的记载，其实这是《马可福音》第1章的内容。故，在此做订正。

⑥ Nikolaus Ludwig von Zinzendorf, *Christian Life and Witness Zinzendorf's 1738 Berlin Speeches*, Edited, Translated and with an Introduction and notes by Gary S. Kinkel, Eugene: Pickwick Publications, 2010, p. 34.

⑦ Ibid..

五，亲氏说道："因为圣子甘愿被钉死在十字架上而死，所以父深爱着祂。"① 第六，亲氏解释道："因为圣子为这个世界的付出，天父为这个他深爱的人预备了补偿。"② 总之，无论是从某一逻辑预设出发，还是从圣父与圣子之间的关系出发，抑或是以圣经为依据都可发现：亲氏所论证的结论——耶稣是具完全神性的上帝——都涵盖在前提之中。因此，亲氏的论证与其说是论证，不如说是同义反复。最终，亲岑道夫总结道："耶稣基督是上帝……同样地，耶稣基督是昔在、今在和永在的神。"③

然后，亲岑道夫进一步阐释耶稣是"童贞女玛利亚在时间中所生的完全的人"④。在这一论证中，亲岑道夫完全借鉴安瑟伦的补赎论的逻辑，即"众所周知，他变成人的原因是无人能够使上帝和解，兄弟、天使和任何创造物都不能；万物的创造者耶和华渴望与人类重归于好。因此，祂将自己的独生子赐下给我们。当然，上帝不会死，但是他想要去死。因此，祂虚己，取了仆人的形象，成为罪身的形状。因而，祂既是上帝，又是真正的人。……这便是为什么我们一方面将自己置于祂的脚下，因为祂是至高者上帝；另一方面我们接近祂亦有欢乐、激情和满满的自信，因为祂与我们一样是完全的人"⑤。在此，笔者可简单地勾勒亲氏之耶稣是完全的人的论证逻辑：大前提是人的堕落从而导致人与上帝的不睦；小前提是除上帝外别无其他方式可使得人与上帝重归于好；结论是因此上帝必须道成肉身成为真正的人，并被钉死在十字架上，方能促使人与上帝之间的和解。由上可得出如下结论：第一，亲氏的这一论证逻辑完全是安瑟伦式的；第二，亲氏将耶稣是完全的人的论证置于其救赎论的框架中。

与此相类似的是，在安瑟伦的补赎论中，作为完全的人和完全的神之耶稣代替世人被钉死在十字架上，使得因亚当的堕落导致的上帝所减损的

---

① Nikolaus Ludwig von Zinzendorf, *Christian Life and Witness Zinzendorf's 1738 Berlin Speeches*, Edited, Translated and with an Introduction and notes by Gary S. Kinkel, Eugene: Pickwick Publications, 2010, p. 35.

② Ibid..

③ Ibid., p. 37.

④ Ibid., p. 38.

⑤ Ibid..

荣耀得到补偿，从而人与上帝重归于好。可见，在整个救赎过程中，人始终居于被动地位，即借着基督的宝血，世人获得了白白的恩典。因而，安瑟伦的补赎论又被称作客观救赎论。从表面上看，虽然亲岑道夫的作为救赎者的基督与安瑟伦的补赎论一样，即耶稣是完全的人和完全的神是世人得救赎的必要条件，但是在关键的救赎问题上，亲岑道夫的作为救赎者的基督却略微偏离了安瑟伦补赎论的路线。在救赎方面，虽然亲氏同样强调赎买，但是他却更进一步。所谓"赎买"，在亲岑道夫看来其内涵即"羔羊为那些自认为已经迷失，并被罪捆绑的穷苦孩子支付赎金。根据救主的心智（Mind）和意志（Will），由于这样的环境，世人无须付出任何代价，便能享受救赎的喜悦"①。换言之，正是因为羔羊既是完全的人又是完全的神，羔羊才有代替世人被钉十字架，从而实现世人之救赎的可能性和现实性。显而易见，上述内容是安瑟伦补赎论的内容。然而，亲氏却在安瑟伦补赎论的基础上更进一步，表现在"我们运用信仰之眼，将我们的心灵带至祂身边，以便我们与祂进入一种至为内在（Most deeply Inward）和温柔的交流之中。"② 这样的一种"至为内在和温柔的交流"是个体在面对十字架上的耶稣时发生的，是一种人与基督"神秘合一"的形象说法。如此，可以发现，在亲氏的作为救赎者的基督中，作为完全的人和完全的神的耶稣不只是为世人赐下白白的恩典，还涵盖着个体与基督的神秘合一。值得注意的是，在亲岑道夫看来，个体与基督的神秘合一并非一种抽象的描述，而是一种活生生的体验，且这一体验只能在个体直面十字架时方能发生。这便是亲岑道夫强调运用形象的、描述性的方法将十字架上的基督呈现给个体的原因。③

诚如前文所言，在亲岑道夫的作为救赎者的基督中，除呈现出安瑟伦补赎论的特质外，还具有基督得胜论的因子。所谓基督得胜论是指"基督

---

① Nikolaus Ludwig von Zinzendorf, *Christian Life and Witness Zinzendorf's 1738 Berlin Speeches*, Edited, Translated and with an Introduction and notes by Gary S. Kinkel, Eugene：Pickwick Publications, 2010, p. 62.

② Ibid., p. 66.

③ Nikolaus Ludwig Von Zinzendorf, *Nine Public Lectures on Important Subjects in Religion*, Translated and Edited by George W. Forell, Iowa city：University of Iowa Press, 1973, p. 94.

工作的首要意义，是胜过辖制人类的罪、死亡和魔鬼"①。亲岑道夫于1738年在柏林连续做了题为"从罪中得胜"和"从死亡和魔鬼的控制下得释放"的布道。在"从罪中得胜"中，亲岑道夫说道："祂想怜悯我们，抑制我们的罪行，并将我们的罪抛入大海的深处。这便是吞没死亡的胜利。是的，这就是大海，是由圣子的血所覆盖的上帝怜悯的深渊，就好像水覆盖着大地一样。祂使诸罪的放逐和诅咒下沉，且不再泛起，就如一块沉入水底的石头。"② 在此，亲氏运用形象的语言勾勒了基督胜过罪的过程，即这一过程就如石头沉入水底不再泛起，从而完成基督对罪的辖制。至于基督如何战胜撒旦的过程，亲岑道夫借着故事性的语言讲道："当撒旦接近的时候，某人立在那，借着上帝的大能和圣灵的喜悦战胜了撒旦。主迅速地将撒旦踩在脚下。"③ 另外，亲氏还说："罪不再奴役着我们，因为我们不在律法之下，而是在恩典之中。这样一位抓住救赎内涵的人也知道，人们如何从罪的捆绑中得到解放的秘密……而手中握着罪的撒旦不敢再纠缠我们。"④ 由上，笔者可总结如下：亲岑道夫的作为救赎者的基督是一个借着自身的宝血，从而将世人从撒旦的奴役中解救出来的基督。因而，这有别于早期教父的基督得胜论。他们的基督得胜论更强调基督的复活，即撒旦被基督降服。然而，亲岑道夫的作为救赎者的基督强调十字架事件的前半部分，即基督的受难。如此，无怪乎亲岑道夫形象地将基督得胜的过程描绘成基督的宝血将罪（撒旦）淹没的过程。

然而，借着基督的宝血将撒旦踩在脚下只是亲岑道夫作为救赎者基督的客观部分，另一部分则如亲氏所言："因此，只要我们没有基督，只要我们不再与祂建立一种个体性的联系，只要我们没有在祂的宝血中找到我们的救赎和释放，而只是单凭我们与罪抗争，那么我们将会为此而殉道。"⑤ 也就是

---

① Gustaf Aulen, *Christus Victor*: *An Historical Study of the Three Main Types of the Idea of Atonement*, New York: Macmillan Company, 1969, p. 20.

② Nikolaus Ludwig von Zinzendorf, *Christian Life and Witness Zinzendorf's 1738 Berlin Speeches*, Edited, Translated and with an Introduction and notes by Gary S. Kinkel, Eugene: Pickwick Publications, 2010, p. 77.

③ Ibid., p. 91.

④ Ibid., p. 89.

⑤ Ibid., p. 88.

说，借着基督的宝血将被捆绑的世人释放出来，这只是亲氏作为救赎者的基督的第一步，而第二步是世人必须建立一种与基督的亲密联系，且该联系是个体性的和体验式的。若没有这一联系，即便基督在十字架上受难亦无法完成世人的救赎。在此，若将具有补赎论特质的作为救赎者的基督和带有基督得胜论因子的作为救赎者的基督统称为亲氏之"十字架神学"的话，那么亲氏的十字架神学明显涵盖着主客两部分，即基督的救赎是客观部分，个体对基督的信靠抑或"依恋"是主观部分。显然，这既是亲岑道夫对路德宗正统派的回应和哈勒敬虔主义的发展，又是旗帜鲜明地宣告自己是路德思想的继承者①，从而驳斥当时将亲岑道夫及其开创的主护城斥为异端的攻诘。

　　与亲岑道夫早期具有浓厚古典救赎论特质的作为救赎者的基督不同的是，在亲氏的中晚期，亲氏生活环境的突变，使得其又发展出一套以"圣伤神学"为核心的救赎论。众所周知，《约翰福音》19：33－34 记载道："只是来到耶稣那里，见他已经死了，就不打断他的腿。唯有一个兵拿枪扎他的肋旁，随即有血和水流出来。"关于这一经文，亲岑道夫在《二十一篇有关〈奥格斯堡信纲〉布道集》中诠释道："祂（圣灵）并未在人类的知识与思想之前就已存在。当枪刺透羔羊时，圣灵首先随着羔羊不会腐烂的血和生命喷涌而出。与此同时，所有的这些小灵（Little Spirits）的原初种子（the Original Seed）都被纳入个体信仰者中，从而将基督中的众灵之主与个体结合起来。"② 在此，所谓"小灵"，亲岑道夫解释道："约翰在《约翰一书》4：13 中所说的。神将他的灵赐给我们。这就被唤作我们的灵，这与上帝的圣灵有着极大的区别。在《罗马书》8：16 中说道：'圣灵与我们的心同证。'"③ 由此可以发现，亲氏认为小灵其实就是指个体所分享的圣灵，因而他才说从圣伤处喷涌而出的圣灵是这些"小灵"的原

---

　　① 阿尔托依兹对路德的"十字架神学"总结道："路德的十字架神学就是用十字架把上帝隐藏起来，结束了自以为是的理性对上帝的所有思辨。十字架是对人进行判断的标志，结束了自信的道德主义者与上帝的同伴关系。十字架只能在经验中获得，或更准确地说，只能用于上帝的苦难中，这苦难是上帝通过基督和与基督一起为我们准备的。"［德］保罗·阿尔托依兹：《马丁·路德的神学》，段琦等译，第 25 页。可见，路德的"十字架神学"同样涵盖着主客两部分。

　　② Nicolaus Ludwig Zinzendorf, *Twenty － one Discourses or Dissertations upon the Augsburg － Confession Which Is Also the Brethren's Confession of Faith*, London：W. Bowyer, 1753, p. 34.

　　③ Ibid. .

初种子。如此，这亦能窥见在亲氏思想中的早期教父克莱门（Clement of Alexandria，150-215）所提出的逻各斯种子的痕迹，即相较于个体所持的小灵，耶稣体内的圣灵是原初种子，小灵是对圣灵的分有。因此，小灵与圣灵具有同源性，故一旦圣灵从圣伤处喷涌而出的话，便与诸小灵相结合。而且亲岑道夫认为，在士兵刺透基督的肋旁前，圣灵只存在于耶稣体内，而未弥散在世间。因而，一旦基督的肋旁被士兵用枪刺透，圣灵便从圣伤处喷涌而出，并与个体信仰者相结合，从而个体获得救赎。

关于个体的救赎被阐释成一个圣灵与"小灵"相结合的过程，亲岑道夫进一步描述道："起初，祂并不在我体内，因为我是属肉体的和自然的……如今，我被圣灵主导。所以，我现在是属灵的，因为圣灵在我里面，即在我的身体和灵魂内。"① 他又说道："圣伤是窄门，是进入天堂的入口，是进入基督身体的方法。"② 可见，圣伤已成为亲氏救赎论的象征，即圣灵进入本属肉体的世人体内，因而世人便成为属灵的了。若个体成为属灵的了，那么他便摆脱了罪的捆绑，从而获得了救赎。这一小灵与圣灵相结合的过程，亲氏认为不能用语言进行确切的描述，而只能借助想象。值得注意的是，一方面亲岑道夫强调从圣伤处喷涌而出的圣灵进入世人的肉体中，从而实现属肉体之人的救赎；另一方面亲岑道夫还认为属肉体之人的灵魂最终都栖居在基督的圣伤内。因此，这并不是一个"小小的肋伤"（Seiten-Hohlgen），而是如摩拉维亚兄弟会的圣歌所经常描述的那样，这是一个所有基督徒的灵魂都能安居的巨大洞穴。③ 亲氏不仅是这么说的，也是这么做的，如 1747 年他为一位名为葛权特（Gertraut）的男孩施洗时，当小孩跪下，崇拜者一起唱着歌："这从耶稣肋的一边流向被刺穿的肋旁的水为你施洗，祂的宝血使你的心、意志和灵魂活泼泼的。"当水淋过小孩的脑门后，众人一起唱道："啊，耶稣，请听我说，请将这小

---

① Nicolaus Ludwig Zinzendorf, *Twenty-one Discourses or Dissertations upon the Augsburg-Confession Which Is Also the Brethren's Confession of Faith*, London: W. Bowyer, 1753, p. 34.

② Nicolaus Ludwig Zinzendorf, *Einundzwanzig Disurse*, ZH 6: 4: 102. Craig D. Atwood, *Community of the Cross: Moravian Piety in Colonial Bethlethem*, Pennsylvania: the Pennsylvania State University Press, 2004.

③ Craig D. Atwood, *Community of the Cross: Moravian Piety in Colonial Bethlethem*, Pennsylvania: the Pennsylvania State University Press, p. 109.

孩完全隐匿在你之中，将他装入你的圣伤和教会中。"① 可见，经过洗礼的男孩，重生后将栖息在圣伤中。总之，于亲氏而言，基督的圣伤既是救赎的象征，即圣灵喷涌而出的出口，又是救赎的栖所，即世人在圣伤中获得永恒的栖居。②

综上所述，在亲氏的作为救赎者的基督中，无论是以十字架事件为核心的传统救赎论，还是以圣伤为核心的具有明显亲氏特色的救赎论，都是将基督的受难视觉化，即亲氏的以十字架事件为核心的救赎论是将基督形象地描绘成一位用大能将撒旦踩在脚下，从而将被撒旦捆绑的世人解放出来的普罗米修斯形象，而亲氏的以圣伤为核心的救赎论则将基督刻画成一位为世人获得拯救，而被士兵刺破肋旁，从圣伤处喷涌而出的圣灵与世人结合的受难者的形象。然而，在亲岑道夫的作为救赎者的基督中，无论是普罗米修斯的形象，还是受难者的形象，都只是一种象征性的表达，其最终旨趣乃在于"救赎"，即个体在面对视觉化的基督形象时能够感同身受地参与到十字架事件中，从而建立个体与基督的亲密关系，而这又是亲氏救赎论的起点和关键。缘何亲氏对耶稣做历史的和视觉化的处理？具体原因如下：第一，这样一种视觉化的处理使个体更容易理解，从而有利于他们远离荣耀神学和自我称义的窠臼。第二，无论是被钉十字架上的耶稣，还是被枪刺透肋旁的耶稣，都是基督变形的身体。然而这并非亲氏所要强调的重点，而只是亲氏"现实传递"（Transmission of Reality）的象征符号③。总之，关于亲氏的救赎论，套用阿提伍德的话总结道："这一象征主义对那些亲氏圈外之人来说可能是奇怪的，但是这对他的追随者来说却极具影响。他们进入亲氏的精神世界中。他们视觉化基督的受难，并尽情享

---

① Craig D. Atwood, *Community of the Cross: Moravian Piety in Colonial Bethlethem*, Pennsylvania: the Pennsylvania State University Press, p. 108.

② 在亲岑道夫看来，教会诞生于基督的肋伤处。如此，这涉及亲岑道夫的教会论。关于亲岑道夫的圣伤神学与教会论之间的关系，阿提伍德总结道："于亲岑道夫而言，打开基督圣伤是教会的起源。因为没有基督的受难和死亡，便不会有拯救，直到有了十字架后才有教会。但是，教会并不是十字架团契，后者建基于耶稣之圣伤的基础上。"（Craig D. Atwood, *Community of the Cross: Moravian Piety in Colonial Bethlethem*, Pennsylvania: the Pennsylvania State University Press, p. 108）也就是说，亲岑道夫首先区分了教会和十字架团契。亲氏认为传统的教会并非十字架团契，前者是属世的，十字架团契是建基于基督的圣伤，因而是属灵的。

③ Arthur James Freeman, *The Hermeneutics of Count Nicholaus Ludwig Von Zinzendorf*, Princeton Theological Seminary, Th. D., 1962, p. 149.

受袖的死亡。他们渴望成为基督的爱人，并躺卧在基督的怀抱里。他们的团契是在基督的圣伤中诞生的。"[1] 既然亲氏的基督论是以救赎为导向，那么其基督论便是亲氏的重生观。这也就是说，亲岑道夫在基督论对基督形象等的强调，就意味着其重生观中对主体的宗教体验、基督救赎的客观决定性的双重重视，只不过其更为偏重主体的宗教体验。

三　Gemeine：一种超时间性的跨空间性的教会[2]

据亲岑道夫传记作者晗（Han）和雷切尔（Reichel）记载，在伯尔堡会议上，亲氏将 Gemeine 的内涵总结如下："第一，所有的只以协议和外在形式，而不是以心灵为基础的团体都是有害的。第二，基督的整个共融体是不可见的。第三，这些不可见的教会之成员都分散在基督教各教派中。第四，借着有联系的成员，不可见的教会能够在此世界变成可见的。第五，由于迫害和其他的因素，可见的共融体再次消失。"[3] 由此可见，亲氏认为共融体当分为有形和无形两种，前者包括天上的共融体和由诸教派中的真信仰者构成的地上的无形共融体；后者指的是由真信仰者聚集在一起共同敬拜上帝的"节"（Tropi）[4]，如被亲氏称作"Brüdergemeine"的摩拉维亚兄弟会。基于此，本书将始终立足文本，在阐释亲氏之 Gemeine 与 Church、Community 等的区别和联系基础上，着力分析亲氏共融体的内涵和思想基础，并勾勒亲氏如何将共融体付诸实践，以及梳理亲氏之共融体及其实践之间的张力。

为了诠释共融体，亲岑道夫将与共融体之内涵相似的三个德文概念（Religion、Sekte 和 Kirche）进行比较，从而强调共融体既非教派，又非教

---

① Craig D. Atwood, *Community of the Cross：Moravian Piety in Colonial Bethlethem*, Pennsylvania：the Pennsylvania State University Press, 2004, p. 112.

② 本节主要内容发表在《世界宗教研究》2021 年第 3 期，在此表示感谢。

③ Han and Reichel, *Quellen*, p. 410. Quoted in Peter Vogt, "The Church and Its Unity According to Zinzendorf", *Transatlantic Moravian Dialogue - Correspondence*, 2001（4）, p. 18.

④ "Tropi" 原意为一首圣咏中的一节诗歌词之意。但是，亲岑道夫将 "Tropi" 用来称呼有着 "优良的属灵传统，每个认信教派都象征与众不同，领人归向基督的指示道路" 的真信仰者团契。刘幸枝：《主护城传奇：钦岑多夫伯爵与十八世纪摩拉维亚复兴史》，华神出版社 2009 年版，第 221 页。

堂，其更接近于被亲氏所称道的无形的教会，即其所总结的"在圣灵中的上帝之团契，就如在《希伯来书》12 章中所描述的一样，任何一位信仰者，自其出生开始便进入上帝之团契。该团契既在高天，又在尘世，他们是一"①。

第一个被亲氏用来与"共融体"做比较的德文概念是"教派"（Religion）。表面上看，德语的教派与英语中的"宗教"（Religion）相同。实际上，英语中的"宗教"与拉丁语"Fides"有着更多的亲缘性；而德语中的教派却是指如改革宗和信义宗之类的基督宗教特定宗派。关于教派，亲氏定义道："根据规定的形式对圣经进行诠释和教导的教派。"② 也就是说，在亲氏看来，教派是用在历史中形成的诠释原则对圣经进行诠释，并将接受此诠释原则视域下的圣经意蕴为教导的信众所组成的组织。因此，没有一个教派在教义的真理上是完全正确的；只不过相较而言，某些教派更加接近真理。诚如亲氏所言："一位正直的基督徒可能会说，我支持加尔文；一位正直的基督徒可能会说，根据我的判断，我更支持路德。但是，这样并不能赋予任何一方以最起码的证明，最起码的救赎权力。"③ 如此看来，亲氏认为"诸教派并不具有神圣的特质"④，而具有历史性和文化性。既如此，关于教派与共融体之间的关系，亲氏认为："世上只有一个神圣的教会，却有很多的教派。这些教派通过知识、对神秘的误解和对某些特定的仪式而区别彼此，某些教派发现施行某种仪式，而另一些教派却施行其他的仪式。"⑤ 换言之，在亲氏看来，亲氏共融体的成员散布在众教派中，是"一"，而教派是"多"，二者是两个互不统属，但又互有交集的系统。

---

① Nikolaus Ludwig Von Zinzeodorf, *Theologische und dahin einschlagende Bedenken*, Budingen, 1742, p. 36. Cited by Peter Vogt, "The Church and Its Unity According to Zinzendorf", *Transatlantic Moravian Dialogue - Correspondence*, 2001（04）, p. 16.

② Nielsen, *Toleranzgedanke*, p. 131. Quoted in Peter Vogt, "The Church and Its Unity According to Zinzendorf", *Transatlantic Moravian Dialogue - Correspondence*, 2001（04）, p. 17.

③ Nikolaus Ludwig Von Zinzeodorf, *Nine Public Lectures on Important Subjects in Religion*, Translated and Edited by George W. Forell, Iowa: University of Iowa Press, 1973, pp. 75 - 76.

④ Nielsen, *Toleranzgedanke*, p. 126. Quoted in Peter Vogt, "The Church and Its Unity According to Zinzendorf", *Transatlantic Moravian Dialogue - Correspondence*, 2001（04）, p. 17.

⑤ Nikolaus Ludwig von Zinzendorf, *A Collection of Sermons from Zinzendorf's Pennsylvania Journey 1741 - 1742*, Translated by Julie Tomberlin Weber, Edited by Craig D. Atwood, Pennsylvania: Moravian Church in North America, 2001, p. 95.

第二个被亲氏用来与共融体做比较的德文概念是"宗派"（Sekte）。从词源上看，与"Sekte"相对应的英文词汇是"Sect"，其源于拉丁文 secta。该词具有四种内涵：方式方法、学派流派、帮派和性别。由此可见，"Sekte"是较于整体而言的，乃"部分"之意。对于宗派，亲氏认为其是从外在的和历史的角度来看基督教。[①] 也就是说，在亲氏看来，宗派更为强调基督教的客观性与历史性。如此，亲氏之宗派意味着基督教在历史中留存的印记，包括历史上的教派、基督教史上的教会和尘世的教堂等。显然，亲氏的宗派大大有别于共融体。关于宗派与共融体之间的关系，亲氏总结道："人们不应认为尘世中的我们必定属于某一宗派。准确地说，我们能够接受来自不同教派和宗派的信众加入我们的共融体，而不需要让他们改变各自的教派形式。"[②] 如此看来，亲氏认为宗派是指尘世中某一具体的基督教教派，其纽带是历史中形成的宗派教义，如加尔文宗和路德宗等，而共融体是以基督为纽带，由众宗派中的真信仰者构成的既无形又有形的团契。

第三个被亲氏用来与"共融体"做比较的德文概念是"教堂"（Kirche）。就用词习惯来看，亲氏有时也使用"Urkirche"或"Urgemeine"以代替 Kirche。关于 Kirche，亲岑道夫解释道："在许多痛苦的时期，图林根州的圣伊丽莎白（Saint Elizabeth in Thuringia）始终是基督的仆人，以及她信实的朋友海恩斯的埃尔格伯爵（Count Elger of Hohenstein）在最为黑暗的时代宣扬热情地宣扬基督的福音，就如当前我们所做的一样……只要他还活着，他便在自己身边聚集一群追随者。始终屹立在那的埃尔福特的传教士（The Prediger – Kirche）见证着上述这些。"[③] 从行文发现，亲氏在

---

① Arthur James Freeman, *The Hermeneutics of Count Nicholaus Ludwig Von Zinzendorf*, Princeton Theological Seminary, Th. D. , 1962, p. 328.

② Nikolaus Ludwig von Zinzendorf, *A Collection of Sermons from Zinzendorf's Pennsylvania Journey 1741 – 1742*, Translated by Julie Tomberlin Weber, Edited by Craig D. Atwood, Pennsylvania: Pennsylvania: Moravian Church in North America, 2001, p. 7.

③ Ibid. , p. 5. 关于 Kirche，Arthur James Freeman 在其博士论文《亲岑道夫的诠释学》中却将其理解为"无形的教会"，从而将 Kirche 视作与 Gemeine 相等同的概念，并引用《宾州布道集》（2.7/18.42）中亲氏有关 Kirche 的界定道："所有那些通过圣言，通过耶稣的声音，到处都有、被唤醒着复活的灵魂，那些渴望着神圣的灵魂，爱着祂的灵魂，在那个时代属于祂的灵魂；还有那些有一天将从早到晚、从午夜到中午到来的灵魂，将在天国中和亚伯拉罕、以赛亚和雅各布坐在桌子旁。"Arthur James Freeman, *The Hermeneutics of Count Nicholaus Ludwig Von Zinzendorf*, Princeton Theological Seminary, Th. D. , 1962, p. 326. 然而，通观亲氏的《宾州布道集》，并未发现这段原文，且与 2001 年由 Pennsylvania: Moravian Church in North America 出版的《宾州布道集》中有关 Kirche 的理解相悖。

使用 Kirche 时，前面添加了定冠词。由此可以推知，于亲氏而言，Kirche
是指一种作为建筑物的教堂，其承担着为此在的事功提供居所或平台的职
能。虽然 Kirche 是外在的和可朽坏的，但是 Kirche 为引导共融体的成员进
入神圣之境提供庇所。因而，亲氏认为 Kirche 同样具有神圣性，就如亲氏
所言："如果没有房子、平台和庇护所，那么人与这个世界相互则是不可
能的……因此在引导人们时，教堂便是一个上帝统治下的最为神圣的神
秘处。"①

　　总之，亲岑道夫的共融体既区别于教派、宗派和教堂，又与上述三者
有着千丝万缕的联系。亲氏之共融体既不同于诸如路德宗之类的 Religion，
又不同于外在的、历史的 Sekte，更不同于作为外在建筑物的 Kirche，而是
一种与教派在成员结构上互有统属，但又无法涵盖彼此的系统，是一种囊
括宗派所蕴含的外在的和历史的基督教，又完全不滞留于此的组织，是一
种为共融体成员提供属灵修炼的有形教堂，以实现此在的真信仰者联合起
来的类似无形的教会。如此看来，亲氏之共融体既是可见的，如由某一教
派或教堂中真信仰者构成的有形团契，又是不可见的，如亲氏的共融体是
一个超越历时态和共时态的，由包括圣三一团契在内的所有真信仰者构成
的无形团契。既然亲氏之共融体不同于教派、宗派和教堂，那作为"无论
在高天，还是在尘世，都是一"的亲氏共融体，其内涵是什么？亲氏共融
体思想的基础是什么？联结亲氏之共融体成员的纽带是什么？

　　关于共融体的内涵，亲岑道夫在《宾州布道集》中说道："进入共融
体也就意味着大家共享救主的心灵，并被救主所拥抱，以便祂不能被地上
的东西所分裂。"② "基本上而言，与主要的关注相契合，人们不应当认为
我们在这个世界该联结成一个整体。因为这个原因，我们能接受源自不同
教派的人组成同一个共融体，而不需要他们改变自己的教派形式。"③ 由上

---

① Nikolaus Ludwig von Zinzendorf, *A Collection of Sermons from Zinzendorf's Pennsylvania Journey 1741–1742*, Translated by Julie Tomberlin Weber, Edited by Craig D. Atwood, Pennsylvania: Pennsylvania: Moravian Church in North America, 2001, p. 5.

② Peter Vogt, "The Church and Its Unity According to Zinzendorf", *Transatlantic Moravian Dialogue–Correspondence*, 2001 (04), p. 13.

③ Nikolaus Ludwig von Zinzendorf, *A Collection of Sermons from Zinzendorf's Pennsylvania Journey 1741–1742*, Translated by Julie Tomberlin Weber, Edited by Craig D. Atwood, Pennsylvania: Moravian Church in North America, 2001, p. 7.

可知，亲氏之"共融体"包括双重内涵：第一，共融体中的所有成员是借着对基督的个体性体验而连接在一起的。如此，这便涉及亲氏的"共融体"与"基督"之间的关系。第二，共融体是由分散在诸教派中的真正信仰者组成的群体。这便涉及亲氏的"共融体"与诸教派之间的关系。

所谓天上的共融体，又被亲氏称作"原初的、真正的共融体"（The Original, the True Gemeine），即三位一体。那么，在亲氏看来，三位一体是一个什么样的共融体？在《二十一篇有关〈奥格斯堡信纲〉布道集》中，亲氏说道："从那时到现在，上述位格不再被抽象地对待，也不再讲述太多有关三位格的废话……主的父是我们敬爱的父，圣灵是我们亲爱的母；万物的创造者是我们亲爱的丈夫。"① 由此可见，亲氏认为天上的共融体不是一个抽象的概念，而是一个类似于其乐融融的家庭，即圣父作为父的角色，圣灵作为母亲的角色，圣子作为丈夫的角色，且父、母和丈夫都是关系极为密切的家庭成员。既如此，那么维系天上的共融体这一家庭的纽带是什么呢？对此，亲氏说道："耶稣基督，上帝真正的特质与光明，祂是普世的上帝和永恒的生命……祂凝视着天父。至于圣灵，则是从基督的圣伤处流出。且圣灵并没有在人类的知识和思想之前存在，而只是随着枪刺破基督的肋旁，伴随着羔羊的血和生命，圣灵喷涌而出。"② 换言之，在上帝之三位格中，亲氏认为基督是连接天父和圣灵的纽带，即基督是《旧约》中的创造者，如此便扮演着天父的角色；由于圣灵从基督的圣伤处喷涌而出，且亲氏认为圣灵之前并不在此在的知识中存在，因而圣灵便存于基督的体内。如此，基督便联结了天父和圣灵，从而构成天上的共融体。就地位而言，亲氏认为上帝的三个位格是平等的，三者不同仅是职责的差异；就关系而言，亲氏认为基督是天上的共融体的枢纽，即"他们都被纳入基督的存在中"③。

另外，亲氏之无形共融体还包括尘世的无形共融体。该无形的共融体是由无数源自不同教派的，将基督体验为创造者、维护者和拯救者的真信

---

① Nicolaus Ludwig Zinzendorf, *Twenty - one Discourses or Dissertations upon the Augsburg - Confession Which Is Also the Brethren's Confession of Faith*, London: W. Bowyer, 1753, p. 30.

② Ibid. , pp. 33 - 34.

③ Arthur James Freeman, *The Hermeneutics of Count Nicholaus Ludwig Von Zinzendorf*, Princeton Theological Seminary, Th. D. , 1962, p. 330.

仰者构成的超越时间与空间的团契。由于地上的无形共融体是对天上的共
融体之分有①，因而地上共融体中的每一位成员的地位是平等的，且都与
基督维持着一种个体性和体验式的联系。关于尘世的无形共融体，亲氏在
第一次北美普世宗教合一运动大会上对"上帝的救赎"（Economy of God）
评论道："在某一时间，世上所有圣洁之人都从四面八方聚集起来。这便
是共融体的呈现和例证。"② 就空间维度而言，亲氏尘世的无形共融体中的
成员平时散布在诸教派中，其前提只需是"所有的个体信仰者都与基督维
持着一种关系"③，而在某一特定时间则聚集在一起；就时间维度而言，亲
氏尘世无形共融体的成员既可以是新约时代的使徒，又可以是当下摩拉维
亚兄弟会的成员。因此，亲氏尘世的无形共融体是超越共时态和历时态
的，并在总体上呈现为一个不可分割的整体。

至于有形的共融体，亲岑道夫解释道："他接受'彼得'这一称谓。
因为他是一位由石头构成的人。共融体建立在这石头上。彼得很了解救
主。他了解那个时代大众所了解的一切知识。"④ 在此，亲氏是在回应耶稣
在《马太福音》16：18 中所言："我还要告诉你，你是彼得，我要把我的
教会建造在这磐石上；阴间的权柄，不能胜过他。"由于"彼得"（Petros）
在希腊语中有"小石头"之意，因而耶稣说教会建立在磐石之上便是指教
会以彼得为首领。⑤ 沿袭着上述认识，亲氏不仅认为彼得是那磐石，还坚

---

① Arthur James Freeman, *The Hermeneutics of Count Nicholaus Ludwig Von Zinzendorf*, Princeton Theological Seminary, Th. D. , 1962, p. 330. 在此，我们可以发现亲岑道夫深受柏拉图思想的影响。除了在共融体问题上亲氏借助柏拉图的理论进行论证外，其在灵魂问题上同样倾向于柏拉图，而非圣经。Nikolaus Ludwig von Zinzendorf, *Christian Life and Witness Zinzendorf's 1738 Berlin Speeches*, Edited, Translated and with an Introduction and notes by Gary S. Kinkel, Eugene：Pickwick Publications, 2010, p. 82.

② Nikolaus Ludwig von Zinzendorf, "the First Ecumenical Conferences on the North American Continent", 1742, pp. 95 – 96. Cited by Arthur James, "Freeman, Gemeine：Count Nicholas von Zinzendorf's Understanding of the Church", *Brethren Life and Thought*, 2002, p. 8.

③ Arthur James Freeman, "Gemeine：Count Nicholas von Zinzendorf's Understanding of the Church", *Brethren Life and Thought*, 2002, p. 6.

④ Nikolaus Ludwig von Zinzendorf, *A Collection of Sermons from Zinzendorf's Pennsylvania Journey 1741 – 1742*, Translated by Julie Tomberlin Weber, Edited by Craig D. Atwood, Pennsylvania：Pennsylvania：Moravian Church in North America, 2001, p. 63.

⑤ 对此，还有另一种有关该经文的诠释，即"这磐石可以是指像彼得那样的信心，认主耶稣为基督；也可以是指彼得和众使徒所构成的教会的根基"。也就是说，"这磐石"并非指"彼得"，而是指"基督"。

持地上的共融体是建立在彼得的基础上。因而，亲氏之地上的共融体成员是由自彼得以来的大公教会传统的继承者。换言之，亲氏的有形共融体继承着大公教会之圣而公的特质。无怪乎亲氏又将地上的共融体称作"上帝的方舟"（Ark of God）。故，亲氏有形的共融体是由真正的信仰者所构成的群体；又由于地上的共融体必然会受到历史处境的影响，因而共融体在尘世中又呈现出各式的形态。

通过上文的阐释，我们可以发现，亲氏之尘世的无形共融体与有形的共融体间的关系实则整体与部分的关系，即前者尤指由所有真信仰者构成的横跨空间和绵延于时间中的联合体，而后者是针对由真正的信仰者和名义上的基督徒构成的"当地的教会"（Local Church）。既如此，那么尘世的无形共融体是如何转变为有形的共融体的？亲氏在《教义手册》（A Manual of Doctrine）中回答道："一群门徒。"① 为了诠释"一群门徒"的内涵，亲氏进一步说明道："秩序和团契。"② 也就是说，亲氏认为，在一群门徒中，只要他们"将基督视作首领"——"秩序"，且"整个的聚会都只有一颗心灵和一个灵魂"③——"团契"，那么便是亲氏之有形共融体。如此，这就无怪乎亲氏将摩拉维亚兄弟会视作有形的共融体。

由于这一具有圣而公之特质的共融体必然存在于历史中，因此亲氏不仅指出有形共融体的前提，还简单勾勒了有形共融体的发展史。亲氏认为有形共融体之前提是十字架事件，即基督，如亲氏所言"进入共融体也就意味着大家共享救主的心灵，并被救主所拥抱，以便他不能被地上的东西所分裂"④也就是说，基督是有形共融体的基础，否则真正的信仰者团契只能呈现为四分五裂的状态。另外，既然有形的共融体存在于历史中，那么有形共融体自然有其发展史。在亲氏看来。一个有形的共融体是由被钉十字架的耶稣、抹大拉的玛利亚和亚利马太的约瑟构成的。在此，亲氏格

---

① Nicolaus Ludwig von Zinzendorf, *A Manual of Doctrine*, London: Little – wild Street, 1742, p. 179.

② Ibid. , p. 178.

③ Ibid. , p. 179.

④ Nikolaus Ludwig von Zinzendorf, *A Collection of Sermons from Zinzendorf's Pennsylvania Journey 1741 – 1742*, Translated by Julie Tomberlin Weber, Edited by Craig D. Atwood, Pennsylvania: Pennsylvania: Moravian Church in North America, 2001, p. 13.

外提醒道。一个地上的共融体是在十字架下形成的。但由于这一共融体是在时间中形成的，故该"上帝的共融体"又存在于人类历史中，且大大区别于前文所言的"天上的共融体"。依照时间顺序，亲氏认为第二个有形的共融体则是"使徒的共融体"（the Apostolic Gemeine），随后是从教父共融体到摩拉维亚兄弟会间的诸教会。由于有形的共融体不再呈现为单一的形式，因而亲氏将后使徒时代的有形共融体总结为一个发展过程，其始于教父时代，终于亲氏所生活的时代，即摩拉维亚兄弟会。就亲氏之有形共融体的特质而言，其是一个开放的系统，其将随着历史的演进而呈现出不同的样态。一言以蔽之，亲氏之有形共融体是一个"属灵的、永恒的，并以团契生活为基础。在该共融体中，个体信仰者借着信与爱，在基督中与上帝结合成团契，但是其形式又必然受到人类关系和暂时环境的挑战"①的团契。

无论是天上的共融体，还是尘世的无形共融体，抑或是地上的有形共融体均具有如下三个标识：第一，将基督作为首领，且共融体成员均与基督维系着个体的、体验式的关系；第二，将圣灵作为母亲，其对共融体之特质和形式均具有决定性的影响；第三，传教。② 诚如前文所言，在亲氏共融体中的每一位成员——无论是天上的共融体中的天父和圣灵，还是地上的有形共融体中的真正的信仰者——均借着基督为纽带连接在一起。也就说，基督是亲氏之共融体的核心标识。若没有基督，那么共融体便不复存在。其次，无论在亲氏的哪类共融体中，圣灵都扮演着举足轻重的角色。在天上的共融体中，圣灵栖居在基督体内；在尘世的共融体中，由于圣灵伴随着枪刺透基督的肋旁，从圣伤处喷涌而出而与世人结合。因而，圣灵又可被视作建立尘世共融体的推动力量和重要参与者。同样可以说，若没有圣灵，亲氏的共融体亦不存在。最后，亲氏之共融体是以救赎为目标的团契。亲氏认为共融体是对抗不敬虔，盼望基督再来的团契。因此，为了尽可能多地拯救世人，亲氏认为共融体当遵循基督的诫命——差遣传教士前往世界各地。作为结果，摩拉维亚兄弟会的传教士始终活跃在西

① Arthur James, "Freeman, Gemeine: Count Nicholas von Zinzendorf's Understanding of the Church", *Brethren Life and Thought*, 2002, p. 6.

② Ibid., pp. 9 – 10.

欧、北欧、西印度群岛、北美和远东等地。①

作为共融体的提出者和实践者，终亲岑道夫之一生，其都在极力推动共融体在此在世界的建立。这具体表现在亲氏对摩拉维亚兄弟会的更新与推动摩拉维亚兄弟会在世界范围内的传播上。为了更新摩拉维亚兄弟会，亲氏始终秉持"以爱为纽带，主护城中的成员联系在一起。每一个教派中的上帝的孩子们：他们并不需要经过审判，也不需要轻率地表达反对那些与自己不同的人，而他们只需要关心福音的纯洁性和恩典的简单性"② 的原则。为了达到"将德意志的教会转变成一个更大的信仰共融体"③ 的目标，亲岑道夫亲赴北美。临行前，亲氏在荷任迪克（Heerendyk）发表演说阐释此行的目的，即"我将形成一个有关合一和救主在合一上的清晰观念，并讲授我们是如何与他人联系在一起以及如何看待其他人"④。

亲岑道夫对摩拉维亚兄弟会的"更新"，不是将其变成一个教派，而是使得其成为一个有形的共融体。为了实现这一目标，亲氏为主护城及以后建立的摩拉维亚兄弟会确立了首要原则，即"以爱为纽带，主护城中的成员联系在一起。每一个教派中的上帝的孩子们：他们并不需要经过审判，也不需要轻率地表达反对那些与自己不同的人，而他们只需要关心福音的纯洁性和恩典的简单性"⑤。在此原则的指导下，亲氏在使徒教会实践的基础上，既欲达到与古典的兄弟会相契合，又要满足主护城兄弟会的切实需求的目的。如，亲氏仿效施本纳的敬虔小组而将主护城划为不同的"小队"（bands），建立唱诗班，废除不必要的衣服装饰和建立守夜人制度（Night‐watch），并规定个体信仰者在团契活动中可以以自己喜欢的方式敬拜上帝。故，亲岑道夫的传记作者吉尔评价道："伯爵并无意将其他国家的居民纳入自己所属的教派中；并承诺那些住在主护城的居民可自

---

① J. M. Van Der Linde, *The Moravian Church in the World 1497 – 1957*, *International Review of Mission*, 1957, pp. 417 – 423.

② John Gill, *The Banished Count*; *Or the Life of Nicholas Louis Zinzendorf*, London: James Nisbet and Co. 21 Berners Street, 1865, p. 10.

③ Ibid. , p. xv.

④ Nikolaus Ludwig von Zinzendorf, *A Collection of Sermons from Zinzendorf's Pennsylvania Journey 1741 – 1742*, Translated by Julie Tomberlin Weber, Edited by Craig D. Atwood, Pennsylvania: Pennsylvania: Moravian Church in North America, 2001, p. 1.

⑤ Ibid. , p. 105.

由迁徙。"① 可见，亲氏之共融体思想对摩拉维亚兄弟会的更新起着一种独特的规范和整合作用，即普世共融的教会观等均融入摩拉维亚兄弟会信仰生活的方方面面。②

与更新摩拉维亚兄弟会一样，推动摩拉维亚兄弟会在世界范围内的传播同样属于亲岑道夫共融体的实践内容之一。在被逐出德累斯顿后，亲氏便致力于在世界范围内传播摩拉维亚兄弟会，其足迹遍布西欧、北欧、英国、西印度群岛和北美等。除上述地区外，摩拉维亚兄弟会的传教士还将福音传布至非洲、印度和中国。截止到亲氏去世时，摩拉维亚兄弟会的传教士足迹遍布西欧、波罗的海地区、格陵兰岛、西印度群岛和北美。③ 亲氏去世后，摩拉维亚兄弟会的传教士继续向西，在印度、中国和日本均建立具有明显亲氏思想特质的团契。关于在建构摩拉维亚兄弟会的首要原则，亲氏坦言："自我年幼时开始，我始终都有一个观点，即为了荣耀十字架上的基督。换言之，不进入由不同的宗教所提出的具体争论中。我知道除了耶稣基督外，没有任何基础，基于活泼泼的上帝之子。但是，我能与那些以此为基础的人相处得很好，无论他们以何种方式建构……因此，我始终待在这一教会，直到在这一宗教（religion）中，我做对其不利的事……我尽力使自己适应他们，当然是尽可能在我的良心所允许的范围内。"④ 为了调解在美洲大陆的德意志人之间的信仰冲突和在北美建立一个统一的由德意志人组成的跨宗派教会，亲氏于1741年亲自前往德意志人在北美的聚集地——宾夕法尼亚州。亲氏此行的目的，诚如其在临行前在荷任迪克所发表的演说中所说的 "不改变他们的教派，而将他们组织成一个整体"⑤

---

① Nikolaus Ludwig von Zinzendorf, *A Collection of Sermons from Zinzendorf's Pennsylvania Journey 1741 – 1742*, Translated by Julie Tomberlin Weber, Edited by Craig D. Atwood, Pennsylvania：Pennsylvania：Moravian Church in North America, 2001, pp. 151 – 152.

② Craig D. Atwood, *Community of the Cross：Moravian Piety in Colonial Bethlethem*, Pennsylvania：the Pennsylvania State University Press, 2004, p. 43.

③ John R. Weinlick and Albert. H. Frank, *The Moravian Church Through the Ages*, Moravian Church in America, 1989, pp. 79 – 87.

④ John Gill, *The Banished Count；Or the Life of Nicholas Louis Zinzendorf*, London：James Nisbet and Co. 21 Berners Street, 1865, pp. 175 – 176.

⑤ Nikolaus Ludwig von Zinzendorf, *A Collection of Sermons from Zinzendorf's Pennsylvania Journey 1741 – 1742*, Translated by Julie Tomberlin Weber, Edited by Craig D. Atwood, Pennsylvania：Pennsylvania：Moravian Church in North America, 2001, p. 7.

所揭示的，即建立一个涵盖在北美的诸教派中的所有德意志人的基督教联合体（Christian Union）。

作为结果，全世界的摩拉维亚兄弟会成员要么在其他宗派的教会中参加崇拜，要么他们自己组织起来以各自喜欢的方式崇拜上帝。因而，无论是在欧洲，还是北美，摩拉维亚兄弟会的成员都践行着亲氏之共融体的精髓，即"属灵的、永恒的，并以团契生活为基础。在该共融体中，个体信仰者借着信与爱，在基督中与上帝结合成团契"①。概言之，他们不属于任何教派，又在任何教派之中。②

无论是亲岑道夫对摩拉维亚兄弟会的更新，还是建立一个跨宗派的世界性团契的尝试均表明：第一，亲氏的摩拉维亚兄弟会是圣而公之教会的继承者，是亲氏之共融体思想在实践中的运用。因此，与其说亲氏之摩拉维亚兄弟会是分裂路德宗教会的力量③，不如说正是亲氏之摩拉维亚兄弟会继承着自彼得以来的圣而公之教会的传统④。第二，在亲氏更新摩拉维亚兄弟会后，就其内部组织而言摩拉维亚兄弟会的成员可以以自己喜欢的方式进行崇拜，就其外部实践而言摩拉维亚兄弟会在世界范围内传教，并曾一度建立了一个跨宗派的团契。

综上所述，亲岑道夫的共融体既区别于教会与教堂，又超越于教派与宗派，而是以基督为首领，以成员均与基督维系着个体的、体验式的关系为内容，以实现救赎为目标，超越时间与空间，跨越宗派的真正信仰者的团契。因此，亲氏的共融体便具有理论与实践两重面向，即理论上，亲氏的共融体呈现为包括圣三一团契在内的所有真信仰者的团契；在实践上，亲氏的共融体表现为其更新后的摩拉维亚兄弟会。正因如此，亲氏的共融

---

① Arthur James, "Freeman, Gemeine: Count Nicholas von Zinzendorf's Understanding of the Church", *Brethren Life and Thought*, 2002, p. 6.

② 关于摩拉维亚兄弟会的这一状况可详见 http://malaccagospelhall.org.my/主页/。该主页写道："福音堂不是我们召会的名称，只是我们这群基督徒聚会之处，传福音的主要地方。请别说我们是属于福音堂的基督徒，因福音堂属于我们，而不是我们属于福音堂。"

③ F. Ernest Stoeffler, *German Pietism During the Eighteenth Century*, Leiden: Brill, 1973, pp. 156 – 157.

④ 在1749年撰写的《一封谴责 Brüdergemeine 的公开信》中，亲岑道夫极力维护圣而公的教会传统，并反对那些将摩拉维亚教会引入一种"情感主义的、神秘的、先知式的和异端的宗派"中。详见 Craig D. Atwood, "Zinzendorf's 1749 Reprimand to the Brüdergemeine", *Moravian Historical Society*, Vol. 29, 1996, p. 64。

体思想又被现代学者视作当前教会合一运动的理论依据，并将摩拉维亚兄弟会所形成的跨宗派格局视作教会合一运动的雏形。然而，亲氏之摩拉维亚兄弟会本就立足于亲氏共融体的思想，因而便不存在后世学者所称道的教会合一运动的雏形这一说法。至于将亲氏称作教会合一运动的先驱的说法，无疑亲氏的共融体思想是主张教会合一运动的学者口中的理论资源，其为之贡献一生的摩拉维亚兄弟会则是他们笔下的具体实践，故勒维斯又将亲岑道夫称作灵性意义上的教会合一运动者。①

四　亲岑道夫作品的英译之路

作为一位被视为 18 世纪教会史上风云人物的亲岑道夫，其著作在 18 世纪四五十年代早期大量地被翻译成英文，然而从 18 世纪 50 年代后期至 20 世纪末，其著作再未被译成英文。这究竟是何原因？通过对亲氏作品英译的戛然中断的探讨，笔者尝试简要勾勒摩拉维亚教会在英语世界的发展概况，进而管窥敬虔主义衰败的原因。

由于亲岑道夫是一位未受过系统神学训练的思想家，加之其著作绝大多数是针对当时教会出现的某一特定问题而做的讲演，因此亲岑道夫的作品看似不成体系。除布道、讲章外，亲岑道夫还写了大量书信、小册子和教会管理章程等，并创作了大量的赞美诗，其赞美诗大部分收录于《摩拉维亚教会的赞美诗与仪式》中。然而，在近 250 年时间内，亲岑道夫的作品再未被译成英文，导致英语世界对亲岑道夫几无了解，更别提英语世界的亲岑道夫研究。缘何在如此漫长的时期内，英语世界对一位曾多次前往英语世界，且在世界范围内产生过重要影响的思想家不闻不问呢？

第一，摩拉维亚教会内部发生分裂，从而导致摩拉维亚教会再难从英国获得捐助。18 世纪 40 年代，英国国会曾一度限制摩拉维亚传教士在英属殖民地的传教活动。经亲岑道夫亲自前往英国国会申诉后，英国国会撤销禁止摩拉维亚传教士传教的法令。对摩拉维亚教会而言，这本系发展的

---

① A. J. Lewis, *Zinzendorf the Ecumenical Pioneer*: *A Study in the Moravian Contribution to Christian Mission and Unity*, SCM Press Ltd., 1962, p. 99.

良机。但是，包括约翰·卫斯理在内的支持摩拉维亚教会的英国人强调摩拉维亚教会应当在英国国教会的框架内活动。当然，更深层次的原因乃在于亲岑道夫与卫斯理在自由意志与恩典问题上的分歧。作为结果，不仅摩拉维亚教会失去了资金支持，还使得在新大陆的摩拉维亚教会发生分裂，进而影响亲岑道夫作品的英译。

第二，英语世界的摩拉维亚信众对亲岑道夫神学的抛弃。任何一种理论都需要受众，无论是高深的神学理论，还是市井的流行文化，亲岑道夫的神学亦概莫能外。由于在亲岑道夫去世后，其神学因其不合正统的特质，逐渐遭到摩拉维亚教会信众的厌恶。此外，美国的摩拉维亚教会放弃使用德语，使得亲岑道夫的作品不再被阅读。以及自 19 世纪以来，美国的摩拉维亚教会试图转变为一个美国的宗派，因而摩拉维亚教会的历史和神学遭到鄙夷。

第三，亲岑道夫著作的语言风格。与其同时代的思想家相比，亲岑道夫是一位优秀的语言学家，其在著作中夹杂着大量的希腊语、拉丁语和法语的短语。除此之外，在表达内涵类似的词汇时，亲岑道夫还时常变换不同的德语单词。例如，在表达教会时，亲岑道夫运用了四个不同的德语词汇，分别为：Kirche、Religionen、Sekte 和 Gemeine，且 Kirche 和 Gemeine 在亲岑道夫作品中都是"不可见的跨教派的教会"之意。因此，亲岑道夫作品英译的难度大大增加。

第四，亲岑道夫的神学特点。亲岑道夫之神学更多的关注人的心灵，而非头脑。以理性为方法，以神学命题和宗教仪轨为内容，以将伦理教化为目标的传统神学被亲岑道夫称作"头脑宗教"（Religion of Brain），并遭到亲氏驳斥。相反，亲氏的几乎所有作品都强调心灵宗教。然而，由于心灵宗教强调个体性的体验，因而不仅无法借助语言准确地表达，而且即便诉诸语言或文字对这一体验加以描述，又会因这一体验的逝去而导致诉诸文字的记载并不准确。因此，亲岑道夫在演讲时，其思想对受众而言具有直接的、情感性的影响，而这一点更是极难通过另一种语言转译。以上种种共同导致亲岑道夫对英语世界来说极为陌生。

正是由于亲岑道夫神学的语言特点和神学特质，加之 18 世纪 40 年代在摩拉维亚教会内部发生系列的剧变，共同导致被教会史学家维尔斯顿·沃克（Williston Walker, 1860 – 1922）列为教会史上的二十位伟大思想家之一的亲岑道夫的作品在 250 年内始终未再英译，且亲氏的思想亦未获得英语世界的重视。直到 20 世纪 60 年，以斯托富勒为代表的英语学界开始关注亲氏的作品，出版了研究德国敬虔主义思想的姐妹篇：《敬虔主义的兴起》和《18 世纪的德国敬虔主义》。随后，英语学界于 1973 年重新印刷了亲氏的《九篇有关宗教之重要问题的演讲集》，于 2001 年再版亲氏的《宾州布道集》。2010 年，由凯克尔（Gray S. Kinkel）翻译，由普林斯顿大学赞助出版了亲氏的《基督教生活与见证》。在此之余，以普林斯顿大学和天普大学为代表的学术重镇开始陆续关注亲岑道夫的思想，并发表多篇极有分量的博士论文，其中包括弗里曼的代表作《亲岑道夫的诠释学》等。在英语学界还创办了一个题为"摩拉维亚教会史"（*Journal of Moravian Church*）的期刊，并涌现出一大批有关亲岑道夫研究和摩拉维亚教会研究的学者，如阿提伍德（Craig D. Atwood）和凯克尔等。

综上所述，亲岑道夫作品的英译经过了一个从大量翻译到无人问津，再到重新被英语世界重视的过程。这样一个过程正是亲氏领导的摩拉维亚教会在英语世界被接受、逐渐发展、发生剧变、进而沉淀和复兴的历程。在亲氏作品被大量英译的时期，正是亲岑道夫所领导的摩拉维亚教会在英语世界被接受的时期。而后，由于摩拉维亚教会分裂，导致亲氏所领导的摩拉维亚教会无法在英语世界获得足够的资金，从而影响摩拉维亚教会的发展，并影响亲氏作品的英译。久而久之，之前在英语世界中深受亲岑道夫影响的教会逐渐对亲氏的作品变得陌生，加之其重视体验而非思辨的思想使得英语世界对亲氏作品更是较少问津。至于为何亲氏思想在 20 世纪 60 年代后突然在英语世界开来，并带动亲氏作品的英译。究其原因在于："二战"后，全球化在世界范围内展开的同时，亦伴随着宗教冲突，而亲氏强调一种"跨教派的宗教"正好被时下学者认为是治愈时代病症的良方。故亲氏作品的英译和亲氏思想的研究重新进入英语学界的视野。总之，亲氏作品的英译史就是一部摩拉维亚教会在英语世界传播的历史。

第 五 章

德意志后敬虔主义时代

　　从施本纳至亲岑道夫的德意志敬虔主义运动，在基督教史上又被称作"第二次宗教改革"，其目的在于落实宗教改革教父的系列改革主张。关于这一点，学界并无疑义。然而，关于德意志敬虔主义思想的影响，在学界却出现了近乎截然相反的观点。一方面，"有人认为他们在社会服务方面的贡献远胜于对神学、教义研究的贡献。又有人觉得哈勒敬虔派与贵族、朝廷打得一片火热似乎不妥；斯托富勒则辩护说这同敬虔派（尤其是弗兰克）改造世界的远象有关，再说只要贵族、朝廷都支持真正的基督教，为何不能同他们交朋友？更有人认为的德国敬虔派运动进一步唤醒了德国人的民族意识（例如弗兰克竟用德语而不是拉丁文在大学讲课），是典型的爱国主义者。还有人高度评价了德国敬虔派在海外传教、圣经研究、语言学研究、医疗服务和兴办女学方面的功绩，因为这些对于教会日后的发展具有重大的意义。人才的培养，是德国敬虔派的工作侧重点之一，当然也是受到后人称赞的优点之一"①。可见，德意志敬虔主义运动对神学范式的转型、德意志的现代性转型和社会福利事业的重视产生了卓有成效的影响。另一方面，有学者主张："在欧洲，它一直是规模相当小并且与众不同的运动，也就是说，它处于新教国家教会的边缘。然而，在北美，敬虔主义变成新教主义的主要形式，完全支配与盖过了圣礼主义、认信主义（Confessionalism）与仪式传统主义的气焰。18 世纪与 19 世纪，当北美的

---

　　① 张贤勇：《虔诚：栖息心头之后》，载《基督教文化评论》（第 1 辑），第 25 页。

每一个新教宗派正在落地生根的时候，都收到日渐高涨的敬虔主义的影响。"① 也就是说，奥尔森认为德意志敬虔主义的思想遗产主要被新大陆继承，而未能在欧洲大陆产生多大的涟漪，甚至认为其在德意志地区都因其过于小众而未能对后者产生影响。

针对上述争论，韦伯在探寻资本主义精神的宗教基础时，发现德意志敬虔主义在促进资本主义发展时扮演着重要的精神驱动力的角色："在路德派的基础上生成，且与施本纳、弗兰克及亲岑道夫等人的名字相连接的德国虔敬派……为了给有系统的宗教生活样式奠定教义上的基础，施本纳将路德派的思考方式与改革派特有的善工标志——'为了神的荣耀'——结合起来，并且也将之连接于同样是改革派的基调，亦即相信重生者在某种程度上有达到基督徒之完美境界的可能……职业劳动对弗兰克而言，也是极佳的禁欲手段。换言之，神本身正是通过劳动成果来祝福其信者，弗兰克对此深信不疑，如同后文所见的清教徒。取代神的'正反圣定'，虔敬派创造出种种观念，本质上与此教说并无不同，只是方式较为缓和，也就是说确立了一个奠基在神之特殊恩宠上的重生者贵族……亲岑道夫的宗教见解，尽管在面对正统派的攻击时曾经有所动摇，但在他的自我诊断下，总是一再回归到神的'战斗工具'这个观念……整体而言，从施本纳、弗兰克到亲岑道夫，虔敬派是愈来愈往强调感情性格的方向移动……那么我们可以说，虔敬派所培育的品德较多展现于，一方面是'职业忠诚的'官吏、雇员、劳动者与家内生产者。另一方面主要是家长作风的雇主，在为神所喜的那种（亲岑道夫式的）屈尊谦卑姿态下。"② 通过韦伯的此番论述，笔者可以得出如下结论：第一，从施本纳，经弗兰克至亲岑道夫的德意志敬虔主义，并非如奥尔森所认为的未在德意志地区产生影响，反而产生了十分重大的影响，如培养"职业忠诚的"官僚和劳动者，以及在全社会形成谦卑的社会风气。第二，德意志敬虔主义思想有助于个体树立将此世的"功"作为荣耀上帝的观念。在施本纳、弗兰克和亲岑道夫等的思想框架中，均存在着推动世人"入世禁欲"的思想，如施本纳强调

---

① ［美］罗杰·奥尔森：《基督教神学思想史》，吴瑞诚等译，第509—510页。

② ［德］马克斯·韦伯：《新教伦理与资本主义精神》，康乐、简惠美译，第118—129页。为行文方便，将三位思想家的名字做了调整。

"自己的救赎状态和恩宠状态"不是由"感情"来评断，而是由"果实"来确证，从而导致自己是否处于救赎状态和恩宠状态的个体通过系列的"果实"来确证自己已得到上帝的恩宠。这便使得施本纳思想的拥趸只能不停地勤勉工作。至于在弗兰克与亲岑道夫的思想框架中，前者直接将劳动成果视作上帝的祝福，后者主张"让信徒在当今就在感情上体验到永恒的救恩"，即将传道及与此相关联的活动视作永恒救恩的标记。敬虔主义的上述思想经普鲁士国王腓特烈·威廉一世的推动，经年日久，并最终规范与整合了普鲁士的官僚体系和军队。① 因此，在比较德意志敬虔主义影响普鲁士前后的境况——"在1618年，勃兰登堡—普鲁士还是一个松散的、不完全统一的诸侯国，统治者没有绝对的权力，贵族、庄园主和特权组织都有权干政，宗教信仰和价值观念相互冲突，没有军队或统一国家所必备的机构。到了1740年，普鲁士王国虽然在地理上还不够集中，但却是一个统一、强大、治理良好的国家，而且已经为进一步的发展做足了准备"② 后，英国著名历史学家马里奥特（John Arthur Ransome Marriott，1859－1945）和罗伯逊（Charles Grant Robertson，1869－1948）感到"非常意外"。当然，在普鲁士崛起的过程中，绝非单一因素的推动，而是多重因素合力下的产物，但敬虔主义思潮在普鲁士崛起过程中的影响不可小觑。

至于后德意志敬虔主义时代的德意志启蒙运动，由于其思想来源和构成人员众说纷纭，因而笔者将选取德意志启蒙运动思想家莱辛和康德为代表，分别阐释上述二位德意志启蒙思想家在哪些方面受到德意志敬虔主义思想影响。关于莱辛在宗教方面的贡献，利文斯顿总结道："莱辛对于实定宗教以及历史中特殊神启的至关重要的教育作用抱有深深的敬意，这使他同启蒙运动的许多宗教思想家截然有别。他有能力将持久的宗教真理与偶然的历史真理区分开来，但在同时他又能够在基督教信仰的历史内容和神秘内容之中发现其所传达的理性真理——尽管他拒绝把这种内容与自然

---

① Richard L. Gawthrop, *Pietism and the Making of Eighteenth - Century Prussia*, Cambridge: Cambridge University Press, 1993, pp. 223 –246.

② ［英］约翰·马里奥特、格兰特·罗伯逊：《帝国的崛起：从普鲁士到德意志》，褚嘉君译，第58—59页。

神论者的自然宗教理论简单等同起来。"① 也就是说，作为启蒙思想家的莱辛，其宗教思想并非如其同时代的启蒙主义者沃尔夫（Christian Wolff，1679－1754）和莱马卢斯（Hermann Samuel Reimarus，1694－1768）一样秉持自然神论，而是一方面熟练运用理性来解经，将圣经划分为"外壳或文字与其内含的精神内核"两部分，以及区分基督教、实定宗教和宗教；另一方面深知理性方法在诠释圣经时的局限，建议"应在许多地方尽可能让这种想象适应经文"② 如此，莱辛便为阐释启示宗教做好了铺垫。至于启示宗教与理性宗教间的关系，莱辛总结道："启示宗教绝非以理性宗教为前提，毋宁说，启示宗教自身内包含着理性宗教。"③ 由上可知，在圣经诠释方面，莱辛既未如自然神论者一般理性一以贯之，又非如某些派别一样只专注于启示，而是将能说得清楚的诉诸理性，将无法说清楚的交给启示。如此看来，在圣经观上，莱辛取法于弗兰克的圣经诠释方法。至于基督教、实定宗教和宗教的划分，虽然表面上与敬虔主义思想无关，但考虑到敬虔主义思想家关于"真信仰"与"假信仰"的划分，便能窥见莱辛所受敬虔主义思想家的遗存。

至于康德思想是否受到敬虔主义影响，汉语学界早在三十余年前便有学者指出："如果撇开历史所赋予批判哲学体系的进步内容不谈，康德哲学几乎就是路德神学的一种哲学版或世俗版，只是它具有了更加现实、更加丰富的内容。"④ 在此，该学者特别提醒路德神学对康德的影响是借助虔诚派的，如虔诚派在以下两方面对康德思想的影响，即："（1）讲道的重点不应放在教义上而应放在道德上；（2）只有生活上作虔诚表率的人才可担任路德宗的牧师。"⑤ 既如此，康德哲学在哪些方面受到敬虔主义思想的影响？首先，"真正的教会"。在康德看来，教会是"一种遵循上帝的道德

① ［美］詹姆斯·C. 利文斯顿：《现代基督教思想》（上），何光沪、高师宁译，第55页。

② ［德］莱辛：《历史与启示：莱辛神学文选》，朱雁冰译，第147页。

③ ［德］莱辛：《历史与启示：莱辛神学文选》，朱雁冰译，第50页。

④ 杨凤岗：《路德对康德的影响——兼论神学与宗教哲学的关系》，《中国人民大学学报》1988年第6期。

⑤ 杨凤岗：《路德对康德的影响——兼论神学与宗教哲学的关系》，《中国人民大学学报》1988年第6期。不得不提的是，该学者虽然指出路德思想是经敬虔派的诠释对康德产生影响，但其指出的如上两方面只是对敬虔派较为浅显的理解，如敬虔派讲道的重点虽然不是在教义上，但也不是在道德上，而是在重生上，以及不断地通过此世的实践来确证自己获得重生的确证。

立法的伦理共同体"①。在此基础上,康德将教会分为可见的教会和不可见的教会,并分别界定道:"所有正直的人们在上帝的直接的、但却是道德上的世界统治之下的联合体的纯粹理念,这种世界统治是每一种由人所建立的世界统治的原型。"② "可见的教会是人们现实地联合为一个整体,它与上述理想是一致的。"③ 其次,"上帝之国"。关于上帝之国,康德说道:"从教会信仰公开承认依赖于宗教信仰的限制性条件和它一致的必然性出发,普遍的教会开始把自己塑造为上帝的一个伦理的国度,并且按照一个对所有的人和所有的时代都保持同一的坚定不移的原则,向这个国度的实现进步。"④ 还指出达到上帝之国的步骤分为三步,其中最后一步是心灵的转向或灵魂的改变;并指出上帝之国是"已然未然之间的"。最后,事奉上帝的方式。在康德看来,事奉上帝的方式分为真事奉和假事奉。所谓假事奉,康德说道:"凡是人自认为了让上帝喜悦,除了善的生活方式之外还能够做的事情,都是纯然的宗教妄想和对上帝的伪事奉。"⑤ 至于真事奉,透过康德的论述,著名康德研究专家帕尔玛奎斯特(Stephen R. Palmquist,1957 -)总结道:"只要事奉者将有形教会当作普世宗教的工具,其职责旨在为了让那些真正信仰上帝的人——那些经历内心改变而自觉遵行道德义务的人——可以接受善的指导,坚持纯粹的信仰,就是康德所赞许的真事奉。"⑥

作为被部分思想家视作反抗启蒙运动的浪漫主义⑦,其"在基督宗教思想胚胎中孕育的欧洲浪漫主义思潮以及在基督宗教文化文创中发展的欧洲浪漫主义文学,自然会留下基督宗教的胎记和印痕。欧洲浪漫主义文学,无论是积极意趣还是消极意趣,在其众多作品中都会不同程度地体现出基督宗教思想境界中的唯美主义、神秘主义、直觉主义、唯灵主义或超

---

① [德]康德:《康德著作全集》(第6卷),李秋零译,第101页。
② [德]康德:《康德著作全集》(第6卷),李秋零译,第101页。
③ [德]康德:《康德著作全集》(第6卷),李秋零译,第101页。
④ [德]康德:《康德著作全集》(第6卷),李秋零译,第126—127页。
⑤ [德]康德:《康德著作全集》(第6卷),李秋零译,第174页。
⑥ Stephen R. Palmquist, *Kant's Critical Religion*, Farnham: Ashgate Pub Ltd., pp. 180 – 183.
⑦ 持浪漫主义是为了反对启蒙运动的思想家包括海涅、马克思和以赛亚·柏林等。针对他们的观点,以拜泽尔和陈恕林为代表的学者予以反对。详见陈恕林《论德国浪漫派》,上海社会科学院出版社2016年版,第141—155页。

验主义等倾向，留下近代基督宗教主体意识和内在灵性逐渐复苏的心路轨迹"①。也就是说，浪漫主义呈现出的神秘主义、泛神论、唯灵主义和情感主义等面向，均深深植根于近代基督教。那具体是何种基督教思想，抑或何种基督教流派呢？由于这种近代基督教强调主体意识和内在灵性，因而以赛亚·伯林一针见血地指出："虔敬运动，这一真正的浪漫主义之源，得以渗透德国。虔敬派是路德宗的一支，它主张认真研习《圣经》，推崇人和上帝之间的个别关系。由此，它特别强调精神生活，蔑视求知，蔑视庆典和一切形式的东西，蔑视排场和仪式，特别强调受苦的人类个体灵魂和造物主之间的个别关系。施本纳、弗兰克、亲岑道夫、阿诺德——所有这些敬虔运动的发起人试图为大量遭受社会欺凌和政治苦难的人们带来安慰和救赎。"② 可见，柏林认为敬虔主义思想是浪漫主义的根源，并主张敬虔主义对非制度性生活的强调，对个体与上帝之间的个体性与体殖性关系的重视，均深深影响着随后的浪漫主义。概言之，诺瓦利斯（Novalis，1772–1801）主张的"与上帝合一，在心中复活基督教精神奥义的宗教追求的一个世俗版本"③ 便源于敬虔主义思想家的重生思想；施莱尔马赫所强调的"宗教的本质既非思维也非行动，而是直观和情感。它想直观宇宙，想聚精会神地从它自身的表现和行动来观察宇宙，它想以孩子般的被动性让自身被宇宙的直观影响所抓住和充满"④ 乃源于敬虔主义思想家关于信的理解；以及关于教会，施莱尔马赫解释道："虽然现在这种团契分散在各处，几乎不可见，但它的精神却在到处——也还只有少数地方能以神的名义聚会——起着支配作用"⑤ 源于亲岑道夫所理解的"共融体"。

　　鉴于此，笔者将首先考察德意志敬虔主义思潮在德意志现代化转型过程中发挥着什么样的影响，尤其是阐释敬虔主义思想如何通过教育等方式形塑德意志的军队、官僚体系和大众的职业精神，进而总结出德国式现代化道路的特点；然后，笔者将论述的重点置于"启蒙运动最后一位伟大哲

---

　① 卓新平：《基督宗教与欧洲浪漫主义》（下），《国外社会科学》2003 年第 6 期。

　② ［英］以赛亚·伯林：《浪漫主义的根源》，吕梁、张箭飞等译，第 47—48 页。

　③ ［英］以赛亚·伯林：《浪漫主义的根源》，吕梁、张箭飞等译，第 138—139 页。

　④ ［德］施莱尔马赫：《论宗教》，邓安庆译，第 30 页。

　⑤ ［德］施莱尔马赫：《论宗教》，邓安庆译，第 137 页。

学家"① 莱辛和德国古典哲学创始人康德如何继承与发展德意志敬虔主义思想，如圣经诠释法、理性与信仰之间的张力以及信靠基督与作为绝对律令的道德实践间的关系等。最后，笔者将重点阐释德意志敬虔主义思想对德意志浪漫主义思想家的影响，尤其是辨析以诺瓦利斯、施莱格尔兄弟和施莱尔马赫为代表的德意志浪漫主义如何继承与发展德意志敬虔主义思想，如"信""重生""共融体"和诠释学方法等。

一　敬虔主义与德国式现代化②

在开始本节写作前，需要说明的是，虽然"现代性"的相关阐释在学界已是汗牛充栋，但笔者无意于辨析"现代化"，抑或"现代性"的内涵，只是从一种宽泛的意义上认为德意志的统一，贯彻着勤勉、纪律和爱国精神的德意志官僚体系和军队，以及将日常生活中的实践视作上帝对其信仰的考察的精神成为广大民众的工作伦理是德国式现代化。换言之，笔者认为拥有一个统一的政权，武装着一批纪律严明、爱岗敬业的国家护卫者和各行各业充斥着将勤勉工作视作天职的劳动者便是德国式现代化。因此，既然要讨论敬虔主义思想在德国式现代化过程中发挥何种效用，那么就需逐一考察德意志敬虔主义思想在德意志的统一、在规范与整合军队和官僚体系以及革新民众的职业伦理方面所发挥的作用。

众所周知，德意志的统一是借助俾斯麦（Eiserner Kanzler, 1815 - 1898）的"铁血政策"，但铁血政策只能维系德意志各邦国表面上的"一统"，而无法使得各邦国之间具有持久的、内在的向心力和凝聚力。作为语言的载体，无论是德语版圣经，还是随后出现的敬虔主义思想的缩印本都促进了德意志各地区民众的相互了解，进而使得德意志文化的统一。因此，大量学者认为"语言"是使得德意志各邦国之间逐渐形成向心力的最为重要的纽带。具体而言，早在宗教改革时期，由于路德将圣经译成德

---

① ［德］卡尔·巴特：《论莱辛》，《历史与启示：莱辛神学文选》，朱雁冰译，第 301 页。

② 为呈现敬虔主义在德意志现代性转型过程中的内驱作用，尚茨在《德意志敬虔主义导论》第 10 章专门予以阐释。详见 Douglas H. Shantz, *An introduction to German Pietism: Protestant renewal at the dawn of modern Europe*, Baltimore: The Johns Hopkins University Press, 2013, pp. 273 - 281。

语，且"路德翻译的圣经遍布了神圣罗马帝国的东西南北，不仅铺平了通往上帝的语言之路，而且创造了德语的书写规范，使得德语克服了口语中诸多差异而得以普遍通过"①，因此德意志各邦国之间有了相互交流的基础，为实现德意志的统一奠定了语言的先声。在路德开创的基础上，作为第二代宗教改革家的施本纳、弗兰克和亲岑道夫虽均在拉丁语上极有造诣，但都无一例外地选择德语作为书写、布道的语言，加之敬虔主义在德意志地区传播甚广，故敬虔主义运动在客观上推动了德意志地区民众的进一步融合。如，施本纳的《敬虔愿望》虽后续出版了拉丁语版，但首次印刷是德语版，且"在 1712 年以前，德语版再版两次。此后，《敬虔愿望》未重印，直到 19 世纪宗教复兴时重燃对该作品的兴趣，随后该书时常以现代德语的缩减本形式出版"②。至于该书的影响，"《敬虔愿望》（尤其是单行本）的问世，在德意志掀起了迅疾且热烈的反应。在短短几年内，施本纳收到超过三百封来信，大部分书信都是表达对该书的喜爱"③。可见，《敬虔愿望》借助现代德语的缩印本形式在德意志地区获得了大量拥趸，从而产生了深远的影响。至于其他的德意志敬虔主义思想家，如专注于社会实践的弗兰克和擅长融合多教派的亲岑道夫，由于他们的论著多为布道词和论辩性文字，故而在他们所处的时代同样产生了广泛且深远的影响。另外，弗兰克创办的哈勒福利院，专门设立德语学院（German School），且该学院的学生是整个哈勒福利院中人数最多、待遇最好的学院，借助上述教育措施，一代又一代的德意志人变得愈加熟稔德语。当然，笔者在此并不是论证敬虔主义促进了德意志的统一，而是为了揭示德意志敬虔主义促进了德语在德意志地区的普及和交流，客观上增加了德意志各邦国之间的向心力与凝聚力，从而有助于德意志的统一。

若要探究敬虔主义思想对德意志军队和官僚体系的规范与整合，那么就需重点考察国王腓特烈·威廉一世。据学者研究，威廉一世深受敬虔主义思想的影响，并在登基前，便有一次遭遇上帝的重生体验。随着对敬虔主义理解的加深，尤其是意识到敬虔主义思想对国家具有重大的形塑作

---

① 刘新利：《德意志历史上的民族与宗教》，商务印书馆 2009 年版，第 429 页。

② Philip Jacob Spener, *Pia Desideria*, Translated, Edited and with an Introduction by Theodore G. Tappert, Minneapolis: Fortress Press, 1964, p. 15.

③ Ibid., p. 18.

用。当然，就如加夫特罗普所总结的，威廉一世的敬虔主义虽然与哈勒敬虔主义相似，但其将哈勒敬虔主义的"为了邻人的利益"改变为"为了国家的利益"。在此背景下，1720 年 10 月 4 日，普鲁士国王前往弗兰克主持的哈勒福利院视察。在视察过程中，弗兰克向威廉一世展示了福利院的药房、书店和学生宿舍。在行至福利院的大楼时，威廉一世问道："谁住在这？"弗兰克回答道："这些房子是给老师居住的，也提供给那些来自哈勒大学的学生，以及路德宗牧师候选人。此外，还有部分房子是给那些与老师组成一个家庭单元的 18 岁至 20 岁男性孤儿学生居住。"① 随后，威廉一世来到"德语学院"。弗兰克向国王介绍道：在哈勒福利院，德语学院共有 621 名学生，被分成 8 个班学习；除德语学院外，还有大量有天赋的学生在"拉丁语学院"学习，他们需要学神学、拉丁语、希腊语、希伯来语、历史、地理、几何学、书法和算术；在德语学院学习的学生，不仅被赠予免费的书籍和纸张的同时，需学习教理问答、阅读、写作、算术、地理、历史和少量拉丁语。② 最后，弗兰克将国王引至福利院主大楼和教学楼之间的庭院。当国王看到成排站立在院中的学生时，威廉一世走进学生们中间，尤其是与那些"从衣着来看是军人后代的孩子"交流。

"在为了国家的利益"精神指导下，威廉一世逐渐开始对日渐庞大的军队体系进行改造，使军队"将忍受此世的苦难视作敬畏上帝之人的天职"③。为了实现上述目标，威廉一世改组随军教会，使得其与仍然由路德宗正统派控制的教会分离开来，并任命此前在哈勒福利院担任教师的吉狄克（Lampertus Gedicke，1683－1735）为全军教会的教务长。也就是说，为了实现将敬虔主义的理念——"将忍受此世的苦难视作敬畏上帝之人的天职"——彻底在军队内得到贯彻，威廉一世在军队中设立德意志敬虔主义背景的随军教会④。作为全军教会教务长的吉狄克，不断地将此前在哈

---

① Kelly Joan Whitmer, *The Halle Orphanage as Scientific Community*, Chicago：The University of Chicago Press，2015，p. 5.

② Ibid.，p. 5.

③ Richard L. Gawthrop, *Pietism and the Making of Eighteenth Century Prussia*, Cambridge：Cambridge University Press，1993，p. 225.

④ 不得不说的是，起初威廉一世在军队内设立敬虔主义背景的随军牧师，遭到贵族和弗兰克的反对，经系列斡旋，此举才正式落成。当然，威廉一世的敬虔主义并非如施本纳、弗兰克和亲岑道夫一样的敬虔主义，而是一种被学者称作"国家敬虔主义"的思想。

勒福利院的所教所学完全运用在军队内部。首先，吉狄克利用自己与弗兰克密切关系，任命大量来自哈勒大学的毕业生为随军牧师。据学者统计，在 1714 年至 1736 年间，在东普鲁士有超过一半以上的随军牧师是来自哈勒大学神学院的毕业生。① 其次，随军牧师的职责包括"伦理秩序的概念和让士兵们接受上帝将他们安排在当前处境中的目的"②。也就是说，随军牧师需要在日常教导中让士兵们认识到自己在整个伦理秩序中所处的位置，从而忠诚、服从与恪尽职守。为了使随军牧师更好地在军队中推行上述工作，威廉一世尽可能地参加新建的要塞教会以支持他们，以及命令士兵以个人的身份参加周日的教会活动。

最后，在随军牧师推行上述政策的过程中，他们发现让士兵们接受敬虔主义思想熏陶的一个重要障碍便是后者不识字。为此，随军牧师开始在军队中开办识字学校，以教导士兵们阅读和书写。由于军队所驻扎的要塞多为人迹罕至之地，故当地缺少世俗教育，但士兵的孩子需要接受相应的教育。作为结果，随军牧师开办的识字学校还承担着教育士兵孩子的重任。鉴于此，军队亟须大量随军牧师。于是，威廉一世于 1724 年下令哈勒大学每年培训一批特招生，以解决军队中缺少随军牧师的窘境。据加夫特罗普的研究，起初哈勒大学每年培训的特招生只有 179 名，至 1740 年时，特招生培训数量已达 1400 人。③ 无论是任命随军牧师，还是创办识字学校，将敬虔主义思想贯彻到军队中的保障，除随军牧师是在哈勒大学接受过敬虔主义熏陶外，最为重要的保证乃是随军牧师开设的课程。由于随军牧师绝大多数在哈勒接受过教育，故而他们将自己在哈勒大学所学的内容几乎复制到全国各地，而哈勒大学教育的核心在于：忠诚、服从和恪尽职守。随着大量接受过较为系统的敬虔主义学习的随军牧师被派遣至全国各地的要塞，敬虔主义思想便在军队中深深地扎下了根，成为规范与整合普

---

① Richard L. Gawthrop, *Pietism and the Making of Eighteenth Century Prussia*, Cambridge：Cambridge University Press，1993，p. 226. 加夫特罗普指出虽然在 1736 年后，随军牧师中哈勒大学神学院的毕业生开始减少，但另一所敬虔主义的大本营哥尼斯堡大学的毕业生在随军牧师中开始逐年上升。

② Ibid. .

③ Ibid. , p. 227.

鲁士军队的重要思想力量，是"普鲁士化的重要组成部分"①。

与敬虔主义思想对军队的规范与整合一样，通过将恪守纪律和顺服精神注入普鲁士官僚体系实现德意志敬虔主义思想对后者的形塑。当然，在此过程中，最大的推动力量依然是国王威廉一世。关于国王在此过程中所扮演的角色，徐健总结道："弗里德里希·威廉一世对虔信主义学说赞赏备至，在他与弗兰克初次见面之后，就立刻接受了他的思想，并把虔信主义奉为普鲁士的官方学说，用以教育和培养官员的勤勉、纪律和忠君爱国之心。因此，流传着这样一种说法：威廉一世于弗兰克的相遇为哈勒虔信派带来了决定性转机，使它从大学运动变成了国家宗教。虔信主义之所以成为18世纪普鲁士最强大的精神力量，与它在社会中传播道德观念是分不开的。"② 既如此，那威廉一世如何将哈勒敬虔主义思想注入普鲁士的官僚体系中，从而将普鲁士官僚规训成一群忠君爱国、恪尽职守和纪律严明的群体？

第一，官员的选拔不是通过世袭，而是借助考试。关于这种官员选拔制度的改变，时任普鲁士政府枢密参议比洛男爵（Friedrich von Bülow，1762－1827）评价道："没有一个国家像普鲁士那样，不考虑出身、财产和家庭关系，招收聪明能干的、对全体利益抱以高度热情的人员为国家工作。"③ 也就是说，普鲁士政府通过考试的方法，将所需的人才从全国各地招致麾下。如此，政府官员进入官僚体系不是借助传统的世袭，而是考试，那么政府官员就既需对考试的内容有着清晰的把握，否则便很难进入官僚体系；就目的而言，政府官员不再是为了一个小集团的利益，而是为了全体德意志人民的利益。既然需要通过考试才能进入官僚体系，那么威廉一世便将敬虔主义的思想通过考试的内容和相关的培训注入即将进入普

① Fritz Redlich, *The German Military Enterpriser and His Work Force*, Vol. 2, Wiesbaden: Franz Steiner Verlag GMBH, 1965, p. 202.

② 徐健：《近代普鲁士官僚制度研究》，北京大学出版社2005年版，第99页。不得不说的是，威廉一世信奉的敬虔主义与哈勒敬虔主义并不相同，后者更多的是一种大学运动和社会改造运动，而前者则被诸如夫特罗普等学者称作"国家敬虔主义"，其目的是"要求官僚将服从和忠诚地服务于国王作为自己的使命和荣耀，而非将金钱与报酬视为工作的目的。这种服从具体体现在忠诚地执行国王的政令，严格遵守作息安排，勤奋且精确地完成工作"。路畅、蒙克：《虔敬主义伦理与普鲁士官僚制精神》，《社会》2022年第2期。

③ 转引自徐健《近代普鲁士官僚制度研究》，第129页。

鲁士官僚体系中的成员脑海中。因此,"威廉一世为官僚体系寻找要么是路德宗的信徒,要么是改革宗的信徒"①。为实现上述目标,一方面威廉一世于1727年在哈勒大学和奥得河畔的法兰克福大学设立"财政学和警察学教席",并任命具有敬虔主义思想背景的教授主持相关的教学工作;另一方面,威廉一世亲力亲为,直接向他领导下的所有官员发出详细的指示,诚如加夫特罗普所言:"在他的领导中,最令人生畏的是,他会对上至部长下至每个城镇门口最卑微的征兵员下达最详细的指示。"② 依照威廉一世的设想,所有官僚体系的预备官员都需接受财政学和警察学的教育,使得具有敬虔主义背景的教师在传授财政学和警察学的过程中,将敬虔主义思想潜移默化地教导给后者。至于如何实现对整个官僚体系的指示,威廉一世乃是采取严厉的奖惩制度和"品行表"制度来完成。为了让官员勤勉地工作,"威廉一世颁布的《工作规程》,专门为总执行局和战争与王室领地管理委员会明确了部门分工,确定了个人职责范围。对于官员来说,每天的工作量必须完成,本职工作必须明了。要一丝不苟地遵守纪律,照章行事。各项规章制度如此详细,甚至连工作时间也不忽略:任职的官员,包括国王在内,从早晨七点开始工作,夏季八个半小时,冬季七个半小时,严格遵守。惩罚是严厉的,上班迟到1小时罚款100杜卡登③;无故旷工扣除6个月工资,再犯者免除职务"④。至于"品行表"制度,是指对官员的业务素质和道德素质进行评估,道德评估的标准在于"敬虔(敬畏上帝)、顺服和能力"⑤。当然,作为道德评估的"敬虔"并未有清晰的标准,因而只能借用敬虔主义惯用的祷告、仪式甚至于神学表达。

第二,将退役军人安置进文官系统,从而将军人的忠诚、服从和恪尽职守等特质渗透进官僚体系。从"大选侯"开始,霍亨索伦王朝的普鲁士

---

① Richard L. Gawthrop, *Pietism and the Making of Eighteenth Century Prussia*, Cambridge: Cambridge University Press, 1993, p. 238.

② Ibid., p. 239.

③ 又译作杜卡特或达卡特,对应的拉丁文和德文分别是 ducatus 和 Dukaten,原意为"公爵的硬币"或"公国的硬币",是欧洲中世纪后期至20世纪期间,作为流通货币使用的金币或银币。

④ 徐健:《18世纪的普鲁士官僚:地位、责任和选拔方式》,载《北大史学》第8辑,北京大学出版社2000年版,第206页。

⑤ Richard L. Gawthrop, *Pietism and the Making of Eighteenth Century Prussia*, Cambridge: Cambridge University Press, 1993, p. 239.

军队和文官系统间的关系，米拉波伯爵（Comte de Mirabeau，1749－1791）一针见血地总结道："在其他地方是国家有一支军队，而在普鲁士则是军队有一个国家。"① 也就是说，这一时期的普鲁士包括文官系统在内的一切都在为军队服务，自然就包括将退役军人安置进文官系统，从而使军人无后顾之忧。据统计，在1688年"大选侯"去世时，普鲁士的常备军约3.1万人；1740年威廉一世去世时，普鲁士的军队人数约9.95万人；而这一时期，普鲁士的人口总计250万人。如此看来，在威廉一世治下，军队人数呈爆发性增长，以致普鲁士全国约二十五分之一的人口是军人。可以想见，退役的军人占全国人口的比重。借着威廉一世将退役军人安置进文官系统这一政策，使得退役军人遍布各层级的官僚体系，尤其是在警察、征税和监督神职人员等工作中。作为结果，如此大规模的已接受敬虔主义思想熏陶的军人进入文官系统，使得普鲁士的整个官僚系统具有了与军队系统相同的特质，即忠君爱国、纪律严明和恪尽职守。因此，威廉一世借助具有忠君爱国、纪律严明和恪尽职守精神的官僚系统，从而逐渐实现对普鲁士全境的中央集权化，为德意志地区的统一奠定坚实的政治基础。

第三，将国家敬虔主义的价值观灌输给官僚体系。如果说改变选拔官员的方式和将退役军人安置进官僚体系是通过间接的方式实现将敬虔主义思想武装官僚系统，那么将国家敬虔主义价值观灌输给官僚体系则是直接的方式。既如此，威廉一世如何将国家敬虔主义的价值观灌输给官僚体系？对枢密院（The General Directory）或各省的战争与领土委员会（the Provincial War－and－Domain Boards）中的任何一位工作人员，威廉一世要求："除上帝外，没有任何比国王的恩典更重要。出于爱，更多的是出于荣誉而不是金钱报酬，在他所有的事务中纯粹地寻求国王的利益和为国王服务，避免一切阴谋。"② 无论是枢密院，还是各省的战争与领土委员会中的成员，均可被视作普鲁士整个官僚体系中的高级官员。也就是说，首先，威廉一世要求高级官员首先是忠于国王，其次是奉献，最后是永不背叛。此外，面对底

① Hagen Schulze, *Germany: A New History*, Cambridge: Harvard University Press, 1998, p. 76.
② Richard L. Gawthrop, *Pietism and the Making of Eighteenth Century Prussia*, Cambridge: Cambridge University Press, 1993, p. 244.

层官员，威廉一世要求他们做到："要以其全部的生命、财富、尊严和良心为君主服务。除了上帝所赐予的天堂幸福，其他一切都必须归我所有。"① 如此看来，威廉一世将忠诚、奉献和顺服等国家敬虔主义的价值观灌输给普鲁士整个官僚体系中的所有官员。总之，通过变更官员选拔方式，填充大量已受敬虔主义熏陶的退役军人进入官僚系统，以及直接将国家敬虔主义反复地灌输给各级官员，使得敬虔主义思想最终规范与整合了普鲁士的整个官僚体系，即普鲁士的官僚体系成为忠诚、纪律严明、顺服和恪尽职守的代名词。

至于德意志敬虔主义思想对民众职业伦理的革新，其主要通过将哈勒福利院的教育模式推广至全国各地实现的。为实现上述目标，威廉一世于1717 年9 月28 日颁布第一份《义务教育令》（*Principia Regulativa*），规定普鲁士国内的适龄儿童必须接受学校教育。也就是说，首先，威廉一世通过法律的手段，要求所有适龄儿童都须接受学校教育。其次，威廉一世任命具有敬虔主义思想背景的海克尔（J. J. Hecker，1707 – 1768）总揽全国教育事务。据《德国通史》介绍，"海克尔于1729 年毕业于哈勒大学，并留校担任教育学院的教师。应威廉一世的邀请，海克尔于1735 年离开哈勒大学，担任波茨坦军人孤儿院的教士、教师和督察员。受哈勒敬虔主义领袖弗兰克的影响，海克尔致力于师资培养和职业教育。1748 年，海克尔在柏林建立了教师研讨班。同年，他着手制定了《明顿—拉文斯贝格学校规章》（*Minden – Ravensberger Schulordnung*）……1750 年，海克尔被任命为王国教会大臣（Oberkonsistorialrat），主管文化、教育和教会工作。在接下来的几年中，他一边著书立说，进一步思考和阐发符合启蒙时代精神的教育和理论，并特别创建了格奥尔格·莱默尔出版社和《周刊》（*Wochenzeitschrift*），宣传新的教育理念；一边继续实践学校教育，为柏林教师研讨班建立分校（1753 年起），为柏林实科学校规范课程，设立技术实习基地，在学校教学与社会职业之间建立联系。"② 可见，作为总揽全国教育事务的海克尔通过如下三种方法将哈勒敬虔主义思想融入教育的全过程：其一，著书立说，将哈勒敬虔主义的教育思想向全国民众普及；其二，模仿哈勒

① 转引自徐健《近代普鲁士官僚制度研究》，第101 页。
② 刘新利、邢来顺：《德国通史：专制、启蒙与改革时代》，第226 页。

模式，建立师资培训学校，为在全国贯彻敬虔主义教育思想奠定人力基础；其三，打通理论学习和工作实践之间的藩篱，使接受过敬虔主义教育的民众将敬虔主义的宗旨——"自我约束、顺从和爱领人的互助精神"① ——贯穿在各自的工作和生活中。如果说海克尔的著书立说是普遍性地推广敬虔主义思想，那么建立敬虔主义背景的培训学校和将敬虔主义的真精神融入个体的实践则是针对性地推广和卓有成效的实践手段。作为结果，敬虔主义思想得到了广泛传播。

然后，任命此前担任过牧师的人做学校教师。威廉一世意识到，若要将纪律严明和恪尽职守等职业伦理注入普遍民众中，还需借助具有敬虔主义思想背景的牧师来学校执教方能实现。当然，与任命海克尔总揽全国教育事务一样，威廉一世并未直接插手基层学校聘请牧师担任教职之事，而是各地依据自身的特殊情况来制定不违反威廉一世要求的政策，如在东普鲁士，由敬虔主义者舒尔茨（Franz Schultz, 1692 – 1763）于 1734 年制定的教育条例规定：牧师必须参加一线教学，尤其是教理问答课。② 甚至于那些高阶的神职人员，也需要去学校担任教职，只不过他们教育的对象是那些非富即贵的子弟。

最后，兴建学校。如果说法律规定使民众进入学校接受敬虔主义思想教育成为必需，以及为接受教育的适龄少年储备师资（无论是教师研讨班培训，还是由敬虔主义的教会培养）是为培养具有敬虔主义精神的德意志人民提供软件的话，那么大规模兴建学校则为实现上述目标提供硬件。为此，威廉一世划拨 5 万塔勒③用于兴建学校。在资金和政策的双加持下，"到 1739 年，在东普鲁士地区大约有 900 所新建学校，几乎所有的学校都在城镇，并为皇家所有"④。这一兴建学校的风潮直至 1742 年才结束。据皇家委员会的不完全统计，截止到 1742 年，"兴建了超过 1100 所学校，和

---

① 路畅、蒙克：《虔敬主义伦理与普鲁士官僚制精神》，《社会》2022 年第 2 期。

② Richard L. Gawthrop, *Pietism and the Making of Eighteenth Century Prussia*, Cambridge：Cambridge University Press，1993，p. 253.

③ 对应的英文是"Thaler"，又译作"泰勒"，一种曾在几乎整个欧洲使用了四百多年的货币名称及货币单位，美国和澳大利亚使用的货币单位 dollar 均由塔勒衍生而来。具体换算因时代差异各不同相同。

④ Richard L. Gawthrop, *Pietism and the Making of Eighteenth Century Prussia*, Cambridge：Cambridge University Press，1993，pp. 254 – 255.

修缮了超过 1660 所学校"①。总之，威廉一世试图通过教育的方法将敬虔主义的真精神融入德意志人民的日常生活，使之成为后者学习、工作和生活的基本准则。换言之，威廉一世不是想将敬虔主义的真精神作为外在的知识，或道德训诫灌输给民众，而是欲使民众将敬虔主义的真精神融入自我的生命。唯其如此，受过敬虔主义思想教育的德意志人才能真正做到自我约束、顺从和爱邻人，从而实现普鲁士的复兴。

不得不提的是，正是由于后来此种教育模式逐渐摆脱了起初生命教育的初心，逐渐使敬虔主义思想的灌输蜕变为知识教育和道德训诫，才引发费希特的强烈批评，其说道："这种教育方法虽然能使人记住一些名言和成语，冷静地、无动于衷地想象一些苍白无力的形象，但从来都没有把它的道德世界秩序的描述提高到栩栩如生的程度，使它的学子受到感动，去热爱和向往这种秩序，抱有在生活中推动自己建立这种秩序的深切感受，使那种自私自利的思想就像枯萎的树叶一样，在这样的感受面前凋谢。"②面对此情此景，费希特呼吁此时的德意志教育应重新回到威廉一世时期借助敬虔主义思想形塑德意志民众生命的教育，即"这种新的教育应该给迄今的教育补充它缺少的东西，即抓到现实生活发展的根苗；如果说迄今的教育顶多是要培养人的某种东西，那么，这种新的教育则是要培养人本身，并且绝不是要像以往那样，使自己提供的教养成为学子的财富，而是欲使这种教养成为学子人格的组成部分"③。透过费希特关于新教育的构想不难看出，费希特所主张的新教育不是技能培训、不是教条灌输，而是使教养成为受教育者人格的重要组成部分。简言之，费希特的"新教育"的目的是"学以成人"。如此，笔者可以发现威廉一世时期运用敬虔主义思想塑造德意志民众的教育深深地影响着其后的德意志民族，以致当教育堕落成知识培训和道德训诫后，费希特还大声疾呼重回敬虔主义主张的生命教育，即教育的目的在于成人，而非获得知识。

---

① Richard L. Gawthrop, *Pietism and the Making of Eighteenth Century Prussia*, Cambridge: Cambridge University Press, 1993, p. 255.

② ［德］费希特:《对德意志民族的演讲》，载《费希特文集》（第 5 卷），梁志学编译，商务印书馆 2014 年版，第 263—264 页。

③ ［德］费希特:《对德意志民族的演讲》，载《费希特文集》（第 5 卷），梁志学编译，第 264 页。

借助上述措施，普鲁士形成了一支训练有素、纪律严明的军队和文官队伍，锻造出一批又一批以将尘世的努力视作荣耀上帝的工人。经过数代人的努力，普鲁士实现了现代化的转型。笔者观普鲁士的现代性转型的过程，其具有如下特点：第一，政府由上而下主导下推进；第二，思想武装头脑；第三，军队在社会生活中占据重要地位。关于第一个特点，无论是军队的培训，还是官员选拔方式，抑或是教育革新，其发起者均是时任普鲁士国王的威廉一世。在他的强力推动下，官员选拔方式从传统的世袭转变为考试，将敬虔主义思想灌输给军队，并将大量退役军官延揽至官僚体系中，以及依照哈勒敬虔主义的模式，在全国范围内建立学校。至于第二个特点，虽然查尔斯·泰勒（Charles Margrave Taylor, 1931 — ）在其代表作《一个世俗时代》中宣称敬虔主义是导致世界走向世俗化的重要力量①，但是通过前文的阐述，笔者发现敬虔主义思想在军队的塑造，官僚体系的革新，以及全体普鲁士民众伦理精神的熏陶方面都扮演着极为关键性的作用。也就是说，头脑一旦被敬虔主义思想"掌握"，就会变成无穷的物质力量。② 因此，在规范与整合军队和官僚体系的过程中，威廉一世极为强调聘请受过系统敬虔主义思想训练的教师的作用，以及在将敬虔主义灌输给民众以达到革新全体人民的伦理精神时，强调敬虔主义教育的关键性作用。至于第三个特点，由于军人占据相当比重的人口，和军人把持着基层政府，因此使得军队在德国的社会政治生活中发挥着重要作用，以至普鲁士人成为"现代欧洲具有最恪守纪律的人"③。纪律严明的军队，使得普鲁士在近代战争中获得大量胜利，诚如德国史学家雷德利希（Fritz Redlich, 1892 — 1979）在总结三次西里西亚战争中普鲁士军队取胜的原因时说道："在三次西里西亚战争中，普鲁士普通士兵的贡献排除被绑在一起的假设，维系他们的力量便是敬虔主义。"④ 总之，就如茨威格

---

① Charles Taylor, *A Secular Age*, Cambridge, MA: Harvard University Press, 2007, p. 18.

② Richard L. Gawthrop, *Pietism and the Making of Eighteenth Century Prussia*, Cambridge: Cambridge University Press, 1993, p. 264.

③ Walter Dorn, *Competition for Empire, 1740 – 1763*, New York: Harper & Brothers, 1940, p. 58.

④ Fritz Redlich, *The German Military Enterpriser And His Work Force*, Vol. 2, Wiesbaden: Franz Steiner Verlag GMBH, 1965, p. 202.

（Stefan Zweig，1881 – 1942）在其 1900 年访谈柏林时写到的，无论是军队，还是官僚体系，抑或是普通民众，或者是皇帝，整个国家都被一种敬虔主义的精神氛围充斥着。① 这也就意味着，德国式现代化具有浓厚的敬虔主义特色，即敬虔主义作为一种观念力量，形塑着德国现代化的方方面面。

二 后敬虔主义时代的德意志启蒙运动

关于启蒙运动与敬虔主义之间的关系，当代基督教思想史家蒂利希一反学界惯常的观点评论道："把启蒙运动的理性主义与虔诚派的神秘主义对立起来是完全错误的。认为理性和神秘主义是两个对立面是流行的、无意义的看法。从历史上说，虔诚派神学和启蒙运动两者都是反对正统主义的。虔诚派的，或贵格会神学和其他禁欲主义运动的'内在之光'的学说，有反对教会权威的直接性和自律的特征。说得更明确一点，现代的理性的自律是内在之光教义中神秘主义的自律的产儿……理性主义是神秘主义的产儿，两者都反对权威主义的正统主义。"② 可见，蒂利希认为启蒙运动与敬虔主义共同的对手均为路德宗正统派。当然，共同的思想对手并不意味着二者在思想上具有承袭关系，只能说在理论出场时二者的目标都是革新路德宗正统派：只不过前者对路德宗正统派的"诊断"是偏重启示神学，认为其无法受到理性的规训；后者对路德宗正统派的"诊断"则是过于程式化，主张其偏离了路德宗教改革的初衷。就二者间的关系而言，蒂利希认为启蒙运动所强调的理性的自律源自敬虔主义主张的"自律"。很明显，虽然蒂利希认为启蒙运动和敬虔主义有着千丝万缕的关系，但其上述论断颇为笼统。鉴于此，笔者将讨论德意志敬虔主义与启蒙运动之间的张力关系，尤其是重点梳理德意志敬虔主义的圣经观如何影响莱辛，以及探讨康德如何创造性改造德意志敬虔主义的宗教观。

---

① Stefan Zweig, *The World of Yesterday*：*An Autobiography*，New York：Viking Press，1943，pp. 112 – 113.

② ［德］蒂利希：《基督教思想史》，尹大贻译，第 258 页。

关于莱辛的宗教思想，卡西勒概括道："在莱辛看来，宗教既不属于必然和永恒的范围，也不属于纯偶然和暂时的范围。它是合二而一的，是无限中的有限，是流变的时间过程中的永恒和合理性的表现。"① 也就是说，莱辛的宗教思想是一种调和论，即对启示宗教和自然宗教的调和。既如此，在圣经观上，莱辛如何实现对上述两种宗教的调和？

第一，区分圣经的文字与圣经之"灵"。关于上述二者间的关系，莱辛总结道："文字不是灵（Geist），圣经不是宗教。所以，反对文字、反对圣经并非反对灵和宗教。"② 也就是说，莱辛划分了"《圣经》的外壳或文字与其内涵的精神内核"③。为了诠释如何区分圣经的文字与圣经之灵，莱辛以《出埃及记》中以色列人跨过红海为例。起初，针对路德宗正统派神学家所争论的经文中以色列人的数量予以阐释，莱辛说："经文中出走的人数也可能有误，逃出的有战斗力的男人不应是60万，而是6万，甚至只是六千。但我不太明白，这样的书写错误，哪怕是有意犯下的，又会坏什么事。在远古时代，巨数是个很不清晰的概念……在奇迹中，应得褒奖或应受惩罚者的数量并非那么至关重要，根本没有什么东西是基于数量的，为什么要精确看数目呢？"④ 可见，与正统派痴迷于争论经文中的数字不同的是，莱辛认为这只是远古时代的用词习惯，既非确数，又不具有特定的意义，因而不需花费精力在这上面。随后，莱辛指出诠释圣经中"奇迹"的方法，即运用想象力。同样的，莱辛借助《出埃及记》中摩西分开红海的故事予以阐释，其说道："海水的寻常流动受阻时，便会溢出或者冲决最先遇到的堤岸最薄弱或最低的地方，为自己选择一条新的同道，海水的本性不正是如此？……以色列人再多都无须着急，他们

---

① ［德］E.卡西勒：《启蒙哲学》，顾伟铭等译，山东人民出版社1988年版，第190页。除卡西勒外，著名基督教史家利文斯顿也持莱辛是一位宗教调和论者的观点。与卡西勒关于莱辛是宗教调和论者相对应的是，莱辛的密友门德尔松却认为莱辛是理性宗教的拥趸，其说道："还会有谁比莱辛，这位片断主义者的守卫，这位创造出纳坦的人更笃定理性宗教的真理不容亵渎？德国还未曾有过其他哲学家，以这样一种纯粹性、不掺杂任何谬误和偏见来传授理性宗教。"［德］门德尔松：《晨时：或论神之存在的演讲》，刘伟东、李红燕译，商务印书馆2022年版，第132—133页。

② ［德］莱辛：《历史与启示：莱辛神学文选》，朱雁冰译，第45页。

③ ［美］詹姆斯·C.利文斯顿：《现代基督教思想》（上），何光沪、高师宁译，第73页。

④ ［德］莱辛：《历史与启示：莱辛神学文选》，朱雁冰译，第54—55页。

可以赶着牛羊、带着全部家当，视自己的需要缓缓而行；破晓之时，他们害没有渡过整个宽阔的、无水的海湾，这时，海湾的海水随他们流来，他们的敌人恰恰淹死在他们逃离时经过的那个地方的海水里。"① 可见，关于圣经中的奇迹，莱辛并不认为其是超理性的现象，而是借助合理的想象，运用理性的方法将经文中的奇迹做合理化的阐释。这也就意味着，无论是经文中的数字，还是奇迹，莱辛均认为都只是圣经的文字，而不是圣经的灵。

既如此，那莱辛认为圣经的"灵"是什么？对此，莱辛并未针对性论述，只是在区分圣经之灵和圣经之文字后说："宗教先于圣经；基督教先于福音书作者和使徒的写作年代。过了很长一段时间以后，他们当中的第一位作者才开始写作；又过了相当长的时间，整个经典才成书。可见，宗教虽然如此依赖这些文献，宗教的全部真理却不可能奠立在它们之上。"② 由上可以看出，莱辛虽然未指明宗教就是圣经之灵，但其已表达出宗教是先于圣经，先于福音书便已实存的存在。即这种宗教是什么呢？是启示宗教所言的神启吗？还是宗教神秘主义认为的情感？针对上述问题，莱辛回答道："宗教存在于现在被认为是其自身的圣经的唯一一篇经文产生之前。"③ 可见，莱辛之宗教既不是神启，也不是情感；因为神启意味着必须有上帝的存在，而情感则暗含着其宗教是后天经验性的；莱辛之宗教是一种先验的存在，即"一个内在的本原和超验的实在"④，"是无法从外在于它的一切事物中得到根据、证明或保证的，它乃是一种自我确证的真理"⑤。至于圣经之"灵"究竟是什么？莱辛并未明确给出一个"名"。

可见，圣经之灵完全区别于圣经的文字，那么"对文字和圣经提出异议，绝非就是对灵和宗教提出异议"⑥。除圣经之文字与圣经之灵存在差异外，莱辛还认为上述二者还存在紧密的联系，就如雅斯贝尔斯（*Karl The-*

---

① ［德］莱辛：《历史与启示：莱辛神学文选》，朱雁冰译，第55页。

② ［德］莱辛：《历史与启示：莱辛神学文选》，朱雁冰译，第45页。

③ ［德］莱辛：《历史与启示：莱辛神学文选》，朱雁冰译，第166页。

④ ［奥］维塞尔：《启蒙运动的内在问题——莱辛思想再释》，贺志刚译，华夏出版社2007年版，第292页。

⑤ ［德］卡尔·雅斯贝尔斯：《莱辛的神学思想》，孙秀昌译，《德国哲学》2020年卷，第26页。

⑥ ［德］莱辛：《历史与启示：莱辛神学文选》，朱雁冰译，第164页。

odor Jaspers，1883－1969）对莱辛关于圣经的文字与圣经之灵的关系所总结的："《圣经》中的所有原文都必须根据它们得以产生的真正信仰并在这种真正的信仰的限度内来予以审查。我们并不能声称'灵感'有资格作为它们的起源乃至作为证明其存在的一条证据……信仰的真理在被客观化于语言、《圣经》或教义之前，它是存在于当下的。"① 在此，雅斯贝尔斯所言"真正信仰"和"信仰的真理"实则莱辛之宗教。这也就是说，雅斯贝尔斯认为莱辛主张圣经之灵只能借助语言、文字等"寓居"于圣经之文字内；圣经之文字绝非简单的表意符号，而是具有神圣性。因此，面对那些"按照自己的好恶解释这些文字和符号"② 的人，莱辛予以强烈的批评——"每个人都用这些古老的平面图组合出任意一幅新图，对于这类新图，往往不是这人就是那人如此着迷，以致不仅自己深信不疑，而且也时而说服、时而强迫别人深信不疑。"③

第二，区分圣经与宗教。对此，莱辛总结道："圣经所包含的，显然比属于宗教的更多。"④ 关于上述命题，汉堡的葛茨牧师将其分为如下两个命题："其一，圣经包含着属于宗教的东西。其二，圣经所包含的，比属于宗教的更多。"⑤ 虽然莱辛认为葛茨误解了上述两个命题，但对后者将自己关于圣经与宗教之间关系的命题拆解成两个命题表示赞同。显然，在莱辛看来，圣经中既含有宗教，又存在着非宗教的内容；这里所言的宗教，实则上文所说的圣经之灵；至于非宗教的内容，由于宗教需借助此在的媒介，如语言、逻辑和既有的文化系统等，才能客观化和具体化，因而包括既有的文化系统在内的内容便被"裹挟"进圣经中，遂成为圣经的非宗教内容。基于上述分析，莱辛顺势得出如下结论：第一，圣经无谬论只是一种假设；第二，在基督教圣典产生之前，基督教便已存在；第三，《圣经》研究与确证信仰的方式存在质的差异性。既然圣经中存在着大量此在的内容，那么反映不同时代特质的经卷汇编成的《圣经》自然有自相矛盾之处。这也就意味着，圣经无谬论只是一种假设。

---

① ［德］卡尔·雅斯贝尔斯：《莱辛的神学思想》，孙秀昌译，第26页。
② ［德］莱辛：《历史与启示：莱辛神学文选》，朱雁冰译，第147页。
③ ［德］莱辛：《历史与启示：莱辛神学文选》，朱雁冰译，第147页。
④ ［德］莱辛：《历史与启示：莱辛神学文选》，朱雁冰译，第159页。
⑤ ［德］莱辛：《历史与启示：莱辛神学文选》，朱雁冰译，第159页。

关于第二个结论，莱辛详述道："在福音书作者们和使徒们写作之前，基督教就存在了。过了一段时间以后，他们中的第一个人开始写作；又过了很长一段时间以后，才产生了整部经典。"① 无疑，这样的说法是与莱辛所处时代的基督教教义背道而驰的，即后者认为圣典是启示的产物，不假借任何作者，以及基督教是自由永久的。与正统派的上述观点相对应的是，莱辛认为圣经是启示与历史的混合物，且基督教在圣典产生之前便已出现。那在圣典产生之前的基督教是什么？对此，雅斯贝尔斯替莱辛回答道：耶稣教。也就是说，莱辛认为耶稣教与基督教虽有着千丝万缕的关系，但无论是创建者还是传播方式都不相同。于莱辛而言，耶稣教的创建者是基督，并"在福音书中得到了最为清晰、精确的表达"②，其传播方式则是口头布道；基督教的创建者"并不是某一个人，而是一个同教会的眼睛相伴的 历史进程"③，其传播方式是经书的使用。如此看来，莱辛所言的在福音书未出现之前的基督教"不仅福音书作者和使徒们的著述，即便所有曾从这些著述中引用的一切全部散失，基督宗教也仍然能够存在"④。

至于第三个结论，即《圣经》研究与确证信仰的方法是两件不同的事情。所谓"《圣经》研究"是对《圣经》文本做历史学、考据学、文学等多学科的对象性、客观化的考察，即"如同对待其他的历史文献那样，《圣经》研究在追求精确性上以完全相同的方式来研究《圣经》文本，探究个别文本的起源（例如《福音书》的起源）、作者的意图以及它们既有的那些来源"⑤。至于"确证信仰的探求"则与《圣经》研究存在着质的差异性，是一种主体"根据圣灵和大能的证明去相信自己可能相信的东西"⑥。简言之，"确证信仰的探求"是主体在圣灵的帮助下，亲自验证圣经所载的奇迹。因此，"确证信仰的探求"不是客观性、对象化的，而是主观性、体验式的。关于上述二者之间的差异，莱辛甚至运用牧师与图书馆管理员来形象地比附此二者，即莱辛认为牧师"只根据它对您的教徒群

---

① ［德］莱辛：《历史与启示：莱辛神学文选》，朱雁冰译，第166页。
② ［德］卡尔·雅斯贝尔斯：《莱辛的神学思想》，孙秀昌译，第27页。
③ ［德］卡尔·雅斯贝尔斯：《莱辛的神学思想》，孙秀昌译，第28页。
④ ［德］莱辛：《历史与启示：莱辛神学文选》，朱雁冰译，第172页。
⑤ ［德］卡尔·雅斯贝尔斯：《莱辛的神学思想》，孙秀昌译，第27页。
⑥ ［德］莱辛：《历史与启示：莱辛神学文选》，朱雁冰译，第66页。

可能产生的影响，您宁可因过分小心而惶惶不安，也不愿因大意而有所疏失"①，而图书馆管理员则是"丝毫不考虑某人认为它重要，还是某人认为它不重要，让这人获益还是让那人受损"②。

第三，辨析启示宗教与理性宗教间的关系。关于此二者的关系，莱辛说道："启示宗教绝非以理性宗教为前提，毋宁说，启示宗教自身内包含着理性宗教。假若启示宗教以理性宗教为前提，这就是说，假若启示宗教没有理性宗教便不能为人所理解，那么，人们所指责的教科书的缺陷就是真正的缺陷了。然而，既然启示宗教自身包含着理性宗教，既然它包含着后者所宣讲的所有真理，它只是以另一种证明论证这些真理。"③ 由上，笔者可以得出如下结论：（1）启示宗教与理性宗教并非针锋相对，或启示宗教以理性宗教为前提，而是启示宗教涵盖着理性宗教。（2）启示宗教以一种并未被人所"理解"的方式论证着理性宗教所涵盖的真理。另外，关于启示宗教与理性宗教间的关系，莱辛又说道："是否有可能存在天启，或者是否一定要存在天启，以及以这种方式所提供的众多启示中的某一种天启是否具有真实性，这一切只能由理性来做裁定。"④ 通过莱辛的上述论述，笔者可以推出：（1）理性是裁定一切的标准，包括是否存在天启宗教。（2）理性宗教是基督教存在的唯一方式。简言之，莱辛主张理性是认知世界的标准。

可见，一方面莱辛指出启示宗教涵盖着理性宗教；另一方面认为启示宗教存在与否是由理性来裁定，即并不存在启示宗教。也就是说，莱辛在关于启示宗教与理性宗教间关系的认识上出现了正相反对的观点。既如此，如何理解莱辛的上述悖论式的表达？一方面，以卢弗斯（F. Loofs，1858 – 1928）为代表的研究者的做法是"把莱辛隐微的表达方式与通俗的表达方式区分开来"，即认为"莱辛隐微的思想据说来自于他对真理形成的哲学的、理性的概念……莱辛一般都以基督教传统的术语表达自己的观点，也就是以通俗的方式阐述思想"。⑤ 可见，卢弗斯认为莱辛对启示宗教

---

① ［德］莱辛：《历史与启示：莱辛神学文选》，朱雁冰译，第 148 页。
② ［德］莱辛：《历史与启示：莱辛神学文选》，朱雁冰译，第 149 页。
③ ［德］莱辛：《历史与启示：莱辛神学文选》，朱雁冰译，第 50 页。
④ 转引［德］自卡尔·雅斯贝尔斯《莱辛的神学思想》，孙秀昌译，第 32 页。
⑤ ［奥］维塞尔：《启蒙运动的内在问题——莱辛思想再释》，贺志刚译，第 12 页。

既接受又反对的态度只是其通俗表达方式，是为了隐藏其真正的目的——为理性宗教辩护而有意为之。另一方面，以科赫（Franz Koch，1888 - 1969）为代表的研究者认为莱辛大体上是一位启蒙主义者，但其思想中"存在着某些非理性的倾向"，如在宗教方面，"他一直认为'真正的'基督教应该是'心灵的'宗教"①。这也就是说，在科赫看来，莱辛既支持又反对基督教，实则是其思想中非理性因素的影响，即莱辛思想中非理性因素导致其在对待基督教的态度呈现为悖论。通过上文的两种阐释，笔者发现，无论是卢弗斯，还是科赫都是从悖论的"外围"展开对该悖论的阐释，前者运用隐微的方法，将莱辛对基督教的赞成视作其通俗表达，而将其对基督教的反对理解成深奥表达；后者则直接以莱辛思想中的理性因素与非理性因素来对应其对基督教的赞成与反对态度。鉴于此，雅斯贝尔斯从莱辛思想内部出发提出了第三种诠释，其说道："理性从不会放弃自由本身的追求，但是它也意识到了自己在历史之中的特定界限，因此，它可能会暂时地'让渡'自己。理性好像暂时遭到了囚禁，可它同时也在天启的现实状况中看到了深刻的真理，只是这种真理迄今仍是理性所无法理解的，不过在理性自我'让渡'的状况下它则会随着理性一同前进。"② 可见，雅斯贝尔斯认为莱辛对待基督教持悖论式的态度原因在于：莱辛意识到理性的有限性，即理性可用于阐释基督教教义中"属世世界"之物，却无法被用于解释"属灵世界"的存在，若一旦被强制解释，则将推论出启示宗教并不存在的结论。换言之，理性若运用于属世世界，那么莱辛便赞成启示宗教的存在；若理性被用于本系属灵世界之物，那么天启宗教只是一个概念。若如此，莱辛认为启示宗教与理性宗教并不矛盾，而看似出现矛盾的症结在于理性的不恰当运用。因此，在辨析启示宗教与理性宗教的关系后，莱辛指出："如果人们一味使用既清晰又易懂的理性真理的证明的话，从单纯的理性真理过渡到启示真理极其困难。这样一来，人们便会期望和要求启示真理的证明同样清晰易懂，并认为未被如此证明的东西根本没有得到证明。"③

---

① ［奥］维塞尔：《启蒙运动的内在问题——莱辛思想再释》，贺志刚译，第14页。
② ［德］卡尔·雅斯贝尔斯：《莱辛的神学思想》，孙秀昌译，第32页。
③ ［德］莱辛：《历史与启示：莱辛神学文选》，朱雁冰译，第50页。

通过上文对莱辛圣经观的阐释，笔者可以总结道：无论是将圣经的文字和圣经的灵予以区分，还是将圣经与宗教区分开来，均是他为了一方面迎合理性宗教对圣经的批判；另一方面为维护圣经的神圣性。也就是说，莱辛认为理性宗教对圣经所做的批判，只能针对圣经的文字，而无法颠覆圣经的神圣性，其原因在于圣经还涵盖着"灵"这一非此在性的存在。若如此，那么相对应的圣经研究和信仰确证便是两种在"质"上截然不同的方法，即前者以理性为方法，对文本进行历史学、考据学、文学等多学科的对象性、客观化的考察；而后者则以主体的体验为方法，即在圣灵的帮助下，亲自验证圣经所载的奇迹。至于辨析启示宗教与理性宗教之间的关系，其目的同样在于揭示理性宗教与启示宗教并不冲突，而只是运用不同方法所得出的人类不同维度上的知识。可见，莱辛既非站在理性宗教的立场驳斥启示宗教，又非居于启示宗教的角度批评理性宗教，而是调和上述二者，其终极目的无非就如伯林针对沃尔夫调和宗教与理性时所总结的"若要拯救宗教就得证明宗教与理性是调和的"① 雷同。与莱辛的上述观点相似的是，在弗兰克的圣经诠释学中，其认为圣经包括文字和圣灵两部分，并针对上述两部分，弗兰克主张运用不同的方法予以阐释：对前者运用文法、历史和解析（逻辑）的方法，对"圣灵"则采取阐述、教义、推论和实践的方法。弗兰克对圣经之圣灵部分的阐释，其目的在于使人获得重生，以及对圣经之文字部分的阐释，其目的则在于获得客观性的知识。若如此，那么在弗兰克的圣经诠释学中，对客观性的追求并不必然与"神圣性""体验性"相斥，反而共同构成了一个紧密连接的整体。如此看来，莱辛的圣经观并非原创，而只是沿袭自哈勒敬虔主义之代表思想家弗兰克之圣经诠释学：从弗兰克关于圣经的文字与圣灵的划分到莱辛的圣经之文字与圣经之灵的区分；从弗兰克运用理性与主体的体验两种方法来"研究"圣经之两部分，到莱辛同样运用理性与主体的体验来"诠释"理性宗教与启示宗教；以及弗兰克与莱辛均主张在圣经研究时需将理性与主体的体验熔于一炉。

关于康德的宗教思想，由于认为"康德对上帝、不朽与神恩的信仰的理性辩护，构成了批判哲学的一个不可或缺的组成部分，并且是康德最佳

① ［英］以赛亚·伯林：《浪漫主义的根源》，吕梁、张箭飞等译，第60页。

的思考与最成熟的哲学洞识的一个必然后果。事实上，道德信仰就是批判哲学自身的世界观，是它的世界观（Weltanschauung）"①，因此伍德（Allen William Wood，1942 –   ）将康德的宗教思想归纳为"理性神学"或"道德宗教"。也就是说，伍德认为康德的宗教思想，其目的在于为理性辩护，且这样一种基于为理性辩护的初衷与其批判哲学的整个框架是完美契合的。面对伍德将康德宗教思想还原为道德的做法，当代英语学界的另一位康德思想研究专家帕斯特纳克（Lawrence R. Pasternack，1967 –   ）通过细致的梳理，发现康德"并未完全将宗教还原为道德"②，并强调虽然康德如伍德所言拒斥了基督教信仰的一些核心教义，但"在神的协助的立场上也有足够的向度，以致有些人可能仍然乐意将其包含在基督教神学家的团体之中"③。也就是说，帕斯特纳克认为康德的宗教思想虽大体上是将宗教还原为道德，并因此拒斥了基督教传统的教义，但是在救恩论上，康德依然主张人的称义需上帝的协助，就如其所总结的"从恩典立场，这种债务被解除了。诚然，这意味着新人就不应该受惩罚，因为这种债务已被解除，但是作为这债务被归属的一方，上帝必定接受新人，并对他的命运进行判决"④，但为了避免世人在信念上依赖上帝，进而腐蚀教会，导致伪侍奉，"康德建议我们毋宁要表现得就好像一切都取决于我们。无论上帝参与了多少，我们都不能通过乞求他，也不能通过仪式或献祭来寻求他的帮助，而是要通过那种道德上的努力来寻求他的帮助"⑤。通过帕斯特纳克的上述总结，笔者可以清晰地发现，康德的救恩论只不过是路德"唯独因信称义"论的翻版，只不过换用了一套康德哲学的概念，如债务、归属和解除等；康德宗教思想中，对主体道德的重视，不是认为救恩取决于我们的道德，而是强调通过主体的道德来寻求上帝的帮助。除救恩论外，康德的宗教思想，依然与路德宗神学千丝万缕的关系，如伍德认为：

① ［美］艾伦·伍德：《康德的道德宗教》，李科政译，中国人民大学出版社2020年版，第200页。

② ［美］帕斯特纳克：《〈纯然理性界限内的宗教〉中的康德》，刘凤娟译，上海人民出版社2022年版，第262页。

③ ［美］帕斯特纳克：《〈纯然理性界限内的宗教〉中的康德》，刘凤娟译，第262页。

④ ［美］帕斯特纳克：《〈纯然理性界限内的宗教〉中的康德》，刘凤娟译，第269页。

⑤ ［美］帕斯特纳克：《〈纯然理性界限内的宗教〉中的康德》，刘凤娟译，第272页。

"他的道德宗教根本上是一个希望和个人承诺的宗教，一个来源于有限人类本性'实存'困境的宗教。他对教会和《圣经》的态度，像在《纯然理性限度内的宗教》和《学科之争》中展示的那样，绝不是传统的态度。"① 既然是"希望和个人承诺的宗教"，那么康德的道德宗教便是个体性的；既然是"源于有限人类本性'实存'困境的宗教"，那么康德的道德宗教便是体验性的。既如此，那康德的此类宗教思想源于何处？当代德语学界康德宗教思想研究专家赫里格（Anna Szyrwińska‑Hörig），直接将英语学界认为的康德宗教思想源于沃尔夫的理性主义与路德的称义思想的结论具体化为源于法兰克福敬虔主义、哈勒敬虔主义和哥尼斯堡敬虔主义。② 鉴于此，笔者将具体阐释康德宗教思想与德意志敬虔主义之间的承继关系。

第一，救赎的途径。在康德看来，人的救赎途径只能是效仿耶稣这种完美的道德典范才能实现。既如此，康德是如何阐释人效仿耶稣以实现自我的救赎？首先，康德阐释了人能够行善的基础，即道德自觉，诚如康德所言："一个在自然情况下的恶心，怎么可能自己使自己成为善人？这超出了我们的所有概念；因为一棵坏树怎么可能结出好果子呢？然而，根据我们前面所承认的，一棵原初（就禀赋而言）好的树确曾结出了坏的果子，而从善到恶的堕落（如果考虑到这是出自自由的）也并不比那从恶重新升为善更易于理解。这样，后者的可能性也就是不容质疑的了。因为即使有那种堕落，'我们应当成为更善的人'这一命令，仍毫不减弱地回荡在我们的灵魂中，因而我们必定也能够这样做，即使我们所能够做的这件事单就其本身而言并不充分，我们由此而只是使自己能够接受一种我们所无法探究的更高的援助。"③ 也就是说，虽然人已经堕落了，但康德认为堕落之后的人依然有成为善人的冲动，即一种成为善人的道德自觉始终在堕落之人的灵魂深处回荡。在此，康德便奠定了堕落之后的人效仿耶稣向善跃升的基础。对康德此番对堕落之人有向善之能力的肯定，傅永军评价道："康德有关重建人心中向善禀赋的力量的观点，提供了人必然能够成

---

① ［美］艾伦·伍德：《康德的理性神学》，邱文元译，商务印书馆2014年版，第170页。

② Anna Szyrwińska‑Hörig, *Wiedergeborene Freiheit: Der Einfluss des Pietismus auf die Ethik Immanuel Kants*, Springer‑Verlag, 2016, pp. 39–44.

③ ［德］康德：《康德著作全集》（第6卷），李秋零译，第45页。

为道德之人的理性根据，这就是人心中所存在的对道德法则敬重的纯粹意念。"①

其次，心灵的转变。既然堕落之人需效仿耶稣才能实现救赎，那么光有道德自觉只能说明堕落之人有效仿耶稣的理论可能性，但无法确保其实践现实性。鉴于此，康德提出了"心灵的转向"。当然，康德认为心灵的转向并非一蹴而就的，而是一开始通过参悟道德榜样的动机，随后培植这种向善的动机，进而使这种动机成为思维定式。既然实现心灵的转向需要主体将向善的动机培养成思维定式，故而培养的过程不能只在脑海中完成，需要"在不断践履中得以巩固。"② 关于将向善的动机培养成思维定式的过程，康德解释道："人的道德修养必须不是从习俗的改善，而是从思维方式的转变和从一种性格的确立开始。虽然人们通常并不是这样行事，而是个别地与各种恶作斗争，却不触动它们的普遍根据。即使是一个最狭隘的人，也能造成敬重合乎义务的行动的印象，而他越是在思想中使行动摆脱通过自爱可能对行动的准则产生影响的其他动机，上述敬重就越大。就连儿童们也能够发现混杂有不纯正动机的极小的痕迹。因为在这种情况下，行动在他们看来，马上就失去了所有的道德价值。通过援引善人们（就他们合乎法则而言）的榜样，让道德上的学习者从他们的行动的真实动机出发，去判断某些准则的不纯正性，可以无与伦比地培植这种向善的禀赋，并使它逐渐地转化为思维方式，以至义务纯粹为了自己本身开始在他们的心灵中获得明显的优势。"③ 可见，康德所言心灵的转向并不表现在实践上，而是呈现在动机上，且这种动机一开始是通过对道德榜样动机的学习来实现的，随后将这种禀赋逐渐培养成为主体的思维定式。换言之，康德的心灵的转向强调的是心灵转向是一种后天熏习的结果。虽然一开始这种动机的转变是在后天中形成的，但其"不是渐次递进的改良，而是彻底倒转的革命"④。

至于这种思维定式的后天巩固，康德解释道："对于思维方式来讲，

---

① 傅永军：《绝对视域中的康德宗教哲学：从伦理神学到道德宗教》，社会科学文献出版社2015年版，第233页。

② 傅永军：《绝对视域中的康德宗教哲学：从伦理神学到道德宗教》，第237页。

③ ［德］康德：《康德著作全集》（第6卷），李秋零译，第48—49页。

④ 傅永军：《绝对视域中的康德宗教哲学：从伦理神学到道德宗教》，第238页。

革命必定是人所必要的，因而也是可能的；而对于感官方式（感官方式为革命设置了障碍）来讲，逐渐的改良必定是人所必要的，因而也是可能的。这就是说，如果他通过惟一的一次不可改变的决定，扭转了他曾是一个恶人所凭借的准则的最高根据（并由此而穿上一个新人），那么，就原则和思维方式而言，他就是一个能够接纳善的主体；但仅仅就不断的践履和转变而言才是一个善人。也就是说，他能够希望，凭借他接纳为自己任性的最高准则的那个原则的纯粹性和坚定性，走上一条从恶到更善不断进步的美好的（尽管狭窄的）道路。对于能够看透心灵的（任性的所有准则的）理知根据、进步的无限性对他来说也就是统一性的那一位而言，即对于上帝而言，这件事就等于说他现实地是一个善人（上帝所喜悦的人）。在这种意义上，这种转变就可以被看做是革命。"① 可见，于康德而言，心灵的转变虽然在一瞬间完成了，但这种转变并不稳固，因而时常会因人性的软弱而再次做"恶"。故，康德主张，经历了心灵转向之人应当"不断的践履和转变"，方能将心灵转变后形成的思维方式固化。就心灵转变之整个过程而言，康德认为心灵转变首先在于主体行为动机的革命性"翻转"，即从之前趋于恶转变为趋于善，且上述过程是在后天对榜样熏习的过程中完成的；其次在于主体的上述这种动机的转变在后天经验中并不稳固，故而康德主张应当在不断的实践活动中固化，使之成为思维定式；最后，这种心灵转向并无终点，而是在终末论意义上而言的，即这个过程"永无止境的，人永远走在通向神圣的路途上"②。

第二，真正的教会。关于教会，康德界定道："一种遵循上帝的道德立法的伦理共同体是一个教会。"③ 可见，康德认为的教会具有如下两个特征：其一，伦理共同体；其二，该共同体遵循的原则是上帝的道德立法。也就是说，康德对教会的界定乃是从道德的角度进行的。在此基础上，康德进一步根据在现实世界中经验显现自身的方式上的不同，将教会分为不可见的教会和可见的教会。关于不可见的教会，康德说道："一个关于所有正直的人们在上帝的直接的、但却是道德上的世界统治之下的联合体的

---

① ［德］康德：《康德著作全集》（第6卷），李秋零译，第48页。
② 傅永军：《绝对视域中的康德宗教哲学：从伦理神学到道德宗教》，第233页。
③ ［德］康德：《康德著作全集》（第6卷），李秋零译，第101页。

纯粹理念，这种世界统治是每一种由人所建立的世界统治的原型。"① 换言之，康德认为不可见的教会之首领是上帝，其维系统治的标准是道德，其参与者是所有正直的人。因而，这样的联合体既是超时间的，又是跨空间的，也即此类联合体在形式上是"不可见的"。至于可见的教会，康德界定道："是人们现实地联合为一个整体，它与上述理想是一致的。"② 可以看出，康德所言的可见的教会是在不可见的教会的理念指导下，正直的人现实地聚集在一起而联合成为一个"在地上体现着上帝的（道德的）国的教会"③。

除上述对真正教会之内涵与划分予以说明外，康德还总结出真正教会的四大标志，即（1）普遍性；（2）纯粹性；（3）自由原则下的关系；（4）宪章的不变性。所谓真正教会的普遍性，康德解释道："尽管它在偶然的意见上是有分歧的、不一致的，但就本质性的目的而言，它是建立在为了普遍的一致必然把它引向一个惟一的教会（因而也就没有教派的分裂）的那些基本原理之上的。"④ 可见，真正教会的普遍性是针对现实教会而言的，即相较于现实教会的多样性，真正教会因其始终"遵循上帝的道德立法"，所以是单一的；加之，真正教会也会呈现为可见的教会，故而在现实生活中的真正教会，其目的是"引向一个惟一的教会"。总之，康德所言的真正的教会是具有普遍性的。至于真正教会的纯粹性，康德说道："除道德的动机之外，不服从任何其他动机的联合（清除了迷信的愚蠢和狂热的煽颠）。"⑤ 也就是说，康德所言教会的纯粹性是指教会遵循的唯一标准乃是道德，从而将迷信和狂热从教会中剔除。就此意义而言，凡是出于特殊的需要和目的而建立的教会，便不是真正的教会。至于真正教会的自由原则之下的关系，康德实际上是针对真正教会的成员之间的内部关系和教会与政权的外部关系而言的，即成员之间"既不是等级制，也不是顿悟派，即一种凭借特殊的灵感的民主制"⑥，而是一种基于自由原则之

---

① ［德］康德：《康德著作全集》（第6卷），李秋零译，第101页。
② ［德］康德：《康德著作全集》（第6卷），李秋零译，第101页。
③ ［德］康德：《康德著作全集》（第6卷），李秋零译，第102页。
④ ［德］康德：《康德著作全集》（第6卷），李秋零译，第102页。
⑤ ［德］康德：《康德著作全集》（第6卷），李秋零译，第102页。
⑥ ［德］康德：《康德著作全集》（第6卷），李秋零译，第102页。

下的关系，其成员是"历经心灵转变的和致力于至善的人"①。如此看来，康德所言的真正教会，不仅成员之间是完全自由与平等的，而且政府与教会之间的关系也是自由的。唯其如此，教会才能真正实现至善的目标。最后，所谓宪章的不变性，不是指"涉及教会的行政管理的偶然的规章"，而是"先天地包含着可靠的基本原理"的教会宪章应当恒久存在。若如此，才能保证真正的教会的目标、使命和性质不变易。透过上文的阐释，套用傅永军关于康德真正教会的论述总结道："真正的教会是所有信仰者心灵相系的精神与道德的家园，一个充满自由和平等精神的场域。"②

第三，论事奉上帝的方式。关于事奉上帝的方式，康德将是否依据善的原则分为真事奉和伪事奉。何谓伪事奉？康德解释道："凡是人自认为为了让上帝喜悦，除了善的生活方式之外还能够做的事情，都是纯然的宗教妄想和对上帝的伪事奉。"③ 可见，康德所言的伪事奉虽表面上是为了让上帝喜悦，但不是从教会的宪章出发，而是从主体的需要出发，即主体从事着认为可以让上帝喜悦的行为。既然事奉上帝的行为不是源于上帝，而是源于主体的"动机"，且这种动机不是为了善的生活，那么这种事奉就是康德所指的"伪事奉"。对此，傅永军总结道："伪事奉就是一种宗教妄想，是一种根据规章性宗教而采取的一种自以为是的对上帝的崇敬，而这种崇敬与真正的、由上帝自己所要求的事奉恰恰背道而驰"④，并将伪事奉的运作过程概括为："在'敬奉—上帝—蒙恩—福报'之间建立可以经验再现的联络方式，以便在获取神恩方面开方便之门。"⑤ 与伪事奉相对应的乃是真事奉，康德对其界定道："对上帝的事奉主要集中于根据为一般人性规定的法则而纯粹在道德上崇敬上帝。"⑥ 也就是说，真事奉是纯粹地在道德上崇敬上帝，且这种在道德上崇敬上帝的行为是依据一般人性规定的法则，而非特殊的法则。在此基础上，康德还提问道："在这种事奉中，是否总是只有虔敬教义，还是也有纯粹的德性教义，各自不同地构成了宗

---

① ［美］帕斯特纳克：《〈纯然理性界限内的宗教〉中的康德》，刘凤娟译，第190页。

② 傅永军：《绝对视域中的康德宗教哲学：从伦理神学到道德宗教》，第261页。

③ ［德］康德：《康德著作全集》（第6卷），李秋零译，第174页。

④ 傅永军：《绝对视域中的康德宗教哲学：从伦理神学到道德宗教》，第332页。

⑤ 傅永军：《绝对视域中的康德宗教哲学：从伦理神学到道德宗教》，第338页。

⑥ ［德］康德：《康德著作全集》（第6卷），李秋零译，第186—187页。

教陈述的内容?"① 可见，康德在追问这种在道德上崇敬上帝的真事奉是否只涵盖纯粹的德性教义或虔敬教义，还是敬虔教义作为德性教义的内容？对此，康德说明道："虔敬教义不能独自构成道德追求的终极目的，而是只能被用作加强那本身构成一个更善的人的东西的手段，即加强德性意念的手段。"② 如此看来，康德认为敬虔不能作为真事奉的具体内容，而只能成为加强德性的手段，即若需做一个德性之人，敬虔可作为培养其德性的手段，从而最终实现真事奉的目的。

同样地，通过上文对康德宗教思想的概述，笔者可以发现：无论是对救赎途径的阐释，还是对事奉上帝的总结，抑或对真正教会的界定，康德无不强调道德的重要性。值得注意的是，这里康德所言的道德并非凡俗意义上的，而是就动机而言的。也就是说，唯有在动机上实现从趋向恶到趋于善的转变，即心灵转变，康德所言的"救赎"才真正开始；至于真正的教会，无论是可见的，还是不可见的，其必须是"遵循上帝的道德立法的伦理共同体"，即真正的教会是信仰者精神与道德的家园；最后，在事奉上帝的过程中，唯有做到真正以敬虔来培育道德，才是真正对上帝的事奉，否则都是伪事奉。不难发现，在康德的宗教思想中，道德转变时的动机扮演着十分关键性的作用。与此相对应的是，无论是施本纳，还是弗兰克，抑或是亲岑道夫，均强调人若要获得拯救，首先在于"悔改"，即在存在论意义上认识到自身的"罪"，并在实践过程中，不断地固化这种"罪性"意识。因此，赫里格通过比较法兰克福敬虔主义与康德的宗教思想后，总结道："对康德和施本纳动机理论的详细考察表明，两种思想有着重要的类比。康德和施本纳通过建构彻底的自由观，发展了对意志自由问题的创新性方法。"③ 也就是说，赫里格认为康德的意志论思想在方法和内容上，均与施本纳的意志论思想有着异曲同工之处。至于真正的教会，虽然康德所用的德文单词为 Kirche，而亲岑道夫用的是 Gemeine。但诚如前文所阐释的，于亲岑道夫而言，Kirche 是由真信仰者构成的无形的教会，其首领是基督。可见，亲岑道夫认为 Kirche 与 Gemeine 可混用，均为真正

---

① ［德］康德:《康德著作全集》（第6卷），李秋零译，第187页。
② ［德］康德:《康德著作全集》（第6卷），李秋零译，第188页。
③ Anna Szyrwińska – Hörig, *Wiedergeborene Freiheit*: *Der Einfluss des Pietismus auf die Ethik Immanuel Kants*, Springer – Verlag, 2016, p. 277.

的教会之意。最后，关于康德事奉上帝方式的真、伪之分，弗兰克同样将信仰分为真信仰和假信仰，并对真信仰界定道："真信仰必须与圣言联合……上帝之言必须在灵魂中被接纳，并作为一份宝贵的财富保存在心中；且只有这样，我们在其中才能茁壮、扎根和结果。"① 换言之，弗兰克认为真、假信仰的区别在于：（1）主体是否与上帝建立直接的关联；（2）主体是否将信仰付诸于实践。如此看来，虽然康德的宗教思想被视作"欧洲基督宗教思想的理性化时代基本完成"②，但不能得出康德的宗教思想"无情地割断了神义论与传统基督宗教福音启示的纽带"③ 的结论。如此看来，蒂利希关于康德的神学思想与敬虔主义思想之间的关系总结。"康德就是这样……他的伟大之处在于他了解人的被创造的有限性，当然，是在他的半虔诚主义的新教理论的基础上了解的。虔诚主义因素被去掉了，但存在主义和虔诚主义相互之间有密切联系"④ 并不确切。至于为何学界长时间未对康德的宗教思想进行敬虔主义思想的溯源，赫里格一针见血地指出："低估敬虔主义教义的哲学潜力，因此与哲学概念进行比较的思想初看似是无关紧要的。"⑤

三　后敬虔主义时代的德意志浪漫主义

关于德意志浪漫主义，拜泽尔总结为"不仅是一场文学运动也是一场哲学运动"⑥，并对德意志浪漫主义者的宗教观评价道："浪漫派依然是宗教性的，甚至是神秘的。虽然他们的宗教基础是泛神论而非一神论或自然

---

① Augustus Hermann Francke, "the Doctrine of Our Lord Jesus Christ Concerning Rebirth", in Gary R. Sattler, *God's Glory, Neighbor's Good: A Brief Introduction to The Life and Writings of August Hermann Francke*, South Carolina: Covenant Press, 1982, p. 141.

② 傅永军：《绝对视域中的康德宗教哲学：从伦理神学到道德宗教》，第 353 页。

③ 张宪：《启示的理性——欧洲哲学与基督宗教思想》，巴蜀书社 2006 年版，第 309 页。

④ ［美］蒂利希：《基督教思想史》，尹大贻译，第 324 页。

⑤ Anna Szyrwińska‑Hörig, *Wiedergeborene Freiheit: Der Einfluss des Pietismus auf die Ethik Immanuel Kants*, Springer‑Verlag, 2016, p. 279.

⑥ ［美］弗雷德里克·拜泽尔：《浪漫的律令——早期德国浪漫主义观念》，黄江译，韩潮校，华夏出版社 2019 年版，第 8 页。

论，但他们从未失去对于世界的宗教态度当中的一些关键方面。"① 可见，拜泽尔认为，作为一场兼具哲学运动与文学运动的浪漫主义，因其宗教观是一种泛神论或自然神论，故浪漫主义在本质上是宗教性的。至于浪漫主义思想的宗教性，与敬虔主义之间的关联，拜泽尔并未明言。在拜泽尔对浪漫主义思想诊断的基础上，陈忠林指出浪漫主义思想的宗教性源于德意志敬虔主义，如其所总结的："虔诚派通过富有创造性的语言对赫尔德、维兰德、舒巴特、歌德、席勒等许多德国作家，包括一些浪漫派作家，产生了持久的和深刻的影响……德国早期浪漫派人士施莱尔马赫和诺瓦利斯，从小就受到亨胡特兄弟会②教派的熏陶，诺瓦利斯通过其父亲接受了该教派的思想，其父为虔诚派信仰复兴运动（Erweckungsbewegung）的参加者。"③ 在此，陈恕林认为敬虔主义对浪漫主义的影响一方面是通过语言来实现的，另一方面通过家庭氛围和教育来完成的。无论是认为德意志敬虔主义对浪漫主义的影响是假借语音，还是借助教育等，其结论均是：浪漫主义深受敬虔主义的影响。为论述的方便，笔者在此选取施莱尔马赫作为德意志浪漫主义的代表，阐释施氏思想如何继承与发展德意志敬虔主义。至于为何选取施莱尔马赫，原因在于，施氏思想不仅被基督教思想史家评价为"是对基督教的浪漫与开明的理解的最有力最系统的说明"④，而且其在宗教体验论、教会观和重生思想上，都与施本纳的主张有着诸多的相似性⑤。既如此，笔者将以的施莱尔马赫为线索，辨析施莱尔马赫如何对德意志敬虔主义思想"照着讲"和"接着讲"？

　　第一，何谓宗教？在《基督教信仰》（Der Christliche Glaube）中，施莱尔马赫强调："这里是我们根据我们自己的立场去理解'宗教'一词的一种与习惯用法不同的用法的最好的地方，然而我们在这里尽可能不使用该

---

　　① ［美］弗雷德里克·拜泽尔：《浪漫的律令——早期德国浪漫主义观念》，黄江译，韩潮校，第11页。

　　② 即摩拉维亚兄弟会。

　　③ 陈恕林：《论德国浪漫派》，上海社会科学院出版社2016年版，第4页。

　　④ ［美］詹姆斯·C.利文斯顿：《现代基督教思想》（上），何光沪、高师宁译，第192—193页。

　　⑤ Tenzan Eaghll, "From Pietism to Romanticism: The Early Life and Work of Friedrich Schleiermacher", In the Pietists Impulse in Christianity, *Princenton Theological Monograph Series*, Engene: Pickwick Publications, 2011.

词，除非只是因为多样性才会偶尔使用它……在科学的用法中最好避免使用这些名词，尤其是基督教领域中的'宗教'一词在我们的语言中是非常新的。"① 与奥古斯丁和宗教改革的教父一样，施莱尔马赫同样认为宗教于基督教而言不仅是"新的"，而且是不确切的，因为宗教只能作为习惯用法，而不能作为科学的用法。既如此，那施莱尔马赫认为宗教的真正内涵是什么？或者说，何谓施莱尔马赫的宗教？面对上述问题，施莱尔马赫自述道："宗教是从每一个比较好的灵魂的内部必然地流淌出来的，发源于自身，它属于心灵中的一块固有的领地，在其中它不受限制地统治着，它值得尊重之处在于，通过其最内在的力量感动最高贵和最优秀的人，使他们按照其最内在的本质获得认识：这就是我所主张的东西。"② 如此看来，施莱尔马赫认为宗教具有如下特点：（1）内在性；（2）先验性；（3）实践性。具体而言，所谓宗教的内在性，是指宗教不是外源性的，是居于主体心灵深处的；所谓宗教的先验性，是指宗教不是在经验中形成的，而是先验地潜存于主体心灵深处；所谓宗教的实践性，是指宗教不是一整套的理论体系、语词逻辑抑或心理状态，而是具有一种实践的必然性，即宗教必须诉诸社会生活的诸领域。然而，就如施莱尔马赫所提醒的："宗教从来就没有纯粹的出现过，所有这一切都只是附在宗教身上的疏异的部分，把宗教从这些部分解放出来，这确实应该是我们的事情。"③ 并进一步指出导致宗教不再纯洁的力量包括形而上学和道德哲学。这就使得，现实的宗教裹挟着大量此在的内容，如语言和文化传统等。

虽然在《论宗教》（*Über die Religion*）中，施莱尔马赫指出了宗教的三大特点，但并未将这种兼具内在性、先验性和实践性特点的宗教具体化。为此，在《基督教信仰》一开篇，施莱尔马赫便对宗教界定道："在所有活着的和运动着的事物中，在所有生成和变化中，在所有行动和痛苦中，寻找和发现这个无限者和永恒者，并且仅仅在直接的情感中才拥有生命本身并且认识到它是这样的存在——那就是宗教……宗教不是知识和认知，无论是关于世界的还是关于上帝的……它只有完全避开科学与实践各

---

① ［德］施莱尔马赫：《施莱尔马赫论自我意识》，张云涛译，第141—142页。

② ［德］施莱尔马赫：《论宗教》，邓安庆译，第22页。

③ ［德］施莱尔马赫：《论宗教》，邓安庆译，第29页。

自的领域和特点才能保持它自己的领域和它自己的特点。"也就是说，施莱尔马赫认为宗教不是关于上帝或世界的知识，也不是主体对客体的认知，而是主体对"无限者和永恒者"的"寻找和发现"①，且这种"寻找和发现"是直接的，而非借助某种"中保"。这也就意味着，施莱尔马赫的宗教并不是一个名词，而是一个动词，即主体直面无限者，并孜孜不倦地追寻后者。那这种追寻，于主体而言又意味着什么呢？一开始，施莱尔马赫剔除了对关于上帝的"刨根问底"，而指出只能"对于不朽和上帝最好是什么也别说"②。什么也别说，并不意味着什么也不做；恰恰相反，在施莱尔马赫看来，这种追寻于主体而言便是直观，即对无限者的"绝对依赖感"。既如此，那"绝对依赖感"又是什么？施莱尔马赫解释道："只有当它作为一个共同构成的环节与一个由部分自由感和部分依赖感构成的特定意识环节相关时，它才成为一种具体的敬虔冲动（Erregung），而只有在于以不同方式构成的材料相关的另一个环节中，它才成为另一种敬虔冲动。不过，这一过程的发生使得本质性的因素，即绝对依赖感，在二者中是相同的，并且在整个序列中始终是相同的。"③ 在此，施莱尔马赫用一种类似于宗教现象学的方法将绝对依赖感尽可能地呈现出来，即绝对依赖感是"将整个世界都吸纳入它自身中，有限存在者中存在的所有对立都被彻底消除，它们被看做是完全相同的。只有所有有限存在者都依赖某一个至高存在者，这种完全的同一性才会出现"④。简言之，施莱尔马赫认为绝对依赖感是指在直观无限者的过程中，主体与无限者彻底取消了主客二分的对象性关系，而呈现为如马丁·布伯（Martin Buber，1878－1965）所言的"我—你"关系："'你'与我相遇，我步入与'你'的直接关系里。所以，关系既是被择者又是选择者，既是施动者又是受动者。"⑤ 在上述关系中，主体"敬虔"无限者，且无限者与主体实现"属性交融"而融为一

---

① 不得不说的是，所谓主体与客体之间的划分，实则已经背离了施莱尔马赫关于"宗教"的界定。在此，主体与客体的划分，只不过是囿于语言的有限性罢了。于施莱尔马赫而言，宗教意味着主体与无限者壁垒的消失，而呈现为融融状态。

② ［德］施莱尔马赫：《论宗教》，邓安庆译，第71页。

③ ［德］施莱尔马赫：《施莱尔马赫论自我意识》，张云涛译，第135页。

④ 闻骏：《不断追问中的人神关系——施莱尔马赫思想研究》，第131页。

⑤ ［以］马丁·布伯：《我与你》，陈维纲译，第26页。

体。如此看来，黄小洲认为施莱尔马赫主张宗教当抛开一切外在的知识与形式的束缚，目的在于凸显"人性是宗教的最高圣殿，一切宗教皆有着深刻的人性基础"① 是片面的；以及赵林认为施莱尔马赫的此类宗教观实现了"从形而上学向心理学的转化"② 同样是站不住脚的。究其原因，施氏对主体与无限者之间关系的阐释，并不在于揭示宗教具有深刻的人性论基础，而在于强调主体与无限者之间的这种熔融关系；以及主体与无限者实现"属性交融"的状态，与其说是一种心理学意义上的描述，不如说是一种借助基督教的教义体系对主体与无限者"神秘合一"尽可能地刻画；这不是心理学意义上的，而是存在论意义上的。

第二，何谓教会？由于上述这种主体对无限者的绝对依赖感必须借助此在的语言、逻辑和文化体系予以呈现，即如施莱尔马赫所总结的："宗教不可能不以演讲家的全部功力和语言艺术说出和传播，并立志取得所有才艺的辅佐，能够伴随轻快矫健而又生动感人的语言。"③ 所以这种"绝对依赖感"会在此在的生活世界中不断地制度化。然而，该绝对依赖感又因其不是一种属于内心的情感，而是一种先验的、内在的不可遏制的"宗教冲动"，故而绝对依赖感始终会牵引着主体导向"无限者"。也就是说，每个主体都必须直面无限者。作为结果，那么"每个人都是教牧，只要他在这个他特别为之献身的领地上，把其他人吸引到自身这里来，而且他在这里能够表现为是一个技艺精湛的行家；每个人都是平信徒，只要他自己在他不熟悉的宗教事务上跟随他人的艺术和指点"④。那这是否意味着施莱尔马赫主张宗教只是个体的，而无须结合成团契？对此，施莱尔马赫斩钉截铁地回答道："我没有看到别的，仅只看到一切都是一，只看到宗教中实际存在的所有差别，正是通过这种社会性的联系像汁液一样相互流通交融。"⑤ 换言之，施莱尔马赫虽然主张宗教是个体性的，但这种个体性的宗教在原初意义上却是统一的。这也就意味着，于主体而言，施莱尔马赫主

① 黄小洲：《施莱尔马赫敬虔主义宗教初探》，《经济与社会发展》2010 年第 3 期。
② 赵林：《论德国神秘主义与浪漫主义哲学》，《学习与探索》1996 年第 5 期。
③ ［德］施莱尔马赫：《论宗教》，邓安庆译，第 109 页。在此，施莱尔马赫所言的"宗教"是指"绝对依赖感"。
④ ［德］施莱尔马赫：《论宗教》，邓安庆译，第 110 页。
⑤ ［德］施莱尔马赫：《论宗教》，邓安庆译，第 111 页。

张的宗教必然结成教会，否则便是对其宗教之本义的背弃。

可即便如此，由无数具有绝对依赖感之人构成的团契必然具有类似的特点，就如施莱尔马赫所总结的："敬虔自我意识在其发展过程中也必然变成团体，而这个团体一方面是易变的、不稳定的，另一方面有确定的限制，它就是教会。"① 也就是说，由于施莱尔马赫认为绝对依赖感是作为个体的主体，而非作为类的群体对无限者的宗教冲动，故而每一个体对无限者的宗教冲动都各具特色，"如果任何一个人的宗教冲动与某些人的宗教冲动，而不是其他人的宗教冲动有更强的亲和力，那么对这个人而言，更容易与前者，而不是与后者组成敬虔情感的团体。如果差别很大，他就会发现自己被某些人吸引，而被其他人排斥"② 。既然个体会因类似的宗教冲动而集合在一起，那么拥有类似宗教冲动的个体不仅存于当下，而且可延伸至各历史时期，那么这些存在于不同历史阶段，生活在不同空间中的个体就只是因类似的宗教冲动而联合成一个团契。如果存在着相似的宗教冲动，那么便有关联不紧密、甚至于相互冲突的宗教冲动。建基于由关联不紧密的宗教冲动之主体而形成的团体，"在确定的界限内，每一个这样相对封闭的敬虔团体形成了敬虔自我意识的不断更新的循环以及在同样的这些界限内有序排列的宗教冲动的传播，由此，可以在某种程度上确定哪些个体属于它，哪些个体不属于它。我们用'教会'一词来称呼每一个这样相对封闭的敬虔团体"③ 。在上述认识的基础上，施莱尔马赫认为建基于由绝对依赖感的人构成的团契存在着两个样态：（1）不可见的团契；（2）可见的教会。

第一，普遍诠释学。根据《施莱尔马赫全集》第4卷《诠释与批判》所示，从1805年开始，施氏几乎每隔数年就有一部诠释学著作问世，虽然"潜藏着的概念框架并未发生变化"④ 。可见，诠释学始终是施氏关注的主题之一。在进入施氏诠释学的阐释前，需要注意的是，《诠释与批判》一

---

① ［德］施莱尔马赫：《施莱尔马赫论自我意识》，张云涛译，第138页。

② ［德］施莱尔马赫：《施莱尔马赫论自我意识》，张云涛译，第140页。

③ ［德］施莱尔马赫：《施莱尔马赫论自我意识》，张云涛译，第141页。

④ Schleiermacher, *Hermeneutics and Criticism and Other Writings*, Translated and Edited by Andrew Bowie, Cambridge：Cambridge University Press, vii.

书首次出版时，并未归为其哲学著作中，而是被纳入其神学著作，主要原因在于该书将论述的重点置于《新约》的诠释。因此，该书英译者安德鲁·博伊（Andrew Bowie，1952— ）总结道："《诠释与批判》必须置于圣经的传统和哲学诠释之间发展着的关系视域下来考察。"① 无论是该书首版被归入神学著作，还是该书英译者指出需将该书至于圣经传统的视域下来考察，无不表明该书与基督教有着密切的关系。在该书中，关于圣经诠释的目的，施氏从圣经研究的现状出发，指出由于"我们只有极少一部分圣经作者的手稿，却有大量的新约文本"②，所以"当抛弃唯有找到相关手稿，才能得出准确结论"的做法，而将由现存新约所得出的结论和未来可能出现的手稿所得出的结论区分开来③。换言之，施氏告诫我们，对圣经的诠释不能一味地指望可能出现的手稿，而应当在现存经文的基础上，得出合乎情理的"猜测"，即施氏将圣经诠释区分为"手稿中的正典"与"正典在文本中历史的表达"，其目的在于驳斥莱马卢斯关于新约是"骗局的指控"④。如此看来，施氏认为圣经包括两部分内容：原初的正典与正典在各历史时期的发展。这就意味着施氏主张在圣经诠释的过程中，应当使用历史考证、文本分析和语言学的方法，即其所总结的解释学要"满足科学的要求"，否则无法在圣经中辨识出哪些是原初的正典，哪些是在原初正典的基础上在各不同历史时期发展出来的经卷，以及判定各经卷成书的时间及其相应的历史，诚如 J. 格朗丹（Jean Grondin，1955— ）所总结的："施莱尔马赫鼓励解释者将文本（与它们对真理的要求无关）看做纯表达的现象。"⑤ 当然，施氏主张对圣经做上述诠释，不是为了论证才说任何关于圣经的"猜测"首要是在经验中被证明无误。若不能通过这样的测试，则该"猜测"只能是猜测，而不能成为关于圣经的知识。

虽然施氏诠释学的第一原则是寻求客观性，但其并非为了客观性而客

---

① Schleiermacher, *Hermeneutics and Criticism and Other Writings*, Translated and Edited by Andrew Bowie, Cambridge: Cambridge University Press, viii.

② Ibid. , p. 193.

③ Ibid. .

④ 赫尔墨：《施莱尔马赫的释经神学与新约》，黄瑞成译，载《施莱尔马赫的柏拉图》，华夏出版社 2009 年版，第 214 页。

⑤ ［加］J. 格朗丹：《浪漫主义解释学与施莱尔马赫》，何卫平译，《求是学刊》2007 年第 3 期。

观，即完全将圣经作为对象而进行语法、历史和版本分析，而是如大卫·施特劳斯（D. Strauss，1808－1874）所指出的"施莱尔马赫表明自己的立场更多是教义的而非历史的"①。所谓"教义的而非历史的"，指施氏圣经诠释学的目标是揭示圣经的终极目的是"救赎"。至于为何在其圣经诠释学中要一方面强调客观性作为第一原则，另一方面秉持"基督高于经文"，原因就如赫尔曼所总结的"通过经验理性有限而达成历史——神学的主张，施莱尔马赫将他的辩证法应用于神学方法，以便从历史进程中获得对有生命力的宗教的陈述"②。不难发现，施莱尔马赫的上述原则与路德、弗兰克和康德如何面对理性有异曲同工之处。

综上所述，在施莱尔马赫的思想框架中，宗教的本质既不能在形而上学中找到，又无法在道德哲学中寻得，而是在主体内先验地存在着的，并主张宗教的本质是一种具有宗教冲动的主体对无限者的绝对依赖感，即主体与无限者通过"属性交融"实现合一。很明显，在施氏的宗教本质的界定中，虽与法兰克福敬虔主义有相似之处，但侧重点不一样，就如伊格尔（Tenzan Eaghll）所总结的"施氏对重生的盼望不基于基督，而建基于'无限的直观'"③。也就是说，施氏对宗教本质的界定从形式和内容来看，均取法于敬虔主义思想，只不过在重生的侧重点上，施氏从基督转变至主体之上。至于教会的内涵，施莱尔马赫从宗教的本质出发认为教会兼具个体性和社会性，稳定性与不稳定性，可见性与不可见性的特点。具体而言，一方面，施莱尔马赫既认为主体直面无限者就是一个教会，又强调由无数具有"宗教冲动"的超时间的、跨空间的个体构成的团契也是教会；另一方面，施莱尔马赫主张，主体对无限者的绝对依赖感因其相似性而逐渐聚拢成一个群体，从而具有了社会性；作为一个此在的群体，其样态自然是有形的，且因对无限者绝对依赖感的相似性而呈现为稳定的状态。可见，施氏的教会论更为强调"人"的作用。因此，伊格尔援引施氏传记作者之一的雷德贝克（Redeker）总结道："施莱尔马赫将摩拉维亚兄弟会的

① 转引自赫尔墨《施莱尔马赫的释经神学与新约》，黄瑞成译，第228页。

② 转引自赫尔墨《施莱尔马赫的释经神学与新约》，黄瑞成译，第229页。

③ Tenzan Eaghll，"From Pietism to Romanticism：The Early Life and Work of Friedrich Schleiermacher"，In The Pietism Impulse in Christianity，Edited by Christopher Collins Winn. Eugene，OR：Pickwick Publications，2011.

理想社会转变为浪漫主义理想人性的水平。"① 即便如此，伊格尔依然认为施氏的"真正的宗教"是上述两种理想的合体。至于普遍诠释学，施莱尔马赫既主张运用科学研究的方法对圣经进行对象性的研究，又不忘提醒普遍诠释学的目标不在于建构一整套圣经诠释的客观标准，而在于揭示"基督高于经文"的神圣真理。不难发现，在德意志敬虔主义的系列思想中，无论是主张重生需完成"罪的得赎"与"新人的被造"两个阶段的施本纳，还是强调重生是在遵行圣经诫命的前提下，主体直面、感知无限者，并与祂合一的弗兰克，抑或是认为重生是基督之工，且在基督完成救赎计划的过程中，主体"视觉化基督的受难，并尽情享受祂的死亡。他们渴望成为基督的爱人，并躺卧在基督的怀抱里。他们的团契是在基督的圣伤中诞生的"② 亲岑道夫，无不强调重生的关键在于主体与无限者形成一个密不可分的联合体。唯其如此，重生方能实现；否则，重生将遥遥无期。也就是说，于个体而言，德意志敬虔主义的重生是在主体与无限者之间发生的一种神圣体验。如此看来，施莱尔马赫所界定的宗教之本质是对德意志敬虔主义思想家的重生"照着讲"与"接着讲"。

至于德意志敬虔主义思想家所认为的教会，其首先是一群由真信仰者构成的无形的共融体，即如亲岑道夫所言的"属灵的、永恒的，并以团契生活为基础。在该共融体中，个体信仰者借着信与爱，在基督中与上帝结合成团契"③；然后则是一个跨宗派的世界性团契，其成员不属于任何教派，又在任何教派之中。可见，敬虔主义思想家所界定的"教会"可分为无形的教会和有形的教会。观施莱尔马赫的教会，其认为教会的根基是主体对无限者的绝对依赖感，且存在着两个样态：不可见的团契和可见的教会。如此看来，在关于教会的根基与将教会分成可见的和不可见的两种样态，施莱尔马赫与德意志敬虔主义思想家如出一辙。另外，关于普遍诠释

---

① Tenzan Eaghll, "From Pietism to Romanticism: The Early Life and Work of Friedrich Schleiermacher", In The Pietism Impulse in Christianity, Edited by Christopher Collins Winn. Eugene, OR: Pickwick Publications, 2011.

② Craig D. Atwood, *Community of the Cross: Moravian Piety in Colonial Bethlethem*, Pennsylvania: the Pennsylvania State University Press, 2004, p. 112.

③ Arthur James. Freeman, "Gemeine: Count Nicholas von Zinzendorf's Understanding of the Church", *Brethren Life and Thought*, 2002, p. 6.

学，与哈勒敬虔主义的代表思想家弗兰克一样，在诠释方法上，均主张对圣经做对象化的研究，即将经文纳入语言学、历史学和版本学等科学研究的视角下；在诠释的目标上，均认为圣经诠释不在于条分缕析地解读经文的内涵，进而考察经文的历史等，而在于提示众人"基督高于经文"的神圣真理，即圣经诠释的目标是向世人预表基督的救赎计划。如此看来，施莱尔马赫的宗教观、教会观和方法论（普遍诠释学）都深受德意志敬虔主义思想的影响，或可视作后者影响下的产物，诚如蒂利希所总结的"就施莱尔马赫的实情来说，他是从虔诚派基督教进入的。在每一宗教的哲学概念中，我们都可以看到这个进入门路的踪迹，即哲学家自己的宗教"①。还需注意的是，就如伊格尔所强调的，虽然施莱尔马赫无论从早年的生活，还是从其思想来看，都深受敬虔主义思想的影响，甚至可以说是施氏是敬虔主义思想的守门人，但施氏思想终究是浪漫主义的，如其对敬虔主义基督论的背离、对救赎观的创造性转化和对主体实践的强调。

---

① ［美］蒂利希：《基督教思想史》，尹大贻译，第 354 页。

结　语

一

正如笔者在一开始所说的那样，德意志敬虔主义代表思想家的著作多为针对教会某一特定问题而向信众做的布道，因内心的困惑而向上帝的独白，以及关于某一现实问题而与友人探讨，或告诫友人的书信，加之他们的思想是以主体遭遇无限者，且此二者实现"属性交融"而联结成一个密不可分的整体为基础，即德意志敬虔主义思想家驳杂的文本和体验式的思想特质，使得任何不同的研究视角都可能带来不一样的观点。因此，任何妄称对德意志敬虔主义在深度、广度和视角上均进行面面俱到的研究，就常识而言，多半是一种不切实际的臆想。即便如此，就上文已结束的非常有限的讨论而言，其或多或少地为把握德意志敬虔主义思想发展史提供了一条可供参考的线索。所以，考虑到这一情况，重新梳理一下前文曾经探讨过的问题和背后的研究理路，或许在结束的时候有所裨益。

笔者首先梳理了前德意志敬虔主义时代的"敬虔主义"思想资源和时代处境。与学界惯常的相关研究不同的是，我们认为中世纪神秘主义思想对德意志敬虔主义思想家的影响是经由路德发挥的，即路德创造性的改造了中世纪神秘主义思想，如"属性交融"等；还认为将加尔文主义思想视作德意志敬虔主义思想的来源只是部分研究者将敬虔主义内涵扩大所致的后果。在上述认识的基础上，笔者认为德意志敬虔主义思想深深植根于路德的思想中，只不过由于学界对路德非理性思想的一面发掘得不够，才致使学界误将德意志敬虔主义溯源至更为久远的时代。鉴于此，笔者在第一章中重点阐述路德的唯独因信称义论、意志不自由论和理性限度论。在路德看来，唯独因信称义不是一个法庭术语，而是一种路德将自身的信仰实践借助逻辑，并诉诸文字而形成的以直面基督的体验为核质，以该体验在此在世界的外化或沉淀为外在表现形式的神圣经历，且这是一个面向终末的过程，而非瞬时的"飞升"。至于路德的意志不自由论，其意在告诫我们：主体的意志于其救赎大计而言，不仅于事无补，反而是其障碍，即救赎是基督之工、客观的，而非主体之功、主观的。最后，笔者考察了影响德意志敬虔主义的路德思想中的第三个方面，即路德的理性限度论。由于路德并未系统性的阐释理性，而是借助对亚里士多德哲学的评价来呈现的。笔者发现路德对亚里士多德哲学的评价呈现出吊诡的现象，即既高度肯定亚里士多德哲学，又极度贬斥后者。关于这一吊诡现象，笔者总结道：路德关于亚里士多德哲学的论述只是看似吊诡，实则一以贯之，即亚里士多德哲学应当被限定在属世国度中使用，而在属灵国度中，只能借着信。如此，笔者便列出影响德意志敬虔主义的三种路德思想：第一，以主体经验基督为基础，以与基督实现合一为目标和面向终末的唯独因信称义论；第二，救赎之事与主体的自由意志无涉的自由意志论；第三，象征着人类理性的亚里士多德哲学只可用于属世国度，若用在属灵国度则是僭越的理性限度论。

　　思想运动绝非产生在真空中，其除了对过往思想的承继外，还反思并回应着时代问题。笔者认为，德意志敬虔主义的产生深受后三十年战争的德意志地区经济、文化和社会处境的影响。三十年战争使得德意志地区人口锐减，经济凋敝，饥荒加剧和瘟疫流行，俨然一副末世景象。在上述社会氛围下，德意志敬虔主义思想家一方面试图改变现状，即通过包括教会改革在内的系列社会革新以繁荣社会文化生活；另一方面又受到这种境况的影响，尤其是末世景象，从而在各自抽象的理论中予以反映。此外，随着宗教改革教父的离去而改革宗教的热情也随之意兴阑珊，以及为将相关教义体系化而借助亚里士多德哲学，作为德意志敬虔主义一生之"敌"的路德宗正统派应运而生。作为结果，"人们不断地发现一本又一本充满着争论、诡辩、责骂、斥责的作品，且这些论辩作品除了学究式的争吵外，别无其他目的"①，却买不到一本真正诠释上帝之道的敬虔之书。再加上，《威斯特伐利亚条约》重申"教随国定"的原则，使得大量的路德宗教会被当地政府控制，甚至沦为政治权力的婢女。以上种种，共同催生出以施本纳为代表的德意志敬虔主义，随着其在德意志地区传播和发展，从而深深影响着该地区的社会、政治与文化进程。

为了既清晰地勾勒德意志敬虔主义发展史，又呈现不同思想家的理论特点和实践侧重，故笔者将德意志敬虔主义分为以施本纳为代表的法兰克福敬虔主义、以弗兰克为代表的哈勒敬虔主义和以亲岑道夫为代表的摩拉维亚敬虔主义。关于法兰克福敬虔主义，笔者从法兰克福敬虔主义的哲学基础——宗教认识论、重生观和教会改革思想等方面进行阐释。笔者认为施本纳的宗教认识论在内容上专注于探寻知识的来源与寻求知识确定性的标准，其主张只有在神启的前提下，主体获得的有关体验方能成为知识，以及强调知识确定性的标准在于圣经。从表面上看，施本纳关于知识的来源（启示之下的主体体验）与知识确定性的标准（圣经的客观性）存在着显而易见的冲突。实际上，施本纳宗教认识论涵盖的上述二者并不冲突，原因在于施本纳认为圣经不是一系列表意符号的堆砌，而是一个涵盖着互为表里、又相互依存的内外两方面的整体：圣灵对执笔者的启示是核心，执笔者所借助的诸如语言、逻辑和文化传统等此在是执笔者接受圣灵启示的流溢。如此，施本纳认为圣经作为知识确定性的标准，不是将圣经视作信仰的说明书，而是将其视作在实践中培养主体敬虔的源头。至于施本纳的重生观，笔者认为其包括两部分："罪的得赎"与"新人的被造"。所谓"罪的得赎"是在个体与基督以信为纽带形成一个联合体的前提下，基督将白白的恩典转归给个体，从而实现作为此在的存在者之"罪的得赎"；所谓"新人的被造"是指个体在从事社会事功时"有意识的悔改和信心"。如此看来，若说"罪的得赎"是瞬时的、体验式的，那么"新人的被造"则是终末论的。统而观之，施本纳的重生观在基督的恩典与主体的事功，

---

① Philip Jacob Spener, *Pia Desideria*, Translated, Edited and with an Introduction by Theodore G. Tappert, Minneapolis: Fortress Press, 1964, p. 53.

在瞬时性与终末论之间始终维系着一种平衡。一旦上述平衡被打破，那么就极易产生异端，德意志敬虔主义的异端自称源于施本纳便是明证。对宗教认识论和重生观的阐释并非施本纳的目的，其神学辨析的目的是实践的，即继续教会改革。为实现上述目标，施本纳主张建立"敬虔小组"。笔者认为施本纳的敬虔小组不是教会的一种样态，而是教会改革的一种手段，即通过敬虔小组的方式培养主体之敬虔，最终实现主体直面基督，并完成与基督合一的目的。这也就意味着，施本纳的敬虔小组不是导致路德宗教会分裂的肇因，而是实现最本真教会的手段。由上观之，法兰克福敬虔主义应理论上偏重基督恩典的客观性和圣经作为诫命的权威性，在实践上则侧重教会改革。

　　紧接着，笔者讨论了以弗兰克为代表的哈勒敬虔主义。关于哈勒敬虔主义，笔者在紧扣哈勒敬虔主义的主轴——弗兰克体验上帝的基础上，依次阐释其圣经诠释学、重生观和具体的社会实践。笔者认为，弗兰克的圣经诠释学大体上建构了一套有关圣经诠释的标准，即对圣经的"文字"部分置于文法、历史和解析（逻辑）等视角下予以阐释，对圣经的"圣灵"部分则通过教义、推论和实践等方法尽可能地呈现。如此看来，弗兰克对圣经的文字部分所做的多学科的研究，其目的是客观地揭示出经文所载内容。至于弗兰克对圣经的圣灵进行的研究，则是为了使诠释者获得"重生"。在此，不得不回到哈勒敬虔主义的主轴上来，即弗兰克的圣经诠释学是以其体验上帝为基础。如果是这样的话，弗兰克主张对圣经的圣灵部分的诠释，不在于建构一套行诸四海的客观标准，而在于引导作为个体的诠释者"获得活泼泼的知识"①。同样地，弗兰克的重生观也与这条哈勒敬虔主义的主轴密切相关。通过对相关文献的梳理，笔者发现弗兰克重生观的核质是体验，且是以自我的重生体验为准绳，即重生是一种主体遭遇上帝的体验，而非一套系统的神学教义。且，这种体验是一个个具体的、活泼泼的人的，而非作为类的抽象的群体的。这也就是说，弗兰克的重生观既是体验式的，又是个体性的。这与路德的称义思想有异曲同工之妙。作

---

① Makus Mattbias，"August Hermann Francke"，*The Pietist Theologians: An Introduction to Theology in the Seventeenth and Eighteenth Centuries*，Edited by Carter Lindberg，Hoboken: Blackwell Publishing Ltd.，2005，p. 106.

为哈勒敬虔主义在实践方面的侧重，弗兰克不仅系统诠释了社会实践的理论基础，而且身体力行的进行社会实践，如创办哈勒福利院等。在此，弗兰克所阐释的社会实践的理论基础之关键是"信"，而具体的社会实践自然当归为"行"的范畴。若如此，弗兰克认为信又如何影响行，以及行如何反映信？弗兰克认为信影响行是个体将圣言内化，感受到圣言的大能，从而自觉地践行圣言所规定的诫命。在此，从信到行的关键在于个体真切地体验到上帝的临在。这就意味着，若要跨越"知道"与"做到"的鸿沟，个体就必须实现主体与上帝的"融合"，其纽带是信。若如此，作为信指导下的行，无论是教会礼拜、忏悔、圣餐，还是世俗活动都浸淫着神圣之光。如此看来，于弗兰克而言，信与行是一体两面：真信必然意味着笃行，笃行无疑呈现为真信。不难发现，哈勒敬虔主义理论上强调主体遭遇基督的关键性，实践上则侧重改造社会。

除上述两位思想家外，笔者还系统阐释了德意志敬虔主义的集大成者亲岑道夫的思想：心灵宗教、重生观和教会观。关于亲岑道夫的心灵宗教，其是一种以主体遭遇基督为核心的基督教。在这种主体遭遇基督的体验中，亲岑道夫认为主体与基督间是"我与你"的关系，而非"我与它"的关系，即主体将基督视作朋友，而非认识的对象。也就是说，在方法上，亲氏的心灵宗教主张一种与德意志敬虔主义前辈相类似的方法：主体遭遇基督，并与之合一，而非将基督视作客观的对象。在内容上，亲氏的心灵宗教主张主体在遭遇基督的过程中，将"救主的位格被感受为这个世界的创造者、维护者和救赎者"① 在目的上，亲氏的心灵宗教不是建立一种新的宗教门类，而是强调将宗教的情感注入路德宗正统派中，即革新路德宗正统派，而不是为了分裂路德宗教会而新立的"名目"。对此，《牛津基督教会辞典》总结道："该'心灵宗教'完全主导着亲岑道夫的神学。这一与救主建立亲密关系的追求不能总是免于一种过度的情感主义（Excessive Emotionalism），而这一情感主义在亲岑道夫的众多赞美

---

① *The Oxford Dictionary of the Christian Church*, Edited by F. L. Cross and E. A. Livingstone, London: Oxford University Press, 1974, p. 1512.

诗和主护城的崇拜中得到完全体现……他强调将宗教中的情感注入新教正统派中。"① 随后，笔者讨论了亲岑道夫的重生观。虽然在结构上，亲氏的重生观与弗兰克的无异，即认为重生是基督之工，是基督白白恩典的转归，但在具体内容上却显得颇具神话色彩，如主体与基督的合一是借着"圣伤"处外冒的"小灵"的"原初种子"进入前者而实现的，以及"罪的得赎"被绘声绘色地描绘成"圣子的血"如大海般将主体之"罪"覆盖，并不再泛起和沿袭传统的基督得胜论——基督的宝血将撒旦踩在脚下。面对亲氏此类极具神话色彩的重生观，笔者提醒众研究者：摒弃条分缕析式的研究进路，如宗教现象学和宗教心理学等，否则不仅无法进入亲氏思想的深处，还会被亲氏充满了悖论和神话式描述的重生观弄得更加糊涂，建议运用"解神话"等方法尽可能地去把握亲氏重生观的真谛。与其他两位敬虔主义思想家一样，无论是亲氏的心灵宗教，还是其重生观，均具有强烈的实践面向。于亲氏而言，其思想的实践面向是建立一个世界范围内跨宗派的共融体。在亲氏共融体中，包括超时间、跨空间的无形共融体和已更新的摩拉维亚教会，且具有三大标识：第一，将基督作为首领，且共融体成员均与基督维系着个体的、体验性的关系；第二，将圣灵作为母亲；第三，传教。如此看来，亲岑道夫绝非教会分裂主义者，而是维系路德宗教会团结和统一的代表。

由上可见，法兰克福敬虔主义在实践上侧重教会改革，哈勒敬虔主义偏重社会实践，以及库拉维亚敬虔主义偏重教会合一。简言之，德意志敬虔主义不仅是一场思想运动，而且是一场深刻的社会变革运动。作为一场具有实践面向的思想运动，德意志敬虔主义形塑着德国社会的方方面面，并产生持久且磅礴的力量。为此，笔者提纲挈领地总结了后德意志敬虔主义时代的普鲁士在现代性转型过程中所发挥的效用，以及分析了德意志敬虔主义对德国启蒙运动和德国浪漫主义运动的影响。具体而言，借助政治权力的推动，德意志敬虔主义被威廉一世改造成"国家敬虔主义"，将其作为规范与整合军队、文官系统和社会其他阶层的重要力量，使得曾经

---

① *The Oxford Dictionary of the Christian Church*，Edited by F. L. Cross and E. A. Livingstone，London：Oxford University Press，1974，p. 1512.

致力于改革教会和改良社会的德意志敬虔主义转变为国家的利益服务。为了实现将国家敬虔主义注入军队的目标，威廉一世依托哈勒大学等敬虔主义的大本营大量培养人才，将毕业生作为随军牧师配备到军队中。至于如何使文官秉持国家敬虔主义，威廉一世一方面改变官员选拔方式，另一方面将已在军队中接受过敬虔主义熏陶的退役军人安置进文官系统。除此之外，为了实现使国家敬虔主义影响全社会的目的，威廉一世仿照敬虔主义的哈勒模式在全国范围内建立学校，并优先聘用接受过敬虔主义教育的毕业生作为教师。作为结果，包括军人、政府官员和资本家在内的几乎各行业的从业者都深受敬虔主义思想的影响，遂逐步完成了普鲁士的现代性转型：军队不再是贵族的打手，而成为维护国家利益的重要力量；政府官员不再是权贵阶层的仆役，而是维系国家各项职能正常运转的公务人员；各行业的从业者在崇高目标的牵引下而积极投身社会实践。

通过前文的总结，笔者发现，德意志敬虔主义既非偏执于个体对基督的体验，又不执着于客观性的准绳（如圣经和教会传统），而是一个以个体对基督的体验为核质，以哲学方法论、重生观和实践学说等为内容的系统。也就是说，德意志敬虔主义思想家在基督教教义学、道德哲学和实践论等方面有着详细的阐释，故而影响着后德意志敬虔主义时代的德国思想界：启蒙运动和浪漫主义运动。关于前者，笔者在概述了莱辛的圣经观和康德的宗教思想的基础上，认为无论是在莱辛的圣经观中，还是在康德的宗教思想中，都可以发现敬虔主义思想的影子，如莱辛关于圣经的文字与圣经之"灵"的区分，运用理性与主体的体验来分别"诠释"理性宗教与启示宗教和主张在圣经研究时需将理性与主体的体验熔于一炉，以及康德的救赎途径、如何事奉上帝和对真正教会的界定等。若将以体验为核心的敬虔主义视作神秘主义，将莱辛和康德的学说视为理性主义的话，那么关于神秘主义和理性主义间的关系，就如蒂利希概括道："理性主义是神秘主义的产儿。"①

同样的，至于后者，笔者在简要梳理德意志浪漫主义代表思想家施莱尔马赫的宗教思想的基础上，认为施氏关于宗教的本质、教会的本质和普遍诠释学等均存在着德意志敬虔主义思想的因子。单就施氏的宗教之本质

---

① ［美］蒂利希：《基督教思想史》，尹大贻译，第258页。

而言，其将宗教界定为主体对无限者的绝对依赖感。如此，宗教成为一种个体内在的对无限者的情感，因而是个体性的，自然也是私密性的。由是观之，施莱尔马赫只不过将德意志敬虔主义思想家所主张的宗教观进一步主观化和情感化了。作为结果，宗教的主观化意味着神圣者所暗含的真、善和美标准的多元化，从而导致伦理标准的失据。伦理标准的失据，进而导致主体在险恶的环境中时常以保存自然为幌子，实际上却违背了自然法，最典型的事件莫过于在自由主义神学滥觞的德国，德国国家教会基本沦为希特勒发动对外战争的理论论证工具，如为论证希特勒的种族学说，当时德国国家教会竟然恬不知耻地得出"耶稣是日耳曼人"的结论。

　　在此，笔者无意于论证德意志敬虔主义是导致启蒙运动，进而叩开现代社会的重要思想资源，亦不想指摘德意志敬虔主义思想是导致自由主义神学滥觞后出现的伦理标准失据的原因，而是为了从思想史的角度揭示德意志敬虔主义思想所涵盖的神圣性与历史性，并指出与德意志敬虔主义思想一样的其他基督教思想并非横亘在真空中的理念，而是思想家对活泼泼现实的思考与对神圣者的体验，且个体对神圣者的体验是其思想的核心，而外在的诸如对某一特定问题的回应则是这一神圣体验在历史的生活世界中的沉淀。若秉持这一观点，那么不仅对基督教神秘主义的研究有所裨益，还能进一步推动对有关基督教神学框架，基督教会史和对基督教与其他诸领域间关系的理解。除此之外，由于德意志敬虔主义思想在偏重主体宗教体验的同时，还时刻提醒个体抵达基督之"说明书"和团契的重要性，并呼吁且身体力行地在具体的实践活动中将"敬虔"呈现出来，因而德意志敬虔主义思想既不会因只强调主体体验而导致伦理标准的失据，又不会因只关注客观准绳而导致信仰的僵化。可即便如此，德意志敬虔主义亦只是基督教思想革新的某一范例，而非因袭的对象，就如韦伯在《学术与政治》中所告诫的："他的道路不是我们的道路，他的思想也不是我们的思想。"①

---

①　［德］马克斯·韦伯：《学术与政治》，冯克利译，第33页。

二

从德意志敬虔主义思想家的思想框架和作为一场思想运动的敬虔主义对普鲁士社会、经济和政治的规范与整合来看，笔者可以清晰地感受到：第一，作为一种特殊的人类文化形态的基督教，其核质并不是卷帙浩繁的经卷，也不是令人眼花缭乱的礼仪，而是个体遭遇无限者，并与后者联合成一个整体的神圣体验，并因为在这样的一种神圣体验中主体的差异性和时代处境的不同，使得不同思想家的思想各具特点。第二，于主体而言，上述神圣体验并非心理学意义上的，亦非宗教现象学所能"理解"的，而是一种存在论意义上的，即主体对无限者的渴慕是先验的、不可消解的。第三，敬虔主义在生成与传播过程中，其渗透到历史与社会生活的方方面面，与其他因素一道共同推动着传统社会的现代性转型。

举例来说，就基督教的核质是主体遭遇无限者的神圣体验，其在不同的思想家处呈现出不同的特点。在这一方面，笔者详细阐释了法兰克福敬虔主义、哈勒敬虔主义和摩拉维亚敬虔主义，并总结道：法兰克福敬虔主义理论上偏重基督恩典的客观性和圣经作为诫命的权威性，实践上侧重教会改革；哈勒敬虔主义理论上强调主体遭遇基督的关键性，实践上则专注于改造社会；摩拉维亚敬虔主义理论上强调运用一种神话和象征的表达方式来呈现主体的这一神圣体验，实践上则笃定建立一个世界范围内的跨宗派的团契。

在总结不同敬虔主义思想家的理论和实践侧重的过程中，笔者还发现德意志敬虔主义思想家理论侧重愈加主体化和情感化，虽然即便在亲岑道夫处，其也未抛弃基督的救恩从中心位置移除。展开来说，为了实现重生，施本纳主张主体遭遇基督，并与之融为一体的神圣体验的同时，还不忘提醒该神圣体验的发生是在遵照圣经的指引下实现的，且认为基督的救恩于主体的重生而言，是基础性的。这也就意味着施本纳虽然认为重生离不开该神圣体验，但该神圣体验需"有章可循"，从而在一定程度上确保了主体的神圣体验不至于过于主体化。反观亲岑道夫的重生思想，为了呈现主体的重生是基督之工，其运用神话和象征等方法，如圣伤处涌出的

"小灵"与主体联合等。若依照上文归纳的不同的神圣体验导致宗教思想的不同的逻辑，上述这样的重生思想，是亲岑道夫对自身独特的宗教体验的总结。与施本纳相较，亲氏的上述重生思想已更加主体化和情感化了。正是在这样一种趋势的推波助澜下，20 世纪初最具权威的德国神学家哈纳克（Adolf Harnack，1851 – 1930）罔顾基督教的诫命而大肆鼓吹对外战争，以及在纳粹德国时期，深受德意志敬虔主义思想影响的德国国家教会，彻底沦为为希特勒种族主义理论和发动对外侵略背书的喉舌。

回顾德意志敬虔主义思想的发展轨迹，不仅在于告诉我们历史上曾经存在着一种既有理论深度，又有现实关怀的基督教思想，还在于向我们揭示：基督教有无核质？若有，那何谓基督教的核质？在基督教日渐与所在地文化融合的当下，德意志敬虔主义思想家于基督教的核质和该核质对生活世界影响的认识，以及如何处理基督教的核质与历史的生活世界之间的关系的探索无疑具有一定的借鉴意义。

参考文献

一 外文文献

Albrecht Ritschl, *Die Geschichte des Pietismus*, Vol. 2, Bann: Adolph Marcus, 1880 – 1886.

Allen C. Deeter, *An History and Theological Introduction to Spener*, Princeton University, Th. D., 1962.

Arthur James Freeman, "Zinzendorf's Theology: A Gift to Enable Life", *Moravian History Magazine*, No. 18.

August Gottlieb Spangenberg, *The Life of Nicholas Lewis Count Zinzendorf*, with an Introductory Preface by the Rev. P. Latrobe, London: Samuel Holdsworth, Amend – corner, 1838.

Augustus Herman Franck, *An Abstract of the Marvellous Footsteps of Divine Providence*, London: Gale ECCO, 2010.

Augustus Hermann Francke, *A Guide to the Reading and Study of the Holy Scriptures*, tran. From the Latin by William Jaques, Philadelphia: Hogan, 1823.

Augustus Hermann Francke, *Faith Works Perfected*, New York: Anson D. F. Randolph, 1867.

Augustus Hermann Francke, "The Duty to the Poor", in Gary R. Sattler, *God's Glory, Neighbor's Good: A Brief Introduction to The Life and Writings of August Hermann Francke*, South Carolina: Covenant Press, 1982.

Craig D. Atwood, *Community of the Cross*: *Moravian Piety in Colonial Bethlethem*, *Pennsylvania*: *the Pennsylvania State University Press*, 2004.

Craig D. Atwood, "Zinzendorf's 1749 Reprimand to theBrüdergemeine", *Moravian Historical Society*, Vol. 29, 1996.

Dale W. Brown, *Understanding Pietism*, Grand Rapids: William B. Eerdmans Publishing Company, 1978.

E. R. Fischer, *The Life of Johann Gerard*, Translated by the Rev. Dr. Richard J. Dinda, Texas: Repristination Press, 2000.

Erasmus – Luther, *Discourse on Free Will*, Translated and Edited by Ernst F. Winter, Frederick Ungar Publishing Co. , Inc. , 1961.

F. Ernest Stoeffler, *German Pietism During the Eighteenth Century*, Leiden: E. J. Brill, 1973.

Fritz Redlich, *The German Military Enterpriser and His Work Force*, Vol. 2, Wiesbaden: Franz Steiner Verlag GMBH, 1965.

Gaylin R. Schmeling, *Gerhard*: *Theologian and Pastor*, Lutheran Synod Quarterly Index, 2004.

Johann Arndt, *True Christianity*, trans. , Peter Erb, New York: Paulist, 1979.

Hagen Schulze, *Germany*: *A New History*, Cambridge: Harvard University Press, 1998.

J. M. Van Der Linde, "The Moravian Church in the World 1497 – 1957", *International Review of Mission*, 1957.

James W. Richard, *The Confessional History of the Lutheran Church*, Philadelphia: Lutheran Publication Society, 1909.

Jens Zimmermann, *English Puritans and German Pietists*, University of British Columbia, Th. D. , 1992.

Johann Gerhard, *Meditations on Divine Mercy*: *A Classic Treasury of Devotional Prayers*, St. Louis: Concordia Publishing House, 2003.

Johann Wallmann, *Der Pietismus*, Göttingen: Vandenhoeck & Ruprecht, 2005.

John R. Weinlick and Albert H. Frank, *The Moravian Church Through the Ages*,

Moravian Church in America, 1989.

Karl Barth, *Church Dogmatics*, Vols. 4, Edinburg: T. T. Clark, 1956.

Marie E. Richard, *Philip Jacob Spener and His Work*, Philadelphia: Lutheran Publication Society, 1897.

Martin Luther, *Luther's Works: Lectures on Genesis Chapters 1 – 5*, Saint Louis, Missouri: Concordia Publishing House, 1958.

Martin Schmidt, *Wiedergeburt und neuer Mensch: Gesammelte Studien zur Geschichte des Pietismus*, Witten: Luther – Verlag, 1969.

The Pietists Theologians: *An Introduction to Theology in the Seventeenth and Eighteenth Centuries*, Edited by Carter Lindberg, New Jersey: Blackwell Publishing Ltd. , 2005.

Mircea Eliade, *Images and Symbols: Studies in Religious Symbolism*, Princeton: Princeton University Press 1991.

Nicolaus Ludwig Zinzendorf, *Seven Sermons on The Godhead of The Lamb*; or *The Divinity of Jesus Christ*, By the Right Reverend and most Illustrious, London: James Hutton Bookseller.

Peter Vogt, "The Church and Its Unity According to Zinzendorf", Transatlantic Moravian Dialogue – Correspondence, 2001 (4) .

Nikolaus Ludwig von Zinzendorf, *Christian Life and Witness Zinzendorf's* 1738 *Berlin Speeches*, Edited, Translated and with an Introduction and notes by Gary S. Kinkel, Eugene: Pickwick Publications, 2010.

Nikolaus Ludwig Von Zinzendorf, *Nine Public Lectures on Important Subjects in Religion*, Translated and Edited by George W. Forell, Iowa: University of Iowa Press, 1973.

Peter James Yoder, *Blood, Spit, and Tears: Augst Hermann Francke's Theology of the Sacraments*, University of Iowa, Th. D. , 2011.

Philip Jacob Spener, "Meditation on the Suffering of Christ", *Pietists: Selected Writings*, Edited with an Introduction by Peter C. Erb, New Jersey: Paulist Press, 1983.

Philip Jacob Spener, *Pia Desideria*, Translated, Edited and with an Introduction by Theodore G. Tappert, Minneapolis: Fortress Press, 1964.

Philip Jacob Spener, "The Necessary and Useful Reading of the Holy Scriptures", in *Pietists: Selected Writings*, Edited with an Introduction by Peter C. Erb, New Jersey: Paulist Press, 1983.

Pietists: Selected Writings, Edited with an Introduction by Peter C. Erb, New Jersey: Paulist Press, 1983.

Rezeau Brown, *Memoirs of Augustus Hermann Francke*, Philadelphia: American Sunday School Union, 1831.

Roger E. Olson and Christian T. Collins Winn, *Reclaiming Pietism: Retrieving an Evangelical Tradition*, Wm. B. Eerdmans Publishing Co., 2015.

Ted A. Campbell, *The Religion of the Heart: A Study of European Religious life in the Seventeenth and Eighteenth Centuries*, Columbia: University of South Carolina Press, 1991.

Willem J. van Asselt, *Scholasticism Protestant and Catholic: Medieval Sources and Methods in Seventeenth – Century Reformed Thought, Religious Identity and the Problem of Historical Foundation*, Leiden: Brill, 2004.

Walter Dorn, *Competition for Empire 1740 – 1763*, New York: Harper & Brothers, 1940.

J. M. Van Der Linde, "The Moravian Church in the World 1497 – 1957", *International Review of Mission*, Vol. 46, 1957.

Louise Nelstrop, *Exploring lost Dimensions in Christian Mysticism: Opening to the Mystical*, London and New York: Routledge, 2016.

John R. Weinlick and Albert. H. Frank, *The Moravian Church Through the Ages*, Moravian Church in America, 1989.

Williston Walker, *Great Men of the Christian Church*, Chicago: The University of Chicago Press, 1908.

The Oxford Dictionary of the Christian Church, Edited by F. L. Cross and E. A. Livingstone, London: Oxford University Press, 1974.

Stephen Westerholm, *Perspectives Old and New on Paul: The Lutheran' Paul and His Critics*, Grand Rapids, Michigan: Wm. B. Eerdmans Publishing Co., 2004.

Richard L. Gawthrop, *Pietism and the Making of Eighteenth Century Prussia*,

Cambridge: Cambridge University Press, 1993.

R. Zaehner, *Mysticism: Sacred and Profane*, London: Oxford University Press, 1957.

Philip Jacob Spener, "The Spiritual Priesthood", *Pietists: Selected Writings*, Edited with an Introduction by Peter C. Erb, New Jersey: Paulist Press, 1983.

Philip Jacob Spener, "Resignation", *Pietists: Selected Writings*, Edited with an Introduction by Peter C. Erb, New Jersey: Paulist Press, 1983.

Philip Jacob Spener, "On Hindrances to Theological Studies", *Pietists: Selected Writings*, Edited with an Introduction by Peter C. Erb, New Jersey: Paulist Press, 1983.

Orlando H. Wiebe, *Johann Arndt: Precursor of Pietism*, University of Iowa, Th. D. , 1965.

Nikolaus Ludwig von Zinzendorf, "Thoughts for the Learned and Yet Goddd - willed Students of Truth", *Pietists: Selected Writings*, Edited with an Introduction by Peter C. Erb, New Jersey: Paulist Press, 1983.

Nikolaus Ludwig von Zinzendorf, "Gnomon of the New Testament", *Pietists: Selected Writings*, Edited with an Introduction by Peter C. Erb, New Jersey: Paulist Press, 1983.

Nikolaus Ludwig von Zinzendorf, *A Collection of Sermons from Zinzendorf's Pennsylvania Journey 1741 - 1742*, Translated by Julie Tomberlin Weber, Edited by Craig D. Atwood, Pennsylvania: Pennsylvania: Moravian Church in North America, 2001.

Nicolaus Ludwig Zinzendorf, *Twenty - one Discourses or Dissertations upon the Augsburg - Confession which is also the Brethren's Confession of Faith*, London: W. Bowyer, 1753.

Nicolaus Ludwig von Zinzendorf, *A Manual of Doctrine*, London: Little - wild Street, 1742.

Max Göbel, *Geschichte Des Christlischen Lebens in der Reinisch - Westphälischen Evangelischen Kieche*, Vol. 3, Coblenz: Karl Bädeker, 1849 - 1860.

Matthias Meyer, *FeuErbach und Zinzendorf: Lutherus redivivus und die Selbstau-*

flosung der Religionskritik, Hildersheim: Olms Verlag, 1992.

Martin Schmidt, "Spener und Luther", *Jahrbuch*, Vol. 25, 1957.

Martin Luther, *Luther's Works*, Vol. 34, Saint Louis, Missouri: Concordia Publishing House, 1958.

Kelly Joan Whitmer, *The Halle Orphanage as Scientific Community*, Chicago: The University of Chicago Press, 2015.

Jordan Cooper and Dan Lioy, "The Use of Classical Greek Philosophy in Early Lutheranism", *Conspectus*, Vol. 26, 2018.

John Gill, *The Banished Count*; *Or The Life of Nicholas Louis Zinzendorf*, London: James Nisbet and Co. 21 Berners Street, 1865.

Johann Gerhard, *Theological Commonplaces*: *On The Nature of Theology and Scripture I*, St. Louis: Melanchthon, 2006.

Jerry. K. Robbins, "Luther on Reason: A Reappraisal", *Word & World*, Vol. 13, No. 2, 1993.

Jeffrey Dale Brown, *The Holy Scriptures as the Key Authority in Philipp Jacob Spener's Proposals of Reform for the Evangelical Church*, The Southern Baptist Theological Seminary, Th. D. , 2000.

James I. Good, *The History of the Reformation Church of Germany 1620 – 1890*, Pennsylvania: Daniel Miller Publisher, 1894.

Huong Thi Tran, "Martin Luther's Views on and Use of Aristotle: A Theological – Philosophical Assessment", *Konstantinove Listy*, Vol. 13, No. 2, 2020.

Heinrich Ernst Ferdinand Guericke, *The Life of Augustus Hermann Francke*, London: Henry G. Bohn, 1847.

Gustaf Aulen, *Christus Victor*: *An Historical Study of the Three Main Types of the Idea of Atonement*, New York: Macmillan Company, 1969.

Gary R. Sattler, "God's Glory", *Neighbor's Good*: *A Brief Introduction to The Life and Writings of August Hermann Francke*, South Carolina: Covenant Press, 1982.

F. Ernest Stoeffler, *The Rise of Evangelical Pietism*, Leiden: E. J. Brill, 1971.

Erhard Peschke, "Die Theologie August Hermann Francke", *August Hermann Francke*: *Wort und Tat, Ansprachen und Vorträge zur dreihundertsten*

Wiederkehr seines Genburtstages, Edited by Dietrich Jungklaus, Berlin: Evangelische Verlagsanstalt, 1966.

Eberhard Busch, *Karl Barth and the Pietists: The Young Karl Barth's Critique of Pietism and Its Response*, trans., Daniel W. Bloesch, Downer Grove: Inter Varsity Press, 2004.

Douglas H. Shantz, *An introduction to German Pietism: Protestant renewal at the dawn of modern Europe*, Baltimore: The Johns Hopkins University Press, 2013.

Charles Taylor, *A Secular Age*, Cambridge, MA: Harvard University Press, 2007.

Craig D. Atwood, *Theology of the Heart*, in *The Encyclopedia of Christian Civilization*, Edited by George Thomas Kurian, New Jersey: Blackwell Publishing Ltd., 2011.

B. A. Gerrish, *De Libero Arbitrio: Erasmus on Piety, Theology, and the Lutheran Dogma*, *Essays on the Works of Erasmus*, Edited by Richard L. DeMolen, Yale University Press, 1978.

Augustus Hermann Francke, "The Doctrine of Our Lord Jesus Christ Concerning Rebirth", in Gary R. Sattler, *God's Glory, Neighbor's Good: A Brief Introduction to The Life and Writings of August Hermann Francke*, South Carolina: Covenant Press, 1982.

Augustus Hermann Francke, "Autobiography", *Pietists: Selected Writings*, Edited with an Introduction by Peter C. Erb, New Jersey: Paulist Press, 1983.

Augustus Herman Franck, *The Footsteps of Divine Providence; the Bountiful Hand of Heaven Defraying the Expences of Faith*, London: Gale ECCO, 2010.

August Tholuck, *Das Akademische leben des 17*, Jahrhunderts, Halle: Eduard Anton, 1854.

Arthur James Freeman, *Gemeine: Count Nicholas von Zinzendorf's Understanding of the Church*, Brethren Life and Thought, 2002.

Arthur James Freeman, *The Hermeneutics of Count Nicholaus Ludwig Von Zinzen-*

dorf, Princeton Theological Seminary, Th. D., 1962.

Alister E. McGrath, *Iustitia Dei*: *A History of the Christian Doctrine of Justification*, London: Cambridge University Press, 1986.

A. J. Lewis, *Zinzendorf the Ecumenical Pioneer*: *A Study in the Moravian Contribution to Christian Mission and Unity*, SCM Press LTD, 1962.

Alister E. McGrath, *Iustitia Dei*: *A History of the Christian Doctrine of Justification*, London: Cambridge University Press, 1986.

二　中文文献

E. R. 多兹：《希腊人与非理性》，王嘉雯译，生活·读书·新知三联书店2022 年版。

J. 格朗丹：《浪漫主义解释学与施莱尔马赫》，何卫平译，《求是学刊》2007 年第 3 期。

安延明：《施莱尔马赫普遍解释学中的几个问题》，《中国社会科学》1993年第 1 期。

陈福中：《辛生道夫小传》，基督徒出版社 1999 年版。

陈企瑞：《论敬虔主义者弗兰克的信仰实践》，《基督教思想评论》第11 辑。

陈恕林：《论德国浪漫派》，上海社会科学院出版社 2016 年版。

蒂利希：《基督教思想史》，尹大贻译，东方出版社 2008 年版。

恩斯特·图根德哈特：《自我中心性与神秘主义：一项人类学研究》，郑辟瑞译，上海译文出版社 2007 年版。

傅永军：《绝对视域中的康德宗教哲学：从伦理神学到道德宗教》，社会科学文献出版社 2015 年版。

谷裕：《隐匿的神学——启蒙前后的德语文学》，华东师范大学出版社 2008年版。

汉斯·孔：《基督教大思想家》，包利民译，道风书社 1995 年版。

何卫平：《解释学之维——问题与研究》，人民出版社 2009 年版。

荷尔德林：《荷尔德林文集》，戴晖译，商务印书馆 1999 年版。

赫尔墨:《施莱尔马赫的释经神学与新约》,黄瑞成译,《施莱尔马赫的柏拉图》,华夏出版社 2009 年版。

黄保罗:《马丁·路德研究的芬兰学派及其突出贡献》,《世界宗教文化》2015 年第 2 期。

黄丁:《亲岑道夫论 Gemeine:界定、内涵与实践》,《世界宗教研究》2021 年第 3 期。

黄丁:《施本纳之"敬虔小组"思想初探》,《宗教学研究》2020 年第 2 期。

黄丁:《再论伊拉斯谟与马丁·路德关于自由意志的辩论》,《伦理学术》2022 年春季卷。

黄小洲:《施莱尔马赫敬虔主义宗教初探》,《经济与社会发展》2010 年第 3 期。

赖辉亮:《关于自由意志的争论——从古希腊到文艺复兴》,《中央青年政治学院学报》2008 年第 1 期。

李秋零:《"因行称义"、"因信称义"与"因德称义"》,《宗教与哲学》2014 年第 3 辑。

李秋零:《中世纪神秘主义的难题与出路——兼论尼古拉·库萨对神秘主义的改造》,《道风:基督教文化评论》1994 年第 1 期。

李秋零:《中世纪神秘主义神学——神学论题引介》,《道风:基督教文化评论》2005 年第 1 期。

刘精忠、黄丁:《论索伦关于布伯的哈西德研究之争》,《世界宗教研究》2015 年第 4 期。

刘精忠:《宗教与犹太复国主义》,中国社会科学出版社 2010 年版。

刘新利:《德意志历史上的民族与国家》,商务印书馆 2009 年版。

刘新利、邢来顺:《德国通史:专制、启蒙与改革时代》,江苏人民出版社 2018 年版。

刘幸枝:《重新发现敬虔主义:从施本尔的敬虔运动谈其古典内涵》,《华神期刊》2009 年第 2 期。

刘幸枝:《主护城传奇:钦岑多夫伯爵与十八世纪摩拉维亚复兴史》,华神出版社 2009 年版。

刘友古:《伊拉斯谟与路德的宗教改革思想比较研究》,上海人民出版社

2009 年版。

卢钰婷：《从宗教认识论角度探析莱布尼茨"理性主义"内涵》，《基督宗教研究》第 28 辑。

路畅、蒙克：《虔敬主义伦理与普鲁士官僚制精神》，《社会》2022 年第 2 期。

《神秘主义》，李秋零译，《道风：基督教文化评论》2005 年第 22 期。

孙帅：《没有本质的实体：路德思想的形而上学基础》，《世界哲学》2020 年第 2 期。

王晓朝：《神秘与理性的交融——基督教神秘主义探源》，杭州大学出版社 1998 年版。

闻骏：《不断追问中的人神关系——施莱尔马赫思想研究》，人民出版社 2017 年版。

闻骏：《情感与意识：施莱尔马赫教义哲学思想研究》，华中科技大学出版社 2021 年版。

闻骏：《施莱尔马赫的"绝对依赖感"概念再析》，《理论月刊》2013 年第 12 期。

吴飞：《心灵秩序与世界历史》，生活·新知·读书三联书店 2013 年版。

徐健：《18 世纪的普鲁士官僚：地位、责任和选拔方式》，载《北大史学》第 8 辑，北京大学出版社 2000 年版。

徐健：《近代普鲁士官僚制度研究》，北京大学出版社 2005 年版。

杨凤岗：《路德对康德的影响——兼论神学与宗教哲学的关系》，《中国人民大学学报》1988 年第 6 期。

杨慧林：《"穷人"何谓?》，《基督教文化学刊》2006 年第 16 辑。

张贤勇：《虔诚：栖息心头之后》，载《基督教文化评论》（第 1 辑），贵州人民出版社 1990 年版。

张宪：《启示的理性——欧洲哲学与基督宗教思想》，巴蜀书社 2006 年版。

张诏阳：《保罗·利科的圣经诠释思想研究》，博士学位论文，浙江大学，2017 年。

赵林：《论德国神秘主义与浪漫主义哲学》，《学习与探索》1996 年第 5 期。

赵林：《十字架神学的吊诡》，《道风：基督教文化评论》2006 年秋第

25 期。

卓新平：《基督宗教与欧洲浪漫主义》（下），《国外社会科学》2003 年第 6
期。

宗民、黄丁：《再论马丁·路德的称义观》，《基督教文化学刊》2020 年第
2 期。

［爱尔兰］杰拉德·汉拉第：《灵知派与神秘主义》，张湛译，华东师范大
学出版社 2012 年版。

［澳］彼得·哈里森：《人的堕落与科学的基础》，张卜天译，商务印书馆
2021 年版。

［比］吕斯布鲁克：《七重阶梯——吕斯布鲁克文集》（卷一），陈建洪等
译，华东师范大学出版社 2011 年版。

［波］柯拉科夫斯基：《宗教：如果没有上帝》，杨德友译，生活·读书·
新知三联书店 1997 年版。

［德］E. 卡西勒：《启蒙哲学》，顾伟铭等译，山东人民出版社 1988 年版。

［德］埃克哈特：《论自我认识》，载《德国哲学》第 2 辑，北京大学出版
社 1986 年版。

［德］保罗·阿尔托依兹：《马丁·路德的神学》，段琦、孙善玲译，译林
出版社 1998 年版。

［德］费希特：《费希特文集》（第 5 卷），梁志学译，商务印书馆 2014
年版。

［德］伽达默尔：《真理与方法》（上、下），洪汉鼎译，上海译文出版社
1999 年版。

［德］卡尔·雅斯贝尔斯：《莱辛的神学思想》，孙秀昌译，《德国哲学》
2020 年卷。

［德］康德：《康德著作全集》（第 6 卷），李秋零译，中国人民大学出版
社 2007 年版。

［德］康德：《康德著作全集》（第 8 卷），李秋零译，中国人民大学出版
社 2010 年版。

［德］库萨的尼古拉：《窥道路向（论"不异"）》，高语含译，商务印书馆
2022 年版。

［德］库萨的尼古拉：《论有学识的无知》，尹大贻、朱新民译，商务印书

馆 1988 年版。

［德］莱辛：《历史与启示：莱辛神学文选》，朱雁冰译，华夏出版社 2006 年版。

［德］鲁道夫·奥托：《论"神圣"》，成穷、周邦宪译，四川人民出版社 1995 年版。

［德］鲁道夫·布尔特曼：《生存神学与末世论》，李哲汇等译，生活·读书·新知三联书店 1995 年版。

［德］吕迪格尔·萨弗兰斯基：《荣耀与丑闻：反思德国浪漫主义》，卫茂平译，上海人民出版社 2014 年版。

［德］马丁·路德：《〈加拉太书〉注释》，李漫波译，生活·新知·读书三联书店 2011 年版。

［德］马丁·路德：《路德三檄文和宗教改革》，李勇译，上海人民出版社 2010 年版。

［德］马丁·路德：《路德文集》（第一卷、第二卷），路德文集中文版编辑委员会，上海三联书店 2005 年版。

［德］马丁·路德：《马丁·路德文选》，路德翻译小组译，中国社会科学出版社 2003 年版。

［德］马克思、恩格斯：《论浪漫主义》，人民文学出版社 1958 年版。

［德］马克斯·韦伯：《新教伦理与资本主义精神》，康乐、简惠美译，广西师范大学出版社 2007 年版。

［德］马克斯·韦伯：《学术与政治》，冯克利译，生活·读书·新知三联书店 2016 年版。

［德］摩西·门德尔松：《晨时：或论神之存在的演讲》，刘伟东、李红燕译，商务印书馆 2022 年版。

［德］诺瓦利斯：《大革命与诗化小说：诺瓦利斯选集》（卷二），林克等译，华夏出版社 2008 年版。

［德］诺瓦利斯：《夜颂中的革命和宗教：诺瓦利斯选集》（卷一），林克等译，华夏出版社 2007 年版。

［德］潘能伯格：《神学与哲学：从他们的共同历史看他们的关系》，李秋零译，商务印书馆 2013 年版。

［德］朋霍费尔：《第一亚当与第二亚当》，朱雁冰、王彤译，华夏出版社

2004 年版。

［德］朋霍费尔:《伦理学》,胡其鼎译,商务印书馆 2015 年版。

［德］施莱尔马赫:《论宗教》,邓安庆译,人民出版社 2011 年版。

［德］施莱尔马赫:《施莱尔马赫论自我意识》,张云涛译,《德国哲学》
2021 年卷。

［德］施勒格尔:《浪漫派风格——施勒格尔批评文集》,李伯杰译,华夏
出版社 2005 年版。

［德］士莱马赫:《宗教与敬虔》,谢扶雅译,基督教文艺出版社 1991
年版。

［德］维塞尔:《启蒙运动的内在问题——莱辛思想再释》,贺志刚译,华
夏出版社 2007 年版。

［德］沃尔夫冈·宾德尔:《论荷尔德林》,林笛译,华夏出版社 2019
年版。

［德］于尔根·莫尔特曼:《创造中的上帝:生态的创造论》,苏贤贵等译,
生活·读书·新知三联书店 2002 年版。

［法］安托瓦纳·贝尔曼:《异域的考验:德国浪漫主义时期的文化与翻
译》,章文译,生活·读书·新知三联书店 2021 年版。

［法］涂尔干:《宗教生活的基本形式》,渠东、汲喆译,商务印书馆 2013
年版。

［芬］曼多玛:《曼多玛著作集:芬兰学派马丁·路德新诠释》,黄保罗译,
生活·读书·新知三联书店 2018 年版。

［古罗马］狄奥尼修斯:《神秘神学》,包利民译,生活·读书·新知三联
书店 1998 年版。

［荷］乌特·哈内赫拉夫:《西方神秘学指津》,张卜天译,商务印书馆
2018 年版。

［罗马尼亚］米尔恰·伊利亚德:《神圣与世俗》,王建光译,华夏出版社
2002 年版。

［美］W. C. 史密斯:《宗教的意义与终结》,董江阳译,中国人民大学出版
社 2005 年版。

［美］彼得·伯格:《神圣的帷幕:宗教社会学理论之要素》,高师宁译,
上海人民出版社 1991 年版。

［美］弗雷德里克·拜泽尔：《浪漫的律令——早期德国浪漫主义观念》，黄江译，韩潮校，华夏出版社 2019 年版。

［美］冈萨雷斯：《基督教思想史》（第三卷），陈泽民等译，译林出版社 2008 年版。

［美］罗伯特·贝拉：《背弃圣约：处于考验中的美国公民宗教》，郑莉译，商务印书馆 2016 年版。

［美］罗杰·奥尔森：《基督教神学思想史》，吴瑞诚等译，上海人民出版社 2014 年版。

［美］马克·里拉：《夭折的上帝：宗教、政治与现代西方》，萧易译，新星出版社 2010 年版。

［美］迈克尔·艾伦·吉莱斯皮：《现代性的神学起源》，张卜天译，湖南科学技术出版社 2019 年版。

［美］迈克尔·费伯：《浪漫主义》，翟红梅译，译林出版社 2019 年版。

［美］茜亚·凡赫尔斯玛：《加尔文传》，王兆丰译，华夏出版社 2006 年版。

［美］萨义德：《世界·文本·批评家》，李自修译，生活·读书·新知三联书店 2009 年版。

［美］斯·戴尔：《上帝与穷人》，杨慧林译，《基督教文化学刊》2006 年第 16 辑。

［美］唐纳德·H·凯利：《多面的历史：从希罗多德到赫尔德的历史探寻》，陈恒、宋立宏译，生活·读书·新知三联书店 2003 年版。

［美］亚伯拉罕·海舍尔：《觅人的上帝：犹太教哲学》，郭鹏等译，山东大学出版社 2003 年版。

［美］约翰·博特：《基督徒的职责："常有穷人和你们同在"》，谢志斌译，《基督教文化学刊》2016 年第 16 辑。

［美］詹姆斯·C.利文斯顿：《现代基督教思想》（上、下），何光沪、高师宁译，译林出版社 2014 年版。

［挪］托利弗·伯曼：《希伯来与希腊思想比较》，吴勇立译，上海书店出版社 2007 年版。

潘德荣：《西方诠释学史》，北京大学出版社 2013 年版。

［瑞］H.奥特：《不可言说的言说》，林克等译，生活·新知·读书三联书

店 1994 年版。

［以］马丁·布伯：《我与你》，陈维纲译，生活·读书·新知三联书店
1986 年版。

［以］索伦：《犹太教神秘主义主流》，涂笑非译，四川人民出版社 2000
年版。

［英］阿利斯特·麦格拉斯：《宗教改革运动思潮》，蔡锦图、陈佐人译，
中国社会科学出版社 2009 年版。

［英］安德鲁·洛思：《神学的灵泉：基督教神秘主义传统的起源》，孙毅、
游冠辉译，中国致公出版社 2001 年版。

［英］安瑟伦：《信仰寻求理解——安瑟伦著作选集》，溥林译，中国人民
大学出版社 2005 年版。

［英］伯特兰·罗素：《神秘主义与逻辑及其他论文》，贾可春译，商务印
书馆 2017 年版。

［英］理查德·科尼什：《简明教会历史》，杜华译，敦煌文艺出版社 2010
年版。

［英］以赛亚·伯林：《浪漫主义的根源》，吕梁、张箭飞等译，译林出版
社 2019 年版。

［英］约翰·麦奎利：《谈论上帝：神学的语言与逻辑》，钟庆译，四川人
民出版社 1992 年版。

后　记

当零零落落地敲下最后一行字时，我意识到自己的第一部学术著作的完成，不禁长舒口气。曾记得一位学者在面对自己不惑之年时的第一部学术作品时，感慨这是其生命里不同向度或时空坐标上的意义与价值。于我而言，这部著作乃是总结：对自己学生时代的所思所想的一个总结。只是希望，当再次回望这部作品时，我依然会坚定地告诉自己：我现在还持这样的观点。在自己并不算长的学术生涯中，时不时在虚拟空间中偶遇在学术观点上出现巨大转变的师友。那一刻，震惊之余，只是默默地告诫自己：切勿以学术之名，成为自己曾经讨厌的样子。

就这部著作而言，发端于孙毅老师的课堂；后囿于学术能力之不足，博士论文只选取亲岑道夫的"心灵宗教"为研究对象；但试图将整个德意志敬虔主义思想史融会贯通的念头始终萦绕在脑中，直到幸运地获批国家社科基金项目，这一念头才逐步从心灵深处慢慢付诸笔端。这部著作的整个写作过程，几乎伴随着我家孩子的成长历程：从刚落笔时，孩子尚在襁褓；到如今即将付梓，他已经能清晰地叮嘱奶奶：嘘，爸爸正在写论文。可以想见，在他的童年记忆中，爸爸的形象就是在深夜里，不住地敲字。每念及此，我无不心存愧疚；愧疚之余只能期望在未来的日子里，不错过他的每一步成长。

在这方寸之地，我已无意于展开德意志敬虔主义，唯想摘录自己博士论文致谢中的这段文字：

在我漫长的求学生涯，总能遇到一些高举陈寅恪之"不谈政治，不论时事，不臧否人物"旗帜的所谓"学术信仰派"，还能遇到一些每遇某一现实问题，便挖空心思、翻阅古今典籍，甚至曲学阿世的所谓"经世致用派"。关于前者，他们沉迷于理清思想家的思想框架和心路历程，以此驳斥后世研究者的某些误读。因此，他们总会洋洋自得于自身研究的所谓客观性，并美其名曰这是对学术的信仰。至于后者，他们将学术与现实毫无违和地无缝对接，并因他们关注现实问题，而自诩自己所做的研究不是书斋内的臆想。面对此情此景，我时常以先贤龚自珍的名句"纵使文章惊海内，纸上苍生而已，似春水干卿何事？"和波兰当代宗教哲学家柯拉科夫斯基在杰斐逊讲座上的名言"我们学习历史，不是为了要知道如何行事，或如何成功，而是要知道我们是谁"提醒自己：学术研究既非在真空中进行，又非完全流俗于现实，而是在"照着讲"与"接着讲"之间的张力关系中前进，并最终将作者的生命体验融入整个学术史。就更广泛的意义上而言，无论是学术研究、商业活动、还是政治活动等都莫不如此。

此心不改，是为后记。

黄丁

草于羊城斗室

2022 年 1 月 22 日

补　记

　　值书稿即将付梓之际，初稿刚完成时的欣喜早已消逝，我的内心唯有感恩。这部著作是我博士论文的拓展，从选题、研读、撰写到成稿费时六年有余。在此期间，我的导师何光沪教授始终对我耳提面命，从当初确定论文选题，到国社科基金申请书的修改，再到初稿完成后数次深夜发来修改建议。初稿完成后，我询问老师可否为拙著赐序。何老师慨然应允。衷心感谢师母高师宁老师。高老师待我如自家孩子，除在学术上奖掖后辈外，还在生活上对我极尽关心。工作后，高老师时不时与我分享她的治学、生活经验。这些宝贵的经验，如明灯般指引着学术界小白的我。衷心感谢李建欣教授。与李老师初识于2017年，后多次打扰。虽然研究领域与李老师有差异，但每有文章，都会找李老师从宏观角度对拙论进行修改。每每请益后，我都心有所得。衷心感谢周伟驰教授。虽然与周老师至今未曾谋面，但神交已久，从硕士期间阅读《太平天国与启示录》，到工作后偶然间关注关于林乐知的奥古斯丁研究。惊叹周老师学术视野宏阔之余，我的内心升腾起满满的敬意。偶然间的一次机会，我得知周老师对敬虔主义在中国的传播与发展有深入的研究，所以我恳请周老师为拙著赐序。周老师在较短的时间内，撰写万字长文，为拙著增色不少。衷心感谢游斌教授。相识游老师是我博士论文答辩现场。依稀记得答辩结束后，游老师语重心长地叮嘱我，让我继续深化敬虔主义的研究。毕业后，我也时常打扰，尤其是当我告诉游老师拙著还缺一封专家推荐信时，游老师慨然应允。衷心感谢郝立新教授。郝老师气象宏大，每与郝老师交流，我都能感受到郝老师的赤子情怀和对学问孜孜不倦地追求。在书稿的成书过程中，我多次因俗务搅扰郝老师。每每此时，郝老师都会循循善诱，耐心教导。

衷心感谢暨南大学哲学研究所所长高华平教授。高老师平易近人，每周均组织读书会，试图打通中、外哲学的交流壁垒，为我们搭建了一个做真学问的平台。衷心感谢陈才俊教授。正是陈老师对我的国家社科基金申请书的数次修订，大大提升了申请书的质量。日常交流中，陈老师幽默又不失睿智的语言，时常启发着我继续深入研究。感谢暨南大学哲学研究所的所有同事，正是他们的温暖、亲切，让我一位漂泊岭南的外乡客有了家的感觉。感谢参加书稿修改意见恳谈会的各位学者，瞿旭彤、张生、李瑞敏、齐飞智、邢长江、李晋、周小龙、徐广垠、陈广春和高山奎。没有他们鞭辟入里的批评，书稿断不会呈现出此番模样。感谢家人的支持，没有他们在背后辛勤的付出，绝不会有这本书的面世。感谢中国社科出版社刘亚楠女士。您辛勤的编辑、校对，为拙著避免了不少错误。需要感谢的人还有很多，我本科室友肖德龙、硕士室友黄卓、张涛。写作过程中，偶有佳句，我都会与他们分享；偶遇困难，都会找他们闲扯几句。感谢我的研究生梁璐儿、唐诗雯、阮筠茜和屈俊骐。他们多次帮我寻找资料、校对书稿。

感谢国家社科基金的资助。本书是国家社科基金青年项目"17-18世纪德意志敬虔主义研究"的最终结项成果。感谢暨南大学高水平经费的资助。经费的资助既是动力，又是压力。正是上述经费的资助，使我既能心无旁骛地遨游在敬虔主义文献的海洋中，又能使我略有紧迫感。

初稿提交后，我时常内心惴惴不安，深感书稿依然存在不少可商榷之处，但抱着丑媳妇总要见公婆的心态，还是将书稿交至出版社。最后，恳请方家不吝赐教。

黄丁

撰于明湖畔

2023 年 5 月 23 日午夜